CB001217

Mestres do Teatro I

Coleção Estudos
Dirigida por J. Guinsburg

Equipe de realização: Tradução e organização: Alberto Guzik e J. Guinsburg; Produção: Ricardo W. Neves e Raquel Fernandes Abranches.

John Gassner

MESTRES DO TEATRO I

Título do original inglês
Masters of the Drama

Dados Internacionais de Catalogação na Publicação (CIP)
(Câmara Brasileira do Livro, SP, Brasil)

Gassner, John, 1903- .
Mestres do teatro I / John Gassner ; tradução Alberto Guzik e J. Guinsburg. — 4.ed. São Paulo : Perspectiva, 2010. — (Estudos ; 36 / dirigida por J. Guinsburg)

Título original: Masters of the drama.
Bibliografia.
ISBN 978-85-273-0153-4

1. Teatro - História e crítica I. Guinsburg, J. II. Título. III. Série.

05-0119 CDD-809.2

Índices para catálogo sistemático:
1. Peças teatrais : História e crítica 809.2
2. Teatro : História e crítica 809.2
3. Teatrólogos : Biografia e obra 809.2

4ª edição

Av. Brigadeiro Luís Antônio, 3025
01401-000 – São Paulo – SP – Brasil
Telefax: (0--11) 3885-8388
www.editoraperspectiva.com.br

2010

Sumário

Nota Introdutória

A bibliografia teatral brasileira é agora significativamente enriquecida com a publicação de *Mestres do Teatro,* em boa hora lançado pela Editora Perspectiva pois vem tanto preencher uma lacuna quanto atender à demanda dos cursos e estudos de teatro que ganham importância no país. Trata-se de obra que interessará a todos aqueles que lidam com o assunto teatral, sejam estudantes, professores, profissionais, críticos ou espectadores. John Gassner, professor e crítico de ampla e sólida cultura, levou a cabo com brilho uma tarefa difícil e complexa, qual seja, a de empreender num volume de reduzidas proporções, se considerarmos a amplidão da matéria abordada, o exame sistemático da dramaturgia mundial. Partiu da origem do teatro, desde as manifestações teatrais primeiras, sinais incipientes de uma cultura a florescer, até a grande eclosão na Grécia do século V a.C. e, percorrendo longa trajetória, chegou aos Estados Unidos e Europa do ano de 1951 de nossa era, obtendo um formidável conjunto sinfônico controlado e orientado por sua batuta. Para tornar mais profícuo o trabalho, deteve-se no estudo de momentos praticamente desconhecidos do leitor ocidental como as expressões da literatura teatral hebraica e do teatro hindu, chinês, tibetano e japonês. Sua análise é sempre ponderada, elucidativa, estimulante. Pelos acréscimos que introduziu no livro desde a 1.ª até a 3.ª edição, respectivamente de 1940 e 1951, verificamos sua preocupação em mantê-lo a par de cada novo passo dado pelo teatro. Não foi além de 51 pois a morte o interrompeu quando começava a pensar numa 4.ª edição.

Formado por uma tendência da crítica literária que em boa parte dominou a primeira metade deste século, caracterizada de modo geral pelo liberalismo e universalismo, John Gassner indubitavelmente oferece ao leitor uma visão pessoal e empática dos temas que aborda. Seu inabalável otimismo quanto à vitória final da razão humana sobre os impulsos bárbaros que a assaltam, acentuado pelas terríveis condições do mundo na época em que o livro veio à luz, e sua fé no papel desempenhado pelo teatro de todos os tempos como elucidador auxiliar do homem nesse esforço nos permitem estabelecer um vínculo possível entre os conceitos gassnerianos e o *New Deal* rooseveltiano. Para Gassner, o objetivo do teatro ainda está muito próximo daquele espírito renascentista e humanista que levou Shakespeare a colocar na boca de Hamlet "...O propósito da representação, tanto no início como agora, era e é o de servir de espelho à natureza, de mostrar à virtude sua própria feição, ao escárnio sua própria imagem, e ao momento e corpo do tempo sua própria forma e conjuntura".

Tanto a crítica quanto sua linguagem sofreram modificações consideráveis nos últimos trinta anos e, em muitos pontos, é possível notar que o sistema analítico do autor já cedeu lugar a outros mais recentes. Por outro lado, também é dado ao leitor discordar dos pronunciamentos emitidos por Gassner; suas posições sobre o Romantismo, o teatro francês a partir do Naturalismo e do Expressionismo, por exemplo, não são consoantes com exegeses mais recentes que lançaram novas luzes sobre essas manifestações. Contudo, provando a qualidade do trabalho de Gassner, vemos seus pontos de vista embasados com tal firmeza e profusão de argumentos que a discordância se torna um prazer. A simples refutação de um juízo é substituída aqui por um instigante diálogo travado com o ideário do autor. Ademais, neste livro encontrar-se-á um guia seguro para o estudo da literatura teatral, enriquecido não apenas pela erudição de Gassner quanto por sua preocupação em oferecer ao interessado um panorama histórico que emoldura e completa o exame dos textos. Do ponto de vista da dramaturgia seria difícil encontrar obra mais autorizada e, considerada em sua totalidade, vemos que *Mestres do Teatro* se constitui numa pequena mas valiosa história do teatro.

Em sua versão para o português, o título da obra sofreu uma modificação que julgamos importante explicar. Originalmente intitulado *Masters of the Drama* o livro recebeu entre nós a designação de *Mestres do Teatro*. Devemos tal alteração a uma diversidade de conceitos. Na língua inglesa o vocábulo *drama* é usualmente empregado para designar o texto teatral, a dramaturgia, em contraposição a *theatre,* que indica o espetáculo completo constituído pela fusão do texto com a direção, interpretações, cenários etc. Em nosso idioma, ainda que sendo também utilizada para indicar um texto teatral, a palavra *drama* está algo afastada de seu significado literal e, aplicada com grande flexibilidade, não chega a exprimir com exatidão a idéia do título original. Por outro lado, como já dissemos antes, Gassner não se limita a um exame de literaturas dramáticas. Aborda o teatro em sua inteireza, discorrendo também sobre o ator, o encenador, as transformações do espaço cênico e mais outros elementos que, reunidos, dão vida ao fenômeno teatral. Assim sendo, preferimos empregar a palavra *teatro,* mais específica e próxima, segundo pensamos, do sentido do título inglês.

Procuramos manter, na tradução, a máxima fidelidade ao estilo de Gassner. Crítico eficiente, dominando com mestria seu instrumento de trabalho, a língua, escreve com elegância e fluência, inserindo, em muitos momentos, bem humorados trocadilhos ou arcaísmos. Buscamos o modo de transpô-lo ao português com todo sabor original e sem lhe trair o espírito, difícil tarefa na qual esperamos ter sido bem sucedidos.

Por razões editoriais, *Mestres do Teatro* foi subdividido em dois volumes. Deixamos, no entanto, a obra no mesmo ponto em que se encontrava quando de sua última edição norte-americana, sem incluir capítulos de atualização sobre o teatro moderno ou escritos informadores sobre vastas manifestações teatrais não abordadas pelo autor como o teatro sul-americano, centro-americano ou africano. Deixando de lado uma discussão sobre a desinformação geral de certas culturas quanto a outras culturas até data bem recente e que não caberia aqui, há uma razão forte que nos levou a evitar a inclusão de material adicional. Não temos em mãos apenas uma obra informativa de História do Teatro como também uma obra formativa de Crítica Teatral. Nesse sentido a posição de Gassner se destaca pela lucidez e segurança. Qualquer acréscimo correria o risco de romper a unidade da obra e sua coesão ideológica. Mantivemos o livro tal como se encontrava, evidenciando assim nosso respeito pelo autor.

Para finalizar, gostaríamos de tornar público nosso reconhecimento a Fredric Litto e Sábato Magaldi. O primeiro nos auxiliou na tradução de muitos pontos difíceis, especialmente no que diz respeito à versão de expressões idiomáticas para o português. O segundo nos ofereceu diversos conselhos sobre os princípios editoriais que são observados na presente edição.

Alberto Guzik e J. Guinsburg

São Paulo, julho de 1974

Para Mollie e Caroline

Prefácio à Terceira Edição Ampliada

*A mais importante característica da presente edição é o Capítulo XXXI *, um longo ensaio sobre dramaturgos que conquistaram renome ou viram aumentada sua reputação internacional após 1940. A esse capítulo acrescentei um balanço de meados do século sobre o teatro e o drama modernos. Foi possível também aumentar o material sobre a arte cênica neste livro que permanece essencialmente votado aos dramaturgos, textos, teoria dramática e crítica.*

Pela assistência no preparo desses acréscimos e na inclusão de material novo ao fim de diversos capítulos, bem como pela feitura de algumas revisões necessárias, o autor está em dívida com sua esposa, Mollie Gassner, e com seu amigo, o presidente da Dover Publications, *Sr. Hayward Cirker. Como a elaboração da nova seção do livro foi facilitada pela concessão de uma Bolsa de Estudos Guggenheim e uma viagem à Europa, devo também expressar minha gratidão à* John Simon Guggenheim Memorial Foundation *e ao seu secretário executivo, o Sr. Henry Allen Moe.*

Se MESTRES DO DRAMA demonstrou até agora ser de interesse suficiente para justificar uma reimpressão continuada por um período de doze anos, pode-se esperar que esta nova edição ampliada sirva ainda melhor aos seus leitores e amigos.

John Gassner

Outubro de 1951

(*) A ser incluído no II volume (N. dos T.)

Prefácio à Segunda Edição

Transcorreram cinco anos de tribulações, durante os quais a civilização esteve prestes a perecer, desde a primeira vez que esta obra foi publicada pela Random House. *Agora que a tempestade está passando e as luzes voltam a acender-se nos teatros do mundo, é reconfortante para o autor ver seu livro novamente no prelo. Trata-se também de ocasião mais do que adequada para rever os tortuosos caminhos do teatro através dos milênios de labuta e aspirações do homem.*

Afortunadamente, esta reimpressão também me forneceu a oportunidade, por longo tempo desejada, de realizar uma pequena revisão; isto é, corrigir cochilos tipográficos e erros de fato secundários, modificar algumas afirmações mal fundamentadas, acrescentar dados informativos ao fim de diversos capítulos e suplementar nossa crônica com um resumo dos anos intermediários de 1940-45. Considerações de espaço e racionamento do papel impediram-me de efetuar uma revisão mais ampla, mas, por outro lado, isso não constitui desgraça, pois um volume maior poderia ter posto à prova a paciência do leitor, se é que ela já não o foi com demasiada severidade.

Para concluir, gostaria de resgatar uma dívida que tenho de há muito com alguns pais adotivos deste projeto possivelmente superambicioso. Este livro seria consideravelmente mais reduzido se não fosse por minha longa associação com os diretores do Theatre Guild, *como responsável por seu Departamento de Textos; virtualmente todos os dramas modernos e contemporâneos passaram por aí — de outra forma, muitas peças teriam escapado à minha atenção. E o livro também jamais teria sido escrito sem Mark Van Doren, que me introduziu à não necessariamente ignóbil arte da crítica através de seus ensinamentos e exemplo, que tiveram início há exatamente vinte e cinco anos. Agora que MESTRES DO DRAMA sobreviveu aos testes de recepção do público e da crítica, e isso posso dizer sem imodéstia, hesito menos em depositá-lo em seu colo. É um colo amplo no qual os livros de muitos de meus contemporâneos poderiam ser depositados com mais certeza de que o esforço foi digno de sua inspiração.*

John Gassner

Junho de 1945

Prefácio à Primeira Edição

Este livro é uma tentativa de prestar homenagem a um dos maiores meios de expressão humana. Considera o drama como uma arte abrangente que é inalienável da civilização.

O drama surgiu de necessidades fundamentais do homem na aurora da civilização e continuou a exprimi-las por milhares de anos. Representa a humanidade em momentos de máxima tensão, conflito, crise, e procura resolvê-los em termos amplamente humanos. Configura a vida do homem perante o gênero humano e impõe tributos a todas as demais artes para conseguir esse propósito. Da palavra, da dança, da música e das artes plásticas, constrói uma poderosa síntese das faculdades criativas da humanidade. Suas formas são múltiplas, incluindo diversas convenções teatrais, e pulsa na pantomima e na recitação; nas artes relativamente independentes do balé, do oratório e da ópera e nos mais recentes produtos do progresso mecânico: os filmes e as transmissões radiofônicas. Finalmente, o drama dirige-se não a indivíduos isolados, mas à espécie humana reunida em grupos como se fosse para uma função pública. Deve ser encarado como a maior empresa coletiva que projeta e interpreta nossa humanidade comum.

Se retraçarmos o caminho do drama através das idades, não poderemos deixar de reconhecer a validade dessas pretensões. Isso não é menos verdade hoje, no momento em que o teatro caiu em mãos perversas em muitos países devastados, pois a falha não se encontra na arte e sim na humanidade. E se as condições materiais de produção, nas quais o dramaturgo ainda é um indivíduo comparativamente livre, colocam em sério perigo sua criatividade, também neste caso o erro será igualmente encontrado no mundo circundante. Ademais, a proeminência desta arte não é muito reduzida por limitações óbvias em comparação com seu presente rival, o romance moderno. O que a peça perde em extensão, pode geralmente recuperar com sua economia e clareza, sua beleza formal e imediatez.

Devemos por certo admitir como é necessário, que esta arte tem pés de barro e anda pelos mercados públicos. O teatro não é uma Escola Dominical, ainda que outrora tenha sido um templo. Por vezes, tem mesmo mais semelhança com um circo. Com mais freqüência do que os puristas conseguem tolerar, ele se baseia no exibicionismo, busca antes o efeito que o significado e saboreia a frivolidade. Incorpora as mais elementares formas de liberação ao lado das mais temíveis exaltações. Oscila eternamente entre o sublime e o ridículo, entre as estrelas e a lama. Em suma, o drama é tão impuro e frágil quanto o próprio gênero humano. Contudo, em última análise, até mesmo isso acaba sendo uma vantagem, pois é justamente por ter pés de barro que o teatro tem estado tão próximo do homem.

Não é preciso dizer que isso não é uma bênção sem mistura. O teatro pode ser acusado de muita banalidade indesculpável e de muito sensacionalismo prostituidor. Embora não seja a regra, muitas vezes é isso que acontece quando a humanidade se torna demasiado pretensiosa ou sofre uma de suas catástrofes periódicas. Devido ao fato de o teatro acharse tão intimamente ligado ao homem e ao mundo que este molda (e que o molda), corre o risco de atingir um estado de subalimentação e de fenecer em meio a uma seca geral. Por vezes chega inclusive a sofrer ainda mais que uma busca humana menos suscetível. Entretanto, o teatro nunca morre completamente, mesmo quando produz poucos ou nenhum texto de importância. O impulso de dramatização não pode ser eliminado por muito tempo e os intérpretes — do mais humilde mimo ao grande Garrick — conservam os espectadores em prontidão para o drama que renascerá sob condições favoráveis. Há inúmeros momentos de queda e ressurreição nesse ciclo de vida. E aqui podemos distinguir apenas o ciclo de vida da humanidade como um todo.*

Este livro foi escrito mais para o leitor geral e o estudante que para o especialista ou o teórico. Se neste relato entram tendências históricas e amplas correntes culturais, é justamente por causa da proximidade do teatro com a história humana. Ademais, é inegável que os maiores dentre os dra-

(*) David Garrick, famoso ator e produtor inglês, nasceu em 1717 e faleceu em 1779. Foi também dramaturgo, adaptador e poeta. Divulgou enormemente a obra de Shakespeare, boa parte da qual fora relegada ao segundo plano desde o Protetorado de Cromwell. Substituiu a interpretação francesa estilizada pela naturalidade e simplicidade. É considerado como um dos maiores intérprete de todos os tempos. (N. dos T.)

maturgos foram dominados pelo drama do gênero humano e às tendências deste devotaram sua obra mais grandiosa.

Claro está que não devemos escarnecer daqueles que são simples praticantes hábeis da arte, carentes da menor migalha de discernimento ou visão. São eles que oferecem até hoje a diversão suficiente. Num mundo doloroso (e quando é que não foi doloroso?), quem somos para mostrar ingratidão por um pouco de prazer que nos chega do palco? Também é verdade que os textos teatrais não são importantes como textos na proporção direta de seu significado e utilidade. Em primeiro lugar, devem ser bons textos, devem possuir riqueza humana e beleza formal. Nenhum registro da dramaturgia pode ser adequado se considera o reflexo de idéias ou fatos históricos a parte da qualidade viva do texto, isto é, a parte de sua beleza de expressão, de seu poder emocional e de seus matizes. Não se deve matar o protoplasma do drama a fim de estudá-lo.

Não obstante, poucos produtos do talento dramático do gênero humano são passíveis de despertar grande interesse depois de seu próprio tempo a não ser que surjam de nossa compreensão dos indivíduos e do mundo. Os dramaturgos que conquistaram a permanência, ou que têm condições de conquistá-la, diferiram nesse ponto das mariposas do teatro. Não foi nenhum acadêmico solene ou propagandista encarniçado, mas sim o lúcido crítico teatral John Mason Brown, quem advertiu seus leitores em The Art of Playgoing (A Arte de ir ao Teatro): "as grandes peças são grandes por outras razões além daquelas pelas quais são adequadas ao palco. Elas pairam acima de suas limitações físicas assim como o espírito do homem transcende o corpo. É a esse espírito que falam". De forma geral, este livro luta para descrever a forma concreta pela qual a dramaturgia falou ao espírito.

Por certo que o drama verdadeiro não é "pura" literatura. Apenas foi escrito mais para ser lido que para ser encenado quando os dramaturgos não encontravam outra alternativa ou quando, por esta ou aquela razão os escritores conseguiam tornar-se dramaturgos bona fide; John Mason Brown disse sabiamente que "o texto é tudo... na biblioteca". Portanto este livro rende suas homenagens ao meio vivo — ou ao menos temporariamente vivo — no qual a peça foi criada. Mesmo quando, em alguns casos, algum trabalho que não foi originalmente escrito para ser encenado é considerado nestas páginas, em grande parte recebe atenção porque, a despeito de suas inadequações inerentes, revelou possibilidades como teatro interpretado. As ilustrações, reunidas num grupo, também irão sugerir a íntima relação que existe entre o texto e o palco.

Contudo, a ênfase foi amplamente colocada na literatura dramática, muito mais que em suas artes associadas. Isso deveria servir para reparar as omissões e abreviações que *serão encontradas nos apanhados de teatro. São estes excelentes estudos das artes teatrais, mas pouco tratam da arte essencial que transformou o palco num veículo de humanidade. Até mesmo Stark Young, que pode rivalizar com quem quer que seja na sensível devoção à arte teatral, não hesitou em afirmar que "o dramaturgo é a figura mais importante do teatro eterno, do teatro que vai além de uma única geração..."*

Visto que um livro deve falar por si só, o autor permite-se apenas um último comentário. Algumas considerações detalhadas foram por ele concedidas a certas peças que podem impressionar a maioria de nós por estarem ao menos em parte datadas. Destas, algumas foram usadas para completar esta crônica ou para ilustrar determinada tendência geral. Contudo, a maior parte delas, quando lidas com os sentidos em alerta para o papel que desempenharam no teatro de seu tempo, podem surpreender por sua persistente vitalidade. Ademais, repetidas vezes obras supostamente fora de moda readquirem interesse quando atores e diretores aplicaram a elas sua inteligência para revivê-las com a apropriada reorientação ou interpretação. A verdade dessa asserção foi exemplificada por toda parte. Há um eterno retorno na experiência humana à qual é de bom aviso dar atenção, se possível.

Para concluir, o autor deseja expressar sua gratidão aos Srs. Pascal Covici e Joseph Margolies devido ao seu interesse inicial por este livro; aos editores de Random House *que cooperaram com ele de forma extremamente generosa; e acima de tudo, à sua paciente esposa e esteio, pela inapreciável assistência na preparação do manuscrito.*

Parte I.
QUADRO PRIMITIVO

Como tudo que existe, o drama tem um início. Contudo, o *primeiro* drama é também o *derradeiro* drama. Num certo sentido, é o drama contemporâneo. Ainda está sendo praticado pelas raças primitivas que sobreviveram dentro de nosso próprio século, ainda existe nos instintos básicos e reações do homem moderno, seus elementos cardeais ainda prevalecem, e sem sombra de dúvida sempre prevalecerão, no teatro.

A "primeira peça" é, necessariamente, um quadro heterogêneo, no qual traços diferentes se tornam visíveis ou se fundem em diferentes estágios. Mas em sua totalidade ele já é o gênero humano em luta contra o mundo, interno e externo, visível e invisível. Destarte, não é de espantar que sua biografia tivesse tanto a nos contar sobre nós mesmos.

1. O Primeiro Dramaturgo

1. *Na Fonte*

"Eles têm vinte ou quarenta juntas de bois, cada boi com um belo ramalhete de flores atado na ponta de seus chifres, e esses bois levam para casa esse mastro ritual (ou melhor, esse ídolo fedido), que vem inteiramente coberto de flores e ervas, atado com cordas de alto abaixo e, algumas vezes, pintado de cores variegadas, seguindo com grande devoção por duzentos ou trezentos homens, mulheres e crianças. E assim sendo levantado, com lenços e bandeiras desfraldadas no topo, amarram ramos verdes ao redor, juncando o chão em volta, instalam mesas de verão, caramanchões e latadas bem junto dele. E então dão início ao banquete e ao festim, pulando e dançando ao redor dele, como fazia a gente pagã na consagração de seu ídolo, da qual isto é uma cópia perfeita ou a própria coisa em si." [1]

Assim escreve o Bispo Stubbes, um elisabetano puritano, tão indignado com a moda de golas de rufos engomados de seu tempo que condenava a goma como "o licor do demônio". Contudo seja qual for nossa opinião quanto às suas convicções sobre o inocente carboidrato, o bom puritano tinha razão em atribuir origens pagãs à dança do *Maypole**. Tomou-a pelo que era — um rito da primavera. Seus sucessores foram ainda mais longe; atribuíram paganismo a todo o dra-

(1) Stubbes — *Anatomy of Abuses.*

(*) Mastro de Maio, usado por povos europeus durante longo tempo (inclusive Idade Média e Renascença) como símbolo da primavera, do retorno à vida após o inverno. O *Maypole* é típico da Inglaterra, embora se encontrem similares em toda a Europa. Ainda que não fosse adorado, era um símbolo festivo ao redor do qual se dançava, cantava e comia. (N. do T.)

ma, acusaram-no com sinistra leviandade e, em 1642, trancaram todos os teatros públicos da Inglaterra.

A curiosa verdade é que o historiador moderno pode levar avante qualquer de suas acusações, visto que não há um único impulso humano, moral ou não, que não se possa associar à evolução do teatro; em suma, os mestres da dramaturgia são os filhos da vida. Mas isso dificilmente desabona o teatro. Pelo contrário, tendo o drama surgido da própria fonte do gosto instintivo do homem pela alegria ou pela liberação emocional e de seus primeiros esforços para dominar o mundo visível e invisível, isso é um sinal de inexpugnável vitalidade. O primeiro dramaturgo, na verdade, começou como jogral e mago. Mas gradualmente levou todo o universo de experiências e conhecimentos para seu campo.

2. *O Dramaturgo-Sacerdote*

O homem primitivo era um mimo acabado e uma criatura dada às práticas lúdicas. Desde o início foi um imitador que partilhava esse atributo com os animais superiores mas ultrapassava-os na flexibilidade de seu corpo e voz, na desenvolvida consciência de sua vontade e na capacidade de ordenar de seu cérebro. Também brincava como seus irmãos animais, descarregando através desse meio sua vitalidade física. Onde quer que o teatro floresça, o homem volta a ser, não caindo em apologia, um animal superior ou uma criança imitando a criatura-mundo e desfrutando do prazer igualmente fundamental de brincar com a ajuda de todas as suas faculdades, desde o mais elementar movimento físico aos mais elaborados vôos da fantasia.

Entretanto, o instinto está inevitavelmente atrelado aos objetivos humanos e o homem primitivo era por demais atormentado pela luta pela vida para abandonar-se a quaisquer impulsos caprichosos. Ao invés disso, pô-los a trabalhar ou eles mesmos puseram-se a trabalhar naturalmente. Ao copiar movimentos ou gestos, ao repetir sons e ao empregar disfarces humanos, animais e até mesmo vegetais, o homem primitivo estava colocando-se instintivamente em contato com o meio-ambiente. E ao brincar, não estava apenas descarregando excessos de energia, mas preparando-se para ações significativas, um fato observado tanto em animais quanto em crianças. Aquele que brinca de caçar ou pescar prepara-se para atingir a eficácia. Dizem que as batalhas da Inglaterra foram vencidas nos campos de *cricket* de Eton, e até mesmo os elaborados torneios da Idade Média serviam ao propósito prático de fornecer treino militar à nobreza.

Além disso, a luta pela existência forçou o homem primitivo a uma visão declaradamente prática ou utilitária. Assim, de início, fazia utensílios de barro visando apenas sua utilidade e só mais tarde começou a decorá-los. Dando vazão aos seus impulsos dramáticos, era igualmente prático e tinha consciência disso. Tal como as crianças e adultos mentalmente doentes, pensou que podia influenciar os acontecimentos se os desejasse. Acreditava que se ao menos pudesse descrever algo de que precisava ou se fosse capaz de pensar o objeto com intensidade suficiente, poderia chegar a obter aquilo que seu coração anulava. Na realidade, ainda pensamos dessa forma com mais freqüência do que admitimos. E desde que o homem ainda não era capaz de exprimir seus pensamentos, recorria à ação.

Queria comer regularmente, conquistar seus inimigos e pôr-se a salvo de ataques e, curiosamente, logo aprendeu que podia realizar seus desejos através da dança e da representação de seus desejos. Embora essa teoria seja cientificamente insustentável, amiúde seus resultados eram válidos porquanto os efeitos que procurava alcançar por via mágica bem poderiam ser promovidos pela inspiração e auto-sugestão que o rito induzia nos atores. Por essa época, também, o homem primitivo começava a pensar em termos que fatalmente aguçariam sua consciência da natureza e intensificariam seu ajustamento a ela. Desvendando lentamente a relação entre seu suprimento de alimentos e a fértil estação das chuvas ou do máximo calor solar, começou a incluir efetivamente algo de pensamento científico em seu rito dramático.

De início, seus meios de expressão deveriam ser tão simples quanto o cabo-de-guerra mímico dos esquimós: "No outono, quando começam as tempestades e aproxima-se o longo e desolador inverno ártico, os esquimós centrais dividem-se em dois grupos, denominados As Ptármigas e Os Patos. São ptármigas aquelas pessoas que nasceram no inverno, patos as que nasceram no verão. Esticam uma longa corda de pele de foca. Os patos agarram uma das extremidades, as ptármigas, a outra; então tem início o cabo-de-guerra" [2]. Se vencerem os filhos do verão, haverá tempo clemente e a abundância a que está associada essa estação. O australiano primitivo "pinta a figura do emu na areia com vermelho rubro tirado do sangue da própria ave, veste-se com plumas de emu e olha ao seu redor de forma oca, estúpida, como um emu; constrói uma armação de ramos de árvore como a crisálida de uma larva *Witchetty,* seu alimento predileto, e arrasta o corpo através dela numa pantomima longa e desajeitada para propiciar seu nascimento [3]". Trata-se aqui do fenômeno do nascimento que é associado ao suprimento de alimentos.

Gradualmente os ritos assumem maior complexidade, ritmos de dança, símbolos mais sutis e representações mais dinâmicas. O homem exprimiu seus desejos através da dança até que a dança pantomímica se tornou a mais acabada das

(2) Harrison, Jane Ellen — *Ancient Art and Ritual,* pág. 62.
(3) Ibid., pág. 64.

primitivas formas de drama e o dramaturgo se tornou um coreógrafo. Ademais, a esta altura nos deparamos com um indivíduo que transcende qualquer profissão isolada. Encontramos um sacerdote, um cientista, um filósofo e um organizador social — um especialista multíplice agregando em si diversas funções que posteriormente se fizeram especialidades. Em outras palavras, este dramaturgo é antes uma personalidade abrangente que um carpinteiro do palco. Nada há de humilde em sua profissão, e um Ésquilo ou um Ibsen simplesmente continuaram essa nobre tradição quando abarcaram todo um mundo.

O dramaturgo primitivo formula e conduz a pantomima desde que a forma e execução dessa representação exigem um intelecto diretor. Também se torna, é verdade, inventivo do ponto de vista mecânico, criando os primeiros "adereços" teatrais, quando emprega "mugidos de touro" e pedaços de galho em ziguezague para imitar o trovão e o relâmpago que surgem durante a estação chuvosa. Contudo, não é um simples mecânico, mas um sacerdote que empresta ao ato seu conteúdo ou sentido e ensina ao homem os primeiros objetivos da oração. Seus ritos, através dos quais, segundo se afirma, ele atrela a providência, a natureza ou Deus ao serviço da humanidade, são simplesmente uma aplicação literal do primitivo lema cristão, segundo o qual trabalhar é orar — *laborare est orare*. Por exemplo, é significativo que a palavra para dançar e trabalhar seja a mesma em uma língua ameríndia, que quando um ancião da tribo dos Tarahumaras no México censura um jovem por não participar da dança, na realidade diga o seguinte: "Por que é que você não entra lá e trabalha?" [4] Além disso, esse sacerdote é um poeta em virtude da imaginação que o capacita a animar a natureza ou personificar suas forças como espíritos; e ele se torna simultaneamente um cientista, desde que é um fazedor de milagres, um feiticeiro que exorcisma doenças (antecipando assim o poder curativo ou purgativo do drama através de suas práticas médicas literais) e um proponente da idéia de que a humanidade pode obter o domínio da natureza. De início pode não monopolizar esses atributos, mas por certo os exerce mais conspícua e lucidamente que outros membros de sua comunidade.

Para finalizar, ele é também um filósofo social, pois é quem organiza a representação como uma atividade comunitária e amplia a realidade da comuna primitiva. Sob sua liderança a natureza não está sendo dominada para o indivíduo, mas para a tribo e o teatro primitivo que serve a esse propósito é uma comunhão. Outros ritos diretamente relacionados com a organização social primitiva, desenvolvem-se da mesma forma sob sua tutela — a iniciação dos jovens na tribo e as

(4) Ibid., págs. 30-31.

diversas maneiras de adorar os ancestrais que cristalizam o conceito de sociedade primitiva.

3. *O Dramaturgo e o Fantasma*

Na verdade, não devemos subestimar o rito centralizado em alguma figura ancestral ou imagem paternal que foi originariamente a de um patriarca, mais tarde caudilho ou rei, em geral acumulando com essas funções a de sacerdote. Com toda probabilidade esse herói é o primeiro deus, a personagem sobre cuja imagem são criados os espíritos da natureza e seres divinos. Muito antes que o homem primitivo pudesse conceber a idéia abstrata de um poderoso agente sobrenatural, tinha que competir com um ser humano todo-poderoso.

Se essa figura fora potente enquanto estava viva, poderia ser igualmente potente na morte, pois era possível que voltasse como um fantasma cuja ira deveria ser prevenida ou apaziguada com ritos tumulares. Na verdade, talvez tivesse boas razões para essa ira, pois poderia ter sido assassinado por filhos ciosos de seu autocrático controle das propriedades e mulheres da comunidade. Talvez, também, fosse chacinado pela tribo que se rebelara contra ele ou que simplesmente julgara oportuno transferir sua alma mágica e doadora de força para o corpo mais jovem e mais vigoroso de um novo rei-sacerdote[5]. Até mesmo sua morte natural poderia encher os descendentes de sentimento de culpa, pois algumas vezes poderiam ter acalentado desejos inexpressos e irrealizados de vê-lo destruído; e não são os pensamentos agentes alados da vontade? Ao lado disso, a potência do morto poderia ser de natureza benéfica, pois não fora ele um guia e zelador de seu povo?

Ademais, com essa personagem, o principal assunto da tragédia, a Morte, ingressa no teatro. Um dos métodos de superar uma dificuldade é o método-padrão de desfazê-la na mente! O artifício é encontradiço nas mentiras e fantasias de crianças e adultos, bem como no processo de "desfazimento" mágico (conceito freudiano de *Ungeschehenmachen*) observado na psicopatologia. O homem primitivo nega a morte trazendo de volta o falecido sob a forma de espírito, e o rito do ancestral ou adoração do espírito converte-se em uma representação gráfica dessa ressurreição. O túmulo torna-se o palco e os atores representam fantasmas. Claro está que verdadeiras cenas de fantasmas são abundantes no teatro posterior e o drama dos espíritos sobreviverá de forma altamente desenvolvida nas peças japonesas do teatro Nô. Também sabemos que muitas das tragédias gregas, como o *Ajax* e o *Édipo em Colona* de Sófocles e *Hipólito* e *Medéia* de Eurípides, estavam relacionadas a rituais a comemorar um herói

(5) Frazer, James George — *The Golden Bough*, pág. 265. Edição condensada em um só volume, de 1922. Macmillan.

ou heroína primitivos. O drama ainda subjuga o primeiro terror no momento em que o homem, enobrecido por sua luta apaixonada e por sua fortaleza, sobrevive num sentido espiritual. Quando, nessa longínqua data, a Morte entrou no palco, a tragédia havia nascido.

Se a sobrevivência da alma apresentava seus próprios terrores, pois o fantasma poderia ser hostil, era possível amenizar o perigo por meio de ritos propiciatórios ou através do exorcismo público do espírito hostil tal como o bem conhecido costume da "expulsão do espírito". Atenas, por exemplo, tinha o antigo festival de Antesteria, no fim de fevereiro, quando os fantasmas que no momento infestavam a cidade eram aplacados e banidos por meio de festins e danças dramáticas. A Noite das Bruxas, nos Estados Unidos, é uma sobrevivência desse costume muito difundido. Antigas pantomimas européias, como a tradicional peça "São Jorge e o Dragão" descrita por Thomas Hardy em *The Return of the Native* (A Volta do Nativo) estão igualmente associadas a fantasmas que são espantados pelos mimos ou varridos com uma vigorosa vassourada.

Ademais, o homem descobriu meios suplementares de negar a mortalidade. A fórmula mais eficaz de superar o índice de mortes é aumentar o índice de nascimentos, e este era da maior importância para tribos rivais. Em conseqüência disso, representações que interpretavam e induziam à procriação assumiram grande importância, e não é de surpreender que os ritos da fertilidade humana, que tinham seu paralelo em ritos da fertilidade animal e vegetal, acabassem por surgir muito cedo na história. Os ritos fálicos ou sexuais eram caracterizados por muitos festins, desde que tendiam a reproduzir os elementos eufóricos do ato sexual. Permitia-se uma total liberação da libido reprimida, as exibições sexuais eram muito mais diretas que até mesmo em nossos espetáculos burlescos e as pilhérias tinham livre curso. Não é de espantar que o acontecimento provasse ser um estímulo que fornecia os resultados desejados nove meses mais tarde, e se o homem primitivo os atribuía à magia, é tarde demais para desiludi-lo. Dessas pantomimas, especificamente, é que nasceu a comédia, com sua imensa alegria e com o riso que silencia muitas ansiedades ou dores de coração do espectador. A proverbial "leviandade" do palco é uma de suas mais antigas heranças; de forma sublimada é também um legado muito precioso.

Podemos acrescentar que a vida também era afirmada pela adoração da potência em um animal (algumas vezes uma planta, como a *soma* dos hindus) no qual se encarnava com freqüência o espírito ancestral e a unidade da tribo. Tornou-se costumeiro para a comunidade sacrificar um touro, cavalo, bode ou outra criatura e incorporar seu *mana* ou poder mágico através da partilha da carne e do sangue. Depois, visto que matar o animal sagrado era um negócio muito sério, sua morte era simbolicamente "desfeita" de diversas formas. Por exemplo, se o sacerdote vestisse sua pele e dançasse, podia provar que o assim chamado totem ainda estava vivo e na realidade era indestrutível. O ingresso de novos adultos na tribo também requeria ritos de caráter iniciatório e a cerimônia mostrava o adolescente morrendo como criança e renascendo como homem. Algumas vezes o rito também prevenia o jovem contra a transgressão de leis tribais e a destruição dos mais velhos na busca de propriedades e mulheres; a advertência era dada por meio de uma execução mímica ou pelo ato concreto da circuncisão.

Nessa estonteante complexidade de rituais vemos o conteúdo do teatro ampliando-se tremendamente e vemos também sua estrutura tomando forma. Ação e imitação, os primeiros ingredientes da peça primitiva, começaram a seguir um padrão adequadamente fixado desde que assumiram a forma de uma luta central. A partir do momento em que o dramaturgo primitivo encenou a batalha entre a boa e a má estação ou entre a vida e a morte, o princípio dinâmico do drama — *conflito* — ingressou no teatro.

4. *As Paixões e o Desenvolvimento da "Trama"*

Apenas um elemento a mais é necessário para completar os requisitos mínimos do drama — isto é, a trama ou estória. A trama já estava presente nos ritos mais antigos. Com efeito, sua mais simples pantomima dizia "Meu caminho cruzou com o de um animal feroz, ele rosnou e me atacou, agachei-me, joguei minha lança, disparei minha flecha, matei-o e trouxe-o para casa"; ou "encontrei o inimigo, trocamos golpes e socos, perfurei seu coração, cortei sua cabeça, tomei seus bens e agora estou próspero e seguro". A trama foi então ampliada pela lembrança dos feitos daqueles que eram objeto dos ritos tumulares e adquiriu maravilha e estatura quando os espíritos da vegetação bem como os espíritos ancestrais foram dotados de notáveis características e nasceu a mitologia. O mito, suplementado pelo material da saga, tornou-se o assunto do drama. A estória dramatizada compreendia agora personalidades individualizadas que viveram, trabalharam, atingiram a grandeza, sofreram e morreram ou, de algum modo, triunfaram sobre a morte. Eis, em resumo, o mesmo padrão que aparece na tragédia posterior e — com omissão da catástrofe final também na comédia.

O deus ou herói deificado entrou no teatro com segurança, e sua personalidade e importância exaltadas somente poderiam ser honradas por todos os recursos que o teatro primitivo conseguisse concentrar. As peças que assim se materializaram eram elaboradas "Paixões", como as de Oberammergau e outras cidades da Europa Central, e é natural que elas houvessem surgido inicialmente no Egito e na Mesopotâmia, onde a civilização lançou suas primeiras raízes. A mais conhecida é a *"Paixão" de Abidos,* do Egito.

O herói do drama egípcio era Osíris, herói deificado, deus do cereal, espírito das árvores, patrono da fertilidade e senhor da vida e da morte. Nascido da fértil união do céu e da terra, Osíris veio para a terra, resgatou seu povo da barbárie, deu-lhe leis e, com sua irmã-esposa Ísis, ensinou-o a cultivar os frutos do solo. Mas despertou a inimizade de seu irmão Set, ou Morte, que convenceu-o a entrar num caixão, pregou a tampa com rapidez e atirou-o ao Nilo. Ísis viajou longamente à sua procura, dando à luz um filho, Hórus, durante suas andanças. Com grande dificuldade recuperou o corpo do esposo, apenas para perdê-lo novamente para o irmão, que o retalhou em catorze pedaços e espalhou-os por toda a terra. Finalmente Ísis recuperou os membros do deus assassinado, juntou-os e abanou o barro frio com suas asas. Devido a esses socorros Osíris voltou à vida e tornou-se governante do mundo subterrâneo.

Nas "Paixões" representadas em honra de Osíris, os detalhes dos lamentos por sua morte, do encontro do corpo, de sua devolução à vida e das jubilosas saudações ao deus ressuscitado eram tratadas com grande pompa. A peça converteu-se em parte de um festival grandioso e esfuziante que durava dezoito dias e iniciava-se, bastante significativamente, com uma cerimônia de aradura e semeadura. Para propiciar ainda mais o propósito mágico do rito, os egípcios também faziam efígies do deus e enterravam trigo com ele, de forma que o brotar da semente, que simbolizava sua ressurreição, poderia propiciar o crescimento das colheitas. Outras peças abordavam temas correlatos.

Os dramas sírios giravam ao redor da figura afim de Tamuz ou Adônis, deus das águas e das colheitas, que deviam sua abundância aos rios da Mesopotâmia. Sua morte era cerimonialmente lamentada pelas mulheres sírias, para grande aflição do profeta Ezequiel, que apanhou as filhas de Israel adotando o costume pagão. Na "Paixão do Senhor Tamuz", o povo carpia o definhamento e morte da vegetação e propiciava seu retorno. A cada ano o deus morria; a cada ano ele retornava somente para voltar a morrer. Enchiam-se vasos de terra nos quais eram plantadas sementes de flores e arbustos. Cuidadosamente regadas e cultivadas por oito dias no clima quente, as sementes brotavam com rapidez. Mas depois que as plantas desenraizadas murchavam, eram lançadas às águas com imagens do falecido Tamuz e carpidas com grande extravagância.

Vários mitos contavam sua estória e personificavam esse espírito da vegetação. Na Babilônia, era o encantador amante ou jovem esposo de Ischtar, a deusa-mãe, que representava a fertilidade da terra. Mas desde que era sua triste sina morrer todos os anos e partir para o sombrio mundo subterrâneo,

Ischtar descia ao mundo subterrâneo à sua procura, e assim ameaçava toda a vida de extinção. Esse problema sério chamou a atenção de Ea, deus dos deuses, que finalmente persuadiu a implacável deusa do mundo subterrâneo a permitir que Ischtar partisse com Tamuz.

As lendas babilônias são suplementadas pelo mito grego, no qual Tamuz, conhecido por Adônis (originariamente apenas seu título semítico — Senhor, tal como na palavra hebraica *Adonai*) era amado por Afrodite.

Esta ocultou-o num cesto que entregou aos cuidados de Perséfone, a rainha do mundo subterrâneo. Perséfone, no entanto, ficou tão fascinada pelo jovem que se recusou a devolvê-lo a Afrodite. A deusa do amor e da vida desceu ao mundo subterrâneo para resgatá-lo, mas não conseguiu convencer a deusa da morte a desistir dele até que Zeus promulgou um decreto, segundo o qual, assim como a vegetação, Adônis dividiria seu tempo entre o mundo superior e o inferior. O mito grego, que recorda marcadamente os ritos babilônios, nos quais a ênfase recaía muito mais na morte que na ressurreição de Tamuz, faz com que afinal Adônis seja assassinado por um javali selvagem, ou pelo deus da guerra Ares ou Marte, na forma de um javali. O feito de Ares pode ter sido o primeiro crime passional do teatro, uma vez que, como esposo de Afrodite, sentia ciúmes das atenções com que ela cumulava o formoso rapaz!

Em Alexandria, onde se adotava a versão grega, imagens de Afrodite e Adônis eram colocadas em dois divãs. Frutos maduros, plantas em crescimento e bolos eram dispostos ao lado desses patronos da fertilidade, e os amantes esposavam-se em meio a grande pompa e júbilo. Mas no dia seguinte, Adônis estava morto e devia ser chorado pelas mulheres com os cabelos soltos e os peitos nus. Em sinal de sua dor, as mulheres da Fenícia até mesmo sacrificavam a virtude, entregando-se a estranhos, e isto, por sua vez, poderia ser um anulamento simbólico de sua morte, desde que assegurava a própria fertilidade das fenícias [7]. A cerimônia encerrava-se com uma canção que previa seu retorno à terra dos vivos.

As "Paixões" de Osíris e Tamuz promoveram progressos fantásticos no teatro. Os primeiros dançarinos usavam no máximo certa variedade de movimentos mímicos, cobriam-se com peles e vestiam máscaras representando animais conhecidos por seu poder reprodutor. Contudo, o ritual mais elaborado do deus introduzia cortejos e procissões, imagens e quadros, tal como os realizados em honra de Afrodite e Adônis. Objetos de cena, como o barco de Osíris que era atacado por seus inimigos, tornaram-se necessários e parece que havia algumas sugestões de cenários.

(6) Ibid., págs. 362-68.
(7) Ibid., págs. 324-47.

O chefe do primitivo rito dramático tinha de transformar-se em verdadeiro diretor de teatro. A dura tarefa de organizar a "Paixão" tornou-se cada vez mais uma especialidade e finalmente acabou por passar dos sacerdotes para os laicos. Com o tempo os sacerdotes foram obrigados a deixar o teatro inteiramente e, quando muito, permaneceram em sua periferia, como os sacerdotes de Dionisos, que ocupavam tronos próximos do palco, mas não dirigiam os acontecimentos propriamente ditos e nem escreviam peças *. Ademais, desde que os heróis dessas "Paixões" eram indivíduos definidos, o teatro deu um passo a mais rumo à interpretação individual, e o sacerdote-ator pouco a pouco foi suplantado pelo intérprete laico.

Depois das "Paixões", em grande parte assentadas na pantomima, eram necessários apenas mais dois acréscimos a fim de preparar o drama para a importante posição que ocuparia em tempos posteriores: heróis completamente humanos e diálogo. Este estágio final, contudo, não deve ser procurado no Egito ou na Síria, onde o humanismo não podia chegar à maturidade devido ao peso morto do despotismo e da hierarquia.

5. *Téspis e o Despertar na Grécia*

A "Paixão" da Grécia estava destinada a ser a primeira que floresceria de forma totalmente acabada como drama.

Tal como seus companheiros no Egito ou na Síria, o grego primitivo estava mergulhado na magia e no ritual. O retorno da primavera, ele o antecipava e celebrava de inúmeras formas, representando o levantamento do espírito da terra, Perséfone, que no mito familiar é arrastada para o mundo subterrâneo por um tremendo amante: Plutão, ou a Morte. Em Delfos, os gregos queimavam uma boneca, "Charila", a Virgem da Primavera doadora de graças, e então a exumavam para representar, bem como propiciar, a chegada da estação fértil. Ademais, visto que o inverno é o mais acirrado inimigo, sua representante, a grande fome ou o "Boi-fome", era expulsa com enorme solenidade. Um bode expiatório, na pessoa de um escravo, era apresentado, espancado com um bastão cortado de uma planta mágica e levado para fora das portas da cidade com as palavras mágicas: *"Fora* com o 'Boi-fome', *entrem* riqueza e saúde!" [8]

Certo número de cidades recorria ao sacrifício animal, matando um touro santificado cujo original poderia ter sido muito bem o Minotauro da antiga lenda cretense. Na cidade

(*) É significativo, porém, que os três mestres da tragédia clássica grega, Ésquilo, Sófocles e Eurípedes, tenham estado associados ao sacerdócio numa ou noutra ocasião. A transição da função do dramaturgo, que passava dos sacerdotes para os leigos, foi gradual na Grécia, bem como no Oriente e na Europa Medieval. (N. do A.)

(8) Harrison, Jane Ellen — *Ancient Art and Ritual*, págs. 79-82.

grega de Magnésia, na Ásia Menor, o melhor touro era separado e consagrado no início da semeadura. Era cuidadosamente preservado de contaminação durante todo o outono e inverno, enquanto mantinha a sorte da cidade conservada em seu corpo belo e forte. Então, em abril, era solenemente sacrificado e sua carne era comida por todos os cidadãos a fim de que pudessem partilhar de seu poder ou *mana*. No ano seguinte, um novo touro era escolhido e o ciclo repetia-se. Esta *Boufonia* ou "morte-do-boi" tinha sua duplicata em Atenas, com uma adição significativa — a ressurreição do quadrúpede doador de força. Os atenienses recheavam seu couro e o atrelavam a um arado, como se nunca o tivessem matado. Além disso, para se purificarem do assassinato, "Fugiam depois do feito, sem olhar para trás; julgavam e condenavam publicamente o machado que desferira o golpe".[9] Em sua história primitiva, os nobres gregos, que mais tarde nos legaram a filosofia de Platão e a escultura de Fídias, não diferiam muito dos índios das planícies ou dos ainos da ilha de Sangalien, que possuem um rito semelhante girando em torno de um urso sagrado.

Outro pequeno drama diversamente representado era o do novo ou "segundo" nascimento, uma cerimônia com a qual os rapazes gregos eram admitidos na tribo. Aqui, mais uma vez, os antepassados do sábio e artista do Século de Péricles não diferiam em muito dos selvagens que abriram seus mistérios aos antropólogos modernos. A simulação do nascimento é uma característica geral deste rito, como por exemplo na África Oriental Inglesa, onde a mãe da tribo Kikayu fica em pé sobre seu filho agachado e finge estar em trabalho de parto enquanto que ele vage como uma criança recém-nascida.

Mas os gregos, sob condições favoráveis, desenvolveram-se até chegar a uma raça criativa que sublimou sua superstição em divindades altamente personalizadas, belas estórias e vivas representações. Dionisos, criado à imagem do homem, tornou-se o protagonista de diversas funções da mente primitiva. Era reconhecido sob diversos nomes como o Espírito da Primavera, o Deus do Renascimento ("O Divino Rapaz" e "Brômio, Aquele do forte grito"), o Deus Touro ou o Deus Bode, e o poder intoxicador da procriação em todas as coisas. Como deus do vinho, o mais comum de seus títulos, apenas exprimia um aspecto simbólico de sua divindade energética. Seu rito, conhecido como o ditirambo, era uma "dança de saltos" ou dança de abandono, acompanhada por movimentos dramáticos e dotada de hinos apropriados. O sacrifício de um animal, provavelmente um bode, e muita pantomima executada pelo coro de dançarinos vestidos com peles de bode (simbolizando assim a ressurreição do Deus Bode) também eram traços do rito. Afora isso, os líderes do

(9) Ibid., págs. 90 e seguintes.

ditirambo tinham uma estória completa sobre a qual trabalhar quando começaram a improvisar acréscimos à dança.

Segundo um mito, Dionisos é filho de Zeus e Perséfone, a Virgem da primavera ou do Cereal; outro considerou Semele, a Terra, como sua mãe. Em outra versão ainda, Dionisos nascia como "Zagreus", a criança de chifres e imediatamente subia ao trono de seu pai. Mas era derrubado pelos Titãs, dos quais fugia por algum tempo, assumindo diversas formas, até que seu corpo era cortado em pedacinhos (como em certos ritos totêmicos de morte do touro). Mais uma vez encontramos aqui a essência da tragédia — conflito e morte; Dionisos é apenas mais um dos muitos deuses que morreram. Mas em outra narrativa, corrente em Creta, onde Dionisos era o filho de um rei terreno, ele já está a caminho da ressurreição. Os pedaços eram juntados sob ordem de Zeus, e depois queimados.

Uma "Paixão", em Creta, representava sua tragédia com grande cuidado. "Tudo que havia feito ou sofrido em seus últimos momentos era representado perante os olhos de seus adoradores, que despedaçavam com os dentes um touro vivo e erravam pelos bosques soltando gritos desvairados" [10]. Ainda em outras versões, sua mãe o fez jovem novamente depois de reunir os pedaços e juntá-los, ou ele levantou-se do túmulo e subiu aos céus por sua própria eficácia.

Ao lado disso, com o tempo os líderes do ditirambo acabaram por incluir outros detalhes correlatos, tirados dos muitos contos de ancestrais ou heróis locais, que vinham sendo recitados pelos poetas ou representados em ritos tumulares. Uma vez que também esses heróis haviam realizado grandes feitos em favor de seu povo, que também eles haviam tido seu *agon* ou luta com um opositor e nela encontrado a morte, os incipientes dramaturgos acharam possível inseri-los no molde geral do drama dionisíaco. Surgiu a tendência de substituir o detalhe ritual pelo humano, e a propensão viu-se reforçada pelo gradual declínio da religião primitiva, particularmente em Atenas, onde foi em grande parte reduzida a uma formalidade festiva. Quando o ceticismo golpeou mortalmente os grilhões da superstição, também libertou de seus entraves primevos o drama essencial que havia no rito. Finalmente as palavras associadas às danças ditirâmbicas, que de início haviam sido espontâneas e fragmentárias, tornaram-se cada vez mais elaboradas, sendo essa evolução facilitada pela rápida ascensão da poesia grega. Logo, os versos, que de início eram cantados em uníssono ou eram, quando muito, divididos entre coros a serem cantados antifonicamente, começaram a assumir a forma de um diálogo individual.

Quando Téspis, um diretor de coros, com a cara lambuzada de grés branco, talvez simulando o deus morto, se pôs em pé sobre uma mesa e dirigiu-se ao líder do coro,

(10) Frazer, ibid., pág. 389.

nasceu o diálogo na Grécia. Com seu passo inspirado, Téspis também criou o ator clássico, distinto do dançarino. Sua mesa, que provavelmente servia de altar para o sacrifício animal, foi também o primeiro esboço de um palco diferente do primitivo círculo de dança.

A inauguração do reino do diálogo não se deveu provavelmente a Téspis sozinho, a bem-humorada troca de palavras na festança dionisíaca fatalmente acabaria por sugeri-lo. Pode ter sido antecipado por outros líderes do ditirambo, e é sabido que o poeta Arion já inserira algumas linhas faladas no rito algum tempo antes. Mas foi o trabalho de Téspis que maior impressão causou nos gregos e seu nome atravessou as idades como uma figura importante, ainda que um tanto vaga. Ele parece haver empregado o diálogo mais amplamente que qualquer de seus predecessores ou contemporâneos, e ter desenvolvido uma trama dramática de razoável extensão. Conta-se que Sólon, o sábio racionalista, legislador e censor de costumes, chegou mesmo a censurá-lo por suas fabulosas estórias. — "Não tens vergonha de contar tantas mentiras?" — perguntou-lhe Sólon. De engenhoso diretor de ditirambos, Téspis tornou-se dramaturgo e, em 535 a.C., o primeiro a receber um prêmio. Chegou mesmo a adquirir um "edifício de teatro" quando suas peças passaram a ser representadas numa área de pedras circular e permanente, destinada às danças, com um templo de pedras ao fundo.

Surgiu um concurso de peças em 535, quando Pisístrato, o "tirano" a quem o povo comum de Atenas investiu de poder, trouxe para a cidade um rústico festival dionisíaco. O "teatro" foi construído para acomodar os ditirambos e peças primitivas que compreendiam as principais manifestações dessa celebração democrática. Diversamente dos espíritos ancestrais adorados pelos nobres, Dionisos, o espírito da vegetação, era propriedade de todo o povo, e era uma judiciosa estratégia política celebrar sua glória com a maior pompa possível.

Como vemos, um político partilha, ao lado de Téspis, das honras de haver dado o impulso inicial ao teatro grego. Sem Pisístrato, o drama poderia ter permanecido durante muito tempo uma manifestação crua. Afora isso, sem seus esforços para contrariar as pretensões sociais da aristocracia, dando ao povo uma raça de heróis que transcendiam qualquer família individual, seria bem mais lento do que o foi o ingresso das personagens completamente humanas no teatro grego. Em grande parte deve-se a ele o estabelecimento da voga dos épicos homéricos na cidade. Depois disso, tornou-se bastante simples para a galáxia de heróis homéricos — Agamemnon, Odisseu, Aquiles e outros — ocupar seu lugar ao lado de Dionisos entre as *dramatis personae* do teatro. Dionisos nunca foi negligenciado pelo teatro clássico, que pagou tributo ao deus tornando-o seu patrono, honrando-o com uma elaborada procissão e atribuindo-lhe o papel central em diversas peças. Mas os heróis nacionais, ao lado de vários heróis locais, como Teseu e Hipólito, forneceram ao dramaturgo clássico uma variedade definitivamente maior de material para estórias. Tornando-se o principal tema do drama, os caracteres homéricos e ancestrais transformaram o teatro de Deus no templo do Homem.

Foi sob a influência dessa evolução que Téspis trabalhou, e não é de espantar que lhe parecesse necessário ampliar as fronteiras do teatro coral. De que forma poderia ter-se acomodado ao novo espírito humanístico que se fazia sentir em Atenas? É impossível dizer exatamente até que ponto ceifou a colheita dos interesses culturais de seu tempo, posto que suas peças se perderam completamente. Mas seu trabalho foi logo retomado por outros, e entre eles afortunadamente estava Ésquilo, o soldado, pensador e profeta, que foi sensível a forças históricas ainda maiores e fez da dramaturgia um instrumento para as mais altas aspirações da humanidade ocidental.

Parte II.
OS MESTRES CLÁSSICOS

O drama, de início, atinge a maturidade nas eras clássicas da Grécia e de Roma. Faz a primeira transição do ritual para a arte e dá o primeiro passo em direção à caracterização e ao conteúdo amplamente humano. Ademais, o teatro termina por tornar-se uma síntese das artes tal como o foi desde o século V a.C. Poesia e ação dramática, suplementadas por quase todas as artes, da música à pintura, resultam em poderoso órgão para a expressão da experiência e pensamento humanos. Os primeiros mestres da dramaturgia são, em certo sentido, mestres da vida.

2. Ésquilo — "O Pai da Tragédia"

1. *Um Dramaturgo nas Encruzilhadas*

No ano de 525 a.C., Cambises invadiu o Egito e Ésquilo nasceu. Na superfície, um acontecimento menor na história do imperialismo asiático e o nascimento daquele que é geralmente reconhecido como o "pai da tragédia" não têm qualquer conexão visível. Mas a lógica dos processos culturais move-se indiretamente. Era destino do primeiro mestre do teatro estar ligado à história política e cultural a quase cada momento de sua vida excitante e moderadamente longa. Nenhum dramaturgo se encontrou com tanta freqüência nas encruzilhadas.

Cada gênio revela um padrão de comportamento. O padrão do primeiro grande dramaturgo, tal como o de diversos de seus companheiros posteriores, foi o de estar sempre colocado entre dois mundos ou princípios. O que ele iria mais tarde transpor para as peças era parcialmente seu, em virtude de estar vivo num dos períodos críticos da história humana.

Uma segunda e mais próxima investida do Império Persa ocorreu durante sua infância, quando Dario invadiu os Balcãs em 512, penetrando até a embocadura do Danúbio. Depois disso, enquanto Ésquilo caminhava para a maturidade, as relações entre os gregos e os persas tornaram-se cada vez mais tensas. Quando as colônias jônias se revoltaram contra o Império Asiático que as subjugara muitos anos antes, ele tinha vinte e seis anos e era bastante velho para sentir o impacto do acontecimento. Quatro anos mais tarde os gregos da Ásia Menor sofreram esmagadora derrota, o que resultou na invasão da Grécia européia; e não decorreu muito tempo antes que Atenas, seu estado nativo, envolvido de diversas formas na revolta, se tornasse o objeto do ataque. É bastante apropriado afirmar que o primeiro grande trágico do mundo amadureceu num vulcão.

Dez anos antes que Ésquilo fizesse sua estréia como dramaturgo encenado, em 490, estava na planície de Maratona com o valente grupo de atenienses que repeliu as hostes do maior império de seu tempo. Aos trinta e cinco anos era herói nacional; o teatro de Dionisos, em Atenas, possuía uma pintura representando o heroísmo de Ésquilo e de seu irmão Cinégiros nessa ocasião histórica. Mas não deveria haver descanso para o guerreiro-dramaturgo, e não estava destinado a uma complacente meia-idade. Dez anos mais tarde, a memória de Maratona deveria ser cinzas no coração do poeta ao observar a precipitada evacuação de sua cidade. Os persas haviam investido nas Termópilas em número esmagador. A população de Atenas foi obrigada a se retirar para seus navios, a fim de evitar a captura, e a orgulhosa cidade viu-se completamente destruída pelo invasor. Ésquilo e a Europa permaneceram no ponto em que os caminhos se dividiam. O triunfo das armas persas teria transformado a Grécia numa colônia do Oriente, e para um pensador como Ésquilo deveria ser evidente que o colapso da civilização helênica acarretaria a destruição de um novo ponto de vista que compreendia princípios democráticos e uma consciência e pensamento individuais. Desse destino a Europa foi salva pela momentosa batalha naval de Salamina, quando os atenienses, engalfinhando-se com os navios persas em encontros corpo a corpo, esmagou os invasores. Ésquilo, então com quarenta e cinco anos, retornou com seus concidadãos para reconstruir Atenas e transformá-la na capital política e cultural da Hélade.

Era inevitável que nunca esquecesse sua participação na grande luta, ao lado dos homens de seu povo e de seus dois irmãos, um dos quais foi condecorado por valor e bravura em Salamina. Um homem refletido e rico em imaginação poderia esquecer uma seqüência de crises e clímax capaz de rivalizar com qualquer drama jamais escrito? Ésquilo lembrar-se-ia oito anos depois, quando celebrou a vitória e ponderou sobre o destino dos impérios em *Os Persas*. O sopro épico de suas peças, seu diálogo exaltado, seus amplos traços de caracterização e suas situações, que são fixadas no topo de picos de titânica paixão, pertencem a uma idade heróica. Sua orquestração dá realce às trombetas, e seu pensamento — por mais sutil que possa ser — soa com repto marcial. Quando postado nas encruzilhadas da ética, tem o porte de um soldado defendendo sua posição contra uma horda de inimigos, sem pedir nem conceder quartel. Além disso, a despeito de todos os pensamentos que remoeu sobre a maldade humana, há em sua obra um sentido de resoluto otimismo: o princípio certo sempre vence em seus conflitos filosóficos e éticos, assim como venceu no campo de Maratona e nas águas de Salamina. Mesmo em suas sondagens mais profundas, sempre expressas em termos de uma luta colossal, ele permanece um poeta combativo.

Outros também deveriam recordá-lo como soldado; não apenas os atenienses que lembravam sua vitória em inúmeros monumentos, mas os cidadãos de Gela, na Sicília, onde exalou o último suspiro aos sessenta e nove anos. Em sua tumba inscreveram o seguinte epitáfio:

Aqui jaz Ésquilo, distante de Atenas.
Seu lar, sob este solo de Gela, de onde brota o trigo.
Sobre a coragem do filho de Euforion na batalha
Muito podem contar os persas, de longos cabelos, que fugiram de Maratona.[1]

Se, como geralmente se acredita, escreveu essas linhas pessoalmente, temos um bom exemplo de sua auto-apreciação.

No entanto, tão logo os persas haviam sido derrotados, a Grécia começou a se encaminhar para uma nova crise. Sua cidade-Estado torna-se um império e a luta pela hegemonia na península grega começa a ocupar o poeta. Suas peças contêm alusões tópicas tais como a glorificação de uma aliança com Argos e o desprezo pelos tebanos, que eram inimigos de Atenas, em seu primeiro drama preservado, *As Suplicantes*. Observando o declínio de um grande império como a Pérsia, foi levado, acima de tudo, a meditar sobre o destino das nações e dinastias. Não lhe era possível deixar de considerar o assunto com mais profundidade quando, estimulada por suas vitórias, Atenas começou a adquirir mais poder do que lhe era possível utilizar com discrição. Não é de surpreender que os temas da *hubris* ou orgulho catastrófico, e da *nemesis* ou destino adverso, ocupem constantemente o interesse desse dramaturgo pensador.

Além disso, o problema do futuro de seu país, que nenhum escritor grego, vivendo em Estados pequenos e inseguros, podia ignorar, estava relacionado a toda a questão do governo. Os acontecimentos nacionais da invasão persa haviam se processado por muito tempo a par de uma luta local entre a aristocracia e as massas compostas por aqueles cidadãos atenienses cujos estoques não estavam tão bem sortidos de antepassados, privilégios e riquezas. Nesse conflito de classes, que muito depois de Salamina ainda se constituía numa preocupação, Ésquilo, filho de uma antiga família de Elêusis, a "Cidade do Vaticano" da Ática, estava ao lado da nobreza. Embora seja difícil avaliar toda a extensão de

(1) Transposto literalmente para o português da tradução inglesa de John Stuart Blackie.

sua oposição à nova ordem, sabemos que falou desdenhosamente de jovem poder e governantes adventícios em *Prometeu Acorrentado,* e acreditava-se que o fato de haver perdido o prêmio de um concurso para seu rival mais jovem, Sófocles, em 468, entrava na esfera de uma repercussão política. Alguns anos mais tarde, chegou mesmo a sair de seu caminho para glorificar a aristocrática instituição do Areópago, o Supremo Tribunal de Atenas. O Franklin D. Roosevelt daquele tempo, Efíaltes, despojou este órgão da maior parte de seus poderes, que incluíam o direito de punir funcionários públicos, surpervisionar a administração e censurar as vidas privadas dos cidadãos. Pouco mais que o direito de julgar casos de homicídio foi deixado àquele venerável corpo que consistia apenas de membros das mais ricas famílias do Estado. Ésquilo, a quem essa perda de prerrogativas devia perturbar muito, usou a tragédia de Orestes, seu herói matricida, para apoiar a instituição vacilante. Desde que Orestes, em *As Eumênides,* é julgado e absolvido pelo Areópago, a honra de trazer luz e paz ao mundo assolado pelos fantasmas e pela vingança é atribuída a uma instituição que Ésquilo se sentia inclinado a apoiar.

Embora a peça aceite tacitamente as reformas de Efíaltes, colocando na própria sessão inaugural do Areópago um caso de homicídio em julgamento, essa glorificação do tribunal deve ter sido ofensiva a vários membros do partido democrático. Um relato ambíguo da vida de Ésquilo, conta que teria sido julgado por uma acusação de impiedade. Alguma alusão aos mistérios de Elêusis, cuja revelação era considerada como crime, é dada como causa. Mas, desde que a impiedade, tal como a heresia, é um termo extremamente elástico, é altamente provável que sua perseguição fosse inspirada por razões políticas. Ainda segundo o relato, ele teria se retirado em duas ocasiões para a corte de Hieron, governante de Siracusa. Na Sicília, não havia facção democrática para perturbá-lo, e neste segundo lar, que o cumulou de honrarias, Ésquilo morreu pacificamente em 456.

Um pensador tão pouco convencional quanto Ésquilo, contudo, não pode ser rotulado de simples e mero conservador. Tivera ressonantes elogios para a incipiente democracia de Atenas, em *Os Persas,* e dedicou a mais brilhante exaltação à sua cidade. Defendia a necessidade da vida simples e pensamentos profundos e, no curso subseqüente tomado pela democracia ateniense, indignou-se com as tendências prevalecentes para o comercialismo e a demagogia. A idade heróica estava sendo substituída pelo domínio do mercador, e o poeta que buscava nobreza em todas as coisas pode haver olhado com nostalgia para os dias de Maratona e Salamina. Mesmo a guerra perdera sua fachada idealista, e as batalhas não se travavam mais por liberdade e sim pelo comércio. Quando, em sua última trilogia, Ésquilo invectivava contra a "Guerra, que comercia homens por ouro", não podia estar pensando nas batalhas em que terçara armas contra o persa invasor. Sem dúvida alguma, a política o absorveu com intensidade maior do que jamais poderemos saber.

Não obstante, é sua abordagem à religião e à ética que mais afetou a qualidade e significado de suas tragédias. E novamente o encontramos postado entre dois mundos, pois Ésquilo é ao mesmo tempo um místico oriental ou profeta hebreu e um filósofo helênico.

A parte mais colorida de seu primeiro aprendizado fora a imersão nos ritos e especulações místicos de Elêusis, a cidade onde nascera e na qual muito cedo o iniciaram na adoração esotérica à Mãe e deusa da Terra, Deméter. Aristófanes faz com que Ésquilo a invoque:

Ó, vós que minha jovem alma nutristes, Deméter,
Tornai-me digno de vossos mistérios.

Este culto parece ter sido uma sobrevivência de um culto primitivo e os êxtases associados a ele estavam mais próximos da atitude religiosa do Oriente do que do racionalismo da idade de Péricles.

Os gregos consideravam Ésquilo como um homem intoxicado de deuses que conseguia seus efeitos por inspiração; segundo Sófocles, ele fazia "o que devia fazer, mas o fazia sem sabê-lo". A declaração cheira a condescendência, pois o rival mais jovem pertencia a uma época que considerava Ésquilo como um esplêndido bárbaro. Ateneu, um Walter Winchell * helênico, informa que Ésquilo compunha suas peças quando estava já embriagado. Levando em conta que os gregos tinham um gosto infantil pelo ridículo desde que conseguido às custas de ofender artistas e políticos, é claro que esta estória poderia ser uma calúnia. O mesmo acontece com uma lenda particularmente jubilosa, segundo a qual Ésquilo encontrou a morte quando uma águia confundiu sua careca com uma rocha e deixou cair sobre ela uma tartaruga. . . Essa fofoca que chegou até nós através de Ateneus poderia, contulo, ser uma tentativa honesta de explicar o rapsodo em Ésquilo. De acordo com outro relato, aparentemente sancionado por ele mesmo, foi agraciado certa vez com uma visita divina. Outrora, em sua juventude, quando cumpria a tarefa de observar as uvas amadurecendo no campo, Dionisos apareceu-lhe no sono e ordenou-lhe que compusesse tragédias. O jovem, obedientemente, começou uma tragédia na manhã seguinte e "conseguiu compô-la com muita facilidade". Talvez o herói dessa estória, que tem seu paralelo anglo-saxão na vida de Caedmon, sofresse de aluci-

(*) WINCHELL, cronista cinematográfico, famosíssimo nos Estados Unidos, conhecido pela mania de dar "furos" jornalísticos nem sempre com base real.

nações. De acordo com alguns de nossos produtores teatrais, não foi o último dramaturgo a sofrer deste mal.

Contudo, a despeito de todas as suas fantasias cósmicas e piedade, também era capaz de desenvolver uma filosofia ordenada, provando assim ser ao mesmo tempo tanto um filho da razão grega quanto da rapsódia oriental. Embora apresente marcadas semelhanças com os últimos profetas de Israel, sua concepção de divindade é composta pelo racionalismo helênico; em sua primeira grande trilogia, a de Prometeu, aborda Deus com a razão intacta e com certo destemor. Ésquilo não apenas dispensou o politeísmo de seu tempo em favor do monoteísmo, mas considerava Zeus como o guardião da justiça que está muito longe das divindades voluntariosas e imorais cujas extravagâncias povoam os poemas homéricos. Ademais, considerava Deus uma personalidade ou princípio em desenvolvimento, que aumenta em bondade com a passagem do tempo. Ésquilo talvez não tenha ido tão longe a ponto de sugerir que, visto que o homem cria os deuses à sua própria imagem, qualquer melhoria na espécie humana deve ser acompanhada de melhoria em suas divindades. Entretanto, oferece abundantes provas de que discerne um princípio evolucionário na natureza. O Destino ou a Necessidade, que tudo ordena, assegura o desenvolvimento da ordem divina na direção de um maior altruísmo e justiça.

Da mesma forma, no campo do comportamento humano, este dramaturgo diligente serve de árbitro entre a vendeta primitiva e a ordem civilizada. Investigando o problema do sofrimento humano em sua última trilogia, chega à conclusão de que é o mal no homem e não a inveja dos deuses que destrói a felicidade. "Há muito e muito tempo", diz ele em *Agamemnon,* "é que esta venerável estória foi largamente espalhada entre os homens, contando que quando a prosperidade atinge seu mais alto ponto, produz resultados e não morre estéril; sim, que, de uma boa sorte, a posteridade de um homem colherá interminável safra de pesar. Mas eu me coloco à parte dos outros e nem é minha mente igual à deles." Repassando a história de algumas famílias reais, está pronto a concordar em que os filhos são afligidos por terem seus pais comido uvas azedas. Mas a contaminação hereditária é apenas uma predisposição, que desapareceria se não fosse tão tragicamente reativada pela volição humana e perpetuada pela barbárica lei da retribuição. Heróis como Etéocles, o fratricida, e Agamemnon, pertencem a famílias que estão acorrentadas a uma maldição, mas o mal perpetuado neles é de sua inteira responsabilidade. A razão correta e a boa vontade são os pilares do primeiro sistema moral que encontra expressão no teatro.

Ésquilo parece haver acreditado que ninguém mais partilhava de sua filosofia. E no início de sua carreira provavelmente foi assim. Mas seu pensamento nasceu naturalmente de um período que testemunhou a transformação da sociedade grega. Mais tarde, seus pares intelectuais expressaram com muita freqüência o mesmo ponto de vista, e um deles, Péricles, chegou mesmo a lutar para transformá-lo em uma realização concreta no Estado ateniense. Foi na feição profundamente religiosa de seu pensamento que diferiu dos contemporâneos mais jovens, como se sua própria pessoa se transformasse na ponte lançada sobre o golfo entre a religião primitiva e a filosofia posterior. Hoje em dia talvez nos desse a impressão de um monótono moralista, se suas peças não estivessem de tal forma impregnadas de vida e transfiguradas por uma poesia tão gloriosa.

2. *Ésquilo e o teatro grego*

Para alguém que com tanta nitidez, considerava a vida como um embate de princípios, o drama que então nascia era por certo um meio de expressão natural. Contudo, de início, Ésquilo se deve ter sentido dilacerado entre duas lealdades. O poeta que havia nele obrigatoriamente teria sido afetado em profundidade pela épica homérica que fora coligida, revisada e arranjada em Atenas apenas alguns anos antes de seu nascimento. Ésquilo sustentava corretamente que suas tragédias eram apenas fatias do banquete de Homero, e a maior parte delas baseava-se em estórias contidas no ciclo de poemas épicos entre os quais eram preeminentes os atribuídos a Homero. A maioria das tragédias possui as qualidades homéricas no ímpeto de suas passagens narrativas e na estatura heróica dos caracteres. Entretanto, aterrado pela grandeza virtualmente sacrossanta de Homero, um jovem hesitaria em expor-se a uma comparação com ele compondo versos épicos. Ademais, um aspirante a escritor naturalmente voltar-se-ia a uma nova forma que estava arrebentando a casca. Ésquilo, em particular, deve ter sentido arrepios ante o colorido e a solenidade das representações que se vinham ampliando desde que os concursos dramáticos se haviam convertido em manifestação regular, dez anos antes de seu nascimento.

Restava a Ésquilo dar maior amplidão à forma que conquistara seu interesse. Mesmo com os processos introduzidos desde que Téspis recebera o prêmio dramático em 535, as peças ainda não eram muito mais que oratórios animados, fortemente influenciados pela poesia mélica que exigia acompanhamento instrumental e pela poesia coral que era suplementada por expressivos movimentos de dança. Um coro dançava e travava diálogo com um ator que interpretava uma ou mais personagens através do uso de máscaras.

É bem verdade que a tragédia adquirira novas perspectivas nas mãos dos dramaturgos Overilo, Pratinas e Frínico que sucederam a Téspis. Frínico em especial contribuiu de forma extraordinária para o drama primitivo, introduzindo personagens femininas e desenvolvendo as passagens líricas e descritivas grandemente admiradas pelos gregos [2]. Uma de suas peças históricas, *As Fenícias,* que celebrava a vitória ateniense em Salamina, permaneceu popular durante todo o século V. (É bem possível que devesse sua qualidade à influência de Ésquilo, que ganhara importância na época de estréia da peça.) Contudo, em geral as primeiras peças não abrangiam muita ação nem tinham suas personagens precisamente caracterizadas, e apenas conflitos elementares podiam ser nelas representados. O teatro físico também se apresentava rudimentar, e o palco tal como o conhecemos era praticamente inexistente. Quase toda a ação tinha lugar na arena circular para danças, chamada de "orquestra", um vestígio dos velhos tempos nos quais o drama fora pouco mais que uma dança circular ao redor de algum objeto sagrado. Na melhor das hipóteses haveria uma cabana, conhecida por *skene,* na parte de trás da "orquestra", onde os atores podiam envergar e trocar suas roupas e máscaras.

Novamente no ponto em que os caminhos se dividem, Ésquilo precisava escolher entre o quase ritual e o teatro, entre o coro e o drama. Como mestre de danças profissional ou diretor de coros, seria parcial em relação às partes cantadas e dançadas, especialmente porque estas permitiam uma válvula de escape para seu extraordinário talento lírico. Seus coros são os mais longos do drama grego e são notáveis pela variedade métrica. Mesmo em sua tragédia mais desenvolvida, o *Agamemnon,* há apenas novecentas linhas de diálogo num total de mais ou menos mil seiscentas e setenta [3]. Mas esforçou-se para fazer do coro um elemento ativo em seu teatro, bem como para reduzir seu tamanho. O coro de Anciãos em *Agamemnon* briga com o amante da rainha e está prestes a atirar-se sobre ele quando é detido por Clitemnestra. O coro das Fúrias em *As Eumênides* desempenha função dramática ao perseguir ativamente o filho torturado pela consciência por haver assassinado a mãe.

Entretanto, acima de tudo, Ésquilo trabalhou para aumentar as partes representadas de suas peças, os trechos a que os gregos davam o nome de "episódios", porque originariamente não eram parte do drama, sendo simplesmente acrescidos às representações. Desenvolver a ação equivalia a fazer uma interpolação, e isto não era nada fácil de se realizar. Na tentativa de superar a inércia da forma estabelecida, Ésquilo deu um grande passo ao introduzir o segundo ator na tragédia. Com o tempo, adquiriu também um terceiro ator dialogador, introduzido por Sófocles, e atingiu assim o su-

(2) A palavra grega que designava ator era "hypocrites", aquele que responde, aquele que replica ao coro.

(3) Hamilton, Edith — *Three Greek Plays.* Introdução a *Agamemnon.*

premo grau de individualização na tragédia grega. Se três atores nos parecem lamentavelmente insuficientes, precisamos lembrar que eles se multiplicavam pelo uso de máscaras, eram aumentados por personagens mudas como os servos e soldados, e que efeitos de multidão sempre podiam ser obtidos através do coro. Em *As Eumênides,* doze magistrados mudos julgam Orestes, e figurantes estendem tapetes de púrpura sob os pés de Agamemnon no momento em que este aparece na primeira parte da trilogia, acompanhado por outros figurantes, também mudos, que formam seu cortejo *.

Ademais, ao ampliar os horizontes do teatro, Ésquilo estava servindo tanto ao *show business* (ao negócio dos espetáculos) quanto às exigências mais ideais do drama, pois o "pai da tragédia" foi um dos primeiros na longa procissão de dramaturgos que também foram homens práticos de teatro. Se não foi ator como seus obscuros predecessores ou como Shakespeare e Molière, foi excelente diretor e encenador, que conhecia o valor das pausas de efeito e as usava com tal freqüência que Aristófanes anotou o fato em *As Rãs.* Também fez progredir a dança trágica, desenvolvendo grande variedade de posturas e movimentos, posto que treinava seus próprios coros.

Ésquilo era até favorável a um certo sensacionalismo, no que estava apenas seguindo o primitivo amor pela mascara. Muitas de suas personagens são personificações sobrenaturais de forças naturais e figuras mitológicas fantásticas. Entre elas, ocupam lugar de destaque Io com seus cornos de vaca, o curioso Oceano que cavalga um cavalo alado, as harpias que roubam comida de Fineas numa peça perdida, e o titã Prometeu. As tragédias contêm aparições de fantasmas, como Dario, o rei morto invocado em *Os Persas* e a assassinada Clitemnestra cujo espírito errante aterroriza Orestes, seu filho matricida, em *As Eumênides.* Ésquilo poderia ser tomado como sério rival de qualquer de nossos diretores quando colocou as Fúrias em cena de forma tão realista que lhe atribuem o fato de haver apavorado as crianças e provocado abortos na platéia. Mostras "suas tochas simbólicas, seus cabelos entrelaçados de serpentes, seus olhos aterradores e

(*) Sem dúvida alguma o desenvolvimento foi um processo natural e o antigo coro de bodes ou sátiros do ditirambo foi inevitavelmente dividido e modificado quando se introduziu o diálogo. Nenhum grande espírito cria absolutamente só ou constrói simplesmente do ar. Gilbert Murray faz uma interessante especulação em sua *History of Ancient Greek Literature* (Appleton, 1916), "A palavra grega que significa ato, *hipocrates,* significa 'respondedor'. O poeta era realmente o ator; mas se queria transformar sua declamação solitária em diálogo, precisava de alguém para lhe responder. O coro normalmente se dividia em duas partes. como o sistema de estrofes e antístrofes atesta. Talvez o poeta tomasse como interlocutores os líderes de ambas as partes. . . O antigo coro circular consistia em cinqüenta dançarinos e um poeta: a companhia trágica completa, de quarenta e oito dançarinos, dois 'respondedores' e um poeta." Isso nos dá *três* atores, bem como doze membros do coro, uma vez que a representação começa a consistir em quatro peças — três tragédias (uma trilogia) e um drama satírico. O professor Murray descreve a tetralogia como uma elaboração do ditirambo original no qual o coro personificava sátiros — "permitiam-se aos coros trágicos três mudanças de roupas (nas tragédias) antes que aparecessem como sátiros confessos (no drama satírico que encerrava o conjunto de tragédias)".

suas narinas donde saía um sopro de ar envolvido em fogo 7" não era tarefa simples para o figurinista.

O figurinista era o próprio Ésquilo. Embora a tradição grega provavelmente se engane ao atribuir a origem do figurino trágico a Ésquilo, está fora de dúvida que ele estabeleceu seus caracteres fundamentais. Resolvido a fazer de seus atores as figuras mais impressionantes que era possível, uma consideração primordial num teatro tão vasto quanto o de Atenas que podia abrigar vinte mil espectadores, aumentou a altura dos intérpretes aperfeiçoando o sapato de altas solas, o coturno. Embora Téspis usasse máscara de linho e Frínico houvesse introduzido o uso das máscaras femininas, foi Ésquilo quem primeiro empregou máscaras expressivamente pintadas em resposta às exigências de suas tragédias que se tornavam progressivamente mais complexas.

Dos figurinos e máscaras para uma cenografia rudimentar a distância era apenas de um passo, e um passo que um gênio tão versátil poderia dar com facilidade. Decorava seu palco — isto é, a construção cênica que se tornou um cenário permanente — com objetos requeridos por cada uma das peças em particular. Ao que parece também começou a utilizar a maquinaria e os efeitos cênicos com bom resultado. Suas inovações práticas fazem com que seja considerado o primeiro homem de espetáculos e dramaturgo de nível excepcional. Em resumo, Ésquilo foi o primeiro dramaturgo, encenador, cenógrafo, figurinista e coreógrafo importante: um verdadeiro O'Neill, Reinhardt, Robert Edmond Jones, Valentina e Diaghilev unidos numa só pessoa. É a resposta à oração de Gordon Craig vinte e quatro séculos antes que Craig bradasse por um super-homem no teatro.

3. *O Festival de Teatro de Atenas e suas Convenções.*

As tragédias de Ésquilo, bem como as de seus sucessores, não podem ser compreendidas adequadamente sem um esboço das convenções do palco e um conhecimento da ocasião para a qual eram escritas.

As peças gregas somente eram produzidas em celebrações das quais ainda temos exemplos nos festivais de Malvern, do Ann Arbor Theatre, do Little Theatre, do New Theatre e os festivais shakespearianos. Tudo começou por volta de meados do século VI quando, como vimos, o tirano democrático Pisístrato transferiu o antigo e rústico festival dionisíaco dos frutos para o coração de Atenas. Com as Dionisias Urbanas, que tinham lugar no fim de março, o povo recebeu um magnífico festival popular em que podia cimentar seus interesses e exibir as glórias de seu Estado aos negociantes em visita que enchiam a cidade por essa época. Um festival mais antigo, e no entanto secundário, conhecido pelo nome de Lenianas, que tinha lugar mais ou menos no fim de janeiro, também começou a incluir tanto concursos trágicos quanto cômicos. Mais tarde, outras ocasiões festivas nas cidades e aldeias da Ática, conhecidas por Dionisias Campestres, começaram a oferecer produções dramáticas, sendo que as melhores eram apresentadas no porto marítimo do Pireu. Freqüentemente esses festivais, o equivalente grego para as *tournées* ou excursões, reapresentavam peças que haviam sido produzidas nas Dionisias Urbanas mas não podiam ser repetidas em Atenas — até que um edito legalizou a reapresentação de peças de Ésquilo após sua morte.

As Dionisias Urbanas, consideradas tão sagradas que violações menores eram punidas como sacrilégio, começavam suntuosamente com uma procissão que escoltava uma antiga imagem de Dionisos, literalmente o "deus pai" do teatro, ao longo da estrada que conduzia à cidade de Eleutéria e regressava depois a Atenas, à luz de tochas. Então a imagem era colocada na orquestra do teatro ou perto dela, com rituais apropriados, e assentos especiais ou tronos eram reservados aos sacerdotes do deus, vestidos com grande pompa. Após dois dias de provas ditirâmbicas, que consistiam em concursos corais por coros de homens e rapazes, um dia era dedicado às comédias, com cinco dramaturgos na competição; depois reservavam-se três dias à tragédia. Seis dias eram devotados ao grande festival; cinco, após 431 a.C. — com cinco representações diárias durante os últimos três dias — três tragédias e um "drama satírico" fálico pela manhã e uma ou duas comédias à tarde. Três dramaturgos competiam pelo prêmio de tragédia, cada um com três tragédias e um drama satírico, sendo que as peças eram mais ou menos correlatas, embora pareça que apenas Ésquilo escreveu trilogias ou tetralogias estritamente relacionadas entre si.

A preparação para o concurso era feita algum tempo antes do festival. As peças eram cuidadosamente selecionadas pelo primeiro leitor profissional do teatro, o funcionário público ou *arconte* que também escolhia o intérprete principal ou "protagonista". Cidadãos abastados eram designados por lei para arcar com as custas de um coro de doze ou quinze homens, sendo este um dos diversos deveres estatais atribuídos a eles até que o empobrecimento destes, durante a Guerra do Peloponeso, obrigou o Estado a assumir o encargo. Os ensaios eram marcados e colocava-se o coro sob os cuidados de um *didascolos* ou treinador; adquiriam-se os objetos de cena e escolhia-se um tocador de flauta. Então, alguns dias antes da representação, o dramaturgo, atores e coro apresentavam-se num local próximo do teatro para oferecer um *proagon*. Aqui, no lugar de cartazes de rua, anúncios e programas impressos, o grupo anunciava os títulos das peças, o nome do autor e outros detalhes similares. Imediatamente antes do concurso, a ordem dos concorrentes era determinada por sorteio e ao seu término, os vencedores, julgados por uma comissão também escolhida por sorteio, eram coroados com guirlandas de hera.

O que os espectadores viam durante a representação só pode ser descrito de forma tosca, dado que a encenação é a parte mais perecível do teatro. Mas não há dúvida de que os artistas do teatro grego esforçavam-se por obter o efeito teatral tão ardentemente quanto qualquer Max Reinhardt. Uma platéia ateniense via representações que, se não eram exatamente realistas, eram coloridas, diversificadas e impressionantes. Não há fundamento para o mito de austeridade impingido ao teatro ateniense mais ou menos uns vinte séculos mais tarde.

As máscaras, tão freqüentemente empregadas no ritual primitivo, não eram apenas uma sagrada convenção escrupulosamente mantida pelo teatro grego, mas um poderoso meio de prender a atenção, criando excitação e expressando a essência do drama. Todos os atores usavam máscaras alongadas e grotescas de linho, cortiça e madeira, que se tornaram maiores e mais curiosas com o tempo. Ainda que bastante estereotipadas, retratando atributos gerais, tais como a crueldade, a astúcia e o sofrimento, esses disfarces possuíam considerável variedade. Máscaras especiais eram exigidas por personagens mitológicas e alegóricas como Io, de chifres, Argos de muitos olhos, as Fúrias, cujos cabelos eram serpentes, e figuras alegóricas como a Morte, a Força e a Loucura. E demonstra-se que até mesmo o realismo era procurado através do fato de que na conclusão do *Édipo Rei* de Sófocles a máscara do herói mostrava um semblante manchado de sangue, com os olhos mutilados.

As familiares botas ou *coturni* com suas grossas solas pintadas e o alto adorno de cabeça (o *onkos*) acima da máscara faziam com que os atores parecessem muito mais altos do que o eram. Um ator de um metro e oitenta chegaria a dois metros e trinta ou mais, de modo que se arriscava a levar um ignominioso tombo se desse um passo descuidado. Mantas de açafrão, púrpura e ouro, e figurinos extravagantes, especialmente na comédia, emprestavam-lhe cor; e roupas acolchoadas contrabalançavam o aumento de tamanho provocado pelos *coturnus* e *onkus*. As personagens eram diferenciadas através das máscaras, da grossura da sola do *coturnus*, da qualidade das vestes e de tais detalhes como as coroas usadas pelos reis, os turbantes dos orientais e as muletas ou bengalas que auxiliavam os anciãos a atravessar o palco.

Tão pesadamente paramentados, os movimentos dos atores trágicos eram necessariamente lentos e seus gestos amplos. Sendo assim, não é de surpreender que a ação física violenta fosse geralmente evitada, com as mortes ocorrendo fora do palco e sendo relatadas por uma personagem conhecida como o Mensageiro. No entanto, seria difícil imaginar que o espectador se aborrecesse com artifícios tão estáticos, pois sempre havia mais do que movimento no coro, nos orgiásticos dramas satíricos que eram apresentados ao final da manhã de tragédias e nas comédias que se seguiam a elas, durante as tardes.

Claro está que o jogo facial era escondido pela máscara, mas isso também não se constituía numa grande perda em um teatro tão vasto quanto o ateniense. As variações de emoção eram expressas verbalmente em sua maior parte, embora gestos mímicos e máscaras expressivas também ajudassem. Felizmente a acústica do teatro grego era excelente e a voz do ator podia ser projetada até a última das fileiras com a ajuda da máscara, cuja boca aberta servia assim de amplificador de som. Na verdade, os atores eram escolhidos por suas vozes. Os bons atores eram tão procurados que logo começaram a exigir enormes salários e, nos últimos tempos, quando o talento dramatúrgico se tornara escasso, a interpretação assumiu importância ainda maior que o próprio drama. Estabeleceu-se inclusive o uso de proceder tanto ao concurso de peças quanto ao de atores. O injuriado *star system,* o estrelismo, começou entre os atenienses, que sempre foram considerados tão austeros.

O efeito cênico era grandemente realçado pela presença do coro, que saía dos bastidores marchando com garbo em formações de fileiras e colunas, ia e vinha conforme as necessidades e misturava-se aos atores de tempos em tempos. Em lugar de uma cortina, cada nova cena era introduzida e seguida por um coro, e se era necessária uma passagem de tempo, considerava-se que decorria enquanto era cantado o *stasimon* ou ode coral. Tal como os atores, o coro apresentava-se com variados figurinos e usava máscaras apropriadas à idade, sexo e personalidade das personagens representadas. Os figurinos dos coros na comédia eram particularmente diversificados, e o desenho das roupas podia incluir consideráveis exageros para propósitos humorísticos.

O coro cantava ou entoava odes com movimentos apropriados e altamente estilizados. Uma forma majestosa de dança denominada *emmelia* (harmonia) acompanhava as odes mais solenes, enquanto as odes que expressavam emoções intensas ou alegria faziam-se acompanhar por uma dança movimentada. Boa parte da dança era totalmente mimética. Um dançarino favorito empregado por Ésquilo era famoso por sua habilidade em descrever acontecimentos dramáticos por meio de gestos.

Mesmo quando o coro permanecia passivo, esse conjunto não ficava congelado na composição de um quadro imóvel, como se supôs. Continuava a seguir a estória com movimentos descritivos, exprimindo emoções de ansiedade, terror, piedade, esperança e exaltação. O coro também não cantava durante todo o tempo, pois algumas vezes usava a fala recitativa e até mesmo a coloquial ao dirigir-se aos atores. E também não cantava ou falava sempre em uníssono. Durante o assassinato do rei, em *Agamemnon,* por exemplo, os anciãos desamparados discutem o que fazer e cada membro do coro expressa seu ponto de vista. As canções eram apresentadas com grande clareza na dicção, cada nota correspondendo a uma sílaba, e acompanhavam-se por um instrumento de sopro em madeira semelhante ao nosso clarinete. Mais tarde, em busca de maiores efeitos, foram acrescentados solos e os virtuoses acostumaram-se totalmente a eles, para grande desalento dos puristas que também não deixavam de se fazer presentes em Atenas. O uso do coro no teatro grego tinha por certo suas desvantagens, pois ralentava e interrompia as partes dramáticas da peça. Mas enriquecia muito as qualidades espetaculares do palco grego e introduzia um componente musical no teatro, o que levou escritores a comparar a tragédia classica com a ópera moderna.

Ninguém ignora que no teatro físico do século V muita coisa devia ser imaginada ou reconstruída pela platéia a partir do sugestivo fundo de cena, a fachada teatral permanente elaborada a partir da cabana original na qual se vestiam os atores, ou então a partir das passagens descritivas da peça. Contudo, não havia pobreza de colorido nos espetáculos e um cenário parcialmente realista era oferecido pelos engenhos mecânicos. Conseguia-se o som do trovão através de um *bronteion* e também se obtinham relâmpagos. Uma plataforma conhecida como *ekciclema,* uma espécie de palco móvel, era puxada ou empurrada (neste caso denominava-se *exostra*) para fora, através das portas da construção cênica, para revelar cenas internas. Alçapões, adequadamente chamados de "degraus de Caronte" * permitiam aos fantasmas subir do mundo ínfero. Um engenho semelhante a um guindaste, o *mekane,* transportava o ator que personificava um deus para o teto da construção cênica, fazia-o atravessar velozmente a área de representação, mantinha-o suspenso em pleno ar e baixava-o sensacionalmente na orquestra. Visto que chegava por intermédio da máquina, era "o deus da máquina" ou *deus ex machina.* Algumas vezes também os deuses eram apresentados no céu, numa plataforma especial denominada *theologeion,* e tinham lugar no telhado efeitos tão espetaculares quanto a partida de Medéia numa carruagem tirada por dragões alados. E mesmo o cenário não era tão inadequado quanto se imaginou, posto que podia representar qualquer coisa, desde uma colina ou local campestre até um edifício ou uma série de estruturas. Ocasionalmente, como em *As Eumênides* de Ésquilo e no *Ajax* de Sófocles, os cenários chegavam até a ser mudados dentro de uma mesma peça com a ajuda de prismas giratórios pintados, conhecidos

(*) Na mitologia grega, o barqueiro que conduzia as almas dos mortos no Hades. (N. dos T.)

por *periakti,* embutidos na construção cênica em ambos os lados do palco [4].

O público teatral ateniense não diferia do resto do mundo. Compareciam para serem entretenidos, agradavam-se com os espetáculos e as interpretações sensacionais e não estavam acima de interesses políticos particularistas na distribuição de aplausos e prêmios. Alguns espectadores mais idosos por certo roncavam tão bem-aventuradamente quanto seus correspondentes modernos, acordando apenas para o aplauso ou a pateada, e para vaiar o público manifestava-se batendo os calcanhares contra a frente dos bancos. A platéia acordava ao amanhecer, comia com apetite e levava provisões consigo para o teatro. Algumas vezes os atores eram saudados por uma avalanche de frutos, figos e azeitonas. Podemos imaginar facilmente quais os outros aborrecimentos que desesperavam o ansioso dramaturgo e seus atores. Umas dezessete mil pessoas amontoadas num auditório da madrugada ao crepúsculo por certo que não iriam comportar-se como normalistas no ensaio para a colação de grau.

Como sempre, também, uma produção demasiado espetaculosa camuflava o mérito intrínseco da composição dramática e um dramaturgo medíocre que tivesse um patrono generoso para seus coros obtinha maiores oportunidades de receber a láurea. Ao que parece, *Édipo Rei,* considerada como a maior das tragédias da Antigüidade, perdeu o primeiro prêmio porque seu *coregus* ou mecenas era avarento. O "anjo" que tem sido alvo de tantas zombarias teatrais é uma instituição bem mais venerável do que muitos de nós gostariam de admitir.

Por certo, nem os juízes, que não eram especialistas como nossos críticos teatrais, nem os espectadores, interessavam-se pelas considerações acadêmicas sobre as três unidades de tempo, lugar e ação, que tanto atraíram a atenção dos críticos durante e depois da Renascença. Quando, em sua *Arte Poética,* Aristóteles declarou que "A tragédia empenha-se, na medida do possível, em não exceder o tempo de uma revolução solar, ou pouco mais", estava meramente fazendo uma observação, e uma observação bastante elástica, ao invés de impor uma lei. Havia razões práticas para essa limitação de tempo, dado que as tragédias gregas eram tão curtas quanto nossas longas peças de um ato. Era natural que os dramaturgos atenienses tentassem confinar-se a uma única situação ou a uma série de acontecimentos transcorrendo no menor tempo possível. Contudo, não seguiam qualquer regra rigidamente estabelecida. Como se observou antes, qualquer quantidade de tempo podia escoar durante a canção de uma ode coral; Ésquilo, por exemplo, violou a "unidade de tempo" em *As Eumênides* sem o menor escrúpulo.

(4) Simonson, Lee — *The Stage is Set,* pág. 138. Ver também Allardyce Nicoll e seu livro *The Development of Theatre,* Capítulo I.

Se os dramaturgos preferiam um único local ou "unidade de lugar" é porque as condições físicas de seu palco favoreciam as peças de cenário único. Mas aqui também não estavam acorrentados a uma lei inviolável, como provam *As Eumênides* e *Ajax,* que exigem dois cenários. Podem ter observado a unidade de ação, da mesma forma que tantos outros escritores, como um princípio de ordem e bom gosto embora, tal como nos outros, neste caso igualmente houvesse violações (*Os Sete Contra Tebas,* de Ésquilo, é a peça em questão). Se, ao contrário de Shakespeare e outros elisabetanos, Ésquilo e seus sucessores via de regra não atravancaram suas peças com tramas paralelas e nem as utilizaram habitualmente, é provável que a presença do coro seja uma boa razão para isso, pois este apresentava o passado e acontecimentos subsidiários por meio da narrativa vivida. Se os dramaturgos gregos não entulhavam suas tragédias com cenas de palhaçada extrínsecas, encontramos para isso uma razão viável na convenção que permitia ao tragediógrafo rematar sua série de tragédias com uma desenfreada e lasciva pequena peça posterior, o assim chamado "drama satírico". Contudo, para o grande público, todas essas questões eram puramente acadêmicas, e afortunadamente havia poucos Aristóteles entre eles. Caso contrário considerar-se-ia o comparecimento ao festival de teatro bem menos estimulante e animador do que parece ter sido.

4. *As Primeiras Tragédias e a Arte Dramática de Ésquilo*

As verdadeiras encenações do teatro ateniense estão, é claro, tão irremediavelmente perdidas quanto as chuvaradas do outono passado. Mas, mesmo o precipitado literário do teatro que chamamos de drama, nem sempre é seguro. Do trabalho de todos os dramaturgos gregos que ganharam os prêmios anuais, sobreviveram apenas as peças de Ésquilo, Sófocles, Eurípides e Aristófanes, e mesmo esses escritores são representados apenas por uma fração de suas obras. Das noventa e duas peças de Ésquilo, somente sete chegaram a nós.

Centenas de comentários e fragmentos esparsos lançam uma pequena luz sobre alguns dos temas que abordou. A trilogia de Licurgo, perdida, trata do embate entre Dionisos e um escarninho rei da Trácia, tratando a peça do centro da morte de Orfeu, cujo corpo é despedaçado pelas bacantes por haver, também ele, desdenhado o deus. A trilogia liga-se abertamente às origens dionisíacas do drama. Em *As Mulheres de Etna* (ou *As Etnianas*), Ésquilo narrou uma estória local, a fundação de uma nova cidade pelo patrono siciliano do dramaturgo. Tróia foi celebrada pelo dramaturgo em outra trilogia perdida, tratando a primeira parte (*Os Mirmidões*) da morte de Pátroclo, o amigo de Aquiles, e a última parte (*O Resgate*) da visita de Príamo a Aquiles, que finalmente lhe permite enterrar o corpo de Heitor. Aqui Ésquilo volta a servir-se de mais uma fatia do amplo banquete de Homero. Em Ajax, outro herói homérico que é ao mesmo tempo um filho nativo, está o tema de *As Traquinianas*. O pendor do poeta pela especulação cósmica transparece em *O Julgamento das Almas*. Não se sabe muito mais que isso sobre suas peças perdidas.

Contudo, felizmente as tragédias remanescentes estão bem distribuídas ao longo de toda a carreira do dramaturgo que lançam luz suficiente sobre a evolução de seu estilo e pensamento. Todas as suas tragédias foram concebidas segundo amplas escalas, e nada menor que uma trilogia poderia satisfazer seu gênio Olímpico. As personagens são desenhadas em largos traços, sem multiplicidade de sutis qualificações. Os dispositivos dramáticos a que recorre são diretos e não demonstram grande engenhosidade. Com propriedade, Gilbert Murray compara seus primeiros trabalhos a "uma dessas estátuas arcaicas que se erguem com os membros rígidos e o semblante sorridente e pétreo". Sobre o diálogo, outro erudito grego escreve: "Empunha a pena como alguém que está mais acostumado à espada; o guerreiro de Maratona trava dura batalha com as partículas e frases [5]". Também é muito conveniente lembrar que de maneira alguma as primeiras platéias do dramaturgo eram sofisticadas e portanto não requeriam as sutilezas e complexidades que foram exigidas de seus sucessores pela geração seguinte. "Você dirigiu-se a uma audiência que não ia além de um simples bando de tolos", diz Eurípides a Ésquilo em *As Rãs,* a sátira literária de Aristófanes.

Não obstante, Ésquilo é um mestre do pinturesco. Suas personagens são criaturas coloridas, muitas delas sobrenaturais, orientais ou bárbaras, e suas falas são abundantes em metáforas. Anarquia no Estado é "o misturar-se da água com a lama"; o mar "gargalha em rugas sem conta"; o inverno chega "com asas de neve"; e a chama da fogueira anunciando a queda de Tróia "arremessa-se alegre, engolindo o espaço sobre o dorso do mar". Ela "entrega sua mensagem às alturas". Sua "majestosa barba de fogo" voa rápida através do golfo e "derrama-se" sobre o palácio de Agamemnon [6].

No início, seu êxito esteve longe daquilo que poderíamos chamar de fenomenal. Ésquilo somente recebeu um primeiro prêmio quando já contava quarenta e um anos de idade. Seu progresso na arte da dramaturgia deve ter sido extraordinariamente gradual, uma vez que as primeiras peças revelam grande preponderância de intervenções corais e apenas os últimos trabalhos mostram-se bem aquinhoados em ação dramática. Com o tempo, passou a abordar a ca-

(5) Norwood, Gilbert — *Greek Theatre*, págs. 122-23.
(6) Ibid., pág. 124.

racterização com mais precisão e cautela, e seus temas, continuamente, foram adquirindo profundidade. Mas através de todo seu trabalho permaneceu um rapsodo que se expressava em imagens orientais, revelando estreita semelhança com a literatura profética hebraica. Ademais, foi sempre um expoente de princípios conflitantes.

Seu primeiro trabalho remanescente, *As Suplicantes,* provavelmente a primeira peça de uma trilogia, ainda o mostra lutando com o drama coral. As cinqüenta filhas do patriarca helênico Danao chegam a Argos em busca de refúgio das atenções dos cinqüenta filhos de Egito. Descendentes de Io, a mítica princesa argiva, suplicam por socorro ao rei argivo. Este observa as leis da hospitalidade e, a despeito do risco de uma possível guerra, salva as donzelas que estão sendo arrastadas para fora por mensageiros. A peça termina com um tributo à hospitalidade e uma advertência do velho pai contra o amor não consagrado. É só o que há de ação dramática aqui, embora o fato de o coro ser composto pelos atores do drama — ou seja, as Danaides — impeça o texto de ser completamente estático. Além disso, essa esquálida estória serve principalmente de trampolim para as partes perdidas da trilogia, nas quais Danao entrega suas filhas aos perseguidores a fim de impedir uma guerra entre Argos e o Egito, mas instrui as moças no sentido de matarem os noivos. Entretanto, uma filha desobedece-o porque se apaixonou pelo marido, e essa rebelião contra a autoridade patriarcal é defendida pela deusa do amor, Afrodite. Hipermnestra apenas seguiu o princípio universal do amor, que é superior às proibições forjadas pelo homem.

O puro Céu é movido de anseio pela Terra
E a Terra se apaixona com o amplexo de seu Senhor

declara a deusa no fragmento da peça que chegou a nós. O tabu contra o casamento entre primos é assim anulado.

Há maior interesse quanto ao segundo drama remanescente, *Os Persas,* escrito em 472, oito anos após a batalha de Salamina. Também parte de uma trilogia sobre a qual conhecemos muito pouco, a peça narra a derrota dos persas comandados por Xerxes e gira em torno da recepção das novas pela corte imperial. O coro descreve a magnificência do exército mas expressa ansiedade quanto à sua segurança. Subitamente chega um Mensageiro com o relatório da catástrofe. Ansiedade e orgulho lutam no íntimo de Atossa, a rainha-mãe, enquanto o arauto narra as minúcias da tumultuada derrota. Após uma longa pausa, ela fala: "Por longo tempo fiquei silenciosa. Quem foi que *não* caiu?" O Mensageiro a compreende e replica que seu filho Xerxes, o rei, está a salvo. A esta cena vigorosamente construída, segue-se uma invocação fantástica, quando o fantasma de Dario, o pai do rei derrotado, é chamado do reino dos mortos para prever o futuro. Dario profetiza novos desastres e adverte seu povo contra o tremendo pecado da *Hubris,* ou orgulho, que invariavelmente é punido pelos deuses. Após esse episódio, que pode muito bem ser descrito como a primeira cena de fantasmas dentre os dramas que foram conservados, entra no palco o próprio Xerxes. O filho degenerado de um pai valoroso está moralmente aniquilado e a peça termina com um longo lamento oriental pelo exército destroçado. *Os Persas* também, em grande parte, se constituem em drama, estático, mas sua riqueza de sentimentos e seus efeitos de massa suscitam a criação de um texto intenso, enquanto que em *A Rainha* temos o primeiro exemplo conservado de uma caracterização dramática.

Entre as inúmeras concepções errôneas sobre o drama clássico, há uma para cujo descrédito esta peça muito contribuiu — é a crença de que a tragédia grega permanecia austeramente distante de acontecimentos contemporâneos. *Os Persas* trata de um fato prático contemporâneo, e foi obviamente cunhada para despertar o fervor patriótico. A derrota da hoste persa era um nobre tema para um drama épico, e prestou-se também para algumas reflexões sobre assuntos correlatos, como o contraste entre a Grécia e a Ásia, entre a democracia e o despotismo. O dramaturgo patriota exulta com a independência do povo grego que "a nenhum homem chama de seu mestre" e não precisa ser empurrado para a batalha como escravos de má vontade, enquanto o moralista em Ésquilo considera a catástrofe como uma punição ao orgulho e ao desejo de conquista avassaladores.

Ésquilo foi apenas um dos vários dramaturgos clássicos que não se assustavam com o material tópico, ainda que, tal como Eurípides em *As Troianas* e em outros trabalhos, geralmente usassem a lenda e a mitologia como tênue disfarce. Um contemporâneo de Ésquilo, Frínico, foi multado em mil dracmas porque uma peça que escrevera lembrava aos atenienses a perda de uma de suas colônias devido à fraqueza ou negligência por parte da cidade-mãe.

5. *Uma Divina Comédia: A Trilogia de Prometeu*

Quando, mais ou menos sete anos após *Os Persas,* Ésquilo se voltou para outra tragédia épica, atracou-se com um tema que nem seus contemporâneos nem seus sucessores imediatos conseguiriam tratar com igual grandeza ou profundidade. O tema do *Prometeu Acorrentado* e das peças perdidas que o acompanhavam era Deus em pessoa.

Temos novamente o que, com muita probabilidade, é a primeira peça de uma trilogia, e uma tragédia na qual há pouca ação. A despeito disso, *Prometeu Acorrentado* é um trabalho inesquecível, transbordante de beleza e reflexão e transfigurado por essa personalidade supremamente inspiradora, Prometeu, rebelde contra Deus e amigo do homem. É bem verdade que Ésquilo considerava o comportamento do titã de certa forma errado e que a parte final da trilogia levava à reconciliação de Prometeu e Zeus. Contudo, o que Blake disse de Milton — ou seja, que sua mais alta poesia estava reservada para Lúcifer "porque era um verdadeiro poeta, e pertencia ao partido do demônio sem sabê-lo" — parece aplicar-se a Ésquilo. Prometeu, o primeiro humanitarista e rebelde a ser apresentado no teatro, é a mais nobre personagem do dramaturgo. Sua tragédia é o protótipo de uma longa série de dramas sobre o liberalismo.

Quando a tragédia tem início, o titã está sendo acorrentado a um pico nas montanhas do Cáucaso pela "Força", pela "Violência" e pelo deus-ferreiro Hefaístos, que cumpre sua tarefa a contragosto. Finalmente deixado a sós, Prometeu dirige-se à natureza e sobretudo à sua mãe, Têmis ou Terra, no que é o primeiro monólogo teatral que chegou a nós e que até hoje é um dos melhores. Possuidor do dom da "previsão", sabia o que deveria suportar se levasse o fogo aos homens e tornasse possível sua sobrevivência. Nada deixou de prever, e no entanto desafiou o arrogante deus Zeus por piedade pelo gênero humano. Contudo, suportará seu fado, seguro no conhecimento de que a Necessidade ou o Destino acabará por encerrar sua luta com o deus e redimirá o imemorial tormento a que está exposto. Tão logo Zeus assumiu o poder, declara, essa divindade adventícia se propôs a destruir a humanidade indefesa e a repopular a terra com outra raça. Contudo, como o princípio da Piedade e do Progresso, Prometeu tinha planos contrários. Primeiro libertou os homens do medo da morte fazendo com que cegas esperanças habitassem em seus corações, e então lhes ofereceu o dom do fogo, que mais tarde os libertou do temor e os tornou capazes de criar ferramentas. O ancião Okeanos, ou Oceano, apresentado comicamente, entra em cena e descarrega um fardo de preceitos covardes, incitando à submissão ao novo regente do mundo, mas Prometeu desdenha seus conselhos e esse ancestral de Polônio parte em meio a grandes melindres. Deixado a sós com as ninfas do mar, o titã expõe com mais detalhes seu método de salvar a humanidade através das artes e das ciências noutra passagem que nos parece um capítulo escrito por um antropólogo moderno: Através de Prometeu os homens conquistaram suas mentes, recebendo dele a mãe de todas as artes, a Memória, e a indispensável ciência da cura dos corpos.

Repentinamente surge outra vítima dos deuses olímpicos — Io, a pobre donzela mítica que é arrastada de um país a outro por um moscardo enviado por Hera, a ciumenta esposa do jovem Deus. Para Io, que deseja suicidar-se, Prometeu confia as consoladoras novas de que Zeus não é eterno.

Se desposar uma certa mulher cujo nome Prometeu não revelará, a criança que nascerá dessa união acabará por derrubá-lo do trono. Apenas ele pode salvar Zeus, e ele não falará! Hermes, o petulante mensageiro do deus, aparece com ordens de descobrir o segredo de Prometeu, e quando se evidencia que as ameaças são ineficazes, Zeus lança mão da força. Entre os trovões e relâmpagos que lhe são atirados do céu num clímax estarrecedor, o rebelde portador do fogo permanece intimorato e silencioso.

Entretanto, a trilogia como um todo não é uma tragédia de rebelião e sim uma Divina Comédia [7]. Uma terceira peça perdida, ou as últimas duas peças, descreviam como Héracles, o filho de Zeus com uma mulher mortal, apiedou-se de Prometeu, destruiu o abutre que se alimentava com o fígado do titã e, com o consentimento de Zeus, libertou-o de suas correntes. O rebelde libertado partilhou então de seu segredo com o deus e reconciliou-se com ele. Mas também, já nesse tempo Zeus era digno de ser salvo, pois tornara-se amistoso para com a humanidade, gerando até chefes para o povo ou semideuses, como Héracles, graças às relações que mantinha com mulheres mortais. De certo modo, havia assimilado a piedade e o humanitarismo de Prometeu! O tema da trilogia parece, então, ser a evolução de Deus em cumprimento da lei da necessidade. De um tirano jovem e voluntarioso Zeus converte-se em governante maduro e clemente, tão diverso do Zeus da *Ilíada* quanto o Jeová de Isaías.

6. *Tragédia Humana — Édipo e Agamemnon*

Após estabelecer uma providência moral no universo, só restava a Ésquilo fazer com que a vontade desta prevalecesse entre os homens. Voltou-se, pois, inevitavelmente, do drama de Deus para o drama do homem nas duas últimas de suas trilogias subsistentes. Na primeira delas, uma tragédia de Édipo com a qual ganhou o prêmio trágico em 467, o tema é a *Até* doméstica, isto é, a maldição familiar associada à história primitiva do Estado tebano. A maldição começa com Laio, um homossexual libertino que rapta um rapaz e é amaldiçoado por Pélops, o pai deste último. A maldição se realiza terrivelmente na estória de Édipo, que, não sabendo de quem se trata, mata Laio, seu pai, casa com a mãe e dela tem filhos. E continua nos filhos deste casamento incestuoso quando os dois filhos de Édipo se matam mutuamente numa luta obstinada pelo poder.

Meditando sobre a primitiva história do homem, raiada de sangue, Ésquilo recusou as explicações pré-fabricadas. Passando em revista o longo registro de parricídios, incestos, fratricídios e conflitos políticos, Ésquilo foi além da convencional teoria grega da maldição familiar. Mas faz questão de

(7) Symonds. John Addington — *Studies of the Greek Poets.*

deixar perfeitamente claro em *Os Sete Contra Tebas* que a hereditariedade é pouco mais que uma predisposição. Os crimes cometidos pelos descendentes do corrupto Laio são resultado da ambição, rivalidade e insuficiente predomínio da lei moral durante a idade legendária.

Mais uma vez uma única peça foi poupada pelo mais antigo e mais drástico dentre os queimadores de livros, o Tempo, mas felizmente *Os Sete Contra Tebas* representam um momento de clímax dentro da trilogia. Esta tragédia tem início com Etéocles reorganizando os tebanos para a defesa da cidade contra os invasores argivos comandados por seu irmão, a quem recusara entregar o trono em anos alternados, como fora estipulado em seu pacto. Um Mensageiro traz a nova segundo a qual sete campeões do exército argivo plantaram-se à frente dos sete portões de Tebas. Sabendo que seu irmão Polinice estará num dos portões, Etéocles apressa-se em sair para dar-lhe combate, deixando o coro a ponderar sobre a maldição que leva aquela família à destruição. Ésquilo faz com que o coro de mulheres implore a Etéocles para não lutar no sétimo portão e tornar-se culpado pelo sangue de um irmão. Mas Etéocles simplesmente culpa o Fado por seu ódio e ambição esmagadores. Em seis portões os tebanos vencem, mas no sétimo portão os dois irmãos chacinam-se mutuamente.

A penúltima cena é um tocante lamento de suas irmãs, Antígona e Ismena, e pelo coro de mulheres tebanas. Choram o fim de uma dinastia e vituperam a luta pelo poder:

> *Pela terra bateram-se, e exigiam*
> *Uma igual partilha.*
> *Bem fundo no solo, onde jazem agora,*
> *Não há mais terra a desejar* [8].

Mas, como Antígona observa, "A discórdia é a última das deusas a terminar seu conto", e um novo conflito é indicado no encerramento da tragédia. Embora o Senado de Tebas haja proibido os direitos de sepultamento para Polinice por haver capitaneado uma invasão contra seu país, Antígona está resolvida a desafiar o decreto. Às leis feitas pelo homem e ao primitivo princípio da retribuição, ela opõe a "piedade" natural que, segundo ela, é intemporal enquanto que no Estado "o que está certo hoje estará errado amanhã". A peça encerra-se com a previsão de novos sofrimentos para os descendentes de Édipo.

Há uma objeção válida quanto a encerrar o drama com um novo conflito não-resolvido, e uma parte excessiva da ação é relegada à narrativa. Não obstante, Ésquilo estava galgando novas intensidades em *Os Sete Contra Tebas* ao

(8) Transposto literalmente para o português da tradução inglesa de John Stuart Blackie.

voltar-se para a tragédia humana e individual. Chegou ao ápice desta escalada nove anos depois, em sua última e maior trilogia.

A *Oréstia,* apresentada em 458, dois anos antes da morte do autor, é novamente a tragédia de uma casa real. Trata mais uma vez de uma maldição hereditária, que teve início no vago mundo da lenda, quando Tântalo, admitido à mesa dos deuses, se tornou tão presunçoso que revelou os segredos divinos à humanidade e conseqüentemente foi atirado ao abismo do Tártaro. Um filho seu, Pélops, matou o condutor de seu carro e tornou-se presa da Fúria, ou fantasma vingador, do homem chacinado. Os dois filhos de Pélops, Tiestes e Atreu, assassinaram seu meio-irmão. Fugindo para Micenas, chegaram a adquirir poder e abastança. Mas tornaram-se inimigos mortais um do outro quando Tiestes seduziu a esposa de Atreu. Fingindo reconciliar-se com Tiestes, Atreu chacinou os filhos de seu irmão e os serviu ao pai como alimento — um feito tão abominável que o sol desgostoso ocultou sua face. Depois disto só seria possível a inimizade hereditária entre os dois ramos da família.

Quando se inicia a primeira parte da trilogia, o *Agamemnon,* Egisto, filho de Tiestes, vem traindo Agamemnon, o filho de Atreu, com Clitemnestra, a esposa deste. Um vigia, postado no teto do palácio, por meio de distantes fanais, descobre que Tróia finalmente caiu. É oprimido por premonições de desastre, tal como os anciãos do coro que foram deixados para trás, quando os gregos, comandados por Agamemnon, partiram para o sítio. Entre outras coisas, rememoram um horrendo feito — o sacrifício de Ifigênia, a filha de Agamemnon, por seu pai. Com enganos ele a atraiu ao acampamento, sacrificando-a no altar de Artemis apenas para satisfazer suas ambições, pois sem essa morte o exército sob seu comando não poderia ter soltado velas em direção a Tróia. Em breve Agamemnon estará de volta, e depois que outra ode é cantada e passa um espaço de tempo indefinido, ele surge, seguido de cativos e despojos de guerra. Com ele também está Cassandra, a vestal troiana, a quem arrogantemente tomou como sua concubina.

Com forçada cordialidade Clitemnestra o recebe como herói conquistador. Sutil e ironicamente adula seu orgulho, fazendo-o andar para o palácio por sobre custosos tecidos. Embora hesitante a princípio, ele aceita a honra. Ademais, casual e inconscientemente insulta Clitemnestra, ordenando-lhe que se ocupe de sua concubina. Esta nada diz que possa trair algum ressentimento, mas o conduz até o banho, prende-o numa rede e o mata. Cassandra, que sentiu a ameaça e entrou no palácio sabedora de que para si não havia possibilidade de escape, é morta com ele. Então aparece Egisto, tripudiando sobre os mortos e despertando a fúria dos anciãos que estão a ponto de atirar-se sobre um covarde tão fanfarrão. São apenas barrados pela demoníaca assassina, que exulta abertamente e afirma que foi apenas o pronto instrumento da maldição familiar e da lei da retribuição; tinha o direito de matar o homem que sacrificara sua filha.

De sua semente ela saiu, flor que ostentei
e pela qual chorei, Ifigênia assassinada.
Oh, um valoroso feito e uma valorosa sentença.
No inferno há de vangloriar-se da morte que tramou,
agora está paga a dívida
e matou-o a espada com que matou[9].

Mas agora ela deseja por um fim ao mal: "Basta, o que foi feito foi feito". Finalmente governa a cidade com seu amante e promete que ambos velarão para que tudo corra bem.

Assim se encerra essa tragédia incandescente na qual, a partir do convencional tema do mal hereditário, Ésquilo criou um drama vivo, tridimensional. A tragédia foi precipitada pela vontade dos protagonistas. Poderão falar da *Até* doméstica, mas a culpa pela arrogância, brutalidade e paixões ilícitas é inteiramente sua. Além disso, não estamos aqui às voltas com uma vilania convencional, simplista e ilimitada, ainda que Clitemnestra trace seus planos cuidadosamente, nunca se afaste deles por um só momento e não mostre qualquer sinal de arrependimento até o fim. A intenção original de Egisto pode ter sido vingar o pai seduzindo a esposa do primo, mas parece estar verdadeiramente apaixonado por ela. Também Clitemnestra é culpada, mas Agamemnon deu-lhe amplos motivos para buscar vingança quando procedeu ao gratuito sacrifício de sua filha. A essa intensidade de paixão devem ser acrescidos os gloriosos coros e as tiradas rapsódicas de Cassandra. A peça transborda de piedade pelo gênero humano e é transfigurada pela fulgurante certeza de que o sofrimento tem um propósito. O visionário em Ésquilo antevê o triunfo da razão justa e da boa vontade no mundo sanguinário: "Gota a gota, a dor tomba e abre nossos corações para a sabedoria e a graça de Deus".

Pequena parte dessa sabedoria atinge Clitemnestra nos anos seguintes. Mas as conseqüências de seu feito deverão obscurecer seus últimos dias, e a segunda parte da trilogia, *As Portadoras de Libações* ou *As Coéforas,* é composta por uma peça de vingança. Mandado embora na infância, o filho de Agamemnon, Orestes, retorna muitos anos mais tarde acalentando pensamentos vindicativos. Encontra-se em curioso dilema: em obediência à primitiva lei da vendeta tal como é exprimida pelo oráculo de Apolo, deve matar os assassinos de seu pai, mas a conseqüência certa desse ato será torná-lo culpado de matricídio. Recebe algum auxílio de sua irmã,

(9) Transposto literalmente para o português da tradução inglesa de Edith Hamilton.

Electra, a filha sobrevivente de Agamemnon, perseguida pelos assassinos porque jamais admitiu a reconciliação com eles. Após algumas intrigas e expectativa, Orestes consegue atrair Egisto para uma armadilha e o mata, confrontando-se em seguida com sua mãe. Esta é alternativamente a rainha intemerata que clama por "um machado matador de homens" para defender-se e a mãe que desnuda seu peito ao filho advertindo-o contra a mancha que recairá sobre ele com o tremendo crime e suas conseqüências que irão amargurá-lo para o resto da vida. Mas a voz da velha lei da vendeta, representada por seu amigo Pilades e pelo primitivo deus Apolo, é demasiado implacável para que se possa resistir, e Orestes a apunhala. No entanto, tão logo Orestes justificou seu feito e clamou a proteção do deus que o ordenou, surgem as Fúrias. Invisíveis a todos com exceção de Orestes, esses espíritos vingadores despertados pelo matricídio levam-no à loucura pelo terror e pelo remorso. Perseguem-no iradamente enquanto ele foge para buscar asilo no santuário de Apolo.

Um horrendo crime, acentuado por um conflito interno que dilacera as almas e um clímax arrebatador fazem de *As Coéforas* um sucessor digno, ainda que desigual, do *Agamemnon*. Em *As Coéforas* Ésquilo reduziu a lei da vendeta a um absurdo, posto que, seguida logicamente, leva a um ato ainda mais intolerável do que o assassinato original.

Na parte final da trilogia, *As Eumênides*, a vendeta é finalmente anulada. O coro no *Agamemnon* já exprimia poderosamente a natureza autoperpetuadora da lei da retribuição que agora se aplica ao matricídio:

> *A acusação encontra*
> *em troca a acusação. Não sei*
> *quem aqui pode manter o equilíbrio.*
> *O assassino é assassinado.*
> *Mata — tua vida está perdida* [10].

É a esta lei que Orestes é entregue, embora em seu caso a retribuição não seja facilmente distinguível da consciência subjetiva. As Fúrias, que o perseguem por toda parte, atacam-no até mesmo no templo de Apolo. Porém, após diversos anos, Orestes finalmente expiou seu feito através do sofrimento. Foge para Atenas e agora que o tempo limpou o estigma de sua consciência, está pronto para enfrentar as Fúrias em julgamento aberto, ante o Areópago, a Suprema Corte de Atenas que foi especialmente criada para esse prosósito pela deusa Palas Atená. Embora a votação empate, este é quebrado em favor de Orestes quando Palas Atená lança seu voto pela absolvição. Significativamente, é a deusa da razão que põe fim à cega e autoperpetuadora lei da retri-

(10) Ibid.

buição. Nessa árdua batalha por uma nova visão e uma nova ética, é a *sophia* ou sabedoria grega que tem a última palavra.

Dois anos após a promulgação desse credo, Ésquilo estava morto. Entretanto, a essa altura, já tinha notáveis sucessores. Sófocles e Eurípides estavam polindo e ampliando sua arte, expressando novos pontos de vista e empregando técnicas algo modificadas. O trabalho de pioneiro de Ésquilo estava encerrado. Transformara o ritual em drama, trouxera a personalidade humana para o teatro e incluíra a visão espiritual no drama. Dera início à magnificente marcha da tragédia. Agora a procissão podia continuar sem ele *.

I. Nota Sumária sobre o Teatro Grego: No século V, o Teatro de Dionisos consistia num auditório semicircular ou em forma de ferradura *(teatron)*, uma área circular de danças (*orchestra*) para o coro, e, atrás dela, um cenário permanente — a construção cênica (*skene*), na qual se abriam três portas. Este pano de fundo podia ser alterado por diversos engenhos — talvez por painéis móveis de madeira e, mais tarde, também por prismas giratórios (*periakti*) com diferentes cenas pintadas nos três lados. Imediatamente em frente a essa estrutura ficava uma plataforma baixa (*proskenion* ou *logeion*) onde se desenvolvia grande parte da ação, embora os atores pudessem descer para a *orchestra* ou aparecer no teto da *skene*. Esta também era dotada de bastidores (*paraskenia*) que flanqueavam o *proskenion*, de forma que a plataforma onde se dava a representação era enquadrada por três lados pela fachada ou construção cênica. Os *paraskenia* ou bastidores podiam representar duas construções adicionais, e o ator, ao atravessar o palco partindo de um bastidor em direção ao outro, provavelmente poderia criar a ilusão de viajar de uma localidade para outra.

II. Nota Sumária sobre a Estrutura da Tragédia Grega: A tragédia tinha as seguintes divisões formais: 1. *Prólogo*, um monólogo ou diálogo introdutório. 2. *Parodos*, a entrada do coro e sua primeira recitação. 3. O *Episódio*, uma cena dramática representada pelos atores, similar às nossas cenas ou atos (o texto era escrito no trímetro iâmbico, cujo correspondente mais próximo em português seria o verso branco; no entanto, as dificuldades de uma reprodução fiel do estilo e sons gregos para o português faz com que a maioria dos tradutores opte pela prosa). 4. *Stasimon*, ode coral escrita em complexos metros (sem rima), seguida por outro *episódio* ou cena. Haveria 4 ou 5 episódios separados por odes corais, e a tragédia fechava-se invariavelmente com um coral final denominado *exodos*. Ocasionalmente o *stasimon* seria substituído por uma canção (um *commus*) cantado por um ator isolado ou acompanhado pelo coro.

(*) Seus dois filhos também escreveram tragédias, tal como o fez seu sobrinho Filocles, para quem Sófocles perdeu o primeiro prêmio, embora Sófocles competisse com o *Édipo Rei* justamente nesse concurso.

3. Sófocles, O Sereno

1. *O Dramaturgo Feliz*

"Abençoado foi Sófocles, feliz em sua longa vida, sua fortuna, seu talento; feliz por ter escrito um tal número de belas tragédias e por haver dado um final sereno a uma vida que desconheceu o infortúnio". Este quadro esboçado pelo poeta cômico Frínico tem pouco a ver com o guerreiro de Maratona, exilado voluntário e profeta apaixonado que passou sua tocha a Sófocles. "Sófocles é tão gentil aqui (no Mundo Subterrâneo) quanto o foi em vida", escreveu Aristófanes, que em todos os demais casos teria preferido abandonar a pena a perder a oportunidade de uma pilhéria. Também este retrato mostra pouca semelhança com Ésquilo, cuja combatividade é celebrada na mesma comédia que rende tributo à doçura de temperamento de seu sucessor.

Sófocles, nascido em 495, trinta anos após seu predecessor, na "branca Colona", mais ou menos uma milha a noroeste de Atenas, desfrutou das comodidades de filho de um rico mercador e das vantagens de um belo corpo, bem como dos frutos de uma das mais civilizadas épocas da história mundial. Abrigado numa aldeia renomada por seu encanto e cuidadosamente treinado em música pelo famoso musicista Lampros, cresceu na beleza do corpo e da alma. Era tão extraordinário por sua graça física que aos dezesseis anos foi escolhido para liderar o coro de meninos que celebrou a vitória de Salamina. Após doze anos mais dispendidos no estudo e no treinamento, Sófocles estava pronto para competir com os dramaturgos já em exercício, e não foi outro senão Ésquilo quem perdeu para ele o primeiro prêmio. Segundo uma estória, as emoções estavam tão acirradas que o Arconte da competição, ao invés de escolher os juízes por sorteio, como era costume, encarregou da decisão a junta de generais de Atenas.

Porém, o êxito de Sófocles provou ser mais que acidente feliz ou manobra política. Esta primeira peça foi seguida por outras cem ou mais, dezoito das quais receberam o primeiro prêmio, sendo que as demais nunca ficaram abaixo do segundo. Afora isso, o fato de que era um gênio natural fica comprovado quando nos inteiramos de que a composição das peças não absorvia toda sua energia ou interesse. Tal como tantos outros escritores de seu tempo, não se confinava à literatura e incursionava por muitos outros campos. Ator consumado, interpretava suas próprias peças, tendo conquistado fama por sua perícia acrobática em *Nausícaa,* na qual manteve o público enfeitiçado com um número de prestidigitação com bolas, longamente recordado por seus contemporâneos. Apenas a relativa fraqueza de sua voz, que provavelmente o fez escolher um papel feminino em *Nausícaa,* levou-o a renunciar à profissão de ator. Foi também sacerdote ordenado, ligado ao serviço de dois heróis locais, Alconte e Esculápio, o deus da Medicina. E embora, segundo tudo indica, nunca se tenha prendido a pronunciadas convicções políticas, foi eleito duas vezes para a Junta de Generais, que administrava os negócios civis e militares de Atenas. Em geral não associamos prontamente os artistas às altas finanças, mas Sófocles foi até mesmo diretor do Departamento do Tesouro, que controlava os fundos da associação de Estados dominados pelo imperialismo ateniense, conhecida como a Confederação de Delos.

Em suma, Sófocles foi o ídolo querido do povo de Atenas, pertencendo à longa linhagem de escritores que negam a teoria de que o gênio nunca pode ser reconhecido enquanto vivo. Um leão social, conviveu com a galáxia ateniense que era formada por seus colegas dramaturgos Ésquilo, Eurípides e Aristófanes, pelos grandes historiadores Heródoto e Tucídides, pelo mais brilhante dos estadistas gregos, Péricles, e pelo maior de todos os escultores, Fídias. Tamanho era seu encanto social que seus epigramas eram propriedade pública e ele se tornou o Joseph Addison * de um clube literário longamente recordado. Sua vida, que durou por noventa redondos anos, não revelou qualquer declínio de seus poderes. Foi sombreada apenas por um processo judicial intentado por um de seus diversos filhos, Iofon, também um dramaturgo de alguma importância. Iofon, ciumento da afeição demonstrada pelo pai em relação a um filho ilegítimo, desejava que

(*) Joseph Addison (1672-1719) — Ensaísta e crítico inglês de grande talento, colaborador e fundador de importantes revistas, conheceu forte celebridade e influenciou significativamente o curso da história literária inglesa pela sua aplicação aos problemas de sua arte e pelo cuidadoso estudo que fez do gosto e necessidades de seu tempo. (N. dos T.)

o ancião fosse declarado incompetente, mas, segundo um relato, a acusação foi recusada quando o poeta recitou trechos de sua última tragédia, *Édipo em Colona.* E tal como sua juventude lhe havia poupado os mais dilacerantes detalhes da invasão persa, sua morte em 405 poupou-lhe testemunhar a derrota e humilhação de sua cidade amada, que caiu alguns meses mais tarde. Não é de espantar que Sófocles tenha sido considerado feliz até mesmo em sua morte! Sua memória foi carinhosamente cultivada pelos atormentados compatriotas, que lhe deram o nome honorário de *Dexion,* o Anfitrião ou Aquele Que Diverte, e levavam sacrifícios anuais à sua tumba.

Foi notável sua personalidade, e talvez Matthew Arnold não se estivesse excedendo em elogios quando cunhou sua semi-elaborada frase segundo a qual Sófocles "Viu a vida equilibradamente, e viu-a inteira" ("saw life steadily, and saw it whole"). Tinha experiência suficiente para vê-la "inteira", e o temperamento adequado para vê-la "equilibradamente". Ademais, seus dotes eram de incalculável valor para um dramaturgo. O homem do mundo misturava-se com o povo e aprendia a entender e delinear os caracteres; o conservador naturalmente dominava o diálogo; o ator e a figura pública podiam aferir o efeito de seu trabalho sobre o público. Melhor que qualquer de seus contemporâneos que deixaram trabalhos para a posteridade, soube como construir peças acabadas.

Não obstante, esta tradicional descrição de um grande artista é decididamente superficial se não traz consigo outras qualificações. Se não possuísse nenhum outro atributo, seria quando muito um Ferenc Molnar ou um Edmond Rostand superiormente dotado e seu título honorário póstumo, "Aquele Que Diverte", iria servi-lo literalmente. Sófocles, como todo o mundo sabe, era muito mais. Era um poeta com uma pureza de expressão que não encontrou paralelo no teatro até que Racine começou a escrever peças para a corte francesa, vinte séculos mais tarde. E, como todos os poetas maiores, conhecia tanto os abismos quanto as alturas. Quanto aos demônios produzidos pela mente que enfrentou em seu mundo particular, podemos apenas criar hipóteses a partir de suas tragédias, mas estas fornecem provas em número suficiente para dissipar qualquer imagem róseo-dourada do homem. Ao fim de uma carreira que outros considerariam uma justificativa perfeita para a vida humana, escrevia: "Não ter nascido, eis qual é a melhor das sortes. Mas uma vez que um homem veio à luz, a segunda das sortes é, de longe, voltar o mais depressa possível para aquele lugar de onde veio" [1]. Afora isso, ninguém que passou um quarto de século numa cidade assolada pela guerra e pela peste poderia possivelmente permanecer imune à angústia e ao sofrimento.

(1) Transposto literalmente para o português da tradução inglesa de Jebb — versos 1225-28.

No próprio cerne de seu pensamento estava aquele "sentido trágico da vida" que o falecido filósofo espanhol Unamuno considerava indispensável à maturidade. Até mesmo as mais leves dentre as peças de Sófocles de forma alguma podem ser consideradas como cor-de-rosa quer na forma geral, quer nos detalhes. É bem verdade que podia criar Antígona, essa deslumbrante menina, fresca como uma gloriosa manhã em sua coragem e lealdade, podia escrever um idílio como o *Filoctetes,* glorificando a impulsiva nobreza da juventude e podia compor, no *Édipo em Colona,* o mais belo quadro da velhice reconciliada e serena de toda a literatura dramática. Mas o mesmo escritor parece ter sido tomado de um interesse quase obsessivo pela deformidade física e mental. Favoreceu os desagradáveis temas da insanidade, tortura e suicídio em *Ajax, As Traquinianas* e *Antígona.* Uma nauseabunda doença física é o principal traço de *Filoctetes* e sua mais famosa personagem, Édipo, surge à vista de todo o público com o sangue escorrendo dos olhos vazados. Se há verdade na narrativa segundo a qual pretendia criar as pessoas tais como deveriam ser, enquanto Eurípides as fazia tais como eram, devia referir-se a um período anterior que não é representado por qualquer das peças remanescentes. Nas sete tragédias de sua autoria que chegaram a nós fornece ampla evidência de possuir tanto a capacidade quanto o desejo de retratar as pessoas tais quais são. Pode ser tão realista e, de vez em quando, até naturalista ao lado dos melhores autores que militaram por essas escolas.

Matthew Arnold fornece-nos a chave para sua obra quando escreve que Sófocles possuía uma "alma bem equilibrada". Compreendia tanto a alegria quanto a dor de viver, sua beleza e seu horror, seus momentos de paz e sua incerteza básica tão concisamente expressos por sua frase: "A vida humana, mesmo em seus mais altos esplendores e lutas, pende à beira de um abismo". Sua serenidade nascia do conhecimento, não da ignorância.

Há dois tipos de sofrimento em suas tragédias — aquele que advém de um excesso de paixão e aquele que brota de um acidente. O mal produzido pelo homem é formado no molde fixo do caráter humano e o acidente decorre da natureza do universo. Embora Sófocles aceitasse oficialmente os deuses gregos, estes não afetavam sua filosofia — a aceitação formal é muitas vezes a melhor forma de acabar com um ponto controverso. A quadra de Hardy

Crass Casualty obstructs the sun and rain,
And dicing Time for gladness casts a moan...
These purblind Doomsters had as readily strown
Bliss about my pilgrimage as pain *

(*) Estúpida Desgraça obstrói o sol e chuva, / E o Tempo aventureiro em lugar de alegria lança um lamento... / Esses obtusos Julgadores imediatamente esparziram / Felicidade e dor ao longo de minha peregrinação.

é o que chega mais perto de exprimir o ponto de vista sofocliano.

Contudo, Sófocles não é um fatalista paralisador, embora seja principalmente a partir dele que os estudiosos posteriores derivaram sua opinião exagerada e demasiado literal de que a tragédia grega é o drama do Destino. Pelo contrário, alimentava um nobre sonho da humanidade vivendo pela razão, que deve ter visto realizado durante algum tempo em sua própria cidade, mas que o filósofo Platão, escrevendo após a derrota de Atenas, devolveu apressadamente ao reino da especulação em sua *República*. Se o homem com freqüência fracassa na obtenção do controle de seus demônios particulares, pode ao menos empenhar-se em refreá-los, como faz Creonte um tanto tardiamente em *Antígona;* ou pode morrer nobremente, como o desajeitado herói de Ajax. E se a ordem do mundo está acima do controle humano, como é o caso de *Édipo Rei,* ao menos a vítima deve reconhecer sua relativa isenção de responsabilidade pelo que aconteceu. Diversamente de Édipo, que perfura os olhos ao descobrir que havia desposado a própria mãe, deve enfrentar o horror do acidente sem perder sua razão ou dignidade e sem agravar sua condição com um sofrimento auto-imposto.

No mundo sofocliano, o homem deve esforçar-se para introduzir ordem em seu próprio espírito. Se o universo está desprovido de justiça, devemos concluir que pode produzir esse artigo pessoalmente — em sua própria pessoa e no mundo que é de sua própria criação. Aqui lembramos novamente do pensamento de outro categorizado fatalista, Thomas Hardy, propagador da idéia de que a consciência do homem pode, de alguma forma, impregnar a "Vontade universal" pela inteligência e retidão, "moldando bem todas as coisas" se ao menos

We would establish those of kindlier build,
In fair Compassions skilled,
Men of deep art in life-development...
Men surfeited of laying heavy hands —[2] *

Entretanto, no tocante à "Vontade universal", Sófocles não parece haver expressado demasiada esperança! Sua fé persistente só podia estar reservada ao mundo da arte, o único no qual a humanidade pode "moldar bem todas as coisas". De fato, o que pede de suas personagens é apenas arte no comportamento quotidiano — isto é, ordem, gosto e equilíbrio. Mas é bastante realista para saber que de ordinário não podem satisfazer o desejo de seu coração enquanto prevalecerem seus demônios. É acima de tudo na elaboração

(2) The Dynasts.

(*) Confirmaríamos aqueles cuja estrutura é mais bondosa, / Peritos nas doces Compaixões, / Homens de arte profunda na evolução da vida... / Homens saciados de depor pesadas mãos.

artística de suas tragédias que Sófocles cria a ordem, gosto e equilíbrio tão raramente encontráveis no mundo real.

2. *A Arte da Dramaturgia de Sófocles*

Como todo artista competente, é claro que Sófocles não chegou à sua estatura total repentinamente; experimentou, tentou diferentes estilos e lutou diligentemente pela perfeição. Vemos o quão deliberado foi esse progresso através da mestria consciente de sua composição e de sua clara noção de haver passado por estágios bem definidos de desenvolvimento. De início, declarou, imitou a grandeza de Ésquilo, depois foi para o extremo oposto, adotando uma forma excessivamente lacônica e abrupta e, finalmente, encontrou o meio-termo entre os dois estilos, atingindo o método apaixonado e no entanto contido que caracteriza todas as suas últimas peças — as únicas que chegaram a nós.

Seu progresso, porém, não ficou confinado ao estilo. O segredo do triunfo de Sófocles como dramaturgo é que conseguiu compreender a natureza de seu meio de expressão mais claramente que qualquer outro dramaturgo grego. É verdade que não podia violar a interdição não escrita que proibia a apresentação de mortes em cena; assim como seu sucessor Eurípides, também não foi capaz de banir a convenção particular que dava destaque ao coro. Mas se era obrigado a contar com o coro, Sófocles fez a melhor coisa que lhe restava, reduzindo-o ao mínimo e relegando-o ao segundo plano. Seu coro tornou-se primordialmente um grupo de espectadores que seguia a ação dramática de perto, reagindo a ela emocionalmente e comentando-a sem, no global, perder-se em generalizações irrelevantes. Podia tomar essas liberdades e sentiu-se também livre para aumentar os limites das complicações dramáticas da peça. No *Édipo Rei* pode ser comparado a Ibsen e O'Neill na arte do *suspense* e da descoberta dramática.

Um primeiro passo dado por ele foi a adição de um terceiro ator interlocutor ao drama ático. Um segundo passo foi a abolição da forma trilógica. Ésquilo usava três tragédias para contar uma estória e destarte tendia a embelezá-las com partes líricas irrelevantes e a marcar passo, especialmente nas porções centrais. Sófocles usava apenas uma peça para cada trama e conseqüentemente era obrigado a enfiar nela toda ação. A forma abreviada oferecia maiores possibilidades dramáticas em todos os sentidos. Ademais, o elemento titânico não o agradava; como Spengler notou em relação a todos os artistas da Idade de Péricles, Sófocles sentia-se desagradado com qualquer coisa que excedesse o alcance humano. Seu trabalho apresenta forte semelhança com a arquitetura e a escultura de seu tempo, que dava preferência a pequenos templos e estátuas de deuses não maiores que um ser humano bem proporcionado. Sófocles é mais preciso que rapsódico, e em seu interesse pelas coisas definidas diz-se até mesmo que se voltou para problemas de produção, tendo contribuído com a invenção localizante da pintura de cena através dos *periaktoi* ou prismas pintados.

Nos detalhes de sua dramaturgia, Sófocles é igualmente um artesão difícil de contentar que calculava seus efeitos. Emprega ironia trágica ou contraste patético com grande habilidade e a efetividade do estratagema é mostrada no poderoso *Édipo Rei* onde o herói, ignorante de sua situação inatural, segue a pista de toda partícula de prova, por ínfima que seja, o que o leva finalmente a defrontar-se com sua própria maculação. Mestre na nascente e difícil arte da caracterização, Sófocles sabe como criar vívidos contrastes que iluminam as personagens e complicam a ação. Suas cenas de reconhecimento — quando, por exemplo, Electra descobre o irmão ou a Rainha Jocasta fica sabendo que seu marido Édipo, é seu próprio filho — são admiravelmente estruturadas. Destra também é a mudança de tempo e de timbre nas tragédias remanescentes; por exemplo, a luta catastrófica entre Antígona e Creonte, que nega ao irmão dela os ritos funerários, é precedida de um episódio cômico. Vale notar que Sófocles foi o primeiro escritor conhecido a usar alguns detalhes cômicos em suas tragédias, um procedimento que só podia ser motivado pelo desejo de criar contraste e variedade. Para finalizar, Sófocles é mestre consumado no artifício do *suspense* trágico, do qual *Édipo Rei* é um exemplo supremo.

Em suma, Sófocles pode dar ao dramaturgo moderno mais de uma lição útil. Também fornece excelente ensinamento quanto ao difícil assunto do diálogo — isso a despeito da inevitável interferência do coro. Seu diálogo é admiravelmente vívido (algumas vezes até, vívido demais), sua dicção faz parco uso de adjetivos e similares, e suas passagens exaltadas lavram junto à linha do conflito; jamais são aborrecidas ou grandiloqüentes. A perfeição de seu estilo faz com que este quase se auto-oblitere. Talvez aqui esteja inclusive seu maior defeito para o leitor moderno, que pode achar sua poesia um pouco polida demais, um pouco fria demais.

3. *As Peças de Sófocles*

Através de vários léxicos e alusões, conhecemos os nomes de mais ou menos cem peças perdidas, atribuídas a Sófocles, e perto de mil fragmentos foram recuperados por esses atarefados gnomos, os eruditos. Lendas áticas, a guerra de Tróia, o retorno dos heróis, as aventuras de Odisseu, a expedição dos Argonautas (Jasão e o Velo de Ouro), as guerras de Tebas e Argos, a maldição sobre a casa de Agamemnon e estórias variadas abundam em seu vasto repertório. Numa das peças perdidas, *Tamiras,* diz-se que Sófocles interpretava o papel de um tocador de harpa apresentando um solo, uma tarefa de consonância com seu talento musical. Em outra tragédia repetia a conclusão naturalista de *Édipo Rei* e a máscara de seu herói era destorcida para mostrar os efeitos dos golpes que recebera. A sobrevivência de uma legião de títulos e fragmentos também indicam que Sófocles escreveu algumas peças satíricas ou cômicas muito populares. É bem provável que seu bom gosto temperasse o caráter orgiástico dessas farsas vigorosas. Entretanto, por outro lado, sabemos que era perfeitamente capaz de incluir em seus trabalhos uma robusta comicidade, pois um de seus dramas satíricos perdidos foi considerado chocantemente obsceno até mesmo por um crítico tão urbano quanto Cícero.

A partir dos fragmentos recuperados, vários dos quais são de extraordinária beleza, vemos com nitidez absoluta que sua profundidade e lucidez quanto aos problemas do momento em que viveu não estavam restritos ao simples punhado de peças que permaneceu intacto. Alguns dos fragmentos repetem a advertência de que excesso de paixão é loucura e violência, mesmo em causa justa, é um erro. Algumas das citações provam que Eurípedes não foi o único poeta de espírito liberal entre os dramaturgos posteriores. Embora Sófocles não fosse um cruzado como seu contemporâneo mais jovem, sua posição quanto à estratificação social e à situação da mulher em Atenas devem ter sido as partilhadas pelo círculo íntimo de Péricles, ao qual pertencia. Três passagens são particularmente significativas:

Nós, uma raça do gênero humano, por pai, por mãe,
Viemos à luz num dia que para todos é igual;
Nenhum homem nasceu maior que outro;
Mas alguns recebem como alimento um pão mais amargo. . .
E à parte as riquezas, para a humanidade todo o resto
É secundário; verdade é confere-se algum valor
A um homem com saúde; sim, mas para mim nenhum [pobre
Parece estar gozando de saúde, creio-os sempre doentes...
Eu olhei o destino de nós mulheres e julgo
Que somos nada. . . Então quando chegamos
À plena discrição e maturidade,
Somos atiradas fora e mercadas no estrangeiro,
Longe de nossos pais e deuses ancestrais,
Algumas para maridos estranhos, outras para bárbaros,
Uma para um bruto, outra para uma casa plena de [brigas;
E destes, após o jugo de uma noite,
Estamos obrigadas a gostar e a considerar bem conosco.

Só mais tarde, na velhice, quando a demagogia ateniense estava segando uma colheita de derrota militar e caos político, é que Sófocles mostrou sinais de inclinação conservadora. Durante a breve existência da revolução dos Quatrocentos, das classes superiores, a sede do governo foi transferida para o tranqüilo torrão natal de Sófocles, onde não haveria massas insatisfeitas contra as quais lutar. O *Édipo em Colona* dá como que a sanção a esse movimento antidemocrático.

Também é evidente por outro fragmento que Eurípides não foi o único dramaturgo a interpretar os deuses como forças naturais. Sófocles descreve Vênus como uma energia de vida e destruição:

Morte é seu nome, e Poder imperecível,
E Frenesi louco e Desejo irrefreável
E grande Lamento. Tudo está nela;
Impulso e Tranqüilidade e Energia...[3]

Entretanto, a extensão dos poderes dramáticos de Sófocles só pode ser medida completamente nas tragédias integrais de que dispomos. Embora a caracterização das personagens seja sempre um traço primordial, sua obra remanescente pode ser convenientemente dividida em: três peças de caracteres — *As Traquinianas, Ajax* e *Electra;* um drama social — *Antígona;* um idílio — *Filoctetes;* duas tragédias do destino — *Édipo Rei* e *Édipo em Colona.*

4. *Peças de Caracteres*

Uma das peças tardias, *As Traquinianas* ou *As Mulheres de Traquis*, é a mais fraca de todas. Dejanira, a mulher do herói nacional e semideus Héracles, perturbada pelo ciúme quando o marido lhe envia uma cativa concubina, lembra uma veste banhada em sangue que, segundo o vingativo centauro Nesso, devolver-lhe-ia a afeição do marido. Ela a envia para Héracles por meio de um Mensageiro e tarde demais descobre que estava envenenada. Quando o filho volta com as novas de que seu pai está agonizante, a desesperada mulher corre para dentro da casa e apunhala-se. Então é trazido para a cena o atormentado herói amaldiçoando-a como assassina. O erro é explicado a ele que põe em ordem seus negócios, entrega a jovem concubina ao filho e ordena que seu corpo seja incinerado.

As Traquinianas é enfraquecida pela falta de unidade, desde que o interesse é dividido entre Dejanira e seu marido, e a peça usa mais do recurso narrativo do que costumamos encontrar na obra de Sófocles. Mas a tragédia comporta um poderoso e comovente estudo da mulher ciumenta. Dejanira

(3) Transposto literalmente para o português da tradução inglesa de Sir George Young. (Edição Everyman, E. P. Dutton).

é patética no amor pelo marido e no desejo de recuperar sua afeição. Não há malícia nela, é gentil com a concubina que lhe recorda o próprio envelhecimento e morre nobremente. Héracles, embora não seja o mais atraente dos maridos, é um adequado retrato de um homem de meia-idade que se volta para a sedução da juventude, sofre por sua infidelidade e finalmente é obrigado a renunciar aos sonhos de renascimento emocional. Percebendo que a juventude atrai a juventude, casa o filho com a menina "A flor para quem a idade está em sua primavera". *As Traquinianas,* desprovida de indagações cósmicas e sociais, deve muito de seu interesse exclusivamente à lúcida análise das personagens de meia-idade.

Mais eficaz é *Ajax,* uma tragédia anterior, penetrante análise de um soldado corajoso mas hipersensível, que é destruído pelo excesso de suas melhores qualidades. Sua coragem torna-se orgulho avassalador, a autoconfiança leva ao desdém pelos outros e a sensibilidade transforma-se em morbidez quando é ferido no amor-próprio. Quando a armadura de Aquiles é oferecida em prêmio a Odisseu e não a ele, Ajax, que tem maior direito ao prêmio em razão de seu valor, acalenta o rancor até que se decide a matar os chefes gregos durante o sono. Não se pode dizer que alguns deles, especialmente Agamemnon e Menelau, não contribuam para conduzir uma personagem como Ajax ao desespero. Mas as intenções criminosas bem como a extrema autoconfiança suscitam a ira da severa deusa da razão, Palas Atená. Levando-o à loucura, faz com que o herói dê largas ao seu ódio sobre um inocente rebanho de ovelhas, nas quais imagina ver os gregos. Quando recupera os sentidos, sente-se tão humilhado que se atira sobre a sua própria espada.

Em suma, a peça é um estudo da falha trágica. O contraste é apresentado através de Odisseu, descrito como homem moderado, clemente e relativamente humilde, e por um razoável irmão que é bem sucedido na tarefa de reconquistar para o irmão morto a honra que perdeu entre os gregos. Menelau, o mesquinho intrigante, e Agamemnon, o arrogante comandante-chefe, proporcionam uma espécie diferente de contraste. Em comparação a eles, Ajax é nobre a despeito de suas falhas, pois não somente inexiste perfídia em suas ações como é capaz de dedicar afeto ao filho, aos pais e ao irmão. Ao contrário de Agamemnon, jamais poderia ter sacrificado uma criança para permitir que a armada grega zarpasse rumo a Tróia. Se Ajax parece desumanamente indiferente à sua encantadora esposa-escrava, há para ele uma desculpa: está demasiado absorvido pelos enganos e humilhações que sofreu.

Rematando esse drama de caracteres, Sófocles cria outra de suas bem realizadas mulheres, a escrava Tecmessa, que serve ao taciturno soldado sem lamentar-se, tenta conduzi-lo à trilha da razão e descobre o corpo após a morte. Tal como Shakespeare, Molière e tantos outros grandes dramaturgos, Sófocles revela terna visão e compreensão pela condição feminina. Numa saga heróica como *Ajax,* essa atitude quanto às virtudes mais suaves é particularmente valioso, pois enriquece o conteúdo emocional.

Mas a maior contribuição de Sófocles ao drama de caracteres está em sua *Electra,* na qual trata o tema de *As Coéforas* de Ésquilo unicamente em termos da personalidade humana. Para Ésquilo o problema era ético: a justeza da vendeta. Sófocles resolve o problema moral e aceita o assassinato materno colocando-o na distante antigüidade; sua linguagem intencionalmente arcaica em *Electra* coloca claramente o elemento tempo. Tendo solucionado a questão ética, volta-se inteiro ao problema da personagem. Que espécie de mulher era Electra, que desejava ver a mãe assassinada e estava pessoalmente pronta para o feito? A resposta deve ser encontrada em seu espírito intransigente. Sua irmã Crisótemis ajustou-se ao assassinato do pai e ao casamento da mãe com Egisto. Mas Electra manteve inflexível distância e, conseqüentemente, tornou-se objeto de maus-tratos e injúrias que, por sua vez, só fizeram aumentar seu desejo de vingança. Personagem indobrável e orgulhosa, é uma censura viva aos assassinos do pai, com os quais troca palavras tão corajosamente que convida a novas perseguições, em especial da parte do malicioso arrivista Egisto. Quando lhe anunciam que o irmão, Orestes, está morto, considera-se como sua sussessora natural e apela para a irmã, que serve com facilidade aos novos tempos, a fim de ajudá-la a pôr em execução a vingança que, segundo o costume primitivo, deveria ter sido prerrogativa do rapaz. Quando a mãe está prestes a ser chacinada no interior do palácio, Electra responde a seus rogos desesperados com desprezo e ordena a Orestes que não a poupe. Entretanto, seus nervos não são inteiramente de aço e algumas vezes a dureza pode derreter-se. Após trocar palavras ferinas com a mãe no início da peça, sente-se envergonhada. Quando contam que Orestes está morto, ela o pranteia comovedoramente. Mais tarde, no momento em que o irmão se revela a ela, quase esquece o objetivo da visita e põe em perigo seus planos, abraçando-o estreitamente. Após a morte da mãe, Electra é instintivamente vencida pelo horror de si própria.

Várias das outras personagens possuem atributos vividamente acabados. Clitemnestra é uma mulher dinâmica que pode ser tirânica e malévola, e no entanto comove-se sinceramente ao ouvir que o filho, designado pela lei primitiva para destruí-la, está morto. O *Paedagogus* ou tutor que acompanha Orestes é um representante simplista da lei primitiva que, não obstante, é capaz de humor e compreensão. Ao irmão e irmã que se estão demorando com demonstrações de afeto ante a casa, diz secamente: "Se desde o início não estivesse observando a porta, vossos planos teriam entrado na casa antes de vossos corpos". Apenas Orestes é uma personagem comum que enfraquece a tragédia. Tendo sido criado para sua tarefa desde o início, não tem escrúpulos e não é afligido pelo remorso e loucura, como seu correspondente mais interessante de *As Coéforas*. Jovem primitivo, obedece à lei primitiva; entretanto, uma levíssima sombra de dúvida aparece em suas palavras a Electra após o assassinato: "Na casa está tudo bem, *se* o oráculo de Apolo falou bem" [4].

Afora isso, a caracterização nessa tragédia é parte de uma trama cuidadosamente elaborada girando ao redor da forma pela qual Orestes obtém acesso a Clitemnestra e Egisto. Dor e alegria alternam-se por toda a peça. Electra atingiu o auge de sua dor por Orestes quando este se lhe revela. Egisto é chamado para ver o corpo de Orestes, que teria morrido no exílio, mas seu triunfo transforma-se em horror; descobre o cadáver e verifica que é o de sua esposa Clitemnestra, já morta. Exemplo notável de engenhosa dramaturgia está na forma pela qual a morte de Egisto é reservada para o fim. O detalhe mais desagradável, a morte de Clitemnestra, é jogado para o segundo plano e as simpatias da platéia são conquistadas para os filhos de Agamemnon ao ser morto o desprezível fanfarrão. Apenas o assassinato de Clitemnestra por seu próprio filho, duramente apresentado sem qualquer reação de Orestes, afasta o leitor moderno dessa tragédia.

5. *Um Idílio Grego*

Nada inaceitável ao gosto de nossos dias, entretanto, será encontrado no drama de caracteres que aos oitenta e seis anos de idade Sófocles molda na forma de um idílio. *Filoctetes,* que exibe o lado mais ameno de sua mestria artística é uma tragédia apenas no sentido grego (devido à exaltada dramaticidade); não faz uso de catástrofe ao final e o espírito da obra é pastoral. Seu pano de fundo é uma rochosa ilha deserta onde abundam os panoramas selvagens, e o herói, que lá foi deixado pelos gregos após ter sido mordido por uma serpente, mora numa caverna. O espírito idílico da peça é obtido não apenas através das vívidas descrições das paisagens circundantes como também por meio da personagem de um jovem não corrompido, enviado pelos gregos para atrair Filoctetes ao campo de luta, pois seu arco é indispensável para o êxito contra os troianos. Neoptólemo, o filho mais jovem de Aquiles, dá início à tarefa, mas a traição vai contra sua natureza a despeito das manhosas instruções de Odisseu. Embora tenha entrado em posse do arco e enganado Filoctetes, convencendo-o a embarcar no navio

(4) Evidentemente, o grifo é meu.

que o leva a Tróia, Neoptólemo finalmente conta-lhe a verdade. Filoctetes, cuja amargura contra os gregos que o abandonaram chega à obsessão, inutilmente dá vazão à sua ira. Para Odisseu, que acompanhou Neoptólemo, a posse do arco é suficiente e propõe que o herói doente seja deixado na ilha. Mas a generosidade e a piedade pelo homem que sofre agora uma de suas crises e morrerá de fome sem arma levam Neoptólemo a devolver o arco a Filoctetes. Neste momento desaparece o interesse pela personagem e o elemento idílico é reafirmado na miraculosa intervenção do semideus Héracles, que ordena ao injustiçado para esquecer seus agravos e unir-se aos gregos nos campos de Tróia.

A peça tem elementos mais sombrios na agonia física do herói, nas queixas contra os gregos e na apresentação da traição e falta de escrúpulos através da figura do caviloso estadista Odisseu. Frases cortantes sublinham os comentários de Sófocles sobre os caminhos do mundo: "A guerra jamais massacra o homem mau", e "Aos saqueadores jamais sopra um vento adverso". Mas a atmosfera dominante é de loucura e luz, e o poeta nos assegura que a perversidade do mundo é compensada algumas vezes pela imaculada humanidade. Neoptólemo é um dos mais atraentes jovens do mundo do teatro.

Entretanto, é significativo que Sófocles apenas tenha atingido sua plena estatura quando, ao invés de contentar-se com simples estudos de personagens e observações mais ou menos fugidias sobre o gênero humano, seguiu o exemplo de Ésquilo, seu exaltado predecessor, e voltou-se para temas maiores, bem definidos. Há dois deles em sua obra remanescente: as relações do homem respectivamente com a sociedade e os labirintos do destino.

6. *Antígona e o Drama Social*

Não é segredo para ninguém que uma das grandes tragédias da literatura dramática mundial é *Antígona,* escrita em 442, antes de qualquer dos textos de caracteres remanescentes. Sófocles dedica-se aqui a um conflito básico, as pretensões rivais do Estado e da consciência individual. O filósofo Hegel, ao analisar o conflito de *Antígona,* apresentou-o como a luta entre a mulher defendendo a família e o homem apoiando o Estado. Mas essa interpretação demasiado literal não esgota o conteúdo desta tragédia, posto que duas personagens masculinas também defendem a conduta de Antígona. A questão fundamental é descobrir como estabelecer um termo médio entre esses princípios e evitar a catástrofe quer para o grupo quer para o indivíduo. Afora isso, a oposição ainda mais geral entre amor e ódio lança sua magia por toda a peça.

A tragédia tem início impetuoso quando Antígona entra no palco com um apaixonado discurso em que exprime a intenção de enterrar o irmão a despeito do edito que o proíbe. Após uma altercação com Ismena, sua tímida irmã, corre para fora a fim de prestar-lhe essa última homenagem, Creonte, o rei, é informado por um divertido guarda (na primeira cena cômica de qualquer tragédia remanescente) que o morto foi enterrado e, logo mais, tendo a sentinela apanhado Antígona, esta é levada à sua presença. Ao invés de fraquejar ante o novo governante da cidade, ela o desafia. Suas leis não são as dela. "Não fui feita para o ódio e sim para o amor" exclama a moça. Mas Creonte, "jovem na autoridade", nada ouvirá que possa defendê-la. Mesmo a lembrança de Ismena, de que Antígona está prometida ao seu filho Hemon, deixa-o indiferente, e o próprio Hemon roga em vão pela jovem cujo coração é tão grandioso. Creonte a condena a ser emparedada numa caverna e lá abandonada para morrer. Sem arrepender-se, mas lamentando seu destino e relembrando a trágica história de sua família (é filha do infortunado Édipo), a jovem é arrastada para fora de cena enquanto o sentencioso coro de senadores tebanos intensifica-lhe o *pathos* permanecendo surdo a seus rogos e reprovando-a pela audácia. Também eles estão do lado do implacável Estado.

Mas processa-se uma repentina reviravolta na situação quando Tirésias, o profeta e sacerdote cego, entra em cena e reprova Creonte por profanar o corpo do irmão de Antígona, advertindo-o que será punido pelos deuses. Que valor pode haver em apunhalar o apunhalado?, pergunta. E embora Creonte obstinadamente o acuse de haver sido subornado e o mande embora com palavras cheias de desprezo, fica estranhamente perturbado pela profecia de Tirésias. É amargo submeter-se, declara, mas irá submeter-se, e dá ordens para a libertação da moça. A ansiedade o assalta à medida que vai se sentindo demasiado atrasado e logo suas previsões são justificadas pela entrada de um mensageiro. Este relata que Antígona preferiu enforcar-se a aguardar a morte lenta e que Hemon, tendo encontrado a noiva morta, apunhalou-se. As novas espalham-se rapidamente e quando Eurídice, a esposa de Creonte, é informada que perdeu o único filho, mata-se também. Creonte está destruído e dificilmente consegue achar qualquer consolo nos lugares-comuns emitidos por seus senadores.

Sófocles não procura desviar o drama em favor de sua heroína, pois reconhece os direitos do Estado e do interesse público. Creonte, num certo sentido, estava justificado por converter em exemplo público o príncipe que levou um exército armado contra sua própria cidade. Não importa o quão grande fora a provocação, Polinices não deveria ter invadido sua própria terra. Mas as reivindicações de Antígona são mais fortes, emanadas da piedade e do amor. E também é o amor que se reafirma no suicídio de Hemon. Como a convenção teatral desencorajava a representação de relações românticas no palco, o Romeu e Julieta desta peça não se encontram em cenas tocantes, mas a força do amor de Hemon é poderosamente demonstrada por sua morte. Os rogos formais de Hemon por Antígona, nos quais não menciona seu amor por ela são, na verdade, novos exemplos dos tantos toques delicados pelos quais Sófocles é famoso.

Embora Sófocles não se incline a resolver a disputa entre o Estado e a consciência individual, contentando-se simplesmente em observar que as conseqüências do conflito tendam a ser trágicas, o ímpeto de sua piedade e de sua caracterização de Antígona lança o peso da simpatia, ao menos quanto aos leitores modernos, para o lado da nobre moça. Assim como *Hamlet,* esta deslumbrante tragédia deixa em suspenso diversos problemas que não entregam com facilidade seu significado ao leitor casual. Mas, em prova do que digo, *Antígona* é uma excelente lição para o moderno dramaturgo social. Ele poderá ver aqui o quão eficaz é expressar problemas comunitários com comedida objetividade através de personagens significativas que falarão por toda a alma humana.

7. *A Tragédia do Destino — Édipo*

A mesma batalha com um tema importante e difícil distingue as duas grandes peças que colocam o problema do destino. Usualmente o acidental é considerado um artifício barato e fácil na literatura dramática. Mas não é barato nem fácil no *Édipo Rei.* O acidente ocorre antes do início da peça e amarra as circunstâncias num nó que só poderá ser desatado após prolongada batalha. Além disso, felizmente, Sófocles estava à altura da tarefa. Se não podia esperar resolver o enigma do destino, ao menos conseguiu escrever uma das incontestáveis obras-primas do mundo. E é novamente seu soberbo dom para a caracterização que enriquece a simples mecânica da dramaturgia com vida, agonia e plausibilidade.

Édipo matou o pai e casou com a mãe sem sabê-lo, e ninguém poderia impedir a consumação da tragédia. Quaisquer explicações que os gregos pudessem ter elaborado numa tentativa de atribuir a responsabilidade do crime a Édipo, Sófocles as afastou. Como alguém que viu a vida "equilibradamente", segundo suas luzes pagãs recusou-se a codificar a existência do acidente na tragédia. Édipo é uma personagem superlativamente ativa, como se o dramaturgo ático tentasse nos dizer que o destino trabalha através do caráter da vítima. Com efeito, o fado encontra forte aliado neste homem corajoso, nobre e de ótimas intenções, cuja única falha é o temperamento inflamável. Tanto suas virtudes quanto defeitos conspiram contra ele. Se não fosse tão impetuoso e excitável poderia não ter disputado nunca com o ancião que o afrontou na estrada, assim jamais tê-lo-ia golpeado, matando destarte o estrangeiro que verificamos depois ser seu pai. Se Édipo não fosse tão ousado e inteligente jamais teria respondido ao enigma da Esfinge, nunca seria feito rei de Tebas por haver libertado a cidade do monstro e tampouco teria casado com a rainha viúva. Quando a peça tem início, os mesmos elementos admiráveis de seu caráter conspiram a fim de abrir-lhe os olhos para o tremendo feito. É tão resoluto na decisão de descobrir a pessoa que está manchando a cidade com um crime secreto que descobre a culpa do parricídio e incesto em sua própria vida. Um indivíduo menos determinado nunca poderia ter levado as coisas tão longe. Além disso, um homem menos temperamental jamais cegaria a si mesmo levado pelo horror, exacerbando assim seus sofrimentos. Sem ser *moralmente* responsável, Édipo é *psicologicamente* responsável pelos tormentos. Conseqüentemente é uma personagem dinâmica e um sofredor ativo; na verdade, é uma das grandes figuras trágicas da literatura.

É evidente que as possibilidades psicológicas da tragédia não estão esgotadas. Sob a superfície da estória de Sófocles jazem camadas de vida primitiva que mal podemos vislumbrar. Quando Nietzsche escreveu que incontroladas forças anárquicas de paixão e horror íntimo — o elemento "Dionisíaco" — jaziam por trás da serena máscara Apolínea de beleza sofocliana, o filósofo alemão descobria uma profunda verdade sobre a tragédia grega e em especial sobre o *Édipo Rei*. A estória de Édipo nos convida a descer às profundezas da antropologia e psicanálise modernas que foram intuitivamente perscrutadas pelos poetas desde tempos imemoriais. Somos relembrados dos impulsos anárquicos e incestuosos que complicaram a vida do homem e se exprimiram em tantos tabus primitivos e neuroses civilizadas. Como toda obra de arte superior, esta tragédia tem uma vida dupla: aquela que expressa e aquela que provoca.

Entretanto, uma coisa é certa, e isso basta ao amante do teatro: de *Édipo Rei* emana avassaladora dramaticidade. A peça é uma maravilha de *suspense,* ritmo e crescente excitação. A experiência provocada por esta peça não tem paralelo no teatro, exceto no *Rei Lear*.

A seqüência a esta tragédia, o sereno e encantador *Édipo em Colona,* escrito muitos anos mais tarde, é o Purgatório e Paraíso do Inferno de Sófocles. O problema do destino inexplicável colocado pelo *Édipo Rei* não é respondido no trabalho posterior. Mas pelo menos uma solução é indicada: O que o homem não pode *controlar,* ao menos pode *aceitar;* o infortúnio pode ser suportado com fortaleza e enfrentado sem sentimento de culpa. O exilado *Édipo* conquistou a mais alta das vitórias sofoclianas da liberdade sobre as perturbações. Pode agora encarar seu crime sem acumular sobre si mesmo carvões em brasa produzidos por uma consciência mórbida. Tal como o paciente numa análise freudiana, de quem se diz ter vencido suas complicações internas quando pode olhá-las sem o sentimento de culpa que suscite a fuga neurótica e o auto-suplício, Édipo está purgado e curado. E com ele, nós que o seguimos aos abismos imergimos liberados e fortificados.

Aquele que foi degradado a ponto de ser expulso de seu lar pelos próprios filhos é agora erguido tão alto que Atenas é santificada por sua presença. Para os antropólogos sua eficácia mágica remete à santificação produzida pela morte do rei-sacerdote tal como é descrita por Frazer em *The Golden Bough* (O Ramo Dourado). Mas a santidade do Édipo moribundo também tem conotações mais universais. Alguém que experimentou os extremos do sofrimento elevou-se acima da humanidade comum. Ele aprendeu tudo o que há para saber sobre a agonia e foi santificado por esse conhecimento final. Além das derradeiras cadeias da paixão e da dor só pode haver paz duradoura: na conclusão da tragédia Édipo atinge a paz que realmente está além da compreensão, e não é difícil fazer disso um sacramento. Reconciliado com a ordem do mundo. Édipo lava-se, dá às suas filhas um afetuoso adeus, responde à voz mística que o chama e, sem que ninguém o conduza, caminha para o túmulo, cuja localização nenhum homem conhece exceto o cavalheiresco rei-herói Teseu, que o amparou.

Resta acrescer que esta peça de Milagre não trai em nenhum momento sua fidelidade ao caráter humano. Antes da conclusão mística, Édipo arrebata-se novamente. Um dos filhos que permitiu sua expulsão de Tebas segue-o a fim de obter sua bênção na luta pelo poder que teve início entre os irmãos. Mas Édipo, que se recorda da conduta nada filial deste filho, manda-o embora iradamente. E o ancião tampouco retornará à cidade que o maltratou em seus dias de desgraça; ao invés disso prefere morrer na comunidade de Atenas, que o recebera com amizade. Ainda é o apaixonado Lear em face da injustiça. Sua serenidade ou sentido de união com a Natureza surgem apenas no final.

Cumpriria lembrar também que a conclusão mística não era de todo um fim em si mesma, quer para Sófocles, quer para seu público. Há conotações políticas no fato de os tebanos, que haviam expulsado Édipo e não mais faziam jus à bênção que este poderia conferir-lhes, serem inimigos dos atenienses na guerra contra Esparta. Embora Tebas e Atenas fossem Estados amigos no começo da peça, Édipo advertira Teseu de que essa amizade poderia ser rompida. Amargurados pela inimizade de Tebas e de outras cidades anteriormente amigáveis, o público ateniense deveria sentir no coração os versos prescientes do velho rei:

Fenece a fé, e a infidelidade desabrocha como a flor.
E quem há de encontrar nas abertas ruas dos homens
Ou nos lugares secretos do próprio amor de seu coração
Um vento soprando para sempre a verdade? [5]

Segundo o antigo conto no qual se baseia a peça, o santificado sofredor morreu em Tebas. Sófocles deve ter alterado a lenda deliberadamente quando sepultou Édipo em solo ático.

Contudo, *Édipo em Colona,* como todas as grandes peças, transcende os interesses locais. Permanece como a derradeira palavra de Sófocles sobre as inexplicáveis fatalidades da vida e uma afirmação da santidade final da humanidade sofredora. Vida e morte perdem sua pungência neste *pean* à dignidade de uma alma partida.

Logo após a apresentação de *Édipo em Colona,* em 405, Sófocles foi juntar-se à sombra de Ésquilo. Eurípides, seu contemporâneo mais jovem e par intelectual, falecera alguns meses antes e mais tarde, no mesmo ano fatídico, também morreria a glória que era a Grécia, pois Atenas sucumbiria ao poderio militar de Esparta. Nenhum mestre da alta arte da tragédia floresceu — ou poderia talvez florescer — em Atenas após a morte de Sófocles.

Entretanto, foi dado a Sófocles ver um digno sucessor durante sua própria vida e observá-lo traçar novas trilhas para o drama. E ante o que viu é provável que Sófocles se tenha sentido atônito e desanimado, bem como ocasionalmente gratificado. No calendário, Eurípides era apenas uns dez ou quinze anos mais jovem que Sófocles, mas sob alguns aspectos estava vinte e três séculos à frente de todos os dramaturgos atenienses do século V. Em Eurípides encontramos a nós mesmos e em suas peças descobrimos o drama moderno mais de dois mil anos antes de seu nascimento oficial.

(5) Transposto literalmente para o português da tradução de Gilbert Norwood em *Greek Tragedy.*

4. Eurípides, O Moderno

1. *A Formação de um Liberal*

O homem barbado que vivia com seus livros numa caverna na ilha de Salamina era um estranho entre os homens de seu tempo. Dizia-se de Eurípides que passava dias inteiros sentado, a meditar, desprezava o lugar-comum e era melancólico, reservado e insociável. Um busto esculpido em sua velhice revela um rosto cansado, mas belo, cabelos finos e lábios bem desenhados. A própria antítese do popular e socialmente bem sucedido Sófocles, sua vida foi tudo, menos feliz. Nos cinqüenta anos de teatro, durante os quais escreveu noventa e duas peças, conquistou apenas cinco prêmios, sendo o quinto concedido após sua morte. Permanente alvo dos poetas cômicos, especialmente de Aristófanes, tornou-se objeto das mais desenfreadas calúnias e zombarias. Nem mesmo sua aristocrática mãe foi poupada, pois dela disseram que era verdureira. Sua vida privada foi invadida por acusações segundo as quais era um marido traído e não conseguia suportar mulheres. Foi julgado por impiedade e deixou Atenas totalmente desacreditado.

A corte macedônia do rei Arquelau honrou-o e lá encontrou companheiros no exílio. Mas foi breve sua vida na corte, durando apenas uns dezoito meses e encerrando-se por um acidente. Diz-se que foi estraçalhado pelos mastins do rei, hipótese bastante plausível na selvagem Macedônia. Seus ossos permaneceram enterrados em solo estrangeiro, pois o rei Arquelau se recusou a entregar o corpo a Atenas que subitamente despertou para o fato de que perdera um grande homem, mas foi obrigada a contentar-se com a construção de um cenotáfio. Em suma, Eurípides é o exemplo clássico do artista incompreendido.

Ao mesmo tempo, não devemos considerar o quadro tradicional tão literalmente. Jamais chegou a ficar totalmente sem admiradores ou sem alguma forma de atividade social. Como todo cidadão ateniense, foi soldado até os sessenta anos, lutando intermitentemente em diversas frentes na Guerra do Peloponeso. Ainda que Sócrates não pareça ter sido um de seus amigos íntimos, o mais sábio homem de Atenas colocava-o acima de todos os outros dramaturgos e jamais ia ao teatro senão quando Eurípides tinha uma de suas peças encenadas; chegava mesmo a empreender a longa caminhada de Atenas ao porto marítimo do Pireu para ver uma tragédia euripidiana. É perfeitamente concebível que Eurípides não conseguisse imaginar homenagem maior que essa aprovação, uma vez que os dois homens pensavam de forma igual ainda que usassem diferentes modos de expressão. Assim como se disse que Bacon compusera as peças de Shakespeare, corriam estórias em Atenas segundo as quais Sócrates escrevera as peças de Eurípides ou, pelo menos, o ajudara nelas. A afirmação de Nietzsche segundo a qual Eurípides deve ser considerado "o poeta da estética socrática [1]", já fora antecipado pelos próprios atenienses.

Mnesíloco, o pai de sua esposa e Cefísofon, seu servo ou secretário, permaneceram devotados a ele até o fim. Outro amigo era Timoteu, seu protegido, cuja avançada música descritiva desagradou os atenienses conservadores. Sófocles ao menos respeitava seu colega-dramaturgo, ainda que não aprovasse seu realismo; vestiu seus coros de negro quando chegaram as novas da morte de Eurípides. Ademais, mesmo durante os anos mais difíceis teve admiradores entre os radicais e pacifistas de Atenas. Quando assumiram o poder temporariamente, honraram-no escolhendo-o para escrever um epitáfio aos soldados que haviam caído em Siracusa. Rotular este poeta de excêntrico e recluso incorrigível, seria imenso exagero. A estória de Eurípides é simplesmente a de um homem que estava fora de sintonia com a maioria. Era um livre-pensador, humanitário e pacifista num período que se tornou cada vez mais intolerante e enlouquecido pela guerra.

Se Eurípides era um acirrado crítico de seu tempo, podia, contudo, assinalar com justiça que não fora ele quem mudara e sim Atenas. Seu aniversário, tradicionalmente assinalado como ocorrendo no dia da batalha de Salamina em 480 a.C. mas com muita probabilidade tendo lugar quatro ou cinco anos antes, coincidiu com o alvorecer da supremacia política de Atenas. Passou a juventude numa atmosfera de crescente civilização que só pode ser comparada à Renascença e ao período da "Ilustração" na Europa oitocentista. Rica, pode-

(1) *The Birth of Tragedy*. Edição Modern Library, pág. 250.

rosa e cosmopolita em virtude de seu comércio e imperialismo, a Atenas de sua juventude atraiu os mais avançados pensadores e artistas da época e ofereceu o solo adequado para a filosofia liberal que mais tarde experimentou dias tão negros.

O jovem Eurípides foi inicialmente treinado para o atletismo mas, ainda que tenha obtido algum êxito como atleta, o futuro mestre da "batalha mental" breve cansou-se da profissão. Anos mais tarde declararia com violência característica que "de todos os milhões de pragas da Hélade não havia nenhuma pior que a raça dos atletas". Como cresceu entre as maravilhas da nova arte, foi a seguir atraído para a pintura, e isso numa época em que também estava estudando música, que iria praticar com acentuado sucesso ao compor partituras elaboradas e adiantadas para as partes líricas de suas peças. Ele que deve ter observado o extraordinário pintor Polignoto decorando a Acrópole e os escultores trabalhando nos templos ou ao ar livre, realmente conservou algo de esteta por toda a vida. Ele que vira os criadores da beleza honrados em sua juventude permaneceu imutável em seu respeito pela arte mesmo quando os atenienses começaram a considerá-la uma intrusa e a culpar Péricles por gastar tanto dinheiro no embelezamento da cidade.

Também é significativo que, assim como Ésquilo, Eurípides tenha crescido entre os esplendores da adoração cerimonial. Fila, a aldeia na qual nascera, era renomada por seus muitos templos e, como membro de uma das primeiras famílias atenienses, estava entre os jovens escolhidos que participavam dos serviços. Porta-taça da corporação de dançarinos que interpretavam sua arte frente ao altar do Apolo de Delos e porta-tocha do Apolo de Cabo Zoster, escoltando a estátua anualmente de Delos a Atenas, na juventude, Eurípides esteve estreitamente ligado à religião que mais tarde questionaria com tão ingrata perseverança. Foi um dos muitos livre-pensadores da Europa, criados numa atmosfera religiosa, semelhando-se nesse respeito a Marlowe, cuja infância e adolescência transcorreram na religiosa cidade de Canterbury, bem como Molière, Voltaire e Heine, todos educados em escolas jesuíticas. Talvez uma certa ligação com a religião seja sempre pré-requisito para o agnosticismo ativo.

Eurípides permaneceu suscetível aos valores estéticos da adoração religiosa até o fim de seus dias. Algumas das mais encantadoras passagens de suas peças, em *Íon* e em *As Bacantes*, recriam a beleza e maravilha da adoração divina. Ao celebrar em Eurípides o racionalista e o pensador socrático, não podemos ignorar, como fizeram alguns escritores, o poeta. Seu fascínio como dramaturgo está nesse dualismo entre o pensamento e a fantasia, entre a emoção e a razão. Um pensador mais simples teria composto tratados e não essa inspirada literatura.

Não obstante, foi a "Ilustração" ateniense que moldou seu futuro caminho e o marcou para o resto da vida. Os sofistas, que questionavam todas as doutrinas e ensinavam a hábil arte do raciocínio, enfeitiçaram para sempre o jovem impressionável e inteligente. Anaxágoras, filósofo jônio que foi para Atenas e passou lá perto de trinta anos de sua vida, foi um dos mestres de Eurípides. Um dos primeiros pensadores científicos do mundo, Anaxágoras sustentava que o sol não era um deus atravessando os céus a conduzir um carro de ouro, mas uma ígnea massa de pedras ou terra cuja imensidão desafiava descrições. Ensinava a indestrutibilidade da matéria, a natureza atômica do mundo e a inexistência de uma força ordenadora no universo. Para Eurípides, não era apenas um professor, mas um amigo. E também o era Protágoras, que ensinava a ciência da linguagem, desenvolveu uma teoria justificando a democracia e expôs a relatividade da realidade na significativa frase: "O homem é a medida de todas as coisas". Sobre os deuses, Protágoras dizia que não tinha "meios de saber se existem ou não". Vários outros pensadores não-convencionais que expunham diversas doutrinas racionalistas e humanistas ou aperfeiçoaram a arte da argumentação igualmente imbuíram Eurípides de um apaixonado amor pela verdade racional. Foi a partir deles que o primeiro dramaturgo "moderno" desenvolveu o hábito do sofisma em seu diálogo e adotou uma perspectiva social que sustentava a igualdade de escravos e senhores, homens e mulheres, cidadãos e estrangeiros. Um homem de seu temperamento e orientação estava destinado a adotar pronunciada atitude em relação à política de sua terra e não é de surpreender que a maior parte de seu trabalho deva ser considerada em relação às modificações políticas registradas pelos historiadores de Atenas.

De início, é claro que Eurípides só podia exultar de orgulho patriótico ante a imensa manifestação de cultura que cintilava em sua terra natal. Quando Atenas se empenhou na luta de vida ou morte com a Esparta antiintelectual, provinciana e militarista, acorreu em sua defesa não apenas como soldado, empunhando armas por sua cidade, mas como propagandista que exaltava seus ideais. Entretanto, o imperialismo de Atenas, seguindo o impulso de toda política imperialista, tornou-se um implacável instrumento para a subjugação dos Estados irmãos, alguns dos quais tão indefesos e comparativamente neutros quanto a Bélgica em 1914. Prolongando-se a guerra com Esparta e sofrendo Atenas derrota após derrota, o povo perdeu a predisposição para a razão e tolerância. Demagogos militaristas arrastavam as massas para um *furor teutonicus,* e os tacanhos rústicos dos campos, buscando abrigo dos exércitos invasores dentro dos muros da cidade, excitavam ainda mais a ignorante maioria que não tinha paciência para com a "Ilustração" e até a culpava pelas catástrofes sofridas na frente de batalha. Péricles, o estadista liberal, viu sua influência desaparecer, foi obrigado a permitir o exílio de Anaxágoras e Fídias e chegou mesmo a sofrer um *impeachment*. Quando morreu logo depois, devido à praga — outro desastre que exacerbou a intolerância dos atenienses — ninguém mais havia para colocar-se entre o povo e seus bodes expiatórios. Um a um, Eurípides viu seus amigos e mestres silenciados ou expulsos da cidade, e entre eles estava Protágoras, que lera seu iconoclasta tratado sobre os deuses na casa de Eurípides. Logo depois o desanimado dramaturgo recebeu a notícia de que o amigo se afogara no mar. Infelizmente o quadro é muito familiar aos homens do século XX. E quando o tratado de Protágoras foi entregue às chamas, nem mesmo a queima de livros permaneceu estranha à experiência de Eurípides.

Em meio a esses acontecimentos, Eurípides continuou a escrever peças que mantinham em solução os ensinamentos dos exilados, sendo pessoalmente salvo do banimento em parte porque suas heresias eram mais expressas por suas personagens que por ele mesmo e em parte porque o dramaturgo apresentava sua filosofia num molde tradicional. Empregando deuses que nos prólogos e epílogos de suas peças apareciam com mais freqüência que nas obras de seus predecessores, em aparência era mais formal que o próprio Ésquilo. Cautelosamente deixou também sua argumentação em suspenso. O ateniense comum era abrandado por um final convencional, as sutilezas da peça podiam escorregar por suas mãos como água e seus sentidos excitavam-se com as doces canções e coloridas músicas de Eurípides, populares junto às massas. Por esses meios, Eurípides pôde continuar suas funções em Atenas por longo tempo, mesmo sendo considerado com suspeita e suas peças recebendo normalmente o segundo ou terceiro lugares dos vigilantes juízes do festival de teatro.

A estrutura artística desigual e muitas vezes enigmática de seu trabalho prova que foi grandemente cerceado por essa necessidade de estabelecer compromisso com o público inamistoso. Os prólogos e epílogos, povoados de deuses que muitas vezes não têm relação aparente com as peças, em sua maioria são imperfeitos. Suas peças freqüentemente têm *dois* finais — um inconvencional, ditado pela lógica do drama, para os céticos; outro convencional para o povo, violando a lógica dramática. A necessidade de equilibrar-se no arame resultou em certa oscilação de pontos de vista; em certa passagem Eurípides fustiga abertamente os deuses da mitologia grega até que ficam parecendo os mais absolutos crápulas, se é que lhes permite qualquer espécie de existência, enquanto em outra parte do mesmo texto surgem como respeitáveis divindades. Tentando parecer neutro, Eurípides amiúde usou uma frágil dialética por meio da qual diversas opiniões são argüidas sem que nenhuma se conclua. Seus esforços em dourar as pílulas mais amargas levaram-no à inclusão de solos que mantêm relação incerta com a ação dramática e servem apenas para excitar os sentidos ou induzir a uma morna aquiescência ao drama como todo. Unidade de tom, ação e idéia sustentam-se mal em algumas tragédias. Ocasionalmente, como em *Íon,* sua técnica dramatúrgica é quase atordoante.

Entretanto Eurípides podia consolar-se ao pensar que sem tais concessões não poderia ter falado nada do que desejava. Talvez haja acreditado (erroneamente, suspeitamos) que estivesse impregnando sutilmente seus concidadãos de idéias que abafariam o crescente fanatismo da época. Pelo menos, talvez lhe fosse dado contrabalançar a rígida ortodoxia que se reimplantara em Atenas. Podia levantar a voz contra as brutalidades do militarismo e imperialismo escolhendo temas lendários como a destruição de Tróia. Podia dizer algo em prol do estrangeiro e pedir em favor deste um pouco de compreensão numa peça como *Medéia.* E, sem dúvida, crendo, como Ibsen, que a sociedade seria aperfeiçoada se as mulheres fossem emancipadas e pudessem exercer uma influência humanizadora, podia apresentar as reivindicações feministas criando heroínas positivas. Mesmo que seus esforços estivessem provavelmente destinados à incompreensão, talvez tenha sentido que se podia obter algo criando mulheres como seres humanos completos, ao invés de figuras convencionais. Fazendo-as reais, naturalmente fê-las capazes tanto de mal quanto de bem, e talvez fosse inevitável que alguns o classificassem de inimigo das mulheres. Mas talvez tenha encontrado consolo na expectativa de que no devido tempo os atenienses aprenderiam a considerar o sexo oposto como seres dignos, em vez de considerar as mulheres casadas como produtoras de filhos apenas um passo distantes da escravidão.

2. *O Nascimento do Drama Realista*

Se algumas vezes Eurípides comprou sua liberdade intelectual às custas da perfeição, a compra foi uma barganha em termos de evolução dramática. Como percebeu Aristóteles, a tensão nervosa das peças de Eurípides fazem-no o mais dramático dos dramaturgos gregos. A maior parte de seu trabalho encerra muita ação e suas caracterizações são complexas e multidimensionais. Enquanto brincava de cabra-cega com seu público, conseguiu criar o mais vigoroso realismo e a crítica social da cena clássica.

O povo simples começou a aparecer em suas peças e seus heróis homéricos socialmente superiores eram, com freqüência, personagens anônimos ou desagradáveis. Seus Agamemnon e Menelau são, positivamente, anti-heróis, como se Eurípides desejasse mostrar aos espectadores o que eram na realidade os heróis militares convencionais. Outras personagens homéricas como Electra e Orestes são até hoje casos caros à clínica psiquiátrica. Ademais, Eurípides é o primeiro dramaturgo a dramatizar conflitos internos do indivíduo sem atribuir a vitória final aos impulsos mais nobres. Temos soberbos exemplos de "personalidades divididas" em *Medéia,* quando a esposa enganada luta entre o amor pelos filhos e o desejo de punir o pai deles, Jasão, matando-os; e em *Alceste,* quando Admeto oscila entre amor à vida e afeição pela esposa, cuja morte é a única coisa capaz de salvá-lo. Algumas vezes o elemento psicológico chega mesmo a transcender o caso individual e torna-se amplamente simbólico; *Hipólito* e *As Bacantes* colocam a questão de quão longe pode ir um homem na negação das exigências de alguma força vital superior como a sexualidade e a liberação emocional sem ser finalmente destruído por ela no momento em que esta afirma seu poder. A obra de Eurípides constitui, sem dúvida alguma, o protótipo do moderno drama realista e psicológico.

Sua persistente crítica social também tocou uma nova tecla. Ao contrário de Sófocles, Eurípides não manteve uma impassível neutralidade. Ao contrário de Ésquilo, não se confinou a considerações éticas de caráter geral. Devotou uma peça inteira, *As Troianas,* aos males do imperialismo e da agressão militar. A guerra que pede sacrifícios tais como a imolação da donzela Ifigênia, que é sacrificada a fim de que as naves possam zarpar para Tróia, suscita sua mais violenta ira e desprezo. Onde quer que suas tragédias descrevam a opressão, Eurípides fala com um verbo de fogo. Além disso, Eurípides lança solene aviso ao opressor. Que não pense que suas vítimas permanecerão convenientemente objetos de inocente impotência. Fortemente pressionadas, podem muito bem tornar-se demônios de fúria e ódio, e, como a rainha troiana em *Hécuba,* poderão em seu desespero tanto destruir quanto ser destruídos. O resultado líquido é um mundo igualmente obscurecido pelo opressor e pelo oprimido, um mundo para o qual, segundo as palavras de Henry Adams, um homem sensível não pode olhar sem um estremecimento.

Completando sua cruzada, Eurípides volta-se para os líderes mundanos e celestiais da humanidade, e julga ambos imensamente desprezíveis. Os primeiros são tiranos intrigantes, covardes e empedernidos que estão muito distantes de seus sósias homéricos. São capazes de condenar à morte um homem como Palamedes, de maneira muito semelhante à dos atenienses ao perseguirem Anaxágoras e Protágoras. Quanto aos deuses, são duplamente perigosos, pois não apenas refletem a mentalidade primitiva do homem como também servem de mau exemplo. O oráculo de Delfos é descrito pelo aguerrido dramaturgo como uma fraude. Apolo, que ordenou a Orestes o assassinato da mãe, é apresentado como inteiramente culpado em *Electra,* e o mesmo deus é descrito como um insaciável canalha, violador e mentiroso em *Ion.*

Lançando a dúvida sobre o politeísmo e exigindo deuses justos, se é que realmente eram de todo necessários, claro que estava apenas seguindo os passos do exaltado Ésquilo, cujas peças deve ter visto na juventude. Mas Ésquilo representava os Olimpianos ou, mais especificamente, Zeus, como deuses que se desenvolviam em grande força moral. Eurípides não viu tal progresso porque encontrou Atenas enlouquecida pela guerra retornando à adoração primitiva e comportando-se como se suas deidades fossem absolutamente desprovidas de consciência. É preciso apenas recordar as cínicas palavras que os imperialistas dirigem aos habitantes de Melos, antes de demolir sua cidade neutral: "Quando rogais pelo favor dos deuses, podemos esperá-lo tão honestamente quanto vós mesmos, pois nem nossas pretensões nem nossa conduta são, em qualquer sentido, contrárias ao que os homens acreditam dos deuses ou praticam entre eles próprios". Isso dista apenas um pequeno passo do parecer de Napoleão, segundo o qual Deus está do lado da artilharia mais eficiente. Eurípides certamente não foi um calouro deslumbrado ou um ateu de aldeia que nega a religião porque fazê-lo é sinal de inteligência.

Ao morrer, em 406, através de sua intensa dramaturgia, levara a tragédia a um ponto atingido apenas pelo Shakespeare da maturidade, dois mil anos depois, e desenvolvera a peça de tese a um grau apenas alcançado por Ibsen e seus sucessores após o lapso de uns vinte e três séculos.

3. *O Aprofundamento do Drama Pessoal*

Eurípides começou a derramar seu novo vinho na velha garrafa da tragédia convencional quando estava perto dos trinta anos, um ano após a morte de Ésquilo, com uma peça perdida, *As Filhas de Pélias,* significativa sob dois aspectos. Mostra o jovem dramaturgo já às voltas com a lenda de *Medéia,* que transformaria numa de suas maiores tragédias, e o revela sua forte inclinação para lendas que demandavam uma estrutura muito formal. Sugeriu-se que Eurípides empregava os padrões convencionais do ritual, algo rejeitados por Ésquilo e Sófocles, como disfarce para sua iconoclastia. Mas também é bem possível que estivesse predisposto para tal formalismo por sua proximidade, na juventude, do cerimonial religioso. A epifania, ou aparecimento de um deus, que empregou com tanta freqüência, era um elemento bastante enraizado no ritual que girava ao redor do Demônio Anual, ou espírito da vegetação.

Outra característica, o *sparagmos* ou estraçalhamento de um deus ou totem animal, encontra-se fortemente refletida nessa *As Filhas de Pélias.* Aqui, desejando Medéia vingar-se do rei Pélias que despojara o esposo dela, Jasão, de seu patrimônio, persuade as filhas do rei que pode devolver a este a juventude se elas o matarem antes. O psicólogo Eurípides já está patente nesta primeira peça, pois em seu drama chega à conclusão que a bárbara Medéia, cujo código é tão estranho ao da Grécia, perde a afeição do marido pela própria paixão com que o serve. Eurípides exprime a triste verdade segundo a qual uma mulher pode realmente perder seu amante através da excessiva devoção a ele.

Entretanto, ao tempo de sua primeira encenação, Eurípides não estava arcado ao peso das amarguras públicas e particulares. Duas das peças seguintes, *O Cíclope* e *Reso,* mostram mesmo o jovem poeta numa predisposição cordial e romântica. *O Cíclope,* o único drama satírico completo existente, é um encantador relato do encontro de Odisseu com o canibal Polifemo de um só olho, a quem engana e cega a fim de poder fugir. *O Cíclope,* que está cheia de humor grotesco, tem o frescor matinal da *Odisséia. Reso,* se é que devemos aceitar as respeitáveis opiniões que o atribuem a Eurípides, está repleta de aventuras e colorido romântico. Consiste a peça no sonho de aventuras de um rapaz, numa terra estranha e apresenta pontos de semelhança com os filmes de índios e *cowboys* que costumavam deliciar os jovens americanos. Apenas o toque magnífico no momento em que os soldados param embaraçados enquanto uma mãe chora sobre o corpo morto do filho prenunciam as tragédias posteriores desse humanitário que fez dos sofrimentos da humanidade seu terreno de eleição. Mesmo em 438, quatro anos após sua primeira vitória com uma peça desconhecida, continuava escrevendo romances como *Alcmeon* e *Alceste,* sendo a última quase um conto de fadas, a menos que se aceite a explicação desnecessária e frágil de que se trata de um folheto racionalista.

Contudo, torna-se claro que Eurípides já é um cético e satírico em *Alceste.* Não leva muito a sério a antiga lenda da mulher que morreu pelo marido. A peça extrai muito humor do semideus Héracles, que fica gloriosamente embriagado e luta contra Tânatos, ou a Morte, pelo corpo de Alceste, a fim de devolvê-la ao marido. Talvez Alceste nem tenha morrido, mas apenas caído num desmaio hipnótico, e talvez o encontro de Héracles com a Morte seja uma simples alucinação por parte do herói temporariamente irresponsável.

O dramaturgo já soa uma nota mais profunda de ceticismo e crítica. Admeto, o marido a quem dizem os deuses que embora esteja marcado para morrer pode escapar ao seu destino se alguém morrer em seu lugar, não é o rei convencionalmente heróico da Antigüidade, mas um burguês egoísta. Se muitos atenienses provavelmente aprovaram a conduta de Admeto, visto que um homem (e ainda por cima um Rei!) era considerado muito mais necessário ao Estado que uma simples mulher, o ponto de vista de Eurípides é transparente ao leitor moderno.

As duas peças que acompanhavam *Alceste,* ambas perdidas, também revelam-no às voltas com temas característicos. Uma das peças, o *Telefo,* levou ao palco um mendigo tão realisticamente vestido de farrapos que foi uma afronta àqueles que exigiam trajes cerimoniais no teatro. Ademais, a estória expõe os heróis da expedição troiana a uma luz desfavorável como invasores brutais, embora involuntários, duma terra neutra. Na terceira tragédia, *As Cretenses,* o autor também faz uma tremenda inovação dramatizando o amor duma princesa por um plebeu. Levantou-se realmente contra Eurípides a acusação de que a idéia permanecia dúbia pois não se definia se ela estava errada ao buscar a *mésalliance* pela qual seria atirada ao mar. É salva do túmulo aquático por um marinheiro (outro homem comum, mais humano que seus senhores!) que viola as ordens recebidas e poupa a vida da jovem. Romance e realismo aparecem simultaneamente em *As Cretenses.*

Depois disso, Eurípides começou a dar passos gigantescos em direção ao drama moderno. Quando voltamos a encontrar um texto seu em 431, sete anos mais tarde portanto, já estamos com *Medéia,* esse penetrante clássico. Jasão, o herói dos Argonautas, havendo esposado a princesa bárbara que salvara sua vida às custas do pai e do irmão, começa a ficar cansado da mulher. Tornou-se um típico marido de meia-idade para quem o romantismo já está esgotado, e agora que, segundo sua opinião, o amor não é mais tudo na vida, volta os olhos para um casamento politicamente conveniente com uma princesa de Corinto que assegurará sua sucessão ao trono. Mas Jasão fez seus cálculos sem levar em conta a esposa desprezada. Acicatada pela ameaça de exílio e enlouquecida de ciúme, Medéia assassina a princesa e o pai desta última por meio de uma veste envenenada, matando a seguir seus próprios filhos.

Extraordinário estudo do conflito entre sexos, penetrante análise dos interesses relativos do homem e da mulher e poderosa tragédia do ciúme frenético, *Medéia* é um marco do drama realista. Se o assassinato das crianças resulta num desagradável clímax, este, não obstante, é atenuado pela luta interior da assassina. Torna-se compreensível por seu temperamento exótico, e pelos agravos a que está submetida, os quais incluem a separação de seus filhos que devem ficar com Jasão. Gilbert Murray afirma com razão que partes do diálogo poderiam ser rotuladas "Qualquer mulher de qualquer marido" e "Qualquer marido de qualquer mulher".

Afora a impressionante realidade do drama pessoal e a simpatia por uma assassina, a peça distingue-se também por sua defesa dos direitos da mulher *. Tal feminismo era uma ousada ruptura com a atitude convencional quanto ao casamento entre um ateniense e uma estrangeira. O casamento com estrangeiros, mesmo quando contraído por um chefe tão importante quanto Péricles, era considerado ilegal em Atenas. Contudo, aqui estava Eurípides tratando uma esposa estrangeira supostamente inferior com uma simpatia apaixonada que ecoou através das idades repercutindo em escritores modernos como Grillparzer, Lenormand e Maxwell Anderson, que retornaram à estória de Medéia. Portanto, não é de surpreender que esta grande tragédia, tão adiantada ao seu tempo, tenha tirado o último lugar na competição teatral.

Três anos mais tarde encontramos Eurípides novamente preocupado com o tema da paixão feminina. O *Hipólito,* contudo, foi composto numa veia mais terna e poética e ganhou mesmo o primeiro prêmio em 428, embora uma versão anterior, *Hipólito Velado,* tivesse suscitado um não acabar de indignações porque representava sua heroína, Fedra, fazendo propostas a Hipólito. De fato, mesmo o drama reescrito, intitulado *Hipólito Coroado* foi tido por demasiado benevolente com uma "mulher desavergonhada". Fedra, a segunda esposa do rei ateniense Teseu, apaixona-se desesperadamente por Hipólito, filho do marido, luta em vão contra a inclinação e finalmente permite à sua ama que lhe revele a paixão. Ultrajado por tal impropriedade, Hipólito troça da proposta, razão pela qual a ultrajada Fedra o acusa de ter feito a ela sugestões impróprias. Por não querer envergonhar o pai, o jovem permanece calado e permite-lhe invocar o deus Posêidon contra ele. Morre num acidente sobrenaturalmente provocado. Então, Fedra, ao saber de sua morte, enforca-se.

Hipólito é uma tragédia de paixão culpada cujo igual, se excetuarmos uma versão adulterada de Sêneca, não surgiu no teatro europeu até que Shakespeare escreveu *Antônio e Cleópatra.* Fedra, "mulher desavergonhada" que era para os atenienses, é simplesmente uma mulher trágica que está sob o encantamento de uma emoção dominante por um homem de sua própria idade. Este é o trabalho de "Afrodite", que é considerada por Eurípides mais como uma força cósmica que uma deusa pessoal.

Indo mais longe, a tragédia é um singular drama psiquiátrico, visto que Hipólito não é simplesmente um jovem piedoso qualquer que respeita o casamento do pai. Em nossos dias seria rotulado de "caso de evolução interrompida" e seu complexo forneceria um vasto campo de manobras para os

(*) Medéia declara:

"Dizem os homens que nós mulheres levamos uma vida abrigada
No lar, enquanto eles enfrentam a morte entre lanças.
Loucos! Preferiria postar-me na linha de batalha
Três vezes a dar à luz um filho uma única vez."

Isso tem sido corretamente comparado à réplica de Nora ao seu marido em *Casa de Boneca,* quando diz ele que nenhum homem jamais sacrifica sua honra pelo ser a quem ama. Nora retruca: "Milhares de mulheres o fizeram!"

psicanalistas. Servo de Artemis, a quem os gregos consideravam deusa da castidade, bem como da caça, é um jovem anafrodita destruído pela força sexual, "Afrodite", que negara até então. Em linguagem moderna, é vítima da libido reprimida. A diferença entre *Hipólito* e um moderno histórico de psiquiatria — e uma diferença afortunada — reside apenas no fato de o conflito psicológico na tragédia de Eurípides ser apresentado de maneira mais poética que clínica. A peça mais sugere que mostra e a atmosfera transpira a maravilha e magia da antiga lenda. Hipólito é morto por um monstro que surge do mar e assusta seus cavalos virando o carro, e os últimos momentos da vítima são minorados pela aparição da deusa a quem seguira com fidelidade tão trágica.

4. *Eurípides, o Humanista*

Eurípides poderia sem dúvida ter continuado a criar poderosos dramas pessoais *ad infinitum*. Mas a vida tornava-se cada vez mais complicada para um pensador humanista. Em 431, ano de *Medéia,* Atenas entrou em sua longa e desastrosa guerra com Esparta. Não era momento para um homem como Eurípides preocupar-se com problemas predominantemente pessoais.

De início, como já se observou, ele se entregou alegremente à causa que também defendeu de escudo e lança no campo de batalha. Embora mantivesse reservas no que tange à moralidade da guerra, comportou-se como mais de um liberal adepto de Wilson em nossos dias. Considerando a guerra com a militarista Esparta como uma batalha entre a luz e as trevas, sem ainda perceber o militarismo em seu próprio quintal, vibrou de entusiasmo patriótico. Sua Atenas era uma refinada democracia em comparação a Esparta, e nada mais natural que o jovem liberal lhe prestasse as devidas homenagens num *pean* tão encantador quanto o que incluiu em *Medéia.* Nessa ode, Atenas é saudada não apenas como uma terra antiga e feliz que jamais foi subjugada por um conquistador mas também como uma nação cujo anseio mais ardente é o de um "sublime comportamento". Seus filhos andam à luz do sol e a "Sabedoria é o próprio pão que comem". De Atenas é tudo como a que está fazendo o mundo mais seguro para a democracia...

No mesmo espírito, dois anos após o início da guerra, escreveu sua *Heráclidas, Os Filhos de Héracles,* uma peça algo mutilada e não particularmente entusiasmante na qual Atenas empreende uma guerra com Argos em defesa dos ultrajados filhos de Héracles. A cidade vitoriosa é aqui a campeã da justiça e do humanitarismo. Alguns anos mais tarde Eurípides está novamente glorificando Atenas — não o imperialismo ateniense, devemos lembrar, mas o princípio humanitário que via personificado em Atenas. Em *As Suplicantes,* as mães dos heróis argivos chacinados ante Tebas e jazendo insepultos junto a seus portões chegam a Atenas a fim de pedir à cidade para intervir em seu favor. Teseu, o lendário rei ateniense, instado por sua mãe que declara: "Chamado és por mulheres envoltas em dor e por homens mortos", promete redimir os mortos e enterrá-los. Lança-se à sua nobre e ousada empresa, queima os corpos mortos e traz suas cinzas para as mães enlutadas. Apenas algum acre comentário ocasional sobre a guerra e um tocante grito no qual se diz que os gregos jamais teriam escolhido a guerra "se a morte estivesse presente aos seus olhos" expressam uma desilusão que está fermentando lentamente.

O que Eurípides tão orgulhosamente chama de cidade livre é também o tema do belo *Héracles,* encenado no oitavo ano da guerra. Héracles, enlouquecido pela ciumenta deusa Hera (embora seja sugerido à boa moda racionalista que Hera é apenas um símbolo conveniente de suas próprias forças psíquicas, visto que ele tem predisposição à loucura), mata seus filhos. Acordando para o horror de seu feito, é avassalado pela dor e deseja morrer quando seu velho amigo, novamente o ateniense Teseu, chega para confortá-lo. Embora, segundo o costume grego, agora Héracles venha a poluir quem quer que o toque, o amigo o envolve corajosamente em seus braços e o leva para Atenas. Héracles, movido por sua argumentação, "Benfeitor da humanidade e seu grande amigo,... A Grécia não permitirá que pereças em tua cegueira", parte com ele para fazer o que lhe resta fazer num mundo que esteve limpando de monstruosidades. Essa peça do ano de 429 tem diversos aspectos racionalistas, inclusive a dúvida de Héracles sobre sua pretensa origem divina, mas é essencialmente um tributo ao espírito ateniense; foi o último dos trabalhos de Eurípides a tocar a tecla do jubiloso patriotismo.

Com efeito, por volta de 425 a.C., Eurípides já escrevera *Hécuba,* uma denúncia pungente, embora algo desconjuntada, da guerra. Nela descreve a crueldade dos conquistadores gregos que escravizam a rainha troiana e sacrificam sua filha Polixena sobre a tumba de Aquiles. O mal do mundo encapela-se como um mar ao redor da idosa mãe a quem depressa é dado saber que o filho mais jovem e último remanescente, despachado em tempo para lugar seguro, fora morto por Polimnestor, seu cobiçoso anfitrião. Ela busca todos os meios para vingar esse golpe, o derradeiro e mais doloroso de todos, mas descobre que no imo os gregos são covardes. Até mesmo Agamemnon, "o rei dos homens", favoravelmente inclinado para a causa de Hécuba, dado que possui sua filha Cassandra, teme punir Polimnestor que é agora aliado dos gregos. A explosão de Hécuba, livremente traduzida por Gilbert Murray, é memorável:

Faugh! there is no man free in all this world.
Slaves of possessions, slaves of fortune, hurled
This way and that. Or else the multitude
Hath hold on him, or laws of stone and wood
Constrain, and will not let him use the soul
Within himself [2].

Finalmente a rainha troiana toma a vingança em suas próprias mãos, provando assim que o ódio desatado pelos conquistadores pode infectar também os conquistados, sadia doutrina política que ainda é desrespeitada pelas nações.

Mas foram os acontecimentos posteriores da guerra e sua crescente selvageria que vieram a ser os mais desoladores para Eurípides. O *Íon,* produto de um profundo e total desencanto é, inquestionavelmente, a mais blasfema de suas tragédias. O desafio de Eurípides às superstições consagradas assemelha-se ao de Voltaire, perto de vinte e três séculos mais tarde; *écrasez l'infâme* é seu grito de batalha. Apolo, um representante do tipo de deuses que os atenienses adoravam e um símbolo visível da crescente degradação moral do povo, é desprezível. Seduz uma mulher e depois faz com que o marido acredite que o filho resultante dessa união é legítimo. Na verdade, os atenienses não podiam queixar-se da acusação de Eurípides, para quem o oráculo de Delfos era uma fraude despudorada, desde que este apoiava Esparta durante a guerra. Mas todo o espírito da peça é militantemente anti-religioso. Com efeito, Eurípides parece ter estado tão amargamente ocupado em escrever uma denúncia, que sua peça, redimida apenas por alguns momentos de encantadora poesia, é sensacionalista e melodramática.

Entretanto, até mesmo *Íon* é moderada em comparação à grande tragédia que escreveu após a brutal destruição de Melos e o massacre de seus homens por uma expedição ateniense em 416 a.C. O acontecimento foi, na verdade, apenas um clímax na luta desesperada entre Atenas e Esparta. Péricles, que já advertira seus concidadãos que tinham um império a defender, fora sucedido pelo demagogo Cleon que tocou uma nota tristemente familiar ao concitar seus ouvintes a não se deixarem embair "pelos três inimigos mais mortais do império — a *piedade,* o *encanto das palavras* e a *generosidade da força*". Nenhum desses "inimigos" evidenciou-se na tomada de Melos, e o acontecimento imprimiu-se em Eurípides com atroz intensidade. No festival seguinte, em 415, ele dava ao mundo a mais nobre de suas peças pacifistas — *As Troianas.*

Esse lamento na selva da desumanidade do homem para com o homem abre-se com uma avassaladora sensação de

(2) Nojo! não há homem livre em todo este mundo. / Escravos dos bens. escravos da fortuna, arrastados / Para este caminho ou para aquele. Ou então o populacho / Dele se apodera, ou leis de pedra e madeira / O restringem e não permitem que use a alma / Que dentro dele pulsa. (Transposto para o português da tradução inglesa de Gilbert Murray.)

melancolia. Tróia caiu, seus homens estão todos mortos e seus santuários foram profanados pelos conquistadores que não pouparam ninguém que lá houvesse procurado refúgio. Os deuses estão soturnos e irados, e sentem-se tanto mais ultrajados quanto vários deles haviam apoiado os gregos na guerra. Revoltados pela carnificina e impiedade dos vencedores, os deuses lhes pressagiam maus tempos. Amanhece então o horrendo dia e, em vez de deidades, vemos as alquebradas mulheres de Tróia e ouvimo-las lamentar seu destino enquanto aguardam a escravidão. Elas recordam cada injustiça, cada horror: "Ao redor dos altares chacinaram-nos. Dentro, em suas camas jaziam homens decapitados". Breve as cativas são divididas entre cada um dos conquistadores. Até mesmo Cassandra, a filha da rainha, sacerdotisa de Apolo, é consignada a um senhor, o altivo Agamemnon, e ao ser conduzida para fora profetiza a perdição do conquistador. Como que para aprofundar a miséria que as envolve e a ironia do destino, a única dentre elas a escapar ao sofrimento é Helena, a autoconfiante adúltera, legendária causa da guerra. Mas este, de forma alguma é o fim de suas agonias. A virgem Polixena, outra das filhas de Hécuba, deve ser sacrificada no túmulo de Aquiles e Astianax, o infante de Heitor, será atirado de uma torre para se impedir que cresça e se transforme em vingador de seu povo. O arauto grego, homem comum mais humano que seus amos, declara ter vergonha das ordens que recebe; seu portador deveria ser um homem que não sente "nem piedade nem vergonha". Finalmente a cidade é incendiada e as mulheres, que se atiraram ao chão para invocar seus mortos, visto que os deuses lá em cima permaneceram surdos à oração, são arrastadas para os navios gregos.

Nunca antes fora lançado um grito tão angustiante pela humanidade oprimida; jamais voltaria a ser erguido com tal sustentação no teatro de modo tão uniforme. Embora *As Troianas* sejam um longo lamento bastante estático (até mesmo o maior defensor moderno de Eurípides, Gilbert Murray, reconhece que, julgada por padrões comuns, "mal chega a ser uma boa peça"), essa tragédia tem uma grandeza toda sua.

E nem se esvaziou a aljava de Eurípedes por essa investida contra os poderes das trevas. Outra peça similar, produzida como parte do conjunto de três tragédias que incluíam *As Troianas,* está perdida. *Palamedes* era seu título e tinha como tema a destruição de um homem bom por um mundo corrupto. O idealista Palamedes incorre na inimizade do hábil político Odisseu; é falsamente acusado de traição e sentenciado à morte. Um fragmento de um dos coros da peça canta um lamento por ele:

Vós o chacinastes, vós gregos, vós chacinastes o rouxinol:
O alado das Musas que a nenhum homem causava dor [3].

Acredita-se que Eurípedes estivesse fazendo uma referência ao exílio e morte de Protágoras, mas sua peça, que também pressagia o destino de Sócrates, converte-se facilmente em um lamento por todos os mártires da razão e da boa vontade num mundo governado pelos demônios. A terceira peça, o perdido *Alexandre,* era escrita numa veia menos amarga, mas ousava apresentar um escravo (ou um escravo aparente) como herói duma tragédia.

Após a febril criatividade do ano de 415 houve uma calmaria na atividade de Eurípides como dramaturgo social. Voltou-se para o outro caminho, buscando alguma fuga das realidades com as quais estivera em luta. Tal como Shakespeare, que escreveu *Cimbelino* e *A Tempestade* depois de *Hamlet* e do *Rei Lear,* Eurípides começou a escrever aventuras românticas como *Andrômeda* (perdida), colorida estória de amor entre Perseu e a princesa que salvou de um monstro marítimo. O ano de *Andrômeda,* 412 a.C., assinalou o triunfo temporário do Partido da Paz, após a esmagadora derrota da expedição de Siracusa. As perspectivas de paz eram agora mais brilhantes e Eurípides chegou mesmo a merecer um triunfo pessoal, ainda que desfrutado de coração pesado, ao ser convidado a compor o epitáfio para os mortos atenienses. No ano anterior escrevera *Ifigênia em Tauris.* Embora haja considerável dose de ceticismo religioso no trabalho, seu efeito é o de uma feliz reunião entre Ifigênia e seu irmão Orestes. Tendo-se descartado de metade das fúrias que o perseguiram desde o assassinato de sua mãe, foi mandado para a agreste Cítia a fim de completar a cura levando a estátua de Artemis para Atenas. É capturado pelos nativos e levado para o templo, onde servirá como sacrifício humano, mas é salvo pela sacerdotisa, em quem acaba reconhecendo a irmã perdida por tanto tempo. No mesmo ano de *Andrômeda,* Eurípides escreveu outro fantasioso romance, *Helena,* no qual mostra que a heroína jamais esteve em Tróia. Uma nota mais profunda soa tão-somente quando Eurípides reflete que gregos e troianos lutaram durante dez anos por uma Helena fantasma, enquanto a verdadeira residia no Egito. O holocausto foi provocado por uma ilusão ou fantasma, e há dor pela cidade de Tróia destruída em vão: "A crimes que não cometeste deves tua ruína. . . Ó Príamo, por que causa tão frívola pereceste, e Tua Tróia contigo" [4]. Quando um escravo é censurado: "Ousarias tu, um escravo, governar teu senhor?", sua resposta é digna de um verdadeiro plebeu de Eurípides: "Aqui, a razão está ao meu lado". Não obs-

(3) Ibid.

(4) Transposto para o português da tradução inglesa de Woodhill — Edição Everyman, V. 1

tante, o efeito que nos transmite a obra é o de uma peça farsesca, fantasista, lúdica.

Contudo, um ano ou dois mais tarde a nota de protesto pacifista se acentua de novo. A guerra, para a qual Eurípides vira um rápido fim, não fora interrompida; ao contrário, recomeçara tão violentamente quanto antes e Atenas era atirada para o caminho da derrota. Em 409 ou 410, *As Fenícias* ou *As Mulheres de Tiro,* a mais longa peça grega e aparentemente a única tentativa de se escrever uma trilogia com uma única peça (espécie de peça moderna em três atos), revivem a sanguinária estória do sítio de Tebas e do conflito fratricida entre os filhos de Édipo. Apenas um certo grau de auto-sacrifício romântico do filho de Creonte ameniza o impacto.

Com *Electra,* uns três ou quatro anos antes, ele voltara de fato ao estudo realista da humanidade, mas confinara-se ao drama particular. Tratando da velha estória do modo pelo qual os filhos de Agamemnon vingam seu assassinato matando a mãe e seu novo esposo, *Electra* é decididamente uma peça de caracteres da mais alta classe e, sob alguns aspectos, um *tour de force.* Comparada com as Electras escritas por Ésquilo (*As Coéforas*) e Sófocles, é claramente moderna. Eurípides afirma sem rodeios que Apolo, o qual ordenou o assassinato da mãe, deu um mau conselho. Castor e Pólux, as deidades menores que surgem no epílogo, apenas sacodem a cabeça com desânimo. Visto que Apolo é seu superior, não podem falar muito. — "Mas embora ele habite na luz, isto não foi luz" — dizem indicando Orestes, — "e sim obscuridade". Ao refletir sobre o tipo de filhos que eram capazes de matar a própria mãe, Eurípides apresenta Electra como uma neurótica sexualmente frustrada e Orestes como um rapazola inseguro que é impulsionado pela vontade mais forte da irmã. A fim de aumentar o *pathos* da situação e a repugnância pelo assassinato, Eurípides faz de Clitemnestra uma patética mulher de meia-idade que deseja paz a qualquer preço. Chega mesmo a desculpar-se pelo crime passional que cometera na juventude. Em suma, as personagens importantes desta peça são todas pessoas alquebradas. Para finalizar, fechando o círculo de sua clínica pouco convencional, Eurípedes acrescenta um pobre lavrador, marido nominal de Electra, que é o único indivíduo nobre nesta tragédia da realeza doentia. Tanto Orestes quanto sua irmã são assaltados de remorsos por seu feito e forçados a separar-se dolorosamente após um grito de agonia que dilacera os céus.

Eurípides retornou ao mesmo tema em *Orestes,* um melodrama psicológico de qualidade desigual, no qual Orestes é louco e Electra quase desequilibrada. O novo regime democrático de Argos condena-os à morte. Menelau, o tio que recusa ajudá-los porque espera que Argos caia em suas mãos uma vez estejam mortos os filhos de seu irmão, é forçado a salvá-los depois que assassinam sua esposa Helena e ameaçam matar a filha. Esse desagradável retrato de Menelau é outro exemplo do esvaziamento procedido por Eurípides quanto aos heróis nacionais homéricos, embora, sem dúvida, agradasse aos atenienses ver um governante espartano retratado como um canalha. Na realidade, Eurípides já o expusera ao ridículo em *Andrômeda,* peça anterior que aparentemente foi enviada para Argos a fim de ser apresentada lá após Alcibíades ter conseguido convencer Argos e outras duas cidades a formar uma aliança contra Esparta. O conteúdo psicológico de *Orestes,* no entanto, é mais duradouro que seu conteúdo político. O desarranjo mental de seu herói e as várias descrições de auto-sugestão e hipnose são dignas de um psiquiatra do século XX. O patriotismo é apenas uma fraca centelha dentro da peça.

5. *Um Dramaturgo no Exílio*

Por certo, ao envelhecer, Eurípides pouco fez para granjear a favor de seus concidadãos. Na verdade, atormentavam-no ainda mais do que ao tempo em que escrevia seus mais amargos dramas sociais. Foi declarado blasfemo e sofista. Foi acusado de ocultar sua fortuna e, nessa ocasião, sua fé foi questionada quando citaram uma passagem de sua própria peça, *Hipólito,* em prova da afirmativa de que era capaz de perjúrio. Também foi vítima de um infortúnio particular que desconhecemos; provavelmente sua segunda esposa o traiu. Segundo o poeta cômico Filodemo, Eurípides deixou Atenas porque quase toda a cidade "divertia-se às suas custas".

O poeta septuagenário tornou-se um errante. Inicialmente foi para a Magnésia, na Ásia Menor, onde tinha algumas relações. A cidade já o honrara anteriormente atribuindo-lhe missões consulares junto a Atenas. Mas, por alguma razão, não permaneceu lá e dirigiu-se para a Macedônia. E aí encontrou finalmente abrigo da humilhação e descanso para seus ossos. Havia na corte um homogêneo grupo de atenienses auto-exilados: Timoteu, o músico a quem salvara uma vez do suicídio, Agaton, o esteta e dramaturgo, Zêuxis, o maior pintor de seu tempo e o historiador Tucídides, que incorrera na desgraça dos atenienses. Eurípides uniu-se a uma espécie de Universidade no Exílio que deve ter-lhe recordado algo dos gloriosos dias de sua juventude, quando os sumo-sacerdotes da beleza trabalhavam em Atenas e era dado aos homens falar abertamente o que pensavam. Um dos últimos atos que praticou foi caracteristicamente seu, salvando uma insubmissa cidade macedônica da ira do rei.

Foi lá que Eurípides escreveu suas duas últimas peças, cada uma delas grande à sua maneira. Voltando-se para o legendário sacrifício de Ifigênia, filha de Agamemnon, escreveu um pungente ataque contra a superstição e covardia em *Ifigênia em Áulis*, peça completada por outra pena — provavelmente seu filho, também dramaturgo. Ifigênia é atraída para o acampamento grego sob o pretexto de que deve casar-se com o jovem herói Aquiles. Agamemnon, fraco e egoísta, tem consciência suficiente para desfazer o convite e enviar uma carta rogando à mulher para conservar a filha em casa. Mas seu irmão Menelau, mesquinho antecessor de todos os maridos cornudos que surgiram mais tarde no teatro europeu, que foi capaz de envolver toda a Grécia numa guerra com o único fito de recuperar a fugidia esposa, captura o escravo e destrói a mensagem. Ifigênia, acompanhada de sua pressurosa mãe, chega tímida e expectante para descobrir que deverá ser sacrificada no altar da deusa Artemis, ofendida por seu pai. Aquiles, a quem a juventude dota de certa bondade e generosidade, é convencido por Clitemnestra e promete salvar a moça. Mas o espírito de populacho é tão forte entre os soldados quanto o era entre os atenienses que Eurípides deixara há tão pouco tempo, e Aquiles vê baldados seus esforços. Diante disso, Ifigênia, mais corajosa que os heróis homéricos, prefere caminhar voluntariamente para a morte a arriscar a vida de seu defensor. Contudo, este promete ficar ao seu lado e tentar salvá-la ao menor sinal de temor que demonstrasse à vista da faca. O final feliz, que não é de Eurípides, mostra Ifigênia salva pela deusa e transportada para uma terra distante.

A tragédia é tanto mais poderosa pela penetrante qualidade da caracterização, plena de luz e sombra. É verdade que os males que Eurípides detestava são denunciados com ira flamante: o heroísmo convencional surge como uma infindável conversa fiada. Os deuses são tratados com amarga ironia na oração "Nossos votos erguemos ao tremendo poder que satisfeito se mostra quando flui o sangue das vítimas humanas". A turba irracional é atacada na descrição que nos dá Eurípides de sua conduta e no violento verso "A multidão é na verdade um terrível mal" [5]. Entretanto, as personagens principais não são vilões convencionais, com exceção de Menelau. Agamemnon, a quem se atribui a principal responsabilidade pelo sacrifício, escapa a ela e mostra-se abatido quando a esposa e filha chegam ao acampamento. Mas teme hostilizar o exército grego, relutando em desfazer a expedição que lhe trará glórias. Aquiles pode não ser o intrépido herói da *Ilíada*, mas ao menos é capaz de um comportamento nobre — quando instigado por Clitemnestra. Coragem e modéstia virginal são belamente realizados em Ifigênia, e esta Clitemnestra, desvairada e profundamente ultrajada, não é a insensível assassina de Ésquilo e Sófocles.

Ademais, como se para fixar eternamente sua tendência dual, Eurípides deixou uma segunda peça de molde com-

(5) Transposto para o português da tradução inglesa de Gilbert Murray.

pletamente diverso. Embora *As Bacantes* mostrem um Dionisos vingativo, confundindo culpados com inocentes, e apresente um problema psicológico, à maneira de *Hipólito,* a obra é perpassada de fantasia e poesia. *As Bacantes* é uma grande peça quer como Milagre quer como drama psicológico simbólico que repete o conflito imemorial entre a razão e as forças irracionais do êxtase e da liberação religiosa. Nesta obra, Eurípides pode estar indicando o fanatismo e a justiça divina, mas parece convencido de que a razão também tem suas limitações, de que o racionialismo não pode esgotar inteiramente a verdade sobre o homem ou a natureza e nem sempre pode superar as irrupções irracionais. Penteu, o racionalista que despreza a adoração orgiástica a Dionisos, entra em conflito com este deus que é aqui concebido como uma força natural. Penteu é destruído por ele assim como todos aqueles que negam a natureza "naufragam em seu ego", para tomar uma frase à psicanálise. Quando Penteu, rebento da família que negou a divindade de Dionisos, tenta banir a exótica religião dionisíaca, está atraindo a destruição. O deus, que aparece sob as vestes de um sacerdote, realiza milagres (que, segundo é sugerido, podem não ser nada mais que uma ilusão hipnoticamente induzida) e finalmente acaba por virar a cabeça do rei. Embrutecido, Penteu veste-se com roupas femininas e espiona as bacanais na floresta. Confundindo-o com um filhote de leão, as mulheres eufóricas atacam-no e estraçalham-no; e entre as assassinas está sua própria mãe. Esta tragédia simbólica foi o testamento final de Eurípides, e um testamento adequado, uma vez que revela no autor de *As Bacantes* tanto um realista quanto um poeta de fértil imaginação, um racionalista e um psicólogo, ao mesmo tempo.

Mal tinha acabado de morrer e já todo o mundo helênico o reivindicou. Aquele que escrevera "Para a águia, todo o Céu é livre; para o coração nobre a terra inteira é o lar" tornou-se, nas palavras de F. L. Lucas, um verdadeiro "poeta dos gentios". Ésquilo era demasiado severo e Sófocles, um ateniense demasiado distante, para serem tão altamente considerados quanto Eurípides, cujo cosmopolitismo e ceticismo correspondiam ao novo espírito do século IV. Quando amigos escreveram seu epitáfio, "Eurípides, a toda a Hélade conquistou como seu monumento", não estavam empregando um exagero perdoável; estavam constatando um fato. Bastante ironicamente, suas peças também serviram a Atenas de uma forma que nenhum inimigo local do poeta supostamente antipatriótico poderia ter previsto. Um navio ateniense, fugindo de piratas, recebeu abrigo em Siracusa apenas porque alguém a bordo sabia recitar seus versos. E, segundo uma narrativa, os conquistadores de Atenas, logo após sua morte, decidiram poupar a cidade somente quando ouviram um pastor cantando uma de suas canções. O próprio Oráculo, contra quem investira de forma tão contundente, rendeu-lhe homenagens colocando-o ao lado de Sócrates como o mais sábio dos gregos.

6. *A Tragédia Clássica após Eurípides*

Surgiram imitadores, e precisaram ser avisados por um poeta da Antologia Palatina que "é muito difícil para um homem caminhar pela trilha" de Eurípides. A legião de dramaturgos menores do século V, cujas peças agora estão perdidas, não imprimiram qualquer marca particular no teatro. Apenas Agaton, que usou interlúdios musicais e escreveu uma peça para a qual inventara a trama e as personagens em vez de emprestá-las da lenda ou da história, pode ter provocado algum progresso na dramaturgia. Após a morte de Eurípides, os dramaturgos do século IV foram meros arrivistas bem sucedidos. Os concursos trágicos ou festivais prosseguiram por longo tempo, com uma peça antiga usada para introduzir as novas, mas estas eram comparativamente fracas e a dramaturgia começou a perder a importância. Atores, cenógrafos e diretores tornaram-se mais importantes que os dramaturgos. Também por essa época as peças começaram a ser mais escritas para os gabinetes que para o teatro.

O século IV foi também a era da crítica; foi o período da inacabada *Poética,* na qual Aristóteles configurou os princípios da dramaturgia grega tais como os encontrou nas obras de seus contemporâneos e predecessores. Aristóteles escreveu tarde demais para afetar o curso da dramaturgia clássica. Contudo, suas lúcidas definições são um marco na história da crítica teatral, embora sua influência sobre o teatro europeu, iniciada na Renascença, tenha sido de certo modo nociva, em grande parte porque foi mal compreendido e tomado muito literalmente. Ele estabeleceu o princípio bastante banal de que a peça teatral é a imitação de uma ação, sublinhou a importância da trama dotada de começo, meio e fim, e deu especial destaque à unidade de ação (tornada interessante por diversas reviravoltas da sorte e descobertas da identidade das personagens) da qual nenhuma parte deveria ser removível. Ademais, segundo a *Poética,* o deslindar da trama deve surgir da própria trama; *dentro da ação* nada deve ser irracional — o que em geral é uma boa sugestão. As personagens devem revelar-se não apenas pelo que fazem como também por sua inclinação moral (*ethos*) e por sua forma de raciocínio (*dianoia*).

Voltando-se também para o efeito geral da tragédia, Aristóteles desenvolveu a bem conhecida teoria da catarse, segundo a qual a tragédia purifica as emoções através da "piedade" e do "terror" — declaração enigmática que abriga talvez a mais de um lampejo de verdade intuitiva. Tendemos a interpretar essa idéia como significando um processo terapêutico por meio do qual o espectador se identifica com os sofredores no palco e se livra assim de seus próprios demônios. O tema, que foi estudado por Lessing, Goethe e outros, ainda está, no entanto, sujeito a consideráveis discussões. Encontramos idéia semelhante, carregada de sugestão, na insistência de Aristóteles sobre a importância do "reconhecimento" (*anagnorisis*) ou "mudança da ignorância para o conhecimento" [6].

No século III a.C., o teatro gozou de um período de sucesso em Alexandria sob o esclarecido mecenato de Ptolomeu II, que fez de sua biblioteca o repositório da cultura grega, e o incêndio dessa biblioteca representa até hoje irreparável perda para o mundo. Conhecemos pelo menos cinco dramaturgos que contribuíram para os esplendores crepusculares do período. Mas parece que sua glória era de empréstimo. O primeiro grande ciclo da dramaturgia mundial chegou a rápido termo após o período alexandrino.

Roma, que adotou a cultura grega como moda, forneceu cinco respeitáveis dramaturgos durante a República, que chegou ao fim na segunda metade do século I a.C. Mas as peças perdidas de Lívio Andronico, Névio, Ênio e outros são meramente baseados no trabalho de Ésquilo, Sófocles e Eurípides, sendo que o último sofreu com maior insistência as honras dessa dúbia distinção. No melhor dos casos, os fragmentos romanos revelam algum vigor e paixão. O trovão latino toma o lugar da harmonia grega e a prosa disfarçada em verso suplanta a poesia. Ademais, em breve, as peças romanas tornam-se textos puramente literários, escritos mais para leituras particulares que para encenações, pois as massas romanas, que num certo sentido foram patronas originais do cinema, não tinham sensibilidade para a tragédia.

7. *Sêneca e a Decadência*

Entretanto, através do principal representante da dramaturgia de gabinete, Sêneca, filósofo estóico e tutor de Nero, Eurípides estava destinado a fazer-se sentir no segundo grande período de produção dramática mundial. Embora Sêneca não fosse o único romano a imitar o mestre, foram seus melodramas — *Medéia, Fedra, As Fenícias, Tiestes, As Trôades, Hércules Furioso* e outras peças — que sobreviveram para influenciar a Renascença. Eurípides, que lançara formas novas tais como o drama romântico e o melodrama para o palco ático, deu ímpeto à tragédia de Sêneca. Em compensação, de Sêneca os dramaturgos renascentistas adotaram boa parte de sua técnica, inclusive a forma em cinco atos, que este dramaturgo desenvolveu baseado na de Eurípides de dividir as peças em cinco partes.

(6) V. Gassner, John — "Catharsis and the Theory of Enlightenment", *One Act Play Magazine*, agosto de 1937.

A falta de sensibilidade e o caráter formal da língua latina levaram a tragédia pelos canais da recitação. Embora Leon Herrmann [7] haja argumentado com alguma plausibilidade que as peças de Sêneca podem ter sido encenadas, a opinião geral é de que eram simplesmente declamadas pelos atores. Quase toda ação é relegada à descrição, as personagens bradam todas no mesmo tom e não encontramos em suas descrições qualquer resquício da argúcia exigida pelas necessidades de uma encenação.

Em favor de Sêneca deve ser dito que revela uma engenhosidade retórica de alta classe, e um acentuado senso do efeito dramático — se não na ação ao menos nas falas — surge em muitos versos vigorosos. Deste calibre são as derradeiras palavras que Jasão dirige a Medéia, a assassina, no momento em que a vê partir: "Sim, vai pelos infinitos espaços do céu — provando que para onde te encaminhas não existe a graça dos deuses". A fala do coro aos filhos de Hércules, que foram mortos por suas próprias mãos no *Hércules Furioso,* é outro poderoso exemplo.

Não é prudente apressar-se em demasia, como aconteceu durante tanto tempo, na condenação das peças de Sêneca, pronunciando-as totalmente antiteatrais. Como mostra este livro, não há uma única e inalterável convenção teatral e o drama declamado não é necessariamente antiteatral. T. S. Eliot, com sua característica acuidade, lembrou-nos em 1927 que as peças do filósofo romano "poderiam, de fato, ser tomadas como modelos práticos para os modernos 'dramas radiofônicos'". Desde que essa declaração foi feita, surgiram notáveis exemplos de técnica dramática no campo do rádio, entre os quais citamos *Fall of the City* e *Air Raid,* de Archibald MacLeish, que nem mesmo o mais capcioso dos críticos poderia chamar de antiteatrais. Outro progresso do gênero, que teve lugar entre 1918 e 1937 — primeiro na Alemanha e depois nos Estados Unidos — foi a missa cantada da qual temos exemplos extraordinários em *Lynchtown* de Paul Peters e George Sklar e *América, América,* do poeta Kreymborg. Outro primo da tragédia de Sêneca é o monodrama, tal como é praticado, por exemplo, por Cornelia Otis Skinner; outro ainda é a emocionante cantata de Marc Blitzstein, *The Cradle Will Rock,* que tomou a Broadway de assalto na temporada de 1937/38. A descrição de T. S. Eliot de uma representação de Sêneca, particularmente quando diz que as personagens se comportam "como membros de uma companhia de menestréis, sentados em semicírculo, levantando-se sucessivamente para apresentar seu 'número' ", aproxima-se bastante da técnica empregada com êxito dramático em *The Cradle Will Rock.* A adulteração da dramaturgia grega na obra de Sêneca não é tão aparente nas convenções diferentes e em geral bem menos teatrais quanto na retórica das falas,

(7) *Le Théâtre de Sénèque.* Paris, 1924, pág. 195.

que com muita freqüência é enjoativa, na monotonia dos versos, na falta de sensibilidade na criação das personagens e na crueza das situações melodramáticas.

8. *Platão, o Dramaturgo*

Embora a chama pura da tragédia grega tenha morrido rapidamente depois de Eurípides, como já vimos, não podemos encerrar este capítulo sem notar que ela ressurgiu de suas cinzas em duas formas novas: brevemente no diálogo platônico e na comédia de costumes que enriqueceu o teatro clássico com a obra de Menandro e dos dramaturgos romanos.

Desejando esvaziar as figuras nobres da Antigüidade, Eurípides foi levado a criar uma forma de tragicomédia e algumas de suas peças, como *Helena,* estão muito próximas da comédia de caracteres. Dissolvendo a forma rígida da tragédia e enchendo suas peças de personagens anti-heróicas, preparou o terreno para uma forma de comédia que prevaleceu por mais de dois mil anos.

A outra evolução da tragédia de Eurípides, o diálogo filosófico, praticamente não deixou marcas no teatro, mas não pode ser ignorada porque deu à literatura mundial duas ou três obras-primas semidramáticas. Quando Platão, que escrevera peças em sua juventude e tinha uma vinculação com Eurípides através de sua devoção a Sócrates, voltou-se para a filosofia, moldou suas investigações na forma de diálogos tais como Eurípides poderia ter escrito.

Não é necessária grande imaginação para definir os três diálogos socráticos — o *Julgamento e Apologia de Sócrates,* o *Críton* e o *Fédon* — com uma trilogia descrevendo o martírio de um homem justo num mundo injusto, tema que Eurípides tratara em seu *Palamedes.* Na verdade, esses diálogos foram programados para encenação em 1938 pelo Gate Theatre, grupo experimental de Londres, e certa vez estiveram nas considerações de uma companhia produtora americana. Sócrates, morto pelo Estado ateniense em 399 a.C. é o herói euripidiano desta tragédia filosófica (e, para o palco, necessariamente discursiva). Acusado de trair o Estado, corromper a juventude e negar a existência dos deuses, Sócrates recusa defender-se lançando mão do vulgar recurso do sentimentalismo. Não apresentará a esposa e filhos para rogarem por ele, como era costumeiro entre os atenienses. Ao invés disso, reafirma sua fé na Razão. A necessidade de ensinar é um dever sagrado, que chama de seu *daemon* ou impulso divinamente inspirado. Sua religião é de uma espécie nova e mais genuína — "Creio mais que qualquer de seus acusadores". Crescendo em estatura dramática, também se recusa a escolher o banimento e é assim condenado a morrer. Oferecendo-se-lhe uma oportunidade de fuga, prefere dar testemunho de sua crença na livre investigação aceitando a taça de cicuta prescrita pela lei ateniense. Continua a discorrer sobre a sabedoria e a imortalidade aos amigos que o pranteiam enquanto seus membros se tornam insensíveis e o veneno chega ao coração.

Assim a tragédia de Eurípides encontra uma apoteose na filosofia. Estes diálogos, aos quais poderíamos acrescentar, à guisa de prólogo, o *Protágoras* de Platão ou até mesmo alguns dos demais diálogos (talvez o belo *Banquete*), num certo sentido consistem numa Peça da Paixão da Razão. Sócrates, o mártir da liberdade intelectual que consegue ser tanto conveniente quanto inimitavelmente nobre, é uma personagem dramática que continua fascinando a humanidade até hoje, depois de passado tanto tempo! Sua tragédia é profundamente tocante, embora dificilmente possa ser representada no teatro de qualquer forma, posto que em sua maior parte é composta pelas discussões de Sócrates. (Isso é verdade, ainda que alguns momentos do diálogo e os pronunciamentos de Sócrates durante o julgamento sejam soberbamente dramáticos.) Seja como for, há algum significado no fato de que a dramaturgia ateniense, que teve início com um deus morrendo pelas conveniências materiais do homem, tenha encontrado sua sublimação na tragédia de um homem que morreu pela liberdade do espírito.

Notas Posteriores sobre a "Poética" de Aristóteles:

1. *Unidades.* Nada é dito sobre a "unidade de lugar". No que diz respeito à assim chamada *unidade de tempo,* Aristóteles simplesmente declarou que os dramaturgos gregos posteriores tendiam a confinar a ação a "uma revolução do sol". Sublinhou apenas a natureza orgânica, ou unidade, da ação — isto é, da trama. A *Poética* não foi preparada por ele para uma publicação, chegou às épocas posteriores de forma fragmentária e as supostas unidades aristotélicas de tempo, lugar e ação foram desenvolvidas durante a Renascença. Foram impingidas ao teatro europeu pelos eruditos da época, influenciadas pela prática de Sêneca e dos escritores romanos de comédia, e pelas máximas críticas da *Arte Poética* de Horácio. Foram sancionadas pela prática de Corneille e Racine, dramaturgos franceses do século XVII.

2. *Hamartia.* Aristóteles sublinhou que nossas simpatias na tragédia poderiam ser melhor conquistadas por uma personagem que não fosse de todo má (de forma que podemos identificar-nos com ela em vez de descartá-la como uma monstruosidade). O herói trágico tenderia a constituir-se num ser humano aceitável se não estivesse sob pressão, mas sofre de um defeito ou falha em seu caráter, cujo resultado é alguma ação que leva à tragédia. Esse defeito ou falha (poderia acrescentar que, como no caso de Antígona, pode ser até um excesso de virtude) é chamado por Aristóteles de *hamartia.*

3. *Espetáculo.* Aristóteles teve o bom senso de perceber que o efeito visual — ou espetáculo — era importante, visto que uma peça para o palco é uma estória mostrada diretamente a uma plateia. E o teatro grego fez uso abundante do espetáculo. Não obstante, Aristóteles acertadamente considerava o "espetáculo" subordinado aos elementos dramáticos intrínsecos de uma peça. O que Aristóteles pensou e o que se supôs que ele pensou é assunto demasiado vasto. Ver *Aristotle's Theory of Poetry and Fine Arts,* com Introdução de John Gassner. Dover Publications. Nova York, 1951.

4. *Piedade e Terror.* Na tragédia genuína, temos pena de uma personagem verossímil que sofre por um engano ou ato de violência compreensível. Experimentamos medo porque este ou outro mal semelhante poderia ter recaído sobre nós em circunstâncias semelhantes. É o problema de como o suscitar da piedade e do temor pode liberar-nos que está sujeito a diversas explicações. O próprio Aristóteles não é explícito neste ponto.

5. Aristófanes, O Poeta do Riso

1. *O Lugar da Comédia em Atenas*

No final do *Banquete* de Platão encontramos Sócrates argumentando que a comédia e a tragédia estão estreitamente relacionadas e que a mesma pessoa poderia dedicar-se a ambos os gêneros. Ainda que aparentemente a idéia não tenha sido mencionada em nenhum outro lugar da literatura grega, de forma geral era muito bem aceita pelos atenienses. Dos mesmos dramaturgos que compunham exaltadas tragédias, exigia-se que escrevessem festivos dramas satíricos e, ao que parece, todos os trágicos cumpriram a ordem satisfatoriamente. À medida que progredia a arte da dramaturgia, a comédia chegou mesmo a ser introduzida até certo ponto nas tragédias e, finalmente, como assinalamos, surgiu no trabalho de Eurípides uma forma de tragicomédia. Contudo, a mais definitiva prova desta abordagem bilateral da vida é apresentada pela convenção ática, que acrescentou um concurso de comédias ao festival dionisíaco de teatro.

Os atenienses observavam uma teoria da liberação que teria feito as glórias de escolas modernas de psiquiatria. Consideravam uma prática saudável fornecer válvulas de escape para o instinto sexual normalmente reprimido e para o reflexo de revolta contra o costume ou o poder estabelecido. Ademais, entre os atenienses, uma liberação periódica das convenções era consoante com as instituições democráticas; uma forma de servir à deusa da Liberdade era oferecer-lhe em sacrifício a queima de reputações estabelecidas. Na verdade, o costume da zombaria cômica não estava distante da prática política do ostracismo, por meio do qual, homens que se tornavam demasiado poderosos eram banidos do Estado. Para os americanos, com sua atitude maravilhosamente irreverente em relação à aristocracia e à autoridade, decerto o princípio subjacente à comédia ática não é estranho.

Assim como somos demasiado influenciados por estórias em quadrinhos, caricaturas e dramatizações burlescas, os atenienses eram excepcionalmente suscetíveis à persuasão dos poetas cômicos. Os comediógrafos que atiravam os tijolos nem sempre se importavam em saber a quem pertenciam as janelas quebradas. Não obstante, sua arte era salutar e Aristófanes, que tecnicamente estava do lado do conservantismo aristocrático, foi um fenômeno democrático.

A estória desta arte, porém, não é primariamente uma estória de catarse deliberada e preparação democrática desde o início. Ao desenvolver a comédia os gregos deram mostras de seu gênio característico para transformar uma atividade primitiva numa função civilizada. Embora Aristóteles, no século IV, tenha escrito que "a comédia não tivera história porque não fora tratada seriamente de início" [1], os atenienses do século V sabiam que estavam dando nova utilidade a um antigo ritual. O povo de Atenas, que como todos os povos sensíveis podia entregar-se sem reservas ao riso, continuou a considerar a comédia como uma função sagrada, dando-lhe um lugar no sacrossanto festival celebrado anualmente em honra a Dionisos.

2. *O Nascimento da Comédia*

Num período um pouco anterior não havia enfeites formais para esconder o fato de que a comédia fora originalmente magia de fertilidade. Enquanto a tragédia representava a morte do deus ou herói ancestral, promovendo a fertilidade de modo simbólico, a comédia permaneceu mais literal. Encontrando um nítido paralelo entre a procriação da natureza e a procriação do homem, o homem primitivo sancionou a demonstração sexual e até mesmo a união física, na crença de que a natureza executaria em grande escala aquilo que ele encenava em escala menor. (Num sentido distante, poder-se-ia dizer que as cortesãs sagradas dos templos da Mesopotâmia foram as primeiras atrizes de comédia.) Na comédia primitiva, assim que a sociedade começou a canalizar sua imaginação para figuras antropomórficas e substituiu a mitologia pela mágica, não se celebrava a morte e ressurreição do deus, como na tragédia, mas sim sua abundante potência ou energia. Não é difícil mostrar que tanto a euforia quanto a magia ainda são componentes da comédia; sua risada extasiada é eufórica e seu poder de destruição é de natureza mágica — na medida em que atacamos um objeto com o ridículo, empregamos o estratagema mágico da aniquilação indireta e desejada.

(1) A Poética.

Desses ritos de tempos obscuros a civilização mediterrânea começou a desenvolver algumas representações diferenciadas que estavam destinadas a florescer em duas formas mais ou menos diversas: o drama satírico e a comédia aristofanesca. Pantomimas fálicas representando a natureza tanto em seus aspectos de vegetação quanto sexuais ganharam *dramatis personae* animais do totemismo. Os atores disfarçados em cavalos e bodes ou em criaturas semi-homens e semibodes conhecidas como "sátiros" divertiam-se em honra a Dionisos, Pã e outros deuses do campo e da floresta. O elemento de liberação inerente à arte e a animalidade grotesca das personagens inevitavelmente produzia efeitos cômicos. Combinada com um hino ou ditirambo em honra ao deus (inovação atribuída a um certo Pratinas ou Filo) e conquistando mais tarde uma estória relativamente desenvolvida, essa forma de folia tornou-se o epílogo teatral conhecido como drama satírico.

Provavelmente o drama satírico permaneceu tão ligado à tragédia devido a uma origem comum, que é indicada pelo próprio nome do drama sério, desde que a palavra grega *tragoedia* significa meramente "canto do bode". A tragédia pode ter usado o bode de início como um simples sacrifício e mais tarde esqueceu inteiramente a criatura, enquanto que os atores do drama satírico realmente encarnavam o animal. *O Cíclope* de Eurípides, único remanescente completo desse tipo de peça, mostra quão longe ela podia chegar rumo à ação humorística bem realizada. Mas a associação do drama satírico com a tragédia, que começou por volta de 515 a.C., fatalmente iria tolher seu desenvolvimento. O público, que assistira pacientemente três tragédias mais ou menos angustiantes, tendia a não esperar do epílogo teatral que encerrava as representações matutinas nada mais que alguma coisa bem ligeira e repousante. Portanto, com o tempo, esse quadro burlesco que fizera tão pouco progresso na via da sofisticação dramática acabou por ser posto de lado. Após o século V tornou-se costume apresentar apenas um drama satírico no início ao programa, precedendo a reapresentação de uma tragédia antiga. Dessa forma superficial os atenienses continuaram a cumprir a obrigação convencional sem que fossem aborrecidos por ela durante o restante do programa.

Contudo, destino bem mais nobre estava reservado ao desenvolvimento paralelo da "Comédia". Durante muito tempo fora costume celebrar Dionisos, que era tanto o deus da procriação quanto do vinho e da vegetação, por meio de mascaradas e procissões. Aqui, nos assim chamados "comos", de onde derivou-se a palavra "comédia", encontramos o rito sexual em plena expansão, com os atores (de início cidadãos não-especializados) disfarçados em pássaros, galos, cavalos e golfinhos, carregando acima das cabeças um imenso falo e cantando e dançando sugestivamente. Embora as canções fossem encantamentos propiciando a fertilidade e, destarte, tivessem caráter religioso, o elemento literal na mágica sexual dava margem a grande diversão irreverente. Ademais, o povo das cidades e aldeias, onde em geral todos conheciam a todos, deu um passo além dirigindo suas zombarias a cidadãos determinados, costume ainda não extinto onde quer que se encontre o humor popular.

A sátira social tornou-se mais firmemente estabelecida quando se importou da Sicília uma forma crua de farsa ou mimo. Naquela ilha, atingira certo desenvolvimento literário com o trabalho de dois poetas, Epicarmo e Sófron. A Itália Meridional deu prosseguimento a esse tipo de humor por diversos séculos e não apenas influenciou a comédia romana como sobreviveu a ela. Importada para comunidades dóricas como Mégara, na península grega, esse tipo de farsa amalgamou-se rapidamente ao "comos" nativo que, entrementes, açambarcara parte da audiência para seu serviço e a transformara num coro. Talvez voltando aos primitivos conflitos representado como imitação da luta entre a boa e a má estação, bem como correspondendo ao rápido desenvolvimento da tragédia, o coro dividiu-se em dois corpos que expressavam sua rivalidade por meio de uma canção antifônica.

Logo mais, as procissões cômicas, agora a caminho do drama plenamente realizado, começaram a ser apresentadas numa orquestra e finalmente foram levadas a Atenas, sendo oficialmente reconhecidas em 486. Tornaram-se representações vespertinas das Dionisias Urbanas e compunham a parte mais importante das festas Lenianas, bem semelhantes às primeiras, onde cinco poetas cômicos competiam pelo prêmio. Sagradas, não a despeito de sua conexão com a sexualidade mas exatamente por causa dela, nas Lenianas as peças eram supervisionadas pelo mesmo Arcon Basileus, ou Rei-arconte, que supervisionava os sacrossantos mistérios de Elêusis.

Do trabalho dos primeiros escritores só restaram fragmentos. Sabemos de um Cratino, que obteve sua primeira vitória mais ou menos cinco anos antes do nascimento de Aristófanes e manteve-se de tal forma em dia com o desenvolvimento dessa arte que seu *Garrafão de Vinho* derrotou *As Nuvens,* escrita pelo poeta mais jovem. Sabemos também de certo Crates, que desenvolveu a sátira e a caracterização. Igualmente perdidas estão as comédias de Eupólis, contemporâneo de Aristófanes que muitas vezes lhe arrebatou o prêmio. Somente permaneceu o trabalho do maior escritor da assim chamada "Comédia Antiga" — onze peças de uma produção total que excedia a quarenta.

3. *A Arte Cômica de Aristófanes*

A arte que atingiu seu apogeu em Eurípides conserva em si a maior parte dos elementos que associamos à comédia de qualquer espécie. Do aspecto literal do ritual sexual tirou seu comparativo realismo, sua preocupação com o lugar-comum e a estupidez. Daí sua atitude anti-heróica que fez Aristóteles declarar: "A comédia tende a apresentar suas personagens como piores que os homens de hoje". De outro elemento paralelo, a liberação na mágica sexual, nasceram as vinculações com a fantasia irrefreada e com o exagero da realidade. A comédia manteve esses traços em vários graus através de todo seu curso, venerável, mas irreverente.

Não obstante, a comédia de Aristófanes alimentou um espírito especial e seguiu um padrão unicamente seu. Se a tragédia grega foi comparada em amplos traços à grande ópera (especificando-se que na primeira os elementos dramáticos ultrapassam de longe os elementos musicais), a comédia de Aristófanes pode ser descrita como uma prima bem chegada da ópera ligeira que tem seu paralelo moderno mais próximo na obra de Gilbert e Sullivan. Também oferece afinidade com as revistas musicais burlescas ou da atualidade e com a moderna comédia musical, especialmente quando esta se volta para a sátira política ou social.

Entretanto, o padrão específico da Comédia Antiga não encontra paralelos modernos. A comédia iniciava-se com uma cena de caráter expositivo, passada entre as personagens, na qual o cenário e a estória eram apresentados à audiência. Então o coro, fantasticamente paramentado com figurinos muitas vezes sugestivos (de vespas, rãs, nuvens e pássaros) fazia sua entrada com uma canção, o *parodos,* estando dividido, em certos casos, em duas facções rivais. Uma vez no palco, os vinte e quatro membros do coro cômico lá permaneciam durante toda a ação, nela participando de várias formas e gozando de muitas liberdades. Um ponto alto era a disputa ou *agon,* na qual duas personagens representando interesses ou pontos de vista opostos discutiam até que uma delas derrotava a rival — em geral com uma torrente de vitupérios e argumentos rabelaisianos. Neste clímax, enquanto os atores se retiravam do palco, o coro voltava-se para a platéia e, marchando em sua direção de forma militar, pronunciava longa arenga altamente pessoal. Esse discurso, conhecido como *parábase,* emitia os pontos de vista do dramaturgo, algumas vezes chegava mesmo a troçar de figuras eminentes que se encontravam na platéia e sem quaisquer rodeios dava nome aos bois. Encerrada a arenga, que jamais teria sido permitida numa comunidade não democrática, os atores voltavam a aparecer numa série de cenas curtas e a peça concluía com a representação das conseqüências acarretadas pelo *agon.* Era possível acrescentar dificuldades, como as duas *parábases* de *As Nuvens* e *Os Cavaleiros,* ambas de Aristófanes; podia-se introduzir variações na estrutura geral por meio de um tratamento mais livre dado à trama ou pela omissão total da *parábase,* como verificamos em suas comédias *A Assembléia de Mulheres* e *Pluto.*

Os atenienses gozavam de um fantástico espetáculo enquanto observavam o coro grotescamente vestido e os atores, algumas vezes compostos de modo a se parecerem com algum ilustre cidadão que se revelava um embusteiro e um papalvo. Fantasia, extravagância e franca bufonaria caracterizavam a estória que se desdobrava. Galhofas, obscenidades e vitupérios tais que fariam corar uma peixeira condimentavam o diálogo e as canções. Estes recursos atrairiam a ira da censura em qualquer parte do mundo atual e dificilmente podemos culpar o consciencioso tradutor vitoriano de Aristófanes, John Hookham Frere por referir-se desanimado ao "tão profuso amontoado de pornografia e lixo"[2] do texto grego.

Em intenção, todavia, as peças de Aristófanes eram amiúde tão nobres quanto as tragédias de Ésquilo, e não é de surpreender que o poeta cômico se referisse com tanta freqüência à idade heróica do soldado de Maratona que levara a tragédia à alta posição de que veio a desfrutar. Se, como Frere notou, a comédia aristofanesca era "uma grande mentira", seu desígnio era servir a verdade — isto é, aquilo que Aristófanes via como sendo esse artigo tão esquivo. Havia grande veemência nos dardos que Aristófanes atirava a torto e a direito e uma indignação imponente dominava suas clarinadas contra a corrupção cívica. Afora isso, era acima de tudo um poeta dramático que poderia ser comparado a Ésquilo e Sófocles. Sua fantasia era alternadamente rabelaisiana e etérea, as letras de suas canções são obras-primas de descrição e exaltação. Para traçar um quadro acurado do talento de Aristófanes deveríamos combinar o humor de atualidades de um Kaufman e um Hart, o zelo apostólico de um dramaturgo revolucionário do *Theatre Union* e a poesia de Shelley.

4. *Um Aguerrido Conservador*

Sem dúvida alguma Aristófanes foi aquinhoado com uma inclinação para a sátira fustigante e se soubéssemos mais sobre sua vida poderíamos localizar algumas das fontes de seu dom em sua história pessoal. (Ao que parece, perdeu os cabelos muito cedo, mas não é possível construir uma teoria do riso sobre um couro cabeludo um tanto desnudado.) Mas é possível afirmar com muita certeza que era a própria antítese do cínico, pois acreditava com imensa força na Atenas de Ésquilo. Não foi um parodista ocioso de uma tarde ociosa, pois a Atenas que caricaturava lutava pela vida e seu riso nascia pejado de dor e apreensão. Foi, de fato, um reformador e ardente propagandista que nem sempre escondia seus argumentos particulares. Sabemos que não suportava os estetas ante o desprezo que demonstra pelo poeta trágico Agaton, a quem acusa de efeminamento [3]. Até o fim de seus

(2) Introdução, 1820. *The Frogs and Three Other Plays of Aristophanes.* Edição Everyman.

(3) V. *As Thesmoforias.*

dias Aristófanes foi um conservador aristocrático que encarava com irritação para todas as rupturas com uma Atenas mais antiga e afortunada que ele dificilmente poderia ter conhecido, já que nasceu por volta de 445 a.C., bem uns setenta e cinco anos depois de Ésquilo. Permaneceu inalteravelmente oposto à democracia de seu tempo, denunciando governos de cabeça de hidra, grandes júris subornados publicamente, lideranças demagógicas e a nova filosofia sofista, que fornecia ao homem comum os refinamentos da casuística, arma de dois gumes.

Contudo, essa imagem de um político estratificado é extremamente unilateral e não faz justiça quer ao artista, quer ao pensador político Aristófanes. Jamais conheceu a democracia em sua melhor fase. Por volta de seu nascimento, ela perdera grande parte do vigor; quando chegou aos dezenove anos, a democracia encontrava-se corroída pela corrupção; a Atenas em que viveu ficara desmoralizada pela guerra do Peloponeso. Durante todo esse conflito, e especialmente após a morte de Péricles, o povo ateniense deixou-se levar cegamente por políticos inescrupulosos como Cleon e Hipérbolo. Era do interesse destes prosseguir as hostilidades que lhes conferiam poder político e permitir que as massas decidissem sobre pequenas coisas, a fim de que as pudessem manobrar nos momentos de grandes decisões. Encontramos aqui todos os excessos de uma democracia em decadência e por trás deles espreitava, na verdade, a mesma intolerância que é normalmente associada à reação extremista. Foi realmente essa falsa democracia que pôs fim à livre pesquisa exilando Anaxágoras e Protágoras, que franzia as sobrancelhas ante a arte de Fídias e finalmente assassinou Sócrates.

Sem dúvida Aristófanes tinha um viés aristocrático e não estava interessado numa abstrusa teoria da democracia. Mas estava, quer o soubesse ou não, servindo a causa da verdadeira democracia. É preciso lembrar que a Atenas posterior a Maratona, glorificada por ele em tantas canções exaltadas, não era uma tirania ou oligarquia, mas uma democracia. Quando conclamava seus concidadãos para voltarem à velha ordem, estava levando-os de volta a um Estado democrático algo idealizado, antes de ser corrompido pelo imperialismo. Ademais, flagelando o imperialismo, bem como o militarismo e o chauvinismo dele decorrentes, mais uma vez estava simplesmente a defender a verdadeira democracia. Aristófanes acreditava mais no patriotismo que no jacobinismo, que satirizou em três de suas melhores peças, e embora nunca falasse de *demos* sem desprezo, defendeu a democracia melhor do que o poderia supor. Muito mais do que parece ter percebido, este satirista tecnicamente conservador estava na mesma posição que os radicais Eurípides e Sócrates, a quem caricaturava.

É apenas em detalhes secundários — sua oposição à "nova arte" e à "nova filosofia" — que se pode colocá-lo como arquiconservador. O ímpeto do pensamento levou-o a extremos irracionais em seus constantes ataques a Eurípides e Sócrates. Contudo, sua violência é em grande parte uma forma de generalização ou extravagância dramática. A fim de atacar um abuso em particular, escolhia uma vítima que por certo era bem familiar aos atenienses, mesmo que a pessoa em questão estivesse associada apenas vagamente às tendências satirizadas e infeccionada por elas apenas de forma superficial. O método, como toda caça aos radicais em qualquer período, não era nada limpo, mas decididamente eficaz. Ademais, um satirista tão incisivo quanto Aristófanes tendia a discernir excessos latentes até mesmo num pensador essencialmente nobre.

5. *Sátira Política*

As duas primeiras comédias de sua autoria, *Os Banqueteadores* e *Os Babilônios,* apresentadas sob o nome de atores principais em 427 e 426, de há muito perderam-se na voragem do tempo. Contudo, sabemos que *Os Banqueteadores,* uma sátira sobre a nova educação, já fazia soar a tecla da crítica social aristofanesca, e que *Os Babilônios* — talvez a primeira sátira política do mundo — atacava a política interna e externa de Atenas. Já então devia ser consideravelmente amadurecido, posto que *Os Banqueteadores* recebeu menção honrosa, sendo-lhe concedido o segundo lugar. Dois anos mais tarde já é um satirista consumado em *Os Acarnianos,* seu primeiro assalto contra a política ateniense.

Os Acarnianos, escrita no sexto ano da guerra do Peloponeso, é a primeira comédia antibélica que encontramos no teatro mundial. Inspirando-se nos sofrimentos da população rural da Ática, que estava exposta a contínuas invasões, Aristófanes faz com que seu cabeçudo lavrador, Diceópolis, conclua um acordo particular de paz com os espartanos. Desde que ninguém dá ouvidos a seus apelos em favor da cessação das hostilidades, envia um mensageiro a Esparta em seu próprio nome, e recebe um sortimento variado de tratados de paz. Diceópolis escolhe um que é de seu agrado particular e a comédia encerra-se com uma rústica celebração dos benefícios da paz. Diceópolis é um excelente herói cômico; seu caráter anti-sentimental é a própria encarnação do Espírito Cômico sem quaisquer ilusões. Apimentada com alusões à rapacidade dos cabeças do povo (Cleon é acusado de haver aceito um suborno de cinco talentos) e com a paródia de uma peça perdida de Eurípides, o *Telefo, Os Acarnianos* transmite-nos um excelente humor de atualidades.

Quando, por exemplo, Diceópolis é denunciado como traidor por seus concidadãos, que são carvoeiros, salva-se ameaçando destruir um cesto de carvão, da mesma forma pela qual Telefo se salvou da ira de Agamemnon ameaçando matar Orestes, o jovem filho daquele. Quando lhe é concedida oportunidade de falar em favor de sua vida, dirige-se a Eurípides para emprestar deste seus trágicos efeitos teatrais. Mas quando indaga: "Eurípides está em casa?", o criado sofista do dramaturgo responde-lhe de uma forma caracteristicamente euripidiana: "Ele está e não está; compreenda isso se tens miolos para tanto". Eurípides empresta-lhe os trapos de Telefo, suscetíveis de despertar piedade, e acrescenta outros acessórios de mendigos e maltrapilhos até que sua estranha coleção fica quase exaurida. "Miserável criatura!", queixa-se Eurípides, "estás roubando de mim uma tragédia inteira". Diceópolis vai então bravamente submeter-se a seu julgamento. "Não procurarei agradar", diz ele, "mas procurarei dizer o que é verdadeiro". Sabe contra o que se volta entre o povo ateniense: "Cheguei a uma conclusão geral — não temos senso comum".

Entretanto, inesperadamente vence a causa opondo seus argumentos pacifistas a Lâmaco, um general do momento, e a partir de então goza de vida próspera e ocupada. Um habitante de Mégara, vítima da guerra que declara: "Estamos chorando de fome em nossas casas", vende-lhe suas duas famélicas filhinhas disfarçadas em porcos. É fácil imaginar os resultados de farsa que daí advêm. Um habitante da Beócia vende-lhe enguias em troca de um delator, produto que aparentemente é abundante em Atenas, bem como em qualquer sociedade enlouquecida pela guerra. O general ateniense tenta entrar no mercado de Diceópolis mas não é admitido. Deixam-no a suspirar pelos prazeres da paz enquanto o lavrador diverte-se num suculento festim e goza da companhia de *duas* cortesãs.

Mas o alvo principal da ira de Aristófanes foi Cleon, o militarista e demagogo que sucedera ao grande líder Péricles. Em *Os Acarnianos* o poeta cômico ameaçara "cortar Cleon, o Curtidor em couro de sapatos". Na peça seguinte, *Os Cavaleiros,* apresentada um ano depois, cumpriu a promessa. Embora desta vez não se tenha aventurado a dar às vítimas de sua sátira seus nomes corretos, como o fizera em *Os Acarnianos,* todos identificaram o curtidor Paflagomano como Cleon e seu rival, o Vendedor de Lingüiça, como Hipérbolo, sucessor de Cleon. Havia certo espírito de vingança neste ataque, visto que Cleon, que repetidas vezes tentara fazer com que Aristófanes fosse declarado um estrangeiro, acusara o poeta de denegrir "a cidade em presença de estranhos". Mas havia também considerável ousadia nesse comprometedor retrato de um político que estava então no auge do poder, bem como muito fervor patriótico na amargura de Aristófanes, pois que Cleon era o principal representante da política que o dramaturgo considerava ruinosa para Atenas. Naquele momento era tão grande o prestígio de Cleon que ninguém ousou personificá-lo e o ator que interpretou o papel foi obrigado a prescindir da costumeira máscara que reproduzia satiricamente o rosto do indivíduo visado. Segundo tradição de impossível verificação, o próprio Aristófanes teria interpretado o papel, a cara lambuzada de borra de vinho mimando as feições inchadas e alcoólicas do demagogo.

O trampolim da sátira e a razão para o título da peça foi a investida de Cleon contra a baixa aristocracia de Atenas, os Cavaleiros. Demos, ou o povo ateniense, é um crédulo ancião cortejado sucessivamente pelo Paflagoniano e pelo Vendedor de Lingüiça. Numa troca de grosserias e insultos vence o último, pois mostra ser um canalha ainda maior que seu predecessor e, conseqüentemente, tem mais direito de liderar o populacho de Atenas. O almirante da frota ateniense, Nícias, e um vice-almirante, Demóstenes, são impotentes ante crápulas tão refinados. Não obstante, Demos é finalmente liberado quando a frota se recusa a zarpar sob as ordens do Vendedor de Lingüiça. Fato digno de nota, *Os Cavaleiros* recebeu o primeiro prêmio ainda que seu resultado político fosse nulo.

O caráter puramente político da comédia e sua relativa falta de invenção não a tornam especialmente atrativa para o leitor moderno, mas a sátira aos políticos ainda proporciona grande diversão. Quando Cleon é confrontado com seu rival, reflete: "É certo que ele não pode ser um ladrão maior, mas é bem possível que seja um ladrão mais feliz". Seu oponente brada que está bem preparado para conduzir o povo, pois a escola que freqüentou foi a cozinha, onde o ensinaram a tabefes e bofetões. Vendeu lingüiças e viveu licenciosamente, mas, acima de tudo, "aprendi a jurar em falso sem um sorriso quando havia roubado alguma coisa". Ele é da devida cepa, pois sempre que um orador se ergue na Assembléia e declara "Demos, eu te amo ardentemente", Demos reage com vibração e fervor.

Em 422, dois anos mais tarde, Aristófanes voltou ao seu tema favorito — a deterioração de Atenas. No caso, seu fogo foi aceso pela prática judicial da cidade e sua paixão pela demanda. Considerando o costume dos grandes júris (que muitas vezes chegavam a ser constituídos por quinhentos dicastas* ou jurados subvencionados pelo Estado) uma perda de tempo, uma perversão da justiça e um instrumento perfeito para demagogos como Cleon, Aristófanes inventou a história exemplar de um velho que se torna maníaco por litígios a tal ponto que o filho Bdelicleon ("Inimigo de Cleon") se vê obrigado a prendê-lo em casa. Filocleon ("Amante de Cleon"), o senil viciado, faz esforços extrava-

(*) Membro da mais alta corte de Atenas, funcionando simultaneamente como juiz e jurado. (N. do T.)

gantes para fugir e dirigir-se ao tribunal, onde há casos em julgamento. Está a espremer-se através da chaminé e a pretender que é apenas "fumaça" quando os servidores de seu filho colocam uma tampa na abertura e sobre ela uma pedra, para que se mantenha firme. Insinua-se através de um buraco nas telhas e chega ao telhado, fingindo que é apenas uma "andorinha", obrigando seus guardães a capturá-lo com uma rede. Os jurados, seus companheiros, apropriadamente representados como vespas, chegam para salvá-lo. Finalmente é estabelecido um acordo pelo qual o pai se compromete a permanecer em casa se lá mesmo for encenado para ele um julgamento simulado. O cachorro da casa, que por sua vez roubou um queijo da Sicília, torna-se o réu e é absolvido quando Filocleon, inadvertidamente, vota em seu favor. Uma vez que jamais absolvera alguém antes, o ancião fica amargamente envergonhado. Mas consola-se quando, tendo renunciado a todos os deveres de jurado, volta-se para a sociedade elegante, da mesma forma que *O Burguês Fidalgo* de Molière, e imediatamente começa a incomodá-la com suas excentricidades, atirando pedras nas pessoas e raptando uma flautista de uma festa.

Percebe-se imediatamente que *As Vespas* é tão engraçada quanto cheia de colorido e de vida. Atraiu Racine, cuja única comédia, *Les Plaideurs* (Os Demandistas), emprega o incidente do falso julgamento do cão. Entretanto não é apenas a farsa que depõe em favor de sua qualidade. Algumas das canções, que invocam a antiga Atenas e exortam seus cidadãos a retornarem à idade heróica, são extraordinariamente nobres e argutas.

Tendo lançado essa clarinada e chamado à ação, Aristófanes voltou no ano seguinte com mais uma de suas comédias antiimperialistas, *A Paz,* que mais uma vez conclamava o povo a estabelecer um acordo com Esparta. Desta feita devia refletir, de fato, o espírito predominante entre os atenienses, uma vez que eles assinaram a Paz de Nícias pouco tempo depois da apresentação da peça. Aqui, tal como na primeira peça pacifista de Aristófanes, é um camponês, o vinhateiro Trigeu, que se empenha em pôr fim às hostilidades. Cavalgando um imenso besouro (outra paródia de uma tragédia de Eurípides), voa para o Céu em busca da deusa da Paz. Informado de que os gregos a tinham numa masmorra e o deus da Guerra preparava-se para tributar as comunidades inimigas em seu almofariz, Trigeu liberta a deusa e abre uma era dourada de bem-estar. A nostalgia do satirista pela paz reduz aqui os elementos burlescos da comédia aristofanesca e *A Paz* é notável, principalmente, por seu lirismo. Relembrando a beleza outrora pacífica do campo ático, o poeta sonha com as uvas e figos de Lemnos e também com a simples possibilidade de conseguir finalmente

Engordar e alegrar-se
Durante o benigno verão [4].

O tema pacifista reaparece dez anos mais tarde na famosa *Lisístrata,* escrita no vigésimo-primeiro ano da guerra. Dificilmente poderia ser concebida comédia mais alegre e maliciosa, pois a conspiração das mulheres que se recusam a qualquer tipo de relação com os maridos enquanto estes não deixarem de se comportar como tolos e puserem um fim à guerra, suscita uma diversão de rara qualidade. Sua luta com os anciões que ficaram na cidade com a incumbência de salvaguardá-la, as hesitações das esposas quando chegam seus maridos, a exasperação dos homens e a vitória final das mulheres são todos elementos de deliciosa farsa. Lisístrata, que lidera o boicote à guerra, é a personagem mais absolutamente acabada de Aristófanes e atinge uma nota de alta comédia rara no teatro do século V. No coração de toda essa brincadeira estava a melancólica dor de Aristófanes pelos milhares de pessoas que recentemente haviam perdido suas vidas na esmagadora derrota de Siracusa. Mas, com tato refinado e inusitado, não sublinha o desastre. Seu apelo em favor da paz é fervoroso, mas ele se comporta como se percebesse que seus concidadãos precisavam mais do bálsamo de sua risada que do vinagre de seu desprezo. E o próprio poeta também devia estar precisando dele naqueles dias negros.

Incidentalmente, vale notar que Aristófanes, depois de haver transformado em caricatura o feminismo de Eurípides, dele partilha quando põe na boca do Coro de Mulheres as seguintes palavras: "Que importa que eu tenha nascido mulher, se posso curar teus infortúnios? Pago minha parte de tributos e impostos dando homens ao Estado". Aos homens que as reprovam, Lisístrata declara: "A guerra é um fardo muito mais pesado para nós que para vós. Em primeiro lugar, geramos filhos que partem para lutar muito longe de Atenas".

Depois de *Lisístrata,* Aristófanes parece ter abandonado a política como causa perdida. Só dezenove anos mais tarde é que devotou toda uma peça a questões políticas. Então Atenas havia perdido o prestígio, tendo sido conquistada pela coligação espartana; a liberdade desaparecera a ponto de tornar impossível um ataque direto à política estatal. Sua peça, *A Assembléia de Mulheres,* apresentada na Dionisia Urbana de 392, é muito menos tópica que suas sátiras políticas anteriores. A peça, em grande parte fantástica, talvez tenha sido imaginada como caricatura da *República* de Platão, publicada mais tarde, mas provavelmente formulada naquele período. A paixão pelas comunidades ideais recebe nesta comédia seu tratamento mais divertido e incisivo até

(4) Transposto para o português da tradução inglesa de B. B. Rogers. *The Comedies of Aristophanes.* Loeb Classical Library.

o aparecimento de *Admirável Mundo Novo*, de Aldous Huxley, no século atual. Aqui são as mulheres que obtêm a preponderância no Estado por meio de um estratagema e estabelecem uma utopia feminista no qual as propriedades e esposas são mantidas em comum. As divertidas conseqüências dessa revolução constituem o cerne do entretenimento. E mais uma vez, como em *Lisístrata,* Aristófanes cria uma personagem feminina bem realizada numa forma teatral que costumeiramente dispensava a caracterização acabada; é ela Praxágora, líder das mulheres que se cansam da forma funesta pela qual os homens dirigem o mundo.

6. *Sátira Filosófica e Literária*

A sátira política, contudo, não exauriu os recursos do satirista e algumas das mais aguçadas investidas de Aristófanes foram destinadas à cultura de sua época. O primeiro a sentir o ferrão de sua língua foi Sócrates em *As Nuvens,* de 423 a.C., no início, portanto, da carreira do comediógrafo.

Estrepsíades, reduzido à penúria e ao desespero pelas extravagâncias do filho, ouve falar da nova arte da argumentação praticada pelo filósofo e inscreve-se em seu *Frontisterion* ou Loja de Pensamento a fim de preparar-se para enfrentar as demandas e litígios suscitados pelas dívidas que contraiu. Mas Sócrates, balançando-se no ar dentro de uma cesta para estar mais próximo do éter, do qual brotam todos os seus pensamentos, e devotado às deidades Caos, Nuvens e Oratória, é demasiado para seu pupilo. Em conseqüência, Estrepsíades força o filho a tomar seu lugar, decisão que mais tarde lamentará profundamente. O jovem reage tão bem ao novo ensinamento que chega a provar que tem o direito de bater no pai. O espancado progenitor fica de tal forma enraivecido com esse comportamento antifilial que ateia fogo à Loja de Pensamento, considerada um embuste. Dado que a comédia oferece ao espectador um maravilhoso coro de Nuvens e está repleta de situações divertidas, de há muito é considerada uma obra-prima. Para Sócrates, o fato da peça na qual é caricaturado constituir-se numa sátira tão bem realizada não constituiu o menor dos infortúnios.

Entretanto foi Eurípides, já ridicularizado em diversas passagens, quem se tornou o alvo principal do fogo aristofanesco. Inicialmente, em 410, temos *As Tesmofórias* (Mulheres no Festival de Deméter), na qual a pretensa atitude difamatória de Eurípides em relação à condição feminina, imenso mal-entendido deliberadamente forjado pelos poetas cômicos, ofende as mulheres de Atenas. Eurípides força o sogro a argumentar em favor de sua causa disfarçado em vestes femininas e mais tarde, quando seu sexo é descoberto, ajuda-o a escapar da ira da assembléia de mulheres. A paródia aos estilos de Eurípides e de Agaton, dramaturgo e esteta mais jovem, propicia a variegada intriga dessa que corretamente pode ser considerada a primeira sátira literária do teatro.

Cinco anos mais tarde, em *As Rãs,* Aristófanes voltou a atacar sua vítima com acrescido estoque de recursos e maravilhas verbais. Visto que Sófocles e Eurípides faleceram com apenas alguns meses de diferença, Aristófanes nos mostra Dionisos altamente perturbado pela falta de um dramaturgo de maior porte no teatro. Resolvido a trazer Eurípides de volta, Dionisos veste-se como Héracles, enfrenta Cérbero, o cão de três cabeças que guarda o Hades, e obriga Plutão a consentir no retorno do trágico. Mas Eurípides tem dois rivais formidáveis no mundo subterrâneo e, embora o urbano Sófocles cortesmente retire-se do conflito, Ésquilo, o vigoroso guerreiro de Maratona, não tem intenção de ceder lugar a um arrivista que degradou sua arte exaltada. Após trocarem versos das respectivas peças no que parece ser a mais extraordinária paródia da literatura, Ésquilo e Eurípides finalmente decidem aquilatar as produções poéticas um do outro. Claro está que a Ésquilo foram atribuídos os versos mais poderosos; estes fazem pender o prato da balança de forma tão conclusiva que Dionisos decide-se a retornar com o poeta mais velho, deixando Eurípides para sempre no mundo subterrâneo.

A engenhosidade da trama, extravagâncias incidentais, a excelência de canções sérias e paródias cintilantes fazem de *As Rãs* a maior sátira literária de qualquer língua. Dois coros são empregados na comédia: o das rãs que pululam às margens da lagoa Estige, cujo "Brekekekex, ko-ax, ko-ax" parece uma das primeiras conquistas de uma educação universitária,* e o dos Iniciados nos mistérios de Elêusis, que começa a sua grande canção com os belos versos que seguem:

Vem, desperta, do sono se liberta,
Vem portando nas mãos as tochas poderosas
Oh Iaco! Oh! Iaco!
Matutina estrela que durante a noite cintila,
Vede a pradaria de incandescente brilho iluminada
Esquece a velhice seus anos e melancolia
Idosos joelhos se curvam de alegria.

As duas peças restantes de Aristófanes são de interesse local menor, embora ambas ocupem lugar significativo na história da comédia. *Os Pássaros* é uma pura fantasia, livre de alusões locais diretas, razão pela qual provavelmente perdeu o prêmio de 421 para *Os Participantes do Festim,* sátira na qual o autor Amipsias atacava Alcibíades. Em *Os Pássa-*

(*) Referência do autor às canções, freqüentemente onomatopaicas, que servem de "gritos de guerra", característicos das universidades inglesas e americanas. (N. do T.)

ros, dois cavalheiros aborrecidos com a situação dos negócios em Atenas partem para a terra dos pássaros, "uma cidade livre de cuidados e disputas". Conluiando incansavelmente, tal como os concidadãos que deixaram atrás de si, propõem um esquema aos pássaros para obrigar os deuses a buscar um acordo. Construindo a nova cidade de Nefelococcigia, ou "Cucopólis-sobre-as-Nuvens", interceptam a corrente de sacrifícios oferecidos aos moradores do Olimpo e os deuses, reduzidos à fome, declaram-se vencidos, oferecendo-lhes uma noiva celestial. Grande quantidade de brincadeiras bem humoradas, irrefreada poesia e uma parábase que é dos maiores poemas escritos em língua grega fazem dos *Pássaros* um delicioso descanso em relação às demais peças dominadas pelas rabugentas alusões locais.

A última peça de Aristófanes, *Pluto,* da qual temos uma só versão, revista e apresentada em 388, satiriza a desigual distribuição da fortuna. Segundo a estória, Pluto, o deus da fortuna, é capturado por um ateniense, curado de sua absoluta cegueira e destarte capacitado a discernir entre o útil e o inútil. Menos brilhante e engenhosa que as demais comédias, *Pluto* adquire grande significado como um abandono da sátira tópica aristofanesca que o colapso da democracia ateniense tornou impossível. Uma nova forma de comédia, conhecida por Comédia Média, que prevaleceu durante os últimos três quartos do século IV, lentamente destronava a sátira local; concentrava-se na intriga amorosa, abandonava a liberdade de expressão da parábase, evitava a política e, comparativamente, era tímida em espírito. Entretanto, em breve Aristófanes foi poupado da necessidade de submeter seu espírito e guardar sua língua. Morreu em 385 a.C., três anos após a apresentação de *Pluto.*

6. Menandro, Plauto e Terêncio

1. *Menandro e a Comédia Nova*

Restou a Menandro e seus contemporâneos, já decorrido mais de meio século após a morte de Aristófanes, perceber as possibilidades de uma forma de comédia que não é primariamente satírica. Por essa época Atenas estava sob o domínio macedônio. Os dramaturgos eram obrigados a se confinar a comédias de sentimento e intrigas individualizadas; o gosto do momento, em compensação, os agraciava com seu favor. Muitos foram os escritores — sessenta e quatro, para sermos exatos — que responderam ao novo interesse e criaram a forma de comédia doméstica ou comédia de costume que se mantém no palco há vinte e dois séculos sofrendo apenas modificações de pequeno alcance.

Sem dúvida alguma, exigia menos genialidade que a Comédia Antiga. Esta reclamava homens dotados da mais alta veia poética, fértil imaginação e discernimento político. Cada comédia de Aristófanes exibe novas invenções e oferece situações originais. A Comédia Nova, ao contrário, emprega tramas estereotipadas, falta-lhe a ambição e criatividade de sua predecessora e possui um aspecto essencialmente trivial. Aferrando-se a características quotidianas e movendo-se em trilhas comuns de comportamento, brincava gentilmente na superfície da sociedade.

As tramas de Menandro são uma cansativa repetição de rapazes apaixonados por moças, pais perturbados pelo comportamento dos filhos, servos intrigantes que assistem a um ou outro lado e parentes perdidos há muito tempo. Com monótona regularidade as comédias encerram suas complicações com um final feliz tão fácil que seria elogiado por qualquer viciado em cinema. Embora as peças e mesmo as tramas de seus contemporâneos estejam definitivamente perdidas, não há razão para crer que esses sessenta e três dramaturgos se afastassem da fórmula estabelecida. Ao contrário, é Menandro quem, segundo antiga narrativa, reunia os maiores dotes e pode ser considerado o talento mais criativo de todos.

Por certo, a nova arte de Filemon, Difilo e Menandro seria escarnecida por Aristófanes e teria desagradado aos juízes dos festivais de teatro do século V. Infundiu-se à comédia uma vívida observação dos detalhes quotidianos e forneceu-se-lhe uma trama unificada. O amor romântico, por muito tempo mantido fora do teatro cômico, foi acrescentado ao estoque de situações dramáticas e em breve passou a dominar o riso teatral, como tem feito até nossos dias. Acima de tudo, a comédia principiou a empregar a sensível arte da caracterização. As modernas comédias de caracteres e comédias de costumes nasceram na segunda metade do século IV a.C.

Embora Menandro não tenha sido o dramaturgo mais popular de seu tempo, conquistando apenas oito prêmios e sendo freqüentemente derrotado pelos rivais, em última análise foi considerado o melhor de todos e manteve a posição através dos tempos clássicos. O título de "pai da comédia" é seu com justiça e a lista de seus descendentes em linha reta, que incluiria Shakespeare e Molière, é longa e honorável.

Sua fama, que em grande parte devemos aceitar por ouvir dizer, posto que a maior parte da obra se perdeu, devia-se à pretensa mestria com que tratava as personagens, ao estilo poético que se considerava equivalente ao de Homero e à simpática tolerância pelo povo — a virtude à qual Aristófanes era alérgico. Cada personagem possuía sua marca distintiva e era provido de complexas motivações; os escravos, tanto quanto os mestres, eram dotados de personalidades distintas e, dentro dos limites da estória romântica, suas personagens comportavam-se com uma plausibilidade que até então não preocupara os escritores de comédia. Eram estas as qualidades que um antigo crítico devia ter em mente quando escreveu o panegírico aparentemente extravagante: "Oh Vida, Oh Menandro, qual é a cópia?".

Embora a Atenas politicamente enfraquecida na qual nasceu em 343 ou 342 estivesse a um século de distância da Idade de Péricles, ainda era um dos grandes centros de civilização. Na verdade, o estímulo de um poderoso pano de fundo social ou de uma vigorosa comunidade de Estados não foi concedido a Menandro, e sua ausência reflete-se na mansidão da pena do comediógrafo que nem toda a adulação clássica pode esconder de nós. Mas o estro romântico de Alexandre, o Grande e a trilha rutilante que abriu através do mundo oriental exerceram seu fascínio sobre a juventude de Menandro. A vivacidade das tramas de Menandro provavelmente deve algo à aventura que tomou a Hélade de assalto e incendiou a imaginação de todos, com exceção dos mais mal-humorados republicanos.

A qualidade repousante e hedonista das peças tem afinidades com a filosofia da felicidade ensinada pelo grande Epicuro, contemporâneo e concidadão de Menandro. Em Atenas estava também Aristóteles, o filósofo do "justo meio-termo" — princípio cardeal de toda a genuína alta comédia, na qual os pecados da extravagância e do excesso são sumariamente punidos com o ridículo. Entretanto, a maior dívida de Menandro foi contraída com seu instrutor, o filósofo Teofrasto, cujos *Caracteres* deram origem à moda da composição de *sketches* relâmpago sobre tipos característicos. A individualidade, tão nobremente festejada por Péricles em sua famosa oração fúnebre, já não era mais apaixonadamente prezada pelos atenienses.

Nesse mundo floresceu Menandro, filho de eminente família e sobrinho de Aléxis, que há uma geração vinha escrevendo comédias ao lado de trinta ou mais dramaturgos da assim chamada Comédia Média. Menandro tornou-se um homem culto e sofisticado com apaixonada inclinação pelo sexo fraco. A sociedade, com suas fraquezas e suas conversas polidas, o aclamou, e Demétrio, o governante macedônio de Atenas, foi seu amigo. Quando este caiu do poder e se instaurou um ineficaz governo democrático, Menandro encontrou-se em desgraça e uma de suas peças não recebeu licença de encenação. Mas por essa época, tamanha era sua reputação que tanto a Macedônia quanto o Egito lhe ofereceram abrigo em suas cortes, embora ele não tenha aproveitado nenhum dos convites. Em 291, dezesseis anos mais tarde, afogou-se acidentalmente. Sobreviveram a ele o tio dramaturgo e os rivais Filemon e Difilo.

Sua fama póstuma cresceu aos saltos e pulos e seu trabalho, que chegou a ser utilizado como modelo pelos professores de retórica, era freqüentemente reencenado. Mas a época pós-romana provou ser inimiga incansável das cento e cinco comédias que escreveu. Durante longo tempo só foram conhecidas através de inúmeros fragmentos, até que três comédias recuperaram-se parcialmente em 1905, quando o explorador Lefebvre encontrou um códice egípcio em papiro, rasgado para proteger diversos documentos legais.

Como acontece em todas as épocas, o teatro de Menandro tem suas próprias convenções bem definidas. A cena desenrola-se na rua e o espectador é informado de toda ação passada no interior da casa por meio de longos solilóquios, geralmente dirigidos ao público. Utilizam-se diversas desculpas para trazer as personagens para fora de casa. Entretanto, esses estratagemas não esmaecem a ação mas, na verdade, tornam-na mais vivaz e as ruas de Menandro transformam-se em palco de agitadas complicações. As personagens ainda usam máscaras, como no século anterior, mas estas adquiriram refinamento e expressão cada vez maiores; talvez não estivessem tão longe da maquilagem teatral dos tempos modernos e seu uso não era prejudicial no caso das personagens estereotipadas. Sem dúvida as peças de Menandro sofriam menos com a convenção das máscaras do que as tragédias altamente individualizadas de Eurípides. Os processos eram ainda mais vitalizados pelo uso de entretenimentos durante os intervalos pois as peças de Menandro não empregavam mais o coro para fornecer continuidade à ação mas eram divididas em atos, provavelmente cinco, como no drama romano.

Patenteia-se considerável progresso desde *Samia* (A Garota de Samos), incipiente comédia de enganos na qual predomina a farsa até *Perikeiromene* (A Tosquia de Glicera) e *Epitrepontes* (A Arbitragem), de uns vinte anos depois. Em *A Garota de Samos,* Deméias, um abastado e jovial dono de casa, tem em Crísis uma amante a quem ama devotadamente, embora seja impossível o casamento formal entre ambos. O filho de Deméias, apaixonado pela filha de rabugento vizinho, inicia com ela uma relação clandestina e a criança que nasce da união deve ser cuidadosamente ocultada. Diante disso, Crísis, que é madrasta do rapaz em todos os sentidos com exceção do nome, leva o bebê para sua casa, fingindo que lhe pertence. Surgem as complicações quando Deméias, que acabou de voltar de uma viagem, compreendendo mal algumas observações gerais, conclui que sua amante o traiu com o filho. Deméias expulsa Crísis de casa e seguem-se outros equívocos. Mas finalmente o nó górdio é cortado, Crísis volta de novo para junto de Deméias e o rapaz casa-se com a filha do vizinho. O talento de Menandro combina aqui uma trama alegre com altas qualidades de caracterização; os dois pais e Crísis são retratos verossímeis e bem traçados, a despeito da estória estereotipada. O diálogo é borbulhante e corrente não obstante sua pureza de estilo e contribuem para os encantos da comédia as brilhantes frases coloquiais, reminescentes das piadas de George S. Kaufman *, como: " Cozinheiro!, maldito estou se sei por que é que você anda com facas! Bastaria sua conversa para reduzir tudo a picadinho".

Embora subsista apenas uma versão mutilada, encontramos em *A Tosquia de Glicera* uma trama menos frágil que não depende tanto da comédia de enganos. Entretanto os mal-entendidos abundam e, na verdade, são resumidos numa personagem alegórica denominada "Equívoco". Um ancião que deu seus dois filhos, pois era demasiado pobre para cuidar deles, recupera ambos quando se reconhece numa garota de posição incerta, que está sendo cortejada por um soldado, a filha há tanto tempo perdida. Mais uma vez é a caracterização que fornece os motivos para um interesse

(*) Famoso humorista e comediógrafo e ator americano, cujas irônicas frases de espírito ficaram muito conhecidas. (N. dos T.)

duradouro. Mosquion, o irmão da garota, jovem batalhador que foi espoliado pela mãe de criação, é particularmente bem realizado. E o soldado Polemon, que sabe lutar mais depressa do que pensar, é outro retrato bastante vivaz.

Porém, o nível mais elevado das obras remanescentes de Menandro não é atingido nessa comédia fácil e sim em *A Arbitragem,* que é absolutamente moderna em suas implicações. O astuto negociante Simicrines casa a filha Panfila com Carísi, pretensiosamente virtuoso e frugal. No entanto, como acontece com tanta freqüência, nem sempre se conjugam a teoria e a prática nesse modelo de virtudes. Quatro meses antes do casamento, embriagou-se durante uma longa orgia noturna e violou uma jovem não-identificada que também não conseguiu identificá-lo. Cinco meses depois do casamento, durante sua ausência, a esposa, Panfila, dá à luz um filho. Uma vez que, aparentemente, não se podia atribuir a paternidade ao marido, a moça, ajudada por sua ama, faz todos os esforços possíveis para ocultar o acontecimento e a criança é abandonada no campo. Informado desses estranhos fatos por um prestativo servo, o esposo costumeiramente puritano renuncia a todo controle de seu comportamento e embarca numa prolongada farra até que as extravagâncias se tornam um vergonhoso problema para o sogro. Felizmente o jovem marido descobre que na verdade é o pai da criança; a moça com quem se casou e a jovem a quem violara são uma só pessoa! O desmascaramento de um pedante acrescenta uma nota incisiva a essa que é a mais completa das peças preservadas de Menandro. É fácil perceber sua semelhança com inúmeras denúncias do puritanismo e da hipocrisia veiculadas na comédia moderna.

Se, com toda probabilidade, as peças recuperadas de Menandro desapontarão o leitor moderno, a razão não está apenas na qualidade artificial de suas tramas. Se ainda encontramos prazer nos incidentes de Sheridan, podemos facilmente nos acomodar aos do ateniense do século IV. Nosso desapontamento também não é resultado de sua predileção por rapazes apaixonados, pais irados, donzelas violentadas e escravos intrigantes. Esses tipos serão encontrados no inventário dos dramaturgos modernos que ainda agradam a tantos leitores e espectadores. Afora isso, tais personagens são justificadas por sua fidelidade à vida ateniense, pois Menandro tomou seu material de uma época na qual prevalecia a escravidão e na qual a absoluta autoridade dos pais opunha barreira aos casamentos por amor. Ademais, sua atitude brincalhona e indulgente para com a juventude toca numa nota bastante universal; os rapazes continuam a namorar, as moças continuam a corresponder e ambos ainda se predispõem a achar o mundo inteiro dentro da casca de noz de uma paixão de segunda classe que parece ser uma paixão de primeira classe. É o caráter fragmentário da obra remanescente de Menandro que deixa o leitor algo cético quanto à justiça de opinião que tinha sobre ele o mundo antigo.

Entretanto, afortunadamente, o trabalho de Menandro foi reencarnado nas comédias latinas de Plauto e Terêncio. Geralmente incapaz de criar sem estímulo externo, a sociedade romana voltou-se para Atenas em busca de cultura e arte, e os empréstimos que tomou a Menandro e seus colegas não só foram amplos mas publicamente reconhecidos, como se fosse uma honra o simples fato de traduzi-los para a língua latina.

2. *Plauto e a Comédia Romana*

Um ex-ator ruivo, barrigudo, de pés imensos e muito malhado pela vida estava moendo o trigo de alguém e, provavelmente, revolvendo em sua cabeça as peças de Menandro quando decidiu tornar-se dramaturgo. Plauto, nascido na cidade de Sarsina por volta de 254 a.C., levou uma vida aventurosa: foi soldado romano, foi ator de grosseiras farsas nativas, foi comerciante malsucedido que atirara sua mercadoria ao mar. Então, aos quarenta e cinco anos, viu-se reduzido à profissão de moleiro itinerante que girava seu moinho movido a mão pelas ruas moendo o cereal das donas de casa. De início, após tomar a solene decisão de tornar-se dramaturgo, não teve a ousadia de abandonar sua humilde ocupação; as primeiras peças, *Addictus* e *Saturio* foram escritas enquanto ainda rodava seu moinho manual. Entretanto, em breve as comédias começaram a agradar ao gosto do público, pois Plauto, o aventureiro e ator, conhecia em primeira mão sua rude audiência. Já lidara com ela nas farsas romanas de seus primeiros dias como intérprete e podia voltar a lidar com ela novamente, ainda que desta vez estivesse empregando a arte altamente literária da Grécia.

O teatro romano que ele aperfeiçoou era um tipo de farsa folclórica grosseira e fácil. Boa parte dela fora tomada dos vizinhos dos romanos, os etruscos, que acabaram por ser derrotados e subjugados pelos primeiros. A Etrúria seguira o caminho habitual do ritual para a arte, convertendo seus ritos da vegetação e da fertilidade em representações dramáticas por meio da improvisação e pela especialização de seus intérpretes, que passaram de executantes rústicos a atores acabados. Conhecida como Versos Fesceninos (provavelmente devido à cidade de Fescênia ou à palavra latina que designa o falo, da qual a língua inglesa tirou a palavra "fascinate" (fascinar), e principalmente representada nas celebrações de casamentos, essa forma penetrou em Roma. E embora com o decorrer do tempo as obscenidades que implicava tenham levado à sua supressão, deixou forte marca, ao lado das *saturae,* forma etrusca de comédia semelhante, mas algo posterior. Levadas para Roma em 364 e incluídas nos jogos da cidade ou *ludi* (da qual a língua inglesa tirou a palavra "ludicrous" (risível, burlesco), as *saturae* agradaram ao gosto popular e fundiram-se com outras formas importadas como as farsas atelanas, vindas da Campagnia, repletas de personagens estereotipadas, e as paródias, vindas das colônias gregas da Sicília e da Itália Meridional.

Quando começou a compor suas comédias, pouco antes de 204, a influência grega ainda era forte. Contudo, é possível exagerar o débito de Plauto à Grécia, pois seu estilo não é grego e sim romano. Roma começava sua conquista triunfal do mundo e o vigor do trabalho do comediógrafo é o vigor romano, assim como suas cruezas são as de uma nação que pôs a belicosidade e o poder político acima da cultura. Seu diálogo não era uma simples tradução do polido Menandro, mas a linguagem coloquial grosseirona e pesada do acampamento militar e da praça do mercado. Sua energia picante, que de longe supera a de Menandro, brota da era marcial de um império em expansão.

Sua produção começou a crescer até atingir o total de cento e trinta peças, das quais restam vinte e uma, e sua popularidade pode ser medida pelo fato de que nenhum outro dramaturgo clássico sobreviveu em tal grau. A respeitabilidade também nimbou o amadurecido aventureiro que durante muito tempo foi conhecido apenas por seu apelido: Plautus ou "Pés Chatos" e mais tarde chamou-se a si mesmo de Maccus ("Palhaço") Titus. Foi-lhe outorgada a cidadania e logo após deram-lhe permissão para adotar três nomes como um verdadeiro romano de nascença. Demonstrando seu inveterado senso de humor, escolheu o nome de Titus Maccus Plautus!

Sempre lesto em sentir o pulso de seus espectadores, deu às suas comédias um caráter não apenas diversificado e nativo como também tópico. Seu *Miles Gloriosus* referia-se à prisão do poeta Névio por satirizar a aristocracia; *Cistellaria* aludia ao conflito com Cartago; *Epidicius* e *Aululária* abordavam a revogação das puritanas Leis Opianas; *Captivi* e *Bacchides* mencionavam as guerras na Grécia e em Magnésia. Dessa forma, embora em grau algo mais moderado, Plauto deu continuidade ao interesse social da comédia aristofanesca. Morreu em 184, depois de haver vivido durante um dos mais momentosos períodos da história, pois foi em seu tempo que Roma destruiu Cartago, sua única rival séria na luta pela hegemonia no mundo mediterrâneo. Aníbal morreu três meses depois de Plauto.

Algumas das comédias já são suficientes para descrever a todas. Lê-las em massa é arriscar-se a uma indigestão. E, afora isso, nem todas apresentam a melhor veia plautiana, pois um autor tão fecundo, que estava mais interessado em dinheiro à vista que na fama imaterial, tendia a escrever perfunctoriamente. Contudo, tentou por vezes um estilo mais moderado que não conseguia explorar seu robusto talento; dentre suas obras, aquelas nas quais empregou demasiada moderação só são salvas da lata de lixo da mediocridade por um ou vários dos bem desenhados patifes plautianos. *Aululária* ou *O Vaso de Ouro,* que serviu de modelo para *O Avarento* de Molière, é a estória relativamente insípida de como um jovem seduz a filha de um avarento e consegue casar com ela a despeito do unha-de-fome. Mas o sovina Euclião, o tipo de homem que "quando vai dormir, amarra os pulmões em volta da garganta... pra não gastar a respiração", é uma caricatura encantadora. E a gente do povo — cozinheiros, parasitas e tocadores de flauta — traz para o palco um chocarreiro realismo. O diálogo, como o de todas as suas peças, lembra a fala rápida da comédia musical americana (e na verdade era apresentado com acompanhamento musical). Este acompanha a peça retinindo *con brio.* Por certo não temos aqui uma arte tão grande quanto a que nos deram os gregos do século V, mas mesmo assim nos é oferecida uma hilariante diversão. Quando uma das personagens brada contra as mulheres, diz: "Nenhuma mulher presta, mas mesmo assim algumas conseguem ser piores que as outras". As *dramatis personae* rústicas das comédias de Plauto podem ser melhor descritas por traduções tão aproximadas quanto Velho Unha-de-Fome (Euclio Senex), Mãe Corcova (Staphyla Anus), Mãe Boazuda (Eunomia Mulier) e Escravo Turbilhão (Strobilus Servus).

Uma comédia comparativamente mais delicada é *Amphitryo* (Anfitrião), baseado num exemplo grego anterior da Comédia Média que dramatiza a visita de Júpiter a Alcmena, disfarçado em seu marcial marido Anfitrião. No delicado tratamento dado a Anfitrião e à virtuosa Alcmena, Plauto exercita sua moderação no cavalo de batalha do adultério. Ao mesmo tempo, a mescla fantasista de deuses e mortais e as potencialidades cômicas do tema possuem um fascínio a que pelo menos trinta e seis escritores — se devemos acreditar em Giraudoux, autor do bem sucedido *Amphitrion 38* — não puderam escapar.

Peça favorita de professores e antologistas devido à ausência de lascividade e erotismo em seu tema, *Captivi* (Os Cativos) narra a estória de um pai que recupera seus dois filhos, um dos quais estava perdido há muito tempo enquanto que o outro fora capturado numa guerra local. A ausência de uma intriga de amor obriga o humorista a recorrer a descobertas inesperadas; destaca-se entre estas um logro segundo o qual o escravo de um prisioneiro consegue fazer com que seu amo fuja da custódia de um ancião tomando seu lugar apenas para descobrir mais tarde que ele, o escravo, é o filho perdido há longo tempo do homem que enganou. As principais personagens desta comédia sentimental são amoráveis mas a peça é essencialmente vivificada por Ergásilo, um parasita irreprimível, que diz:

> Graças *é o nome que me deram os rapazes*
> *Porque sou sempre encontrado* antes da comida!

Quando a pessoa junto à qual pretende insinuar-se lhe diz que sua mesa é realmente grosseira, Ergásilo não se deixa desencorajar e replica: "Não me venha dizer que você come amoras". Quando seu anfitrião em perspectiva o avisa que seu jantar vem "do solo", o sanguessuga retruca: "A boa carne de porco também".

Não obstante, a peça é suave e bem comportada se a compararmos com trabalhos como as *Bacchides,* vivaz estória sobre duas cortesãs, a *Asinária* ou *Comédia dos Asnos,* na qual um ancião é surpreendido acariciando a amante do filho e os *Menaechmi,* obra algo inferior, na qual os irmãos gêmeos experimentam as complicações que serviram a Shakespeare na *Comédia dos Erros. O Miles Gloriosus* ou *Soldado Fanfarrão* pertence à mesma categoria da palhaçada prodigiosa, em grande parte devido a duas das mais divertidas personagens plautianas: um soldado proto-falstaffiano cujas bazófias atingem o sublime através do ridículo e seu humilde companheiro chamado Mastiga-Pão, um ancestral de Sancho Pança. Muito ao gênero de *As Alegres Comadres de Windsor,* o devasso fanfarrão é levado a crer que a esposa de seu vizinho apaixonou-se por ele e, conseqüentemente, acaba fazendo papel de idiota. *Persa* ou *O Estrangeiro da Pérsia* é uma *Ópera dos Mendigos* clássica, escrita com grande deleite e vivificada por um colorido quadro do equívoco mundo dos alcoviteiros, escroques e cortesãs.

A *Pseudolus* ou *O Trapaceiro,* que é uma peça da mesma plumagem, devemos o insuportável alcoviteiro Balio e o prestativo escravo Psêudolo, excelente modelo para os hábeis criados da comédia européia posterior. Balio, que está prestes a vender uma jovem escrava para um oficial, é superado em esperteza por Psêudolo, que a rouba para seu juvenil patrão. Porém, talvez a mais divertida das comédias seja o *Rudens* ou *O Nó Corrediço,* adaptada de uma peça de Difilo, contemporâneo de Menandro. Aqui, um honrado cavalheiro cuja filha fora raptada durante a infância e vendida a um alcaiote, termina por recuperá-la. A moça deveria ser vendida pelo alcoviteiro a um cavalheiro que se apaixonara por ela mas, inspirado pela cobiça, seu dono foge e a leva consigo. Felizmente naufragam junto da praia, o alcaiote é corrido pelos demais e tudo termina bem. O interesse, que está na variedade da intriga e na impetuosidade dos trapaceiros, é bem sustentado e uma desenfreada alegria transparece tanto no diálogo quanto nas canções.

Como na maior parte de sua obra remanescente, Plauto, que não era apenas o dramaturgo mas também o empresário de atores de suas peças, dá provas de se divertir tanto no *Rudens* quanto esperava que a platéia o fizesse. Parece alguém que jamais cresceu e nem mesmo o sucesso de seus últimos anos conseguiu transformá-lo num polido cavalheiro ou *littérateur*. Essa distinção foi deixada a seu sucessor, Terêncio, homem de gostos inteiramente diversos. Plauto contentou-se em permanecer um homem de teatro e deve ser dito que o palco retribuiu amplamente sua lealdade, estimulando-o a produzir uma dramaturgia viva ao invés de anêmicas peças de gabinete.

3. *Terêncio e o Reflorescimento Grego*

Os três quartos de século que decorrem entre Plauto e o seguinte comediógrafo romano de importância produziram uma estratificação do gosto a que nenhum artista podia deixar de corresponder. Embriagada de conquistas, a populaça romana desenvolveu um gosto insaciável pelas farsas grosseiras e acrobáticas, enquanto que a aristocracia se helenizava cada vez mais, para grande pesar de um puritano tão inflexível quanto Catão, o Censor que se indignava com a dissolvente influência dos gregos. Em outras palavras, o gosto das camadas mais baixas tornou-se progressivamente rude enquanto que o das classes superiores evolveu para uma sofisticação que chegou mesmo a se tornar rarefata.

Terêncio não era o poeta do povo mas o bem-amado da aristocracia. Jamais poderia ter escrito peças para o primeiro, pois sentia-se afastado dele. Públio Terêncio Afer era fenício ou semita e nativo de Cartago, onde nascera por volta de 190 a.C. Levado para Roma como escravo, foi cuidadosamente educado por um amo que rapidamente reconheceu seu talento e o emancipou. A graça pessoal bem como a habilidade literária tornaram o jovem estrangeiro um afável companheiro dos cosmopolitas da alta sociedade. Ele não apenas conhecia suas limitações como as glorificava, declarando que em sua meta central estava agradar os *boni* ou eleitos.

A obra que deixou é pequena não apenas porque se perdeu no mar quando estava perto dos trinta anos como também por tratar-se de um estilista dos mais escrupulosos. De sua primeira peça, a *Andria,* escrita aos dezenove anos, até seu último trabalho, os *Adelphi,* a evolução que sofreu foi essencialmente determinada pela lapidação, uma lapidação infindável. Não é de admirar que seu único interesse fosse a arte da Grécia e que se tivesse dedicado a captar o espírito dos originais gregos praticamente sem nenhuma concessão ao gosto popular. Fora para a Grécia, provavelmente para estar mais próximo da fonte de sua inspiração, quando encontrou a morte prematura. Também não é de espantar que sua obra continuasse a ser considerada um modelo latino de pureza de estilo, que haja conquistado a admiração de Cícero e Horácio e que fosse o único dramaturgo tolerável para os clérigos medievais da Europa Ocidental.

Tomando como trampolim as comédias de Menandro, que com uma única exceção foi o modelo de toda a sua vida, Terêncio se sentiu livre para adaptá-las ao seu gosto, correndo assim o risco de ser acusado de *contaminatio* embora justificasse sua prática apontando para o trabalho de predecessores como Ênio, Névio e Plauto. Ele era, afirmava, um escritor criativo na liberdade com que usava seu material ao invés de seguir a *abscura diligentia* de alguns de seus laboriosos contemporâneos e de um de seus detratores. Mais ainda, não apenas confinou-se às *palliatae* ou dramas de assunto e pano de fundo gregos como também tentou igualar a delicadeza das obras que reverenciava, cultivando seu refinamento de sentimento a ponto de privar a maior parte de suas comédias de vigor e ação *.

Terêncio não ri tanto quanto sorri e ao invés do ridículo emprega a ironia. Entre os dramaturgos romanos talvez tenha sido o único a almejar a perfeição ao invés do prazer momentâneo. Sua caracterização é relativamente sutil e seu diálogo combina a graça com a economia. Para a fala coloquial, aquele que escreveu sob o patronato da nobreza não revela nenhum gosto. Mas seu estilo e sua sintaxe têm um fascínio e uma poesia inteiramente seus, uma beleza ágil e no entanto contida que dificilmente pode ser apreendida em tradução. É instrutivo comparar os versos traduzidos "Quando unes um filho a ti pela bondade, há sinceridade em todos os seus atos; ele prepara-se para retribuir e será o mesmo tanto à tua frente quanto às tuas costas", com o original disponível:

ille quem beneficio adiungas ex animo facit,
studet par referre, praesens absenque idem erit.

O abismo que se escancara entre tal arte e o gosto da impaciente populaça romana era por certo demasiado amplo para lhe conferir muita popularidade. Em seus prólogos Terêncio queixa-se repetidas vezes de que "O estardalhaço expulsou nossa companhia do palco" (*Fórmio*), de que "nunca concederam a mim uma atenção silenciosa. . . entrava o povo com berros e clamores e disputava os lugares de tal modo que não consegui resistir", e de que "os pensamentos do povo estavam voltados para um equilibrista que dançava na corda" (*Hecira* ou *A Sogra*).

(*) Uma peça baseada na Nova Comédia grega era chamada de *fabula palliata* e distinguia-se de uma *fabula togata* na qual eram abordados os costumes italianos e as personagens vestiam togas romanas.

Como no caso de Plauto, não é necessário analisar todas as suas peças para observar a qualidade da produção dramática. *Eunnuchus* (O Eunuco) por exemplo conta a estória de Taís, uma cortesã que toma uma moça sob sua proteção enquanto que ela própria está de amores com um jovem de boa família. Recebe a moça como presente de um admirador, Traso, velho soldado fanfarrão e fátuo. Ao mesmo tempo acolhe em sua casa um eunuco ofertado a ela por seu amante, Fedria. Mas o irmão mais jovem deste último, apaixonando-se pela jovem pupila de Taís, toma o lugar do eunuco e seduz a moça, o que se torna uma séria contravenção quando se descobre que esta é livre de nascimento. É claro que tudo termina bem. Fedria expulsa o soldado blasonador e seu séquito e conquista Taís para si enquanto que a jovem pupila se casa com o irmão mais jovem. O humor deriva em grande parte da frustração dos planos do *miles gloriosus,* o soldado fanfarrão mas essencialmente covarde que encontra tantos correspondentes na dramaturgia elisabetana. Entretanto, o sentimento é a nota predominante da comédia. Taís é uma pessoa muito digna, a despeito de sua posição; sua pupila é uma jovem deliciosa; Fedria é um amante espirituoso e bem intencionado enquanto que seu irmão mais jovem tem a desculpa da juventude e da paixão para a artimanha de que lança mão para entrar na casa e conquistar a *ingenue.*

Em *A Sogra,* que lembra *A Arbitragem* de Menandro, um marido suspeita de um flagrante mau passo cometido por sua mulher quando ela dá à luz uma criança durante sua ausência, mas descobre no fim que sua esposa era a jovem por ele violentada anteriormente e que na verdade é o pai do bebê presumivelmente ilegítimo. A peça é ágil e alegre; mesmo a cortesã Bacchis, que diz sobre sua profissão: "não está em nosso interesse ver os casamentos felizes", é cercada de uma graça redentora quando permite ao homem que a esteve visitando descobrir a inocência da mulher. Como de hábito, a ação é cuidadosamente desenvolvida e o espectador mantido em *suspense.*

Entretanto, talvez a mais deliciosa das obras de Terêncio seja o *Fórmio,* assim chamada devido ao parasita que impulsiona a ação e supre a maior parte dos efeitos cômicos. Esta, a única comédia não adaptada por Terêncio de Menandro mas sim de Apolodoro, outro dramaturgo da Nova Comédia, é a mais viva de suas peças. Fórmio é complementado pelo intrigante escravo Geta, outro ancestral dos engenhosos servos de Molière e do Fígaro de Beaumarchais. Na verdade, Molière utilizou o *Fórmio* em um de seus primeiros trabalhos, *As Artimanhas de Scapino* asssim como a *Andria* de Terêncio foi usada pelo sucessor de Molière, Baron, em *Adrienne* e por Richard Steele em *The Conscious Lover.* O velho bígamo de *Fórmio,* Cremes, tinha uma esposa em Lemnos que foi para Atenas e lá morreu, deixando desamparada sua jovem filha. A menina atrai Antifo, filho do irmão de Cremes; o rapaz se apaixona e com ela se casa, ajudado por Fórmio e por um criado. Tanto seu pai quanto seu tio Cremes são presas da mais alta indignação até que este último vem a saber que a moça é sua filha. Outras complicações são acrescentadas por um caso de amor paralelo, envolvendo o filho de Cremes, que é refreado pelo pai com duvidosa firmeza. Os velhos, especialmente o suscetível Cremes, são retratados com muito humor e Fórmio é verdadeiramente memorável.

A insolência e engenhosidade de Fórmio somente são igualadas por seu amor em sugar os outros: "Mas pense nisso!" — declara o parasita. — "Chegas para o jantar absolutamente grátis de teu patrono, todo perfumado e brilhando do banho, o coração livre de cuidados enquanto ele está afogado nas preocupações e roído pelas despesas. No mesmo momento em que tudo é feito para ter prazer, ele está rosnando. Podes rir, beber teu vinho na frente dele, ocupar o mais alto dos lugares; e de repente um perplexo banquete é servido". Quando lhe indagam o que vem a ser um perplexo banquete, replica: "É um banquete no qual ficas perplexo por não saberes do que se servir primeiro". Após haver desmascarado Cremes perante sua esposa, Fórmio, que foi pago em boa moeda para traí-lo, congratula-se consigo mesmo: "Agora ela tem algo para berrar nos ouvidos dele até o fim da vida". Ao fim da peça ele também é enriquecido com mais trinta moedas de ouro por ter consentido em casar com a namorada de Antifo, a quem o pai do rapaz tentou remover do campo. Afora isso, conquistando o favor da esposa de Cremes, Fórmio agora tem mais um lugar onde conseguir sempre um jantar gratuito...

Após a morte de Terêncio, a dramaturgia romana deteriorou rapidamente. Nem Plauto nem Terêncio dispuseram de teatro permanente para apresentar suas peças, escreviam para palcos desmontáveis. Mais tarde a exibição teatral tornou-se moda, especialmente quando Roma foi transformada em monarquia, e numa monarquia que decaiu com rapidez após a morte de Júlio César, que por sinal era um crítico exigente não se satisfazendo nem ao menos com Terêncio, a quem chamava de um "semi-Menandro". O espírito de engenharia dos romanos se expressou em teatros de mármore e numa grande abundância de maquinismos cênicos. A populaça pouco se importava com o drama em si, preferindo amplamente exibições elaboradas, procissões majestosas de cativos e escravos, circos e batalhas navais simuladas em Naumachiae de forma tão desenvolvida que desafiam a descrição. A verdadeira dramaturgia não floresceu mais numa nação cuja orientação política e econômica empobrecera o povo a ponto de levá-lo ao pauperismo e à dependência de esmolas concedidas sob a forma de subsídios oferecidos pelo governo enquanto a classe dominante dissipava sua energia na libertinagem e na luta pelo poder tirânico. A massa precisava de ópio para esquecer sua condição e foi ópio o que recebeu no espetáculo dos gladiadores chacinando-se uns aos outros até a morte. A carnificina tomou o lugar da comédia.

Na época em que o Império Romano naufragou sob o peso de suas contradições econômicas e suas glórias ruíram, afundando na corrupção, apenas sobravam pantomimos e jograis ou acrobatas, conhecidos como *mimes*. Pouco mais que vagabundos, satisfaziam um cru desejo de diversão durante a Idade das Trevas mas permaneceram sob o pálio da respeitabilidade. O teatro na Europa teria de ser reconstruído a partir do zero, com base de material fresco e com novas forças e, ironicamente, a tarefa histórica da Igreja Católica foi moldar as primícias de uma arte que era a primeira a desprezar mas à qual, em última análise, não conseguia resistir. Mais uma vez, como na Grécia, em Roma e por quase toda parte neste planeta do homem, a dramaturgia haveria de ser novamente criada nos ritos da religião.

Parte III.
ORIENTE E OCIDENTE

Como se estivesse determinado que a dramaturgia jamais deveria extinguir inteiramente sua chama, o Oriente iluminou o abismo de trevas que permeiam a idade clássica e o seguinte apogeu brilhante do teatro europeu. Há uma divergência de gosto e tradição entre o Oriente e o Ocidente, nem sempre transposta para nós. Não obstante, talvez em nenhum lugar o provérbio que diz que todos os homens são irmãos seja tão pertinente quanto na história do teatro. Se o Oriente empregou grande número de convenções teatrais que parecem estranhas para muitos de nós, a dificuldade que daí decorre tem sido bastante exagerada. Isso é demonstrado rapidamente, pela facilidade com que nos adaptamos a estilizações orientais tais como as que apareceram nos palcos americanos com a peça chinesa *O Rio da Dama Preciosa* e com *Nossa Cidade* de Thornton Wilder *. A abordagem sensata para a dramaturgia oriental pareceria ser simplesmente a de afastar considerações recônditas e hiperestéticas, avaliando-o como se faria com qualquer peça ocidental. Cabe notar que nas mais características obras do Oriente, a ênfase é colocada nas possibilidades espirituais e sensoriais da arte.

(*) Trata-se a primeira de uma peça anônima adaptada para o inglês por S. I. Hsiung. A segunda, narrando a vida numa pequenina cidade, é obra popularíssima nos Estados Unidos, sendo até considerada um hino de amor ao homem americano. A ação não é vivida diretamente mas apresentada de forma narrativa, o que levou vários críticos a considerarem que foi escrita sob influência do teatro oriental. Gassner partilha desse ponto de vista. (N. dos T.)

7. Os Dramaturgos do Oriente Médio

1. *Dramaturgia Literária Hebraica*

A visão tradicional que não atribui nenhum teatro aos antigos hebreus reclama uma modificação no que se refere aos núcleos judaicos estabelecidos em território grego. Havia um corpo de dramaturgia na comunidade de Alexandria, no século III, baseado em duas fontes independentes de inspiração, o Velho Testamento e a dramaturgia ateniense, em particular as tragédias de Eurípides que haviam sido transplantadas para o Egito e lá imitadas. Os judeus de Alexandria, que assimilaram a cultura helênica a tal ponto que o Antigo Testamento precisou ser traduzido do hebraico ao grego para que pudessem usá-lo, voltaram-se rapidamente para a dramaturgia. Embora não se possa apreender a plena extensão de sua atividade teatral pela inexistência de textos remanescentes, a orientação geral é conhecida através de inúmeros fragmentos.

Ezequiel, "o poeta das tragédias judaicas", escreveu, na língua e no estilo gregos, um *Exodus* baseado na narrativa do Antigo Testamento e seus fragmentos nos permitem reconstituir a peça. Ao que parece, abria-se com um monólogo remanescente no qual Moisés, tendo fugido para Midian depois de matar o coletor de impostos egípcio, contava a estória de sua vida. A seguir vinha o incidente de seu encontro com as filhas dos sacerdotes midianitas e o casamento com uma delas. Depois Moisés tinha um sonho que seu sogro interpretava como presságio de um alto destino para ele e não decorria muito tempo até que a voz na sarça-ardente lhe ordenasse para retornar ao Egito e libertar seu povo da servidão.

Vinha então a fuga dos hebreus e o afogamento de seus perseguidores no Mar Vermelho. Finalmente o povo escolhido era visto num lugar desértico e um Mensageiro informava Moisés que perto dali havia um oásis com palmeiras e inúmeras fontes d'água. Porém, o verso dos fragmentos é indistinto e a estimativa convencional do talento dramático hebraico não pode ser grandemente modificada por esta peça.

É no Antigo Testamento que se deve buscar algum talento dramático ponderável, embora a ausência de qualquer sugestão de um teatro verdadeiro entre o povo leve o assunto para o terreno da controvérsia. Que a aversão dos israelitas ao politeísmo e à antropomorfização de Deus, da qual surge a dramaturgia, nunca adquiriu consistência suficiente, é um fato atestado pelas diatribes antipagãs dos profetas. Não obstante, o paganismo que jazia como um mar ao redor da Judéia jamais ganhou terreno firme e foi incansavelmente repelido pelos profetas e sacerdotes. A adoração do Bezerro de Ouro, o toque de magia em Endor, a lamentação anual por Tamuz, na Síria, o politeísmo esporádico dos reis e o traço de adoração fálica nos dois pilares de Salomão, Jachin e Boaz (significando potência), jamais conquistaram aceitação suficiente. A Judéia não podia desenvolver um teatro no qual deuses e mortais exibissem sua Paixão.

Não obstante, o gênio dramático dos hebreus é indiscutivelmente atestado pela forma com a qual o espírito dramático penetra na cultura e na literatura hebraica. Míriam, a profetisa do êxodo, dançou com pandeiros em honra ao Senhor, Davi dançou ante a arca sagrada e dançar também era uma das funções dos Levitas no Templo. Tal como Dionisos, Jeová tinha seu ditirambo e tal como o correspondente grego era celebrado por sua benevolência e potência. Nessa forma rudimentar de drama, que era acompanhado por música e pode ter sido encenado pelos Levitas em honra ao único Deus de modo muito mais vividamente teatral do que conseguimos imaginar, os hebreus, na verdade, eram mestres consumados. Seus ditirambos, os Salmos, exprimem a tensão do espírito de uma raça apaixonada, são ricos na imagística de um povo agrícola e pastoril, fortes na reminiscência marcial, altamente pessoais por vezes, e permeados de fé num espírito dominante. Além disso, o super-Dionisos hebraico, que socorre os oprimidos e é a fonte da justiça, supera qualquer outro de seus protótipos em nobreza e justiça.

O talento dramático dos antigos hebreus também se fez sentir nos métodos histriônicos dos profetas, que parecem ter sido mestres consumados na arte da agitação. Inúmeras e inúmeras vezes representam sua advertência aos demais homens, envolvendo-a, ainda por cima, em magnificente poesia. (Veja-se por exemplo o capítulo 19 de *Jeremias*.)

A abordagem mais aproximada da dramaturgia, no entanto, deverá ser encontrada em duas obras-primas da literatura hebraica, *O Cântico dos Cânticos* e *Jó*. Mesmo que alguém rejeite a teoria de que a primeira é uma peça, não pode haver dúvidas quanto a seu conteúdo e forma altamente dramáticos. Adaptando-se adequadamente *O Cântico dos Cânticos,* essa obra sensual, seria mesmo possível encená-la como uma peça especialmente escrita para o teatro [1]. Se não há provas de que foi montado num teatro (não havia teatros na Judéia), talvez tenha sido encenado com freqüência, quer em parte quer no todo, em celebrações nupciais, como um epitalâmio, tendo assim um parentesco com os populares Versos Fesceninos representados na Itália. Torna-se evidente que a obra se prestava a uma encenação dessa forma quando é lida numa adaptação posterior como a preparada por Moulton na *Modern Reader's Bible* (Bíblia do Leitor Moderno).

Quer chamemos *O Cântico dos Cânticos* de idílio ou coleção de cantares nupciais, permanece uma fábula encantadora, com ação e estória dramaticamente coesas. É verdade que esta estória pula para frente e para trás qual uma lançadeira de tear: está constantemente voltando do presente para reminiscências ternas, apaixonadas ou brincalhonas. Mas a convenção de uma estrutura dramática realista que persistentemente caminha para frente não é a única possível.

O sumário bastante livre da trama [2] elaborado pelo professor Moulton é suficiente para revelar a qualidade dramática do conjunto. O rei Salomão, enquanto visita as vinhas do Monte Líbano com seu séquito, descobre uma linda moça de nome Sulamita. Ela foge dele mas o monarca volta ao local disfarçado em pastor e conquista seu amor. Depois disso ele retorna novamente à presença da moça, dessa vez ostentando sua condição, e a transforma em sua rainha. A peça começa com o casamento, no decorrer do qual esses acontecimentos são apresentados, sendo narrados a esmo, como é natural quando uma noiva e um noivo felizes recordam o primeiro encanto do namoro. No segundo dos sete cânticos, a noiva rememora o cortejar do rei, e no terceiro, relembra como ele a visitou ostentando sua condição e fez dela sua noiva. Na quarta parte, ela sonha em perdê-lo; na quinta, o rei rememora a corte que fez a ela e demora-se louvando a beleza da noiva. Na sexta, a noiva aspira por suas antigas guaridas e pede ao marido que volte a visitá-las com ela; na sétima, os dois empreendem a jornada, descobrem novamente o lugar de seu primeiro encontro e finalmente partem.

Se há alguma falha nessa invulgar rapsódia, estará na confusão dos incidentes, o que possivelmente pode consti-

(1) Sheldon Cheney, *The Theatre,* Capítulo V, apresenta uma interessante visão do sensorial teatro do Oriente.

(2) V. a Introdução a *Biblical Idyls.*

tuir-se numa falha dos copistas. Mas o diálogo e a poesia gloriosos salvariam um trabalho ainda mais insuficiente. Com exceção do *Romeu e Julieta* e do *Antônio e Cleópatra*, é difícil encontrar palavras mais evocativas da paixão e versos mais lisonjeiros para a beleza feminina. A maior exaltação se alterna com a infinita ternura de comparações tais como: "Os teus dentes são como o rebanho das ovelhas tosquiadas, que sobem do banho na nascente, e das quais produzem gêmeos, e nenhuma há estéril entre elas", e brincadeiras como: "Temos uma irmã pequena, que ainda não tem peitos".

Uma obra que celebra a paixão física com um paganismo tão irrefreado não poderia ter escapado à aniquilação, a não ser que fosse transformada para uso em trabalho de caráter simbólico. Interpretado como alegoria representando o amor de Israel e Deus e, mais tarde, o amor de Cristo e a Igreja, *O Cântico dos Cânticos* continuou a gozar de uma respeitabilidade forçada. Sobre o verdadeiro autor, que pode ter simplesmente amalgamado certo número de canções nupciais, nada se sabe. Mas certamente foi um poeta que viveu próximo da natureza e possuía uma alegre compreensão do coração humano.

Entretanto, mesmo este esplêndido idílio deve ser colocado em segundo lugar se comparado com esse monumento entre as obras-primas literárias, o simpósio dramático de *Jó*. É, na verdade, uma prova conclusiva da inclinação natural do antigo espírito hebraico que sua maior obra literária fosse também a mais dramática.

Embora *Jó* não tenha sido escrito para ser encenado e nunca foi representado num teatro antigo, precisa apenas de algumas adaptações (menos ainda do que as tão engenhosamente apresentadas por Horace M. Kallen em *The Book of Job as a Greek Tragedy* (O Livro de Jó como Tragédia Grega) para revelar sua estrutura e caráter essencialmente dramáticos. Na versão de Kallen, *Jó* foi apresentado com sucesso por ao menos dois grupos dramáticos. Na verdade, *Jó* já fora adaptado para a forma dramática em 1587 pelo famoso Theodore Beza e continuou a ser considerado como tal todo o século XVIII. Se é um drama por intenção ou por acaso, é esse um ponto discutível que não precisa ser realmente estabelecido para nossos propósitos. Pode ter sido escrito meramente como um simpósio sobre o tema da justiça divina e, de forma instintiva permeado de um *élan* dramático ou pode ter sido reelaborado posteriormente sob a influência do teatro grego que prevalecia entre os colonos helênicos da Ásia Menor. Ou então *Jó* pode ter sido escrito desde o início, no século V, com a dramaturgia grega em mente, caso no qual poderia dever algo a Ésquilo, cuja justificativa de Deus encontra paralelo na obra hebraica. Daí pode ter sido retrabalhado por escritores posteriores do século III ou mesmo um pouco mais tarde, em cujo caso deveria muito a Eurípides, cuja estrutura formal, acompanhada de seu ceticismo, é duplicada em *Jó*. Mas *Jó* é um drama, ainda que não se mostre vibrante de excitação exterior no teatro. Seu espírito, tal como sua batalha dramática, é interior, e como uma tragédia de gabinete não é superado por qualquer obra existente. Entretanto, "tragédia de gabinete" tem uma conotação pejorativa e essa descrição implica uma futilidade e pretensão que não podem ser atribuídas a obra tão grandiosa e genuína. *Jó* pode ser mais adequadamente classificado como um "milagre" (no sentido medieval da palavra) que a falta de um teatro na Judéia relegou à biblioteca.

Ponto culminante de várias correntes do pensamento hebraico, a obra dirige-se com o fervor e gravidade tipicamente hebraicos ao problema da miséria humana e da justiça divina. Na época de sua composição original, no século V, uma grande onda de debates se erguera no Oriente Médio, em particular no Império Persa, que absorvera os judeus. Era a época de Zoroastro, o reformador persa, que explicava a existência do mal, dividindo a soberania do mundo entre Ahuramazda, o deus da luz que era todo-bondoso mas não todo-poderoso, e Ahriman, o poder independente das trevas, protótipo de Satã, "o Adversário". Mas qualquer que fosse o desencanto contido no Zoroastrismo, então a religião de uma nação dominante, não passava de um sentimento brando se comparado com o dos hebreus. Em 586 a.C., estes haviam sofrido a derrocada de seu Estado e conhecido o exílio, mas durante muito tempo continuaram a acreditar na palavra de seus profetas, segundo a qual a catástrofe era uma punição condigna para os pecados cometidos contra Jeová. Entretanto, no século V essa explicação era questionada. Os judeus haviam reconstruído seu Estado e sua ordem social obedecendo modelos de acordo com as prescrições de sua religião ética monoteísta e, não obstante, para onde quer que olhassem ainda prevaleciam o mal e o sofrimento. O remoto consolo de um inferno para os maus ainda não fora descoberto e a explicação do pecado original, revivida subseqüentemente pelo Cristianismo, deixara de ser um bálsamo. Pois os profetas progressistas da nova época não haviam sido totalmente explícitos, recusando a teoria de que os pecados dos pais recaiam sobre os filhos durante mil gerações? Ezequiel, o líder dos moralistas pós-exílio, já anunciara o "novo pacto" segundo o qual os filhos sofreriam apenas por seus pecados. Mas se eles *não* haviam pecado, podiam perguntar os desencantados, por que sofriam? Onde estava a justiça divina então? E que orientação deveria seguir um homem se os maus prosperavam?

Os céticos, tanto mais profundamente desencorajados quanto haviam sido ensinados a centrar o universo e a ordem moral num Deus providencial e justo, encontravam muita matéria para reflexão. E foi nesse ponto que um deles (se é que foi apenas um o autor original do *Livro de Jó*) encontrou na legendária estória do homem paciente, já mencionada por Isaías, um trampolim útil para suas interrogações. Jó, o homem próspero e justo que perdeu suas propriedades, seus filhos e a saúde de seu corpo numa sucessão de desastres arbitrários, deixa de ser paciente nesta redação da lenda. Começa a questionar a justiça de Deus com a extrema paixão de alguém que foi ferido em sua fé, e os amigos lhe oferecem as mais indigestas migalhas de consolo. Em três ciclos de discussão, seus lugares-comuns deixam Jó exatamente onde estava no princípio. No primeiro debate, Elifas o aconselha a ser paciente, afirmando que o sofrimento é o quinhão do homem e que Deus acabará por recompensá-lo; Bildad apóia Elifas; Zofar, repetindo a frágil fórmula dos antigos profetas, chega mesmo a sugerir que Jó não tem o direito de se considerar reto desde que todo sofrimento é a expiação de um estado de pecado. No segundo ciclo do debate, os três amigos agarram-se a essa explicação. No terceiro, fortemente pressionado pela afirmação de inocência por parte de Jó, Bildad incorre em petição de princípio ao lançar mão de um lugar-comum, afirmando que Deus é demasiado grande para ser questionado, enquanto os outros amigos continuam a sustentar com obstinação a teoria de que Jó é culpado até que se tornam pateticamente fastidiosos. Seus argumentos são tão ineficazes quanto suas pretensas palavras de consolo e, na realidade, apenas incitam o amigo a afirmar com mais força a posição cética, ou seja: Deus derrama os infortúnios sobre os justos e favorece os perversos, e se Ele está acima do interesse humano e não pode ser alcançado, então é inútil para o homem. "Eis aqui minha declaração — Deus que responda", afirma Jó.

Até aqui o ceticismo leva a vantagem dentro desta perturbadora obra e é bem possível que o autor estivesse inclinado a interromper o caso nesse ponto não resolvido. Contudo, o que segue é uma rapsódica defesa de Deus, sem o que o livro certamente teria caído em desgraça junto aos guardiães da ortodoxia, homens de cem olhos eternamente vigilantes. Porém, não é necessário ver na justificação da Providência uma conciliação prática. Quem quer que tenha completado o simpósio não podia, levianamente, renunciar à fé na qual fora criado; era ela o único cajado no qual o pequeno Israel podia apoiar-se sem renunciar de vez a toda a amarga ocupação de continuar a viver. E a resposta que nos chega é infinitamente mais profunda que qualquer explicação convencional. Quando os amigos foram efetivamente silenciados, um jovem entusiasta, Elihu, aparece como que vindo de parte alguma e dá a entender que todos eles estão errados. Mas Jó também se engana ao estar tão certo de si mesmo. Por que está tão seguro de que Deus lhe deve algo por sua retidão? Elihu tem fé numa divindade que de alguma forma há de justificar-se e tão logo o jovem acaba de exprimir seu credo, Deus responde a Jó, surgindo a voz em meio ao turbilhão de sua grandiosidade.

A autojustificação divina é passível de grande número de interpretações mas a linha geral de seu pensamento nos lembra nitidamente Spinoza. A resposta de Deus é simples: sua benevolência não deve ser procurada no particular e sim no geral, e o homem, que não é o todo da criação, não deve exagerar seu problema pessoal. Jeová, cujos traços antropomórficos estiveram sendo constantemente reduzidos pelos membros mais filosóficos da comunidade hebraica, descreve-se como a força geradora e viva da natureza. É na contemplação do universo como um todo, com suas maravilhas e multiplicidade de formas, que Jó perde sua sensação de injustiça e sofrimento pessoal. Essa experiência panteísta é poética e mística, próxima do *amor intellectualis dei* dos filósofos judaicos posteriores, o amor intelectual a um Deus que compreende toda a natureza. É como se Deus dissesse: "Garanto a vida de todos os fenômenos, na verdade sou a própria vida, e o resto não compete a mim mas a vós".

Entretanto, se essa solução não é plenamente satisfatória ou compreensível para os ortodoxos e faltos de imaginação, há outra cujo entendimento é facilitado pelo prólogo e epílogo convencionais, que talvez tenham sido literalmente tomados da antiga lenda que serviu de base à obra. No prólogo, Deus permitiu ao Adversário pôr à prova o mais reto dos homens que pudesse encontrar; no epílogo, o homem justo é recompensado. Em resumo *Jó,* como tantas tragédias de Eurípides, tem *dois* finais: um convencional para o homem comum e o outro não-convencional para o pensador.

Contudo, o poder da obra não advém unicamente da profundidade da solução. *Jó* provoca uma catarse tão dramática quanto qualquer outra que encontramos em Sófocles ou Shakespeare; o embate do homem com os problemas do mal, da injustiça e da morte, aqui expresso na mais grandiosa poesia, atinge o derradeiro cume da agonia e do desespero. Há um *pathos* infinito na condição física e mental de Jó, esplendor na epifania e variedade de criação nas personagens de Elifas, o Polônio que aconselha paciência, Bildad, o pomposo defensor da convenção, Zofar, o dogmatista e Elihu, o poeta jovem e impetuoso. Há também uma estrutura dramática na forma pela qual cresce a tensão a partir dos lamentos de Jó até o auge da discussão, que mais tarde chega a um beco sem saída e é resolvida pela voz de Deus saindo do majestoso turbilhão.

É bem verdade que aqui e ali a obra sofre de contradições, mas estas podem ser descontadas se lembrarmos que os escribas ortodoxos encarregados da preservação do Antigo Testamento esforçaram-se por amenizar a carga de censuras lançadas por Jó contra Deus, colocando em sua boca declarações devotas totalmente incongruentes. Em sua maioria, estas são em prosa e não as encontramos na tradução grega da Septuaginta, datada do século II. A redação ortodoxa de *Jó,* ainda que cerceada, fornece-lhe alguns de seus mais altos atributos: o encerramento do simpósio, que de outra forma teria deixado a obra em estado de incerta suspensão e a extraordinária poesia da natureza, contida na epifania.

A inspiração dramática dos judeus iria expressar-se apenas mais uma vez — agora nos Evangelhos, que são ricos no diálogo e nas caracterizações, possuem um supremo herói dramático e precipitam-se em direção a uma conclusão trágica. Embora não haja dúvidas de que o teatro estava longe da mente dos autores dos Evangelhos, eles criaram aquela que é inquestionavelmente a maior das Peças da Paixão devotadas aos muitos deuses ancestrais e da vegetação que morreram e renasceram em benefício da humanidade.

O objetivo materialista das Peças da Paixão sírias e egípcias foi aqui transformado em espiritual e o deus que sofre nos Evangelhos perdeu seus pés de barro sem minorar sua realidade como homem, que na verdade é acrescida. Se estruturalmente os Evangelhos são narrativos, seu padrão e efeito são indubitavelmente dramáticos. E foi essa a opinião dos muitos dramaturgos que criaram o drama da Idade Média.

2. *Kalidasa e o Teatro Indiano*

Os hindus viram um teatro vivo surgir lentamente de seu ritual. Associado intimamente durante algum tempo aos ritos da religião, sua dramaturgia foi por fim emancipada como forma laica de entretenimento que somente vez por outra era colocada dentro dos serviços pelos budistas. Não tolhida por proibições contra o politeísmo e a prática da magia, a Índia seguiu a mesma trajetória que a Grécia primitiva. O processo de antropomorfização por meio do qual as forças naturais e divindades podem converter-se em *dramatis personae* possivelmente já estava iniciado em 1000 a.C., quando os hindus compuseram os belos hinos conhecidos como Vedas, que eram cantados e até certo ponto interpretados pelos sacerdotes brâmanes. O Rig-Veda celebra e personifica os deuses e o Atarva-Veda prescreve numerosas conjurações mágicas que os hebreus teriam considerado como anátemas. Além disso, ao menos quinze dos hinos Védicos empregam o diálogo de forma dramática, alguns deles chegando a demandar até mesmo três interlocutores.

A lenda santificou a dramaturgia, atribuindo-a ao desejo de Indra, o colorido deus nacional da Índia, que pediu um espetáculo dramático a Brahma, o Pai de tudo, e teve sua aspiração satisfeita na forma do Natya-Veda (*natya* significa "dançado" e daí vem a expressão inglesa *nautch girl* que indica dançarinas profissionais). Um legendário arquiteto, por determinação divina, projetou o primeiro teatro, e o mítico sábio Bharata recebeu o cargo de diretor do palco celestial. Os hindus levavam tão a sério sua dramaturgia que muito cedo em sua história compuseram compêndios como o Natya-shastra, e seu vasto teatro primitivo podia ser encontrado onde quer que um bom brâmane estivesse a expor seus ensinamentos através de uma peça semi-improvisada. A cultura grega, introduzida pelas conquistas de Alexandre o Grande e seus generais, também pode ter exercido certa influência, e o Budismo igualmente encorajou o teatro. Fragmentos de três peças budistas escritas pelo poeta romântico Ashvaghesha no século II d.C. já revelam acentuado progresso. Uma das peças, o *Shariputra-prakarana,* em nove atos, representa a conversão dos hindus por Buda. Outra, é uma alegoria religiosa como as moralidades medievais, e emprega personagens tão abstratas quanto a Sabedoria, a Glória e a Firmeza. A terceira peça, mais secular em seu caráter, tem como heroína uma cortesã, ao lado de um trapaceiro que conferia à obra uma dose de humor, sem dúvida alguma muito apreciado.

Mas a grande era da dramaturgia hindu teve início depois de transcorrido mais de um século, em 320 d.C. quando, após um período de caos semelhante à Idade das Trevas da Europa, o competente rajá Chandragupta estabeleceu sua hegemonia sobre as partes mais férteis e populosas da Índia setentrional. Subseqüentemente essas possessões foram ampliadas por seu marcial filho Samudragupta, e quando esse Napoleão indiano faleceu em 375, seu filho, Chandragupta II, conhecido também por *Vikramaditya* ou "Sol de Poder", inaugurou uma época de evolução cultural jamais atingida novamente em uma terra que mais tarde caiu presa de uma legião de conquistadores. Em sua corte viveram os mais hábeis escritores da Índia, conhecidos como "As Nove Jóias" na linguagem extravagantemente cortês do Oriente. Afora isso, felizmente, num país tão instável quanto a Índia, a Renascença Chandragupta ou Gupta prosseguiu por outro meio século depois da morte desse *Roi Soleil* em 413, tempo suficiente para assegurar ao teatro um crescimento sadio antes que a Índia caísse em mãos dos conquistadores hunos, por volta de 500 d.C.

O teatro que floresceu sob esse patrocínio real era produto de uma classe ociosa e não poderia ter sido compreendido pelas camadas mais baixas da população. Estas falavam dialetos enquanto a linguagem dominante das peças era o sânscrito. Uma perspectiva otimista, que naturalmente prevalecia na faustosa corte, propiciava assuntos românticos, tramas artificiais e finais felizes. Os escritores adejavam agradável e espirituosamente sobre a superfície da vida enquanto os oprimidos, cuja sorte não poderia ser invejável mesmo sob uma benevolente monarquia oriental, permaneciam mudos. Sua aparição era permitida apenas para criar um divertido contraste com os heróis principescos. Em suma, esse era um teatro de artifício, e os escritores hindus eram mestres nessa arte.

Dasharupa ou *Dez Formas,* escrita no século X por Dhanamjaya, que baseou seus preceitos nas práticas da idade clássica anterior, é uma obra eriçada de leis artificiais. Encontramos nela, por exemplo, a classificação das heroínas em oito tipos, entre os quais vemos "aquela que está enraivecida ante a descoberta de que seu amante tem relações com outra mulher", "aquela que está separada de seu amante devido a uma briga" e "aquela que mantém seu marido em sujeição". Em todos os casos as nobres senhoras são envolvidas por sentimentais assuntos do coração sem jamais galgar os precários cumes de uma grande paixão, enquanto os cavalheiros são sensíveis, por vezes volúveis, e nunca empenhados seriamente nas lidas ou negócios do mundo. Também se espera que os velhacos e plebeus tenham atributos específicos, chegando ao ponto de falar dialetos mais ou menos rigidamente prescritos: o dialeto Avanti para os trapaceiros e jogadores, uma gíria corrupta para os bárbaros e assim por diante. As elaborações de eufemismos, que nos são familiares devido às literaturas elisabetana, espanhola e italiana, encontram emprego corrente nos diálogos. Tal como na dramaturgia shakespeariana, tanto a prosa quanto o verso são permitidos dentro de uma mesma peça, mas seu uso é cuidadosamente prescrito e mulheres comuns, rústicos e membros das castas inferiores não devem falar senão em prosa. Cada herói principesco tem seus seguidores já determinados, incumbidos de pôr em evidência a jóia de sua personalidade. Ele tem seu *vidushaka* ou servo folgazão, que corresponde aos bobos da corte da comédia européia e é encarregado das partes de baixa comédia, e seu *vita,* uma personagem mais digna que representa Horácio ou Kent * para a realeza.

Após uma bênção ou oração, que denuncia a dívida religiosa do drama, a peça encaminha-se para um prólogo entre o diretor e a atriz principal (*artifício imitado pelo grande admirador* de Kalidasa, Goethe, em seu *Vorspiel* ou Prelúdio para o *Fausto*). Isso serve para lembrar ao espectador de que a peça é apenas um entretenimento. Uma vez que os nobres têm todo o tempo do mundo, a peça pode chegar a se estender até mesmo por dez atos, fato que, apesar de tudo, não deve desanimar o espectador ocidental familiarizado com *Volta a Matusalém, Estranho Interlúdio*

(*) Ambas personagens de Shakespeare. Caracterizando-se pela amizade sincera e fidelidade, aparecem respectivamente em *Hamlet* e *Rei Lear.* (N. dos T.)

e *O Luto fica Bem para Electra* *. Quando a peça chegava ao fim, a corte presenciara uma celebração lúdica e variegada, podendo partir no melhor dos humores.

O pano de fundo e a encenação da peça, que não se afastavam do estudado encanto da composição, somente podiam contribuir para o deleite. Representada numa simples plataforma ou no átrio do palácio real, em meio a suntuosos reposteiros e a uma arquitetura imponente, a peça não tinha qualquer pretensão de realismo. Os atores não se desdobravam em esforços para criar a ilusão de realidade. Uma cortina era suficiente para escondê-los enquanto se vestiam para seus papéis, esperavam pelas deixas e executavam os efeitos de som necessários. Não havia um cenário propriamente dito, com exceção de acessórios decorativos e objetos de cena como cadeiras, tronos e carroças. Ao que parece, fazia-se uma concessão à encenação realista empregando-se animais verdadeiros para puxar uma carroça através da plataforma. Porém, de ordinário, a entrada de um cavalo era simulada pelos atores, cujos movimentos eram bastante convencionais e podiam ser abreviados quando a ação exigia uma movimentação considerável entre suas falas. Certo é que a responsabilidade da encenação recaía sobre o ator, de quem se exigia infinita sugestividade e um imenso arsenal de recursos. Os papéis femininos eram geralmente atribuídos a mulheres, não havendo proibição contra atrizes na Índia, mas eram substituídas por meninos e rapazes nas partes que exigiam demasiado empenho.

Quando Kalidasa começou a escrever, tinha razões para sentir certa humildade e apreensão. Poderá a platéia mostrar qualquer respeito por ele — indaga no prólogo de sua primeira peça — vindo, como vem, depois de autores tão ilustres quanto Bhasa, Saumilla e Kaviputra? Treze peças descobertas em 1910 e atribuídas a Bhasa, embora algumas possam ser de autoria de vários outros dramaturgos, justificam a modéstia do jovem autor. Compostas possivelmente por volta de 350 d.C., mais ou menos uns cinqüenta anos antes que Kalidasa se dedicasse ao teatro, são, em sua maioria, fantasias tiradas das famosas epopéias *Maabárata* e *Ramaiana,* que desde o início influenciaram a evolução da dramaturgia hindu. Todas as peças são admiradas pelos hindus, mas talvez *Svapnavasavadatta* seja a melhor de todas. Nesta, um ministro de Estado tenta reforçar o poder de seu senhor arranjando-lhe

(*) *Volta a Matusalém* foi escrita por George Bernard Shaw. Abordando a evolução do homem, a obra tem início com Adão e Eva e termina em 31.920 d.C. Dividida em cinco partes (que a rigor são cinco peças distintas) é usualmente apresentada em duas noites. *Estranho Interlúdio* e *O Luto Fica Bem para Electra* são de Eugene O'Neill. A primeira é famosa por sua imensa duração, pois o dramaturgo. além de apresentar o ser humano em seu relacionamento com o mundo, apresenta simultaneamente aquilo que ele verdadeiramente pensa enquanto se comporta dentro das regras ditadas pela sociedade. A segunda é uma trilogia na qual o autor aborda a lenda da maldição dos Átridas, transpondo a ação da Grécia para os Estados Unidos após a guerra de Secessão. O Agamemnon da lenda grega é transformado no general americano Ezra Menon e assim por diante. (N. dos T.)

um casamento com a filha de importante chefe. Mas o rei é devotado em demasia à esposa para consentir, ainda que a rainha esteja pronta a sacrificar-se aos interesses dele. Conseqüentemente a rainha e o ministro fogem para um eremitério, arrumando a fuga de tal sorte que o rei os acredita mortos num incêndio do palácio. Então a antiga esposa reaparece a fim de servir à nova rainha e é recuperada por seu marido.

Entretanto, a mais notável das peças que antecederam Kalidasa é a fábula em dez atos *Mricchakatika* ou *A Pequena Carreta de Barro,* baseada em *Daridracharudatta* ou *O Pobre Charudatta,* obra anterior escrita por Basha, da qual sobreviveram quatro atos. Embora seja tradicionalmente atribuída ao rei Shudraka, gênio versátil e de longa vida, descrito como matemático e perito em aventuras amorosas e elefantes, com toda probabilidade a peça é devida a alguma pena menos real. *A Pequena Carreta de Barro* contém romance e política, aventura e idealismo social, humor e *pathos.* Se possui menos encanto que *Shakuntala,* por não ter sido alimentada com os frutos do apogeu de uma era cultural, tem força e profundidade consideravelmente maiores e devido a isso pode ser-lhe preferida.

A grosso modo, narra a estória do amor de uma bela e nobre cortesã, Vasantasena, pelo empobrecido brâmane Charudatta, cuja esposa não parece se ressentir da ligação. A relação extramarital, mantida num período menos monogâmico que o nosso, também não depõe contra a devoção de Charudatta. Na verdade, é a essa devoção que deve ele seu empobrecimento. O brâmane, que perdeu seus recursos devido à sua inexaurível liberalidade, é louvado como "Uma árvore da vida para aqueles cujas penas se avolumam... O Espelho dos sábios e o mar para o qual afluem todas as correntes da dignidade...". As complicações só aparecem quando sua amante torna-se objeto das atenções do perverso príncipe Sansthanaka e é obrigada a ocultar suas jóias na casa do brâmane. Novas dificuldades surgem quando as gemas são roubadas por um ladrão que depois descobrimos ser o amante da criada de Vasantasena; em conseqüência do furto, a esposa do brâmane, preocupada com a honra do marido, o força a aceitar um colar de diamantes que lhe pertence a fim de que possa compensar a amante. Felizmente o ladrão logo devolve as jóias ante a insistência da criada da cortesã. Entrementes, em outro episódio, vemos Vasantasena empenhada na nobre tarefa de salvar o guardador de vacas Aryaka (na verdade um príncipe e o legítimo pretendente ao trono) da prisão para a qual pretende arrastá-lo o cunhado. Entretanto são as jóias que, indiretamente, produzem a catástrofe pois, indo à casa do brâmane para informá-lo de que aquelas foram recuperadas, ela é obrigada a passar lá a noite devido ao mau tempo. Impulsivamente enche a carreta do filhinho de Charudatta com diamantes depois de tê-lo visto chorar, lamentando que ela seja apenas de barro (daí o título da peça). Mas, prognosticando felicidade para seu amor, a boa ação que pratica a torna demasiado feliz para que tome precauções e comete o erro de entrar no carro puxado a bois de seu principesco perseguidor. Rejeitando-lhe a corte, suscita sua fúria a tal ponto que ele a estrangula para depois acusar o brâmane do ato. O juiz que o julga suspeita que um vilão como Sansthanaka não hesitaria em incriminar um homem justo, mas fica intimidado pelo terror que o príncipe lhe inspira. Assim, o inocente brâmane é acusado e levado para a execução. Mas as maquinações do vilão são finalmente denunciadas quando o condutor do carro puxado a bois acusa o príncipe de testemunhar falsamente contra o réu, e Vasantasena, que sobreviveu sem que o vilão o soubesse, aparece em pessoa e aponta o verdadeiro criminoso. A vitória da justiça é seguida por outro clímax gratificante quando o guardador de vacas que ela tentou salvar foge da prisão, derruba o velho rajá e toma posse de seu trono. Ele nomeia o brâmane governador de uma província e permite-lhe casar com a cortesã exemplar.

Embora essa intrincada obra seja episódica e demasiado longa, aqueles que tiverem a paciência necessária perceberão que ao final os fios componentes da meada acabam por se unir. Afora isso, somos recompensados por tal perseverança com agudas observações sobre a vida e com um grupo de personagens deliciosamente desenhadas, entre as quais o cômico criado do brâmane, Maitreya, é de longe a mais encantadora. O perverso príncipe, que revela sua ignorância citando erradamente os épicos hindus, é outra personagem bem delineada, da mesma forma que o rei, o qual desconfia das alegações de seu cunhado, mas está pronto a propiciar a injustiça a fim de proteger o trono instável. Engenhosidade, versos vigorosos e um mundo de incidentes contribuem para o deleite enquanto que a nota de crítica social surge na denúncia de corrupção política e na revolução culminante. A respeito do tribunal que julga o brâmane, o dramaturgo afirma se parecer com um mar: "suas ondas agitadas são os advogados briguentos; sua corte de monstros é composta por esses animais selvagens — ministros da morte; os promotores afloram à superfície como serpentes astutas; os espiões são como mariscos espreitando através dos sargaços e os vis informantes são iguais aos adejantes maçaricos que pairam no ar batendo as asas para, de repente, mergulhar sobre a presa. A praia que deveria ser a justiça é insegura, árdua, tosca e estremecida pelas tempestades da opressão". A peça mostrou seu encanto ao ser produzida de forma abreviada pelo Neighborhood Playhouse de Nova York nos primeiros anos da década de 20.

A crítica social, porém, foi deixada em suspenso pelos autores da Idade de Ouro. O homem a quem os hindus chamavam afetuosamente "Noivo da Poesia" e que escrevera a mais famosa peça daquele povo era de índole diversa do desconhecido autor de *A Pequena Carreta de Barro*. O aspecto sombrio do mundo aparentemente escapou à atenção de Kalidasa que se contentou em boiar na espuma da vida de modo sedutor, ainda que sem demonstrar algo dessa ironia geralmente encontrada na alta sociedade. Também foi um poeta, o melhor entre os hindus com exceção dos anônimos autores das epopéias, tão dotado na arte da descrição quanto na arte mais dramática da intriga cômica e da caracterização. Seus dois poemas, *Ritusamhara* ou *As Estações* e *Meghaduta* ou *O Mensageiro da Nuvem* são tão descritivos quanto *A Nuvem* de Shelley *. Uma estória impossível de se verificar fala da graça e beleza física de Kalidasa atraindo para ele a atenção de uma princesa que se casou com o poeta. Ainda segundo a lenda, ter-se-ia envolvido no perigoso negócio de manter uma amante ciumenta que finalmente o assassinou. É mais que verossímil que o autor de *Shakuntala* fosse um rematado conquistador. As três peças de sua autoria que conhecemos obviamente não brotam de um eremitério, ainda que seu autor, aparentemente, fosse um brâmane de nascimento.

A mais antiga delas, *Malavikagnimitra* ou *Malavika e Agnimitra* mostra o rei Agnimitra apaixonando-se pelo retrato de uma jovem serva exilada. O jocoso criado do rei, sempre pronto a prestar serviços, elabora um plano por meio do qual seu amo consegue vislumbrar a donzela, pupila de notável mestre dançarino. Ordena-se a este que exiba seu talento na corte e Malavika, naturalmente, é trazida com ele. A rainha, enfurecida com a paixão do marido pela moça, a aprisiona numa adega. Entretanto a moça acaba por provar que é uma princesa por nascimento, o que vem a tornar o caso legítimo. Também acaba por se reconciliar com o casamento outra das suscetíveis esposas do rajá, cujo nariz foi ligeiramente deslocado por Malavika. O humor da fábula pode ser apreendido até mesmo de um resumo tão despojado quanto este. Tomado com a gota de delicado cinismo que Kalidasa derrama em cada uma de suas iguarias cômicas, o tema é transformado num entretenimento para adultos.

Mais rica em beleza poética e mais fantasiosa é a terceira peça de Kalidasa, *Vikramorvashe* ou *Urvashi Conquistada pela Coragem*, que dramatiza o amor de Pururavas, um rei mortal, pela ninfa celestial Urvashi. Sua esposa e seu cômico servo, intrigado pelo fascínio que sente por uma estranha donzela, rapidamente descobrem o segredo, que o rei

(*) Percy Bysshe Shelley, um dos mais importantes poetas do romantismo inglês, nascido em 1792 e falecido em 1822. Segundo críticos como Rogers, Shelley atingiu a perfeição na poesia descritiva, dando ao gênero um de seus mais altos momentos dentro da língua inglesa. (N. dos T.)

também confessa na invisível presença da própria ninfa. Ele é tão ardente que Urvashi não consegue resistir-lhe. Escreve-lhe uma carta de amor numa folha de bétula e revela-se a ele antes de voltar aos céus para representar numa peça da corte celestial. Mas a paixão da ninfa a coloca em apuros quando, durante a representação, perde sua deixa e pronuncia o nome do amante. Por esse incidente é banida dos céus com uma maldição, segundo a qual será obrigada a voltar no momento em que o amante puser os olhos sobre o filho que Urvashi haverá de lhe dar. Outra catástrofe, menor, ocorre quando a ninfa é transformada em videira por ter invadido inadvertidamente um bosque sagrado, e o amante consegue recuperá-la com a ajuda de uma "jóia de reunião", mas só depois de demorada procura! A partir daí a felicidade dos amantes é perturbada apenas pelos anseios do rei em ter um filho, mas no devido tempo descobre que já tem um filho e que Urvashi vem escondendo a criança a fim de escapar à maldição. Por fim, os poderes celestiais dobram-se em deferência ao verdadeiro amor e permitem à ninfa permanecer com o esposo até a morte. Um toque de paixão e algo de tragédia latente não impedem essa fantasia de permanecer um perfumado conto de fadas do tipo de *Sonho de Uma Noite de Verão*.

Entretanto, no rol das obras de Kalidasa, o primeiro lugar cabe a *Shakuntala* em virtude da encantadora poesia, da argúcia do espírito lúdico e do humor quase ininterrupto. O rei Dushyanta, que ao caçar animais selvagens penetra no eremitério de um santo em meio a um bosque, encontra a guardadora do asceta, a encantadora Shakuntala. A moça imediatamente sente-se atraída por ele e encontra diversas desculpas para se demorar atrás das companheiras. Uma abelha serviçal que a persegue permite ao rei vir em seu socorro e, a partir daí, o caminho do amor leva ao casamento. Mas não decorre muito tempo e o real esposo é chamado de volta à corte para atender alguns assuntos urgentes. Deixa o eremitério prometendo enviar seu séquito para buscá-la. Porém, inadvertidamente ofendendo um santo homem, Shakuntala é amaldiçoada: seu marido haverá de esquecê-la. E a única concessão feita pelo sagrado e irritado ancião depois de devidamente acalmado é permitir que a memória do rei seja restaurada quando a moça lhe mostrar o anel com o qual ele mesmo a presenteou. Naturalmente, seguindo os desejos do destino e da dramaturgia, ela perde o anel ao se banhar e a memória do rei é mantida em suspenso por muito tempo. Repelida na corte, Shakuntala é miraculosamente transportada para um eremitério situado em meio às montanhas, onde vive um grande sábio. Lá, dá à luz seu filho Bharata, o "Domador de Tudo", que está destinado a se tornar um famoso chefe de seu povo. Por fim, obviamente, o anel é recuperado. Um pescador o encontra, retorna a aberrante memória do rei e, em meio à grande felicidade, são reunidos marido e mulher.

O transbordante humor da peça é evidenciado em particular nas cenas de namoro, no farsesco comportamento do carreteiro do rei, nos ridículos trejeitos de um oficial que demonstra ser um verdadeiro Dogberry * ao examinar o pescador, nas sofisticadas implicações do lapso de memória do real esposo. Bem condimentada com uma poesia delicada e descritiva, a comédia é um delicioso amálgama de todos os recursos de um dramaturgo palaciano que faz o artifício parecer natural e o natural parecer artifício [3].

Os sucessores de Kalidasa viveram em tempos difíceis e nenhum dramaturgo hindu conseguiu reconquistar inteiramente sua graça de expressão e inextinguível jovialidade, qualidades sem as quais a fábula manquitola ao invés de voar. O último rei nativo da Índia a gozar de importância, Harsha, general e patrono das artes digno de nota, se destacou como dramaturgo e três peças lhe são atribuídas. Uma delas, *Priyadarshika,* narra as vicissitudes de uma princesa e merece realce devido à familiar introdução de uma peça dentro de uma peça; outra, *Ratnavali* ou *O Colar de Pérolas,* apresenta o romance entre um rei e uma princesa disfarçada, empregando o engenhoso estratagema de fazer um papagaio repetir a confissão de amor da heroína por seu nobre pretendente. A terceira e mais conhecida das obras de Harsha, *Nagananda,* é um "milagre" girando ao redor de um santo budista que consente em ser devorado por um monstro a fim de salvar a raça Naga. Convenientemente o monstro é aplacado ao final e o santo herói é devolvido à vida ao lado de todos os nagas que foram destruídos pela criatura. A peça é notável pelas descrições simples bem como pela lição budista que encerra, aconselhando a contenção na destruição da vida e o esforço para fazer prevalecer a boa vontade entre os homens. Harsha, que reinou de 607 a 647, foi sucedido no século seguinte por outro autor real que ostentava o formidável nome de Mahendravikramavarman, mas se devemos tirar conclusões da única farsa de sua autoria que sobreviveu, o cetro lhe assentava melhor que a pena. Para encontrar um dramaturgo cuja estatura de alguma forma se compare à de Kalidasa devemos pular mais cem anos, chegando assim ao início do século VIII, fato que ilustra o declínio progressivo do teatro hindu. Entretanto, mesmo assim Bhavabhuti, esse dramaturgo, tem apenas remota relação com seu ilustre predecessor.

Bhavabhuti, brâmane que conquistou a fama com lentidão, foi marcado por deprimente perspectiva da vida. Embora suas três peças contenham grande força poética e

(*) Dogberry — pomposa e fátua personagem de *Muito Barulho por Nada,* de Shakespeare.

(3) A tradução do Professor Ryder é recomendada por seu encanto.

estejam enraizadas na fábula, não se desenvolvem com agilidade e é difícil considerá-las particularmente divertidas. Seu distanciamento de Kalidasa jaz num senso da realidade e numa emotividade mais vigorosos. Em absoluto acordo com seu temperamento inclinou-se para a grandeza poética e eliminou o bufão que era fonte de tanto divertimento na obra do escritor precedente. Sua peça mais conhecida, *Malatimadhava* ou *O Casamento Roubado* é o *Romeu e Julieta* hindu. Dois jovens que foram aproximados por uma freira apaixonam-se, mas quando um favorito do rei pede a mão da moça e seu pai sente medo de recusar, a felicidade de ambos parece aniquilada. Porém, a freira que provocou o início do amor age como intermediária entre os dois e lhes permite fugir. No casamento entre o cortesão e a moça, esta é substituída por uma amiga e o pretendente vê seus intentos frustrados numa divertida cena. O pano de fundo sobrenatural, povoado por fantasmas e permeado pela adoração ao demônio, intensifica a fábula e enriquece a poesia com um ou dois *frissons* * que não são mal recebidos numa fábula à qual falta a prestidigitação cômica de Kalidasa. Mas as outras peças de Bhavabhuti são bastante inferiores como dramas e devem seu principal interesse à poesia.

Mesmo assim, foi ele o último dos dramaturgos clássicos hindus. Vishakhadatta, que escreveu um drama de intriga política, *O Sinete de Rakshasa,* e Bhatta Narayana, cujo *Entrelaçamento da Trança de Cabelos* é altamente considerado pelos hindus devido à sua construção regular, mal conseguem se aproximar dele. No período posterior só há interesse em deter-se em *O Nascer da Lua,* escrita por Krishna Mishra no século XI, uma "moralidade" semelhante às obras pré-elisabetanas do mesmo tipo com personagens tão alegóricas quanto o Rei Erro e o Rei Razão. Quanto aos trabalhos ainda posteriores, sua simples menção seria uma extravagância; o autor, que mergulhou em alguns deles, se confessa derrotado pela imensidão de seu tamanho e do tédio que despertam.

O teatro hindu só voltou a experimentar um renascimento no final do século XIX, com o advento do poeta bengali Rabindranath Tagore. Embora sua reputação tenha declinado consideravelmente no Ocidente desde que o néo-romantismo voltou a se recolher em sua concha perolada, Tagore, que obteve o prêmio Nobel em 1913, tornou-se um dos principais escritores do moderno drama poético. Para aqueles cuja impaciência não é despertada pela suntuosidade do misticismo e da fábula romântica hindus (a *Shakuntala* de Kalidasa é outro caso, uma vez que seu autor não leva a fábula romântica muito a sério), *Chitra* e *O Rei do Quarto Sombrio,* de Tagore, são obras de alguma importância. Ao menos a última, que descreve a forma pela qual o povo foi

(*) Em francês no original. (N. dos T.)

incapaz de dar valor ao rei que se movia invisível em seu meio, pode sofrer uma comparação mais que favorável com as melhores peças de Maeterlinck. Tagore era o escritor ideal para servir de mediador entre o Oriente e o Ocidente.

8. Os Dramaturgos do Extremo Oriente

1. *A Humilde Dramaturgia Chinesa*

Embora de longe mais antiga que a cultura hindu, a civilização chinesa só começou a oferecer sua contribuição para o teatro depois que a dramaturgia hindu havia ultrapassado o ápice. Não é preciso dizer que os primórdios do drama chinês são bastante antigos, embora seja bem difícil falar neste terreno com alguma ponta de autoridade. Durante essa venerável "Idade de Ouro", a segunda dinastia que durou de 2205 a 1766 a.C., já encontramos danças cerimoniais representando diversas ocupações e sensações. A estilização que caracteriza o teatro chinês também já se manifesta em inúmeros regulamentos, como por exemplo os que exigiam escudos vermelhos e machados de guerra cravejados de jade em celebrações militares, o jade significando a "virtude e os escudos a benevolência, a fim de inculcar a clemência para com os derrotados" [1]. Por volta do século VIII a.C. o drama já havia conquistado terreno suficiente para que fosse estabelecido um teatro sob o patrocínio real e para que uma escola de interpretação, ou a Escola do Pomar de Pereiras, fosse fundada pelo imperador Ming Huang, em cuja intenção o incenso ainda era queimado até bem pouco nos camarins e bastidores chineses.

Mas foi somente dois mil anos mais tarde, durante a dinastia Yuan, iniciada em 1280 d.C. pelo célebre Kublai Khan, que o teatro chinês começou a ganhar importância literária. E nesse progresso tardio é fácil vislumbrar uma longa relutância dos escritores chineses em emprestar sua

(1) Cornaby, W. Arthur, *New China Review*, março, 1919.

perícia ao teatro, sendo essa hesitação parcialmente responsável pela baixa posição deste. O ponto de vista tradicional é expresso por Cheney, que escreve: "a dramaturgia chinesa não apresenta valores literários para nós" [2], e os próprios chineses têm sido extremamente modestos em suas reivindicações no que concerne ao domínio desta arte. A vitalidade de seu teatro pode ser medida pela animação das representações, e é costumeiro descrevê-las com aquele esotérico ar de êxtase que muito freqüentemente é um sintoma de falta de compreensão.

A razão pela qual uma convenção teatral deve ser elevada a um mistério simplesmente porque não nos é familiar intriga este escritor. É suficiente assinalar que os atores chineses empregam movimentos altamente estilizados, prescindem da maior parte dos cenários, e declarar francamente o fato de que interpretam uma peça empregando um contra-regra que providencia os móveis necessários à plena vista do público. Certamente, a perícia exigida do ator dentro de tal convenção acrescenta um estímulo adicional para que o espectador freqüente o teatro, o que não constitui mistério algum, posto que uma boa interpretação pode ser tão atrativa para as audiências ocidentais quanto para as orientais. Também não constitui mistério que a estilização com o acompanhamento musical de uma orquestra colocada ao fundo do palco pudesse conferir às peças chinesas uma amplitude ou distinção maior que a obtida por meio do simples texto. Também não fica clara a razão que levou os escritores a falar afetuosamente da "ingenuidade" do teatro chinês, uma vez que todo o fenômeno teatral depende de uma suspensão de nossa descrença. E para que não mantenhamos noções exageradas quanto à aridez do palco chinês, também vale notar que uma única e bela peça de mobília pode preencher o palco com bom gosto, não havendo qualquer proveito cênico num espaço atravancado; que os figurinos das peças chinesas são resplandecentes e, na verdade, tão custosos, que as vestes usualmente são alugadas e não compradas; que a cor pode ser enriquecida pelo costume de pintar a face dos atores de vermelho, negro, verde, branco e dourado. A aparente dificuldade criada por peças que duram desde a tarde até a meia-noite ou que, algumas vezes, chegam a conter *quarenta e oito* atos, também é afastada com facilidade quando somos informados que as peças impressas não são necessariamente representadas sem consideráveis abreviações (tal como o drama shakespeariano é abreviado com freqüência), e que durante sessões tão longas no teatro esses insaciáveis espectadores, os chineses, não assistem a uma única peça mas sim a toda uma série delas.

Afora isso, se a ação predeterminada muitas vezes cria o cenário no sentido de que um ator finge escalar uma colina

(2) *The Theatre*, pág. 118.

imaginária; se a fala dos atores em forma de melopéia está muito distante do realismo e se suas posturas simbólicas dão ao observador a impressão de um criptograma (que não é senão mais uma delícia para o *connaisseur* chinês), no que se refere às peças, estas descerram seu significado sem a menor necessidade de explicações esotéricas.

Na verdade, os exemplos com os quais estamos familiarizados são excepcionalmente claros e diretos. É à sua falta de intensidade na paixão, à sua caracterização relativamente simplista e ao fato de que os poetas-mandarins desdenharam um veículo tão popular quanto o teatro que devemos atribuir certa falta de grandeza encontrada na dramaturgia chinesa. Entretanto, mesmo reconhecendo esse fato, a oração fúnebre que costumeiramente é pronunciada em intenção das peças chinesas parece algo impróprio. Pelo menos parte delas pode ser favoravelmente comparada a muitos períodos da dramaturgia européia. A própria lei da média pode tornar isso inevitável se lembrarmos que apenas nos noventa anos da dinastia Yuan mais ou menos quinhentas peças de autoria desconhecida foram escritas por oitenta e cinco dramaturgos.

As peças compreendem tal variedade que entre os chineses é costumeiro classificá-las, indo os grupos das peças civis às militares, das históricas às éticas, das românticas às policiais, das fantasias agradáveis aos problemas sociais. A tragédia não tem posição proeminente no palco, embora não esteja ausente numa obra tão melancólica quanto *As Aflições de Han,* que lamenta a miséria de um governante obcecado que perde seu império, ou em *Beleza,* cuja heroína é levada de sua casa por ladrões saqueadores e morre patrioticamente. A sátira, porém, raramente está ausente numa nação que teve tantos e tão constantes motivos de desilusão. O amor, em particular, é tratado com a ironia de uma raça que o considera uma forma de criancice e expulsa as atrizes do palco, deixando a maioria dos papéis femininos para especialistas masculinos muitíssimo bem remunerados, como o famoso Mei Lan Fang.

Algumas peças que tiveram a boa sorte de serem transpostas para línguas européias despertaram admiração, se não entusiasmo, no Ocidente. *O Romance do Pavilhão Ocidental* (*Hsi-siang-chi* para os chineses), escrita no século XIII e, ao que parece, a primeira a ser traduzida, relata as aventuras de um estudioso que é separado de sua amada pela necessidade de partir para a capital a fim de prestar exames para o serviço civil. (Esta peça foi recentemente adaptada para um teatro de Londres por S. I. Hsiung, que já se responsabilizou anteriormente pelo *Rio da Dama Preciosa.*) Outra peça de aventuras, *O Órfão Chinês,* conquistou a aprovação de Voltaire. *As Intrigas de uma Criadinha,* também apreciada pelos franceses, dramatiza uma estória de amor. *Deixando um Filho num Pomar de Amoreiras* trata do sacrifício de um pai por seu filho. *A Armadilha da Cidade Vazia,* uma das inúmeras peças militares da China, descreve a salvação de uma cidade sitiada quando o comandante abre suas portas e, disfarçando seu punhado de soldados em varredores de rua, os manda cantar a fabulosa força de seu exército, assustando de tal modo o inimigo que este decide partir. *As Aflições de Han,* obra comovedora e de considerável mérito literário, soa como advertência contra o luxo decadente e o governo irresponsável que conduz ao desastre nacional.

Porém, talvez o mais interessante produto do teatro chinês para nós seja *Hoei Lan-Kin* (O Círculo de Giz), escrita no século XIII ou XIV, traduzida e adaptada inúmeras vezes (entre outras, pelo poeta alemão Klabund). Através de uma complexa intriga e abundante comicidade, a peça é bem sucedida em sua intenção de apresentar contundente sátira à corrupção nos círculos oficiais. Mas se é a doutrina confucionista, pregando a necessidade de governo íntegro e da justiça social, que confere à peça seu vigor, o gracioso diálogo e a arguta criação de personagens fazem dela uma comédia de costumes absolutamente encantadora. As situações definidas com vivacidade, embora basicamente sérias são, algumas vezes, de grande humor, e diversas frases provocam a diversão por meio de sua elaborada ironia, como acontece quando uma das personagens declara: "Tenho medo de chegar perto do Sereníssimo Senhor quando ele, augustamente, permite a si mesmo ser dominado por um novo acesso de raiva".

A estória gira ao redor de um caso ilícito entre um escrevente judicial e uma mulher casada que envenena o marido, joga a culpa em cima da segunda esposa, que é inocente, e reclama como seu o filho desta, pois a ele deverá caber a herança. A injustiçada segunda esposa é condenada pelo governador da província com a conivência do escrevente e é absolvida por um juiz de instância superior só depois de ter suportado inúmeros tormentos. O ilustre juiz, cuja sagacidade é igual à integridade, usa da estratégia salomônica para descobrir a verdadeira mãe da criança. Desenhando ao redor do menino um círculo de giz supostamente mágico, declara que apenas a real genitora será capaz de tirá-lo de lá. Dado que a mulher que falsamente o declarou como seu não faz sequer um movimento em sua direção, enquanto a mãe verdadeira imediatamente toma a mão da criança, o juiz consegue desmascarar os criminosos.

As peças continuaram a ser escritas após o apogeu da dinastia Yuan e os temas e panos de fundo eram freqüentemente ampliados, ainda que não tenha surgido nenhum gênio para levar a dramaturgia a novas alturas. O *Rio da Dama Preciosa,* uma dentre inúmeras adaptações feitas por S. I. Hsiung, ainda vivo, recentemente caiu no agrado dos países de língua inglesa, mas dificilmente pode ser incluída entre as obras de importância. Não podemos prever a esta distância quais os novos progressos capazes de serem verificados, mas é possível que o redespertar do povo chinês acabe por dar novo impulso à composição dramática significativa.

2. *Os Dramaturgos-lamas do Tibet*

Se a rica cultura da China não se mostrou em sua melhor forma na dramaturgia, não é de surpreender que outros pontos do Extremo Oriente tenham sido ainda menos produtivos. Java tem seu teatro tripartite, um devotado à prática única das peças com sombras, outro aos bonecos e outro ainda às danças dramáticas cuja importância literária, tanto quanto sabemos, é nula. No que se refere à dramaturgia, a Birmânia tem certa variedade que atraiu algumas atenções mas sem despertar grandes entusiasmos. Intransponível e geograficamente vago, apenas o Tibet desfruta não somente de todo um conjunto de espetáculos dramáticos supervisionados pelos sacerdotes como também de alguns exemplares dramatúrgicos de qualidade palpável [3].

O Shakespeare tibetano é o impronunciável lama de Sexto Grau Tsongs-bdyangs-rgyam-thso, que viveu no século VII d.C. Um "delicado poeta, apaixonado pelas artes e pela beleza em todas as suas formas, principalmente a feminina", foi autor de alguns poemas eróticos muito bem condimentados que dificilmente poderiam se harmonizar com seu sagrado ofício.

Suas peças, bem como as de seus colegas anônimos, devem mais ao teatro hindu que ao chinês, não passando isso de uma conseqüência natural da difusão do budismo pelo Tibet durante o século VII. As fábulas e mistérios budistas que floresceram de forma tão luxuriante na Índia encontram paralelo no Tibet através de algumas peças religiosas baseadas em lendas parte indígenas e parte tomadas dos *jaṭakas* ou apólogos hindus que tratam das múltiplas existências de Buda. Representadas pelos monges apenas em determinados períodos do ano, nos monastérios ou em suas proximidades, contando com o auxílio de profissionais laicos que se incumbem dos papéis femininos, os dramas são altamente formais tanto na composição quanto na representação. As partes narrativas são extensas e consignadas a um brâmane em que peças hauridas no temário indiano e a um ator especial chamado *caçador* quando os motivos são tibetanos. Os *caçadores* também formam o coro que é encarregado dos balés de acompanhamento e usa boa variedade de máscaras lembrando o totemismo primitivo. Tanto a narrativa, que é em prosa, quanto o diálogo, em versos, são dançados e cantados, sendo um ritmo mais lento reservado às indispensáveis personagens reais cujas sentenças são entusiasticamente assimiladas até a

(3) Introdução a *Three Tibetan Mysteries* por H. I. Woolf, pág. 9.

última palavra por toda a corte. Como nas longas peças há muita improvisão e dado que boa parte delas é mimada ao invés de ser falada, a publicação não pode fazer plena justiça ao texto dramático do Tibet. Mas as tramas são coloridas e atraentes dentro da extravagante forma da fábula.

Três peças que nos são conhecidas intitulam-se *Tchrimekundan, Djroazanno* e *Nansa* [4], sendo a primeira uma narrativa da penúltima existência terrena de Buda ou Sakiamuni, a segunda, uma estória de fadas sobre crianças perdidas na mesma tradição de Hansel e Gretel (Joãozinho e Maria no Brasil), a terceira, um drama tibetano de costumes bem como uma lição filosófica. Em *Tchrimekundan,* talvez a mais representativa das três, um principesco São Francisco (obviamente uma encarnação de Buda), que sente infinito amor por todas as criaturas e não pode deixar de atender a um pedido, dá de presente uma jóia que permite ao possuidor a realização de todos os seus desejos. Em vista disso, o pai do príncipe, amargurado com uma perda que ameaça seu reinado, visto que a jóia foi dada a um inimigo, condena o filho a um exílio de doze anos em uma montanha selvagem. Mas nem por isso a caritativa disposição do exilado sofre qualquer modificação. Depois de ter distribuído todas as suas provisões e elefantes a três pobres brâmanes, viaja penosamente a pé com sua família. As ocasiões que solicitam sua caridade parecem inexauríveis e, no devido tempo, acaba dando também os filhos e a esposa, os quais, no entanto, lhe são devolvidos pelo deus Indra que pessoalmente se disfarçou em mendigo para pôr à prova o santo. Depois de expirado o termo de seu exílio, durante a viagem de volta para o reino, o santo comportamento do príncipe chega ao auge quando oferece ambos os olhos a um cego, feito tão nobre que o pai, pleno de admiração, nega-lhe o reino.

Essa caridade de tal forma sobre-humana infelizmente pouco tem a ver com o leitor ocidental, ainda que no Tibet seja um sucesso arrebatador, provocando rios de lágrimas. Mas a paixão pelo absoluto se derrama sobre ela como uma contagiosa experiência poética e as aventuras do príncipe possuem o fascínio de uma estória de fadas dramatizada. A própria extravagância do humanitarismo tibetano se torna uma virtude poética. Em suma, estamos aqui ante o teatro do idealismo em sua forma mais pura.

3. *Mestres da Dramaturgia Japonesa*

Contudo, foi no Japão que a dramaturgia do Extremo Oriente obteve um verdadeiro triunfo, criando uma forma original e fascinante, o teatro Nô, cujos autores se revelaram mestres da perfeição.

(4) *Three Tibetan Mysteries.* Tradução de H. I. Woof Broadway Translations. E. P. Dutton & Co., New York.

Nem toda dramaturgia japonesa partilha dessa qualidade que os sentimentais gostam de associar aos jardins japoneses e sua flora enfezada. A mesma estratificação oriental de classes que impediu os mandarins chineses de contribuir com sua magnífica poesia para o teatro produziu duas manifestações teatrais altamente diferenciadas no Japão: o Nô para a elite e o teatro do *Kabuki,* com suas formas afins, bem como o teatro de marionetes ou "Bonecos", para o povo.

Para o teatro plebeu, que se desenvolveu depois do drama Nô, os dramaturgos populares escreveram inúmeras peças de irrefreado sensacionalismo. O *Kabuki* (termo empregado aqui de forma imprecisa, referindo-se a todo o teatro popular) nasceu de recitações públicas chamadas *taiheiki.* Estas evoluíram para narrativas dramatizadas de estórias recitadas por um único ator auxiliado por um acompanhamento musical composto de uma viola de três cordas e de batidas rítmicas de um leque. As primeiras obras neste sentido eram peças relatando as aventuras de um herói com três metros de altura, o rosto mais vermelho de toda a criação e tomado de uma nobre paixão pela destruição de bestas e demônios. Os primeiros espetáculos regulares do *Kabuki* surgiram no começo do século XVII quando O-Kuni, inicialmente apenas uma sacerdotisa renegada, reuniu um grupo de dançarinas numa companhia teatral e passou a oferecer apresentações públicas. Com o tempo, estórias da vida quotidiana foram acrescidas àquelas tomadas de empréstimo da lenda e as peças se tornaram progressivamente plebéias em seu estilo melodramático e em seu tamanho. (As representações podem durar até perto de oito horas, desde o início da manhã até o fim da tarde, embora algumas das peças sejam muito curtas.) Foram abandonadas as máscaras das antigas peças Nô; entraram em uso as floridas rampas desde o fundo da platéia até o palco, procedimento que mais tarde foi popularizado por Max Reinhardt em sua encenação de *Sumurun* e pelos nossos teatros burlescos mais pretensiosos e empregou-se até mesmo um palco giratório para tornar mais viva a ação muito antes que a Europa o adotasse.

Os dramaturgos do drama popular eram argutos carpinteiros que estruturaram elaboradas tramas que submetiam seu sentido até ao último detalhe melodramático, e o maior de todos eles foi Chikamatsu, nascido em 1653 e falecido em 1724. Sua obra pode ser considerada como representativa do que de melhor estes autores podem oferecer.

Chikamatsu Monzayemon, um samurai originariamente preparado para o sacerdócio e mais tarde servidor de várias casas nobres, tornou-se um fora-da-lei ou *ronin* que partilhou dos feitos desesperados celebrados em tantas peças e lendas populares. Ninguém estava mais qualificado para excitar o gosto do povo que esse Robin Hood do teatro a quem se atribuem nada menos que cem peças, das quais cinqüenta e uma foram impressas como inquestionavelmente suas. Também não são obras curtas como as peças Nô ou mesmo como as tragédias gregas. Seu tamanho é bastante extenso. A facilidade com que escrevia era verdadeiramente extraordinária se devemos acreditar numa estória segundo a qual compôs uma de suas peças numa única noite. Provocou admiração sem limites no Japão que o comparou a Shakespeare, paralelo esse que é bastante discutível.

Suas obras combinam comédia e tragédia, com poesia e prosa atribuídas às personagens de acordo com sua posição social. Combates ferozes, atos devassamente cruéis, cenas de tortura e suicídio, todos profusamente misturados, provocam inúmeros arrepios. *Belas Damas num Jogo de Poemas em Cartas* é uma fábula bastante encantadora saída da pena desse prestativo escritor, compreendendo uma divertida caricatura de um perverso ministro e uma intriga complexa que surge de sua ciumenta paixão por certa dama da corte. Por fim, esse hipócrita que esconde sua lubricidade por trás de uma máscara de retidão é denunciado e morto, sendo que suas vítimas recuperam os lugares anteriormente ocupados na corte. Embora não faltem assassinatos e decapitações a este romance japonês, a benevolência da imperatriz que protege a amorosa e desolada donzela e a ludicidade formal da peça fazem dela uma obra distrativa. Mas esta comédia não transmite a plena extensão das lutas de Chikamatsu com o melodrama. *Divertimenti* não podiam satisfazer inteiramente ao desgastado paladar das classes inferiores para as quais escrevia.

Incidentalmente, como puro entretenimento, as *Belas Damas* não são o melhor exemplo do drama japonês. Essa obra é superada por comédias mais econômicas e de vôo menos alto como *Abstração,* peça anônima, composta no século XIV ou XV, na qual um marido em busca de prazeres extramaritais convence um servo a tomar seu lugar sob uma "abstração" ou manta de oração a fim de enganar a esposa. Após descobrir o servo sob a manta, ela toma seu lugar e, quando o marido retorna, ouve a confissão de suas aventuras galantes, o que vai servir para que subseqüentemente o derrote.

A mais famosa peça de Chikamatsu, a *Kikusenya Kassen* ou *Batalhas de Kikusenya,* escrita em 1715, percorre toda a gama do melodrama e é altamente representativa de sua musa já normalmente tão bombástica. Para usar da mais extrema economia ao iniciar o leitor ocidental em suas colossais complexidades, digamos que um rei tártaro exige a concubina favorita de um imperador Ming como preço de amizade. Isso é um simples pretexto para uma invasão da China, e quem dá o sinal para esta é um ministro traidor ao perfurar seu próprio olho com uma adaga. Depois de inúmeros acontecimentos nos quais o imperador é iludido por seu ministro, surge o tártaro nos portões seguido por uma força de milhões de homens, sendo posto em fuga pelo general chinês Go Sankei com um simples punhado de soldados. Enquanto está empenhado nesse estupendo feito, o irmão mais jovem do perverso ministro corta a cabeça do imperador e prende a concubina. Em vista disso Go Sankei decapita o assassino e liberta a concubina. Contudo, esta vem a ser morta mais tarde por uma bala e Go Sankei salva a criança que ela traz no ventre executando uma operação cesariana a plena vista do público. Para enganar o inimigo, que deseja capturar o herdeiro imperial, ele mata então seu próprio filho, que durante toda essa ação esteve amarrado em sua lança, e o coloca no lugar do príncipe recém-nascido. Entrementes a filha do imperador e a esposa do general fogem para o Japão, onde conseguem o auxílio de um grande herói japonês. A caminho, enquanto carrega a velha mãe nas costas, esse herói doma um tigre e subseqüentemente a fera o auxilia a pôr em fuga os capangas do perverso ministro. Finalmente, vai em ajuda do leal general Go Sankei, que está mantendo oculto o príncipe herdeiro, e é fácil imaginar as gargantuescas batalhas que se seguem.

Não é possível supor contraste maior que o formado por essa supernovela e as peças Nô anteriores, e nada mais natural que isso acontecesse num país onde as diferenças de posição social ainda permanecem nitidamente feudais. O gosto da plebe japonesa de forma alguma era partilhado pela culta nobreza que sentia pelo teatro popular o mais soberano desprezo. O teatro da aristocracia é extraordinariamente contido e sutil. Seu único defeito, como seria de esperar, é o do preciosismo.

Nascida da *Kagura* ou dança pantomímica, representada em conexão com a adoração Shinto e reminiscente do ditirambo grego, a peça Nô tem uma origem sagrada. Já no século VIII d.C. a lenda a santificava numa narrativa de como a Deusa do Sol, desgostosa com o comportamento impróprio de seu irmão, trancou-se numa caverna e privou o mundo de luz até que foi atraída para fora de seu esconderijo por outra deusa que interpretou uma dança mímica dentro de um tonel ressonante. Suplementada por rústicas exibições de acrobacia e por um tipo de ópera elementar denominado *Dengaku,* bem como por recitativos e danças chinesas, a peça Nô tomou forma gradualmente até que, no século XIV, conquistou o *status* literário na obra de dois talentosos aristocratas, Kwanamin Kiyotsugu e seu filho Seami Motokiyo.

O drama ao qual serviram, e para cuja encenação contribuíram grandemente, era representado numa plataforma retangular, abrindo-se para o público em dois ou três lados, com o coro agachado em uma das alas e os músicos representando ao fundo do palco. O coro era composto por oito a doze pessoas em vestes nativas, cantava as falas dos atores quando seus movimentos de dança interferiam na boa emissão do texto e comentava a ação. Os músicos empregavam um tambor de palheta, um tambor manual tocado com a mão nua ou com dedais colocados nos dedos e uma flauta reservada para intervalos especiais como o início e o ponto culminante da peça. Os atores, em geral usados de forma muito parcimoniosa, eram rigidamente divididos em funções. O *shite,* ou ator principal, dançava os importantes acontecimentos da peça, enquanto o *waki,* ou ator secundário, o envolvia no diálogo e apresentava ou explicava a estória; um número variável de *tsure* ou assistentes tanto do *shite* quanto do *waki* facilitavam os trabalhos. Movimentos rigidamente marcados, lentos e solenes, caracterizavam a dança de cada um dos intérpretes magnificamente vestidos e mascarados. Seus gestos estilizados, a sutileza de sua dicção, o ritmo insinuante de sua dança marcada na plataforma de madeira produziam o efeito de um ritual. O próprio palco, embora dispensasse o cenário destinado a provocar a ilusão, estava bem equipado com objetos de cena convencionalizados como uma estrutura aberta representando um bote ou carroça, quatro postes cobertos por uma prancha servindo de casa ou palácio. Essas convenções foram cuidadosamente mantidas até hoje.

Adaptando o texto ao palco, os dramaturgos criaram um modelo que deve ser considerado o epítome da condensação e da delicadeza. A ação real era reduzida ao mínimo, mas transfigurada pela graciosa poesia na qual grande parte da peça era escrita. O verso, enriquecido por paralelismos e por "palavras-pivô" (palavras utilizadas em dois sentidos), era salmodiado, enquanto as passagens em prosa gradualmente cresciam em exaltação até que voltavam à poesia. Contudo, o mais singular de todos os engenhos era a forma reminiscente ou regressiva na qual geralmente a estória era vazada.

Vinha de início uma quadrinha de abertura, no mais das vezes uma digna declaração filosófica como

A vida é um mentiroso sonho, desperta apenas
Quem para longe de si arroja o Mundo.
Nós que nosso lar erigimos em baixas colinas
Nos mais profundos recônditos do coração buscamos
[a solidão [5].

Surgia então o *waki* que se identificava, anunciava tanto seu destino quanto seu propósito e viajava através de longas distâncias no tempo de duração de uma breve canção sobre viagens. No devido momento o *waki* encontrava uma estranha personagem que se comportava misteriosamente e se

(5) A não ser que haja outra indicação, todas as citações são das traduções de Arthur Waley em *The Noh Plays of Japan.* Alfred A. Knopf, 1922.

revelava mais tarde como o herói da peça, freqüentemente o fantasma do falecido para cujo santuário se dirigira o viajor. E a esta altura o texto atingia sua parte mais dramática, pois a estranha personagem, viva ou morta, recordava o passado e o clímax terreno que terminara em seu exílio ou morte. Lembrava sua luta final com intensa emoção, arroubo e dor, interpretando suas reminiscências numa dança até que, consumido de paixão, desaparecia.

Trata-se aqui em grande parte do drama fantasmagórico recordando o teatro primitivo quando o ator simplesmente reencarnava o espírito de um ancestral heróico. Porém, num plano mais alto também se tratava do drama de reminiscências, profundamente perturbador e no entanto mitigante; sugeria a brevidade e vaidade da vida humana. Delicadas como o desenho japonês, cheias de graça e individualismo, transpirando o *Weltschmerz* da crença budista de que toda vida era ilusão, as peças recomendavam-se à aristocracia por seu encanto. Afora isso, as peças agradavam a nobreza lembrando a heróica era feudal do Japão. Os nobres chegavam mesmo a representar no Nô ao lado de profissionais e também recitavam passagens favoritas em festas privadas. Por esses meios uma relação vital se estabeleceu entre a dramaturgia e as classes superiores.

O primeiro a dar ao Nô sua forma artística foi Kwanami Kiyotsugu, sacerdote associado a representações teatrais em templos, nascido em 1333 e falecido em 1384 depois de escrever quinze peças. O famoso Xogun Yoshimitsu, depois de observar sua interpretação num Nô primitivo, tomou-o a seu serviço e assim estabeleceu a tradição do patronato aristocrático para o teatro. O favor de Yoshimitsu estendeu-se ao talentoso filho de Kiyotsugu, Seami Motokiyo e, ao que parece, foi marcante a ponto de suscitar a inveja dos membros da corte. Um deles registrou em seu diário a surpresa sentida ao ver o xogun e o rapaz partilharem a mesma carne e comerem das mesmas vasilhas. Aquecendo-se ao calor dessa amizade, Kwanami Kiyotsugu, que pode ter contribuído com a música e a encenação e simplesmente adaptado textos mais antigos, estabeleceu o alto *status* do Nô em diversas peças de excelente qualidade.

Destas, sua *Sotoba Komachi* é talvez a melhor e por certo a mais comovente para o leitor ocidental: Komachi era deslumbrantemente bela em sua juventude e, ao ver-se cortejada por inúmeros pretendentes, a beleza gerou o orgulho. Entre seus pretendentes estava Shii no Shosho que viajara longas distâncias para conquistá-la. Mas ela havia determinado que só ouviria as juras do rapaz depois que ele a tivesse visitado por cem noites. Desafiando os elementos ele empreendeu a longa jornada noventa e nove vezes mas finalmente morreu de exaustão na centésima noite. A crueldade da moça foi seguida por grandes sofrimentos, pois desapareceu a antiga beleza e ela se tornou velha e feia, abandonada pela fortuna e pelos amigos, uma esfarrapada mendiga privada dos sentidos e possuída por seu pretendente de uma forma que nos é familiar devido ao *Dibuk* *. Revela sua estória a um sacerdote que veio à capital para visitar os santuários e o fantasma do pretendente retraça o fatal namoro até que por fim abandona o corpo extinto da mulher. A peça não é apenas rica em *pathos* como também as personagens são construídas com vivacidade e a simples poesia narrativa entra em harmonia com a estória. Um exemplo do estilo de Kwanami encontra-se na descrição mímica que faz Shosho de suas viagens noturnas:

Puxando até as orelhas o chapéu alto, inclinado,
Atando ao redor da cabeça as longas mangas de meu manto
[de caça,
Oculto dos olhos dos homens,
À luz da lua, na escuridão,
Em noites de chuva viajei; em noites de vento,
Sob uma tempestade de folhas; quando era profunda a neve.

O ponto forte desse dramaturgo parece ter sido exatamente essa evocação das emoções mais delicadas e de suas conseqüências trágicas. Isso se faz sentir em outra peça famosa, *O Túmulo da Donzela,* cuja bela heroína é punida pela rivalidade de seus pretendentes. O antagonismo os leva a matar um pato mandarim — ave renomada pela lealdade para com o companheiro. Assaltada pelo desgosto a jovem se afoga, trazendo assim mais um fardo para sua alma. Devido a isso ela será obrigada a suportar os tormentos do inferno budista de oito faces, embora o sacerdote na peça declare que sua existência infernal é, na realidade, uma *ilusão,* como todas as demais coisas.

Entretanto, o filho de Kiyotsugu escreveu algumas de suas melhores obras com uma veia mais forte de drama heróico, revivendo os acontecimentos da "Guerra das Rosas" do século XI entre as poderosas tribus Taira e Minamoto; Seami sentia fascínio pelo espírito heróico. *Kagekiyo* é talvez a mais poderosa de suas peças narrando a estória da queda do grande herói Taira, Kagekiyo. Quando triunfaram os Minamoto, esse intrépido soldado foi exilado para um local distante onde se tornou um mendigo cego. Na peça, está sendo procurado pela filha que durante o exílio do pai cresceu e tornou-se uma jovem mulher. Após árdua jornada, finalmente chega ao seu retiro e encontra o cego (não um fantasma nesta peça) que se envergonha de ser visto por ela. E depois de narrar alguns dos feitos heróicos pelos quais se

(*) Obra de An-Ski, nascido na Rússia e estudioso da tradição judaica, na qual uma jovem é possuída pelo espírito de um rapaz morto que mais tarde se descobre ser seu noivo predestinado. A tradução brasileira, da Coleção Teatro Universal da Editora Brasiliense, é de autoria de Jacó Guinsburg. (N. dos T.)

tornou conhecido como "Kagekyio o Arrebatado", ele a manda embora.

O tom de reminiscência é estabelecido no início, com o encantador epigrama

Tardias gotas de orvalho são nossas vidas que apenas [esperam
Até que sopre o vento, sopre o vento da manhã,

e o *pathos* da condição do velho herói em lugar algum é tão vividamente realizado quanto na estória que narra de como interrompeu a debandada de seus soldados desafiando Mionoya, o chefe inimigo, para um duelo e pondo-o em fuga. Admirando-se mutuamente, os dois oponentes trocaram mofas e seguiram os respectivos caminhos, exclamando o inimigo:

Oh poderoso Kagekiyo, quão terrível é a força de teu braço —
E o outro gritou-lhe em resposta, "Não, diga antes Quão [forte é o escudo
Do pescoço de Mionoya!" E assim gargalharam em meio à [batalha
E partiram cada um em seu caminho.

Terminadas as reminiscências agridoces, Kagekiyo esquece o resto, as "coisas inesquecíveis"; lembrando apenas que é velho, dá à jovem filha, "a vela em sua escuridão", um triste adeus.

Em outra das curtas peças históricas de Seami, o *Atsumori,* é satisfeito o idealismo budista quando se reconciliam os rivais, ambos heróis de clãs. O sacerdote Ransei, anteriormente o guerreiro Kumagai, arrependido dos pecaminosos atos guerreiros, busca a tumba de Atsumori, a quem abatera em batalha. O fantasma do inimigo lhe aparece sob o disfarce de um segador e volta a representar a última luta, quando foi deixado para trás enquanto sua frota zarpava. Mas no momento em que está prestes a se atirar sobre o assassino, é levado à reconciliação, visto que

o outro se tornou gentil.
E clamando pelo nome de Buda
Conquistou a salvação para seu inimigo...

Em *Tsunemasa,* uma peça semelhante à anterior, bem como em outras peças Nô, o ódio budista ao derramamento de sangue é expresso através da forma incondicional pela qual heróis nacionais grandemente admirados são, a despeito disso, condenados ao inferno japonês por terem vivido e morrido pela espada ou por serem culpados da paixão do ódio. Os sacerdotes de Buda podem não ter conseguido erradicar o espírito militar tão fortemente enraizado na casta guerreira, mas exprimiram o melhor que podiam sua reprovação ao derramamento de sangue nas obras que influenciaram. Restou aos árabes nômades e aos piratas da Europa do Norte serem os primeiros a criar um paraíso ao invés de um inferno para seus heróis militares.

Foi Seami, e não Chikamatsu, o verdadeiro Shakespeare de seu povo, e deixou como herança não apenas noventa e três dessas pequenas peças (não são maiores que nossas peças curtas em um ato) como também diversos tratados sobre sua arte. Formulou as leis de interpretação e penetrou no âmago do Nô com seu conceito do *Yugen*, que representa para os japoneses o que a catarse aristotélica representa para o mundo ocidental. *Yugen,* como declara Arthur Waley, significa "aquilo que jaz abaixo da superfície; o sutil oposto ao óbvio; a sugestão oposta à declaração" [6]. A extensão do talento desse mestre japonês é, além disso, demonstrada pelo fato de haver composto tanto a música quanto os libretos para várias de suas peças.

A arte aperfeiçoada pelo pai e pelo filho permaneceu associada aos seus descendentes, que continuaram a receber os favores dos xoguns. O genro de Seami, no século XV, escreveu vinte e duas peças, e o veranico do teatro Nô prosseguiu por mais ou menos um século e meio depois de 1444, data da morte de Seami que atingiu a venerável idade de oitenta e três anos. A coleção completa da dramaturgia Nô contém mais de duzentas e trinta obras individuais, várias das quais produzidas no mesmo programa com interlúdios cômicos de diminuta importância conhecidos por *kyogen,* assim como as tragédias gregas eram seguidas por dramas satíricos.

No Ocidente o Nô teve apenas uma recepção comedida, e alguns escritores o consideraram uma forma inferior de literatura, pois precede a minúscula perfeição da poesia japonesa. Alguns escritores como W. G. Aston, que enxergam o drama apenas nos termos dos convencionais moldes europeus e ficam azedamente irritados pelas violações das unidades, consideraram as peças de pouco valor dramático. Outros descreveram a dramaturgia Nô como algo tão esotérico que está definitivamente além da compreensão do Ocidente. A má qualidade das traduções também aumentou nossas dificuldades. Assim, temos uma grande dívida para com Arthur Waley que traduziu as peças com sensibilidade poética e integridade. Uma atitude de bom senso em relação à flexível natureza da ação dramática, combinada com alguma imaginação e sensibilidade, julgará esses pequenos dramas dançados como uma vívida condensação ou sublimação de experiências.

(6) Ibid., pág. 23.

Além dessas, as únicas obras do teatro japonês dignas de nota surgem do encontro das culturas oriental e ocidental no século XIX. Shakespeare conquistou o agrado dos japoneses e todas as suas peças foram traduzidas em nossos dias pelo estudioso Tsubouchi. Um museu é mantido em sua honra na Universidade Waseda, em Tóquio. Entretanto, o espírito da censura japonesa foi ilustrado de forma divertida quando, em dezembro de 1938, a polícia de Osaka proibiu uma representação do *Hamlet,* pois a peça poderia ser "injuriosa para a moral pública". O *Japanese Chronicle,* jornal de Kobe de propriedade de ingleses, contra-atacou com a citação: "Há mais coisas entre o céu e a terra, Horácio, do que sonha nossa vã filosofia" [7].

Tolstói, Ibsen, Strindberg, Shaw e O'Neill exerceram poderosa influência sobre os escritores japoneses posteriores. Entre os mais conhecidos encontramos o tolstoiano Takeo Arishima, que dividiu sua propriedade entre seus posseiros dois anos antes de morrer em 1923, Saneatsu Mushakoji e Senzaburo Sudzuki. *Queimando-a Viva,* peça de um ato esparticularmente eficaz dado ao ciúme de um artista.
crita por Sudzuki, implica um tratamento strindberguiano

No entanto, a glória dos palcos japoneses continua sendo o teatro Nô, para o qual poucas contribuições foram feitas depois do início da dramaturgia moderna na Europa. Kiyotsugu era contemporâneo de Chaucer e as obras de Seami foram escritas mais de cinqüenta anos antes que o *Everyman* (*Todomundo,* moralidade inglesa anônima. Ver capítulo seguinte) fosse encenado na Inglaterra. Destarte, é lógico retomar a análise da dramaturgia européia no ponto em que voltou a viver novamente, de início de forma desigual mas vivaz nas peças religiosas medievais e finalmente com o esplendor que a tornou digna sucessora do teatro grego.

Antes de sua morte em 1939, Sidney Howard, em colaboração com Will Irwin, ajudou a chamar a atenção sobre outro clássico chinês, um dos mais comoventes, *Pi-pa-ki* (A Estória do Alaúde) que data do século XIV e continuou a manter sua popularidade no teatro chinês. O herói, nascido na província, ama devotadamente sua esposa e seus pais mas vai para a capital, em cumprimento das exortações de seu pai, para buscar fama e fortuna na corte. Obtendo grandes honrarias num exame público, é obrigado a se casar com uma princesa cujo pai o impede de se comunicar com a família. O flagelo da fome reduz a família à mendicância e seus pais, cuidados pela nora com imensos sacrifícios por parte desta, morrem. A desolada esposa vai para a capital a fim de encontrá-lo e perdoa o esposo depois de descobrir que ele não era inteiramente culpado.

(7) *London Observer,* 11 de dezembro de 1938.

Parte IV.
A COMUNHÃO MEDIEVAL

Nessa era curiosamente remota, que vive para nós principalmente como uma lembrança de cavaleiros em armaduras e frades encapuzados, encontramos uma dramaturgia que é um misto de austera devoção e humana observação. O traço mais marcante do teatro medieval é que começou como uma comunhão na igreja e terminou como uma festa comunal. Mais uma vez a humanidade, emergindo de um novo vagalhão de barbarismo com ajuda da religião, encontrou na dramaturgia um órgão potente para exprimir tanto a realidade comum quanto as aspirações. Mais uma vez o teatro demonstrou sua adequação como ponto de encontro do homem com Deus. Na verdade, Deus foi o protagonista visível e invisível das peças medievais. Ao mesmo tempo o teatro, mais uma vez, ofereceu à sociedade o ensejo de afirmar uma unidade espiritual essencial, dando ao indivíduo uma sensação indispensável, mas relativamente livre de regras, de pertencer a algo maior do que a si mesmo. Brotando disso, surgiu na Idade Média aquela mistura de reverência e alegria ou de servidão e liberação que com tanta freqüência é a própria alma do drama.

9. Dramaturgos da Igreja e da Guilda

1. *O Dramaturgo na Igreja*

Muitas e muitas vezes surgem na sociedade condições que parecem condenar o teatro à morte, mas o desejo de dramatizar jamais desaparece. Surge na comunidade uma dramaturgia rudimentar que acaba por florescer como alguma forma dramática importante no momento em que os homens atingem a coesão quanto a certo ponto de vista ou objetivo.

A época negra da Europa medieval do século V ao século X foi estéril no que se refere a uma dramaturgia significativa e durante seis séculos o teatro esteve, por assim dizer, trancado a sete chaves. Enquanto a Europa estava fragmentada em pequenas comunidades nas quais os homens levavam existências incertas, os teatros romanos foram abandonados à decadência e parecia que a Igreja conseguira suplantar por completo o templo de Dionisos. Não obstante, o teatro estava mais adormecido que morto e inclusive esta afirmação é exagero em relação a qualquer coisa que não seja o texto dramático escrito. Vamos encontrar mesmo os primórdios da Idade Média às voltas com atividades teatrais e semiteatrais, pois além das companhias itinerantes de mimos e acrobatas que haviam sobrevivido à queda do Império Romano, a Europa tentava novo desenvolvimento.

Os primitivos ritos teutônicos prefiguram o drama. No campo, os semiconvertidos e os intratáveis pagãos ou povo da charneca * executavam magias agrícolas tratando da morte

(*) Há em inglês um sentido mais rico, dificilmente traduzível. No original, o termo empregado, *heathen* (pagão), é um derivado de *heath* (charneca) que, geograficamente, seria o reduto dos pagãos. (N. dos T.)

e ressurreição da vegetação. Incapaz de destruir esses vestígios de paganismo, a Igreja, cujo tato diplomático é proverbial, os associou aos festivais do Natal e da Páscoa. Tal é a origem das mascaradas de Natal, das celebrações do *Maypole* *, das danças e das peças de São Jorge que sobreviveram até nossos dias. Entre os exemplos dessa curiosa forma de drama encontramos a dança das espadas, que foi preservada em Revesby Abbey, no Lincolnshire, e anotada por Sir Walter Scott nas Ilhas Shetland [1], e obras tão fantásticas quanto as peças de São Jorge. Quando começou a escrever *The Return of the Native* **, Thomas Hardy haveria de recordar uma delas. Na verdade, São Jorge e seu dragão, o Velho Rei Cole, Papai Noel, o campeão turco, o gigante Blunderbore e o doutor que revive ("ressuscita") os combatentes depois que foram todos abatidos eram personagens demasiado próximas da fantasia infantil e do pensamento mágico para que pudessem ser facilmente esquecidas.

Os poetas (vates ou bardos) incorporam elementos dramáticos em seus recitativos. Os menestréis declamam poemas com a pantomima adequada e contos românticos como *Aucassin e Nicoleta* ou farsescos como os *fabliaux*. Várias das baladas primitivas estão carregadas de drama e são dramáticas na estrutura, posto que narram sua estória através do diálogo e observam o princípio da progressão dramática. Algumas delas, como as baladas de Robin Hood, realmente chegam a formar pequenas peças nas quais o romântico bandoleiro desafia o regime dos conquistadores normandos da Inglaterra. As justas, as execuções públicas, as procissões civis e religiosas, os titereiros e jograis ou acrobatas contribuem com a cor e a excitação coletiva do teatro, sem cristalizá-las em peças.

Entretanto, é a Igreja que vai fornecer a maior porção de fermento ao drama nascente. De início, os clérigos, que desprezavam o teatro popular, contentaram-se com piedosos esforços nos monastérios onde o estudo clássico não fora totalmente destruído pela derrocada do Estado romano. Estamos familiarizados com o trabalho de determinada freira na Abadia Beneditina de Gandersheim, na Saxônia, de nome Hrosvitha, diversamente aclamada como "a Safo cristã" e "a voz cristalina de Gandersheim", que glorificou o martírio e a castidade em peças modeladas segundo as refinadas comé-

(*) Ver nota da página 3. (N. dos T.)

(1) V. Adams, Joseph Quincy — *Chief Pre-Shakespearean Dramas.*

(**) *The Return of the Native* (A Volta do Nativo). novela do escritor britânico Thomas Hardy (1840-1928), considerado um dos maiores romancistas e poetas de língua inglesa de todos os tempos. Esta novela, que a crítica vê como uma de suas obras mais sombrias e, em certo sentido, mais características, enfoca aspectos rurais da vida inglesa, o que aliás é uma constante em sua produção como romancista. (N. dos T.)

dias de Terêncio.* Esses exercícios nos claustros beneditinos dirigiam-se a um pequeno círculo de eruditos e o espírito dessa atividade teatral, que bem pode ter desenvolvido o talento histriônico dos clérigos que mais representariam para as massas, carecia dos elementos populares tão necessários à criação de uma dramaturgia vital.

Ainda assim a Igreja estava destinada a criar peças mais populares. Dispunha dos recursos mais ricos para a dramaturgia em virtude de sua posição preeminente na Europa. Esse paraíso da maior parte das pessoas cultas e talentosas na Idade das Trevas podia gerar seus próprios dramaturgos, e, como centro espiritual da Europa, tinha uma perspectiva de vida muitos pontos acima da que prevalecia entre os barões e servos. Ademais, o ritual da Igreja girava ao redor dessa morte e ressurreição de um Deus, que se mostrara tão fecunda na primitiva história do teatro. Todo o credo e literatura da Cristandade compunham um grande drama. "Suspirais pelos sórdidos espetáculos do teatro?", escrevia Tertuliano cuja carga contra a arte teatral em seu *De Spetaculis* pode ter desfechado o *coup de grâce* ** ao velho teatro romano. Eis que há um espetáculo mais grandioso que o de nossa fé, "a chegada do Senhor. . . a glória dos santos a ascender. . . e aquele último e eterno dia do julgamento!"

Tertuliano, que jamais entabularia qualquer comércio com a blasfema espécie dos atores, evidentemente estava falando apenas de modo metafórico ao glorificar o drama que podia ser extraído da religião; e por certo o teólogo Ário, que ousou sugerir o estabelecimento de um teatro cristão para combater o teatro pagão, nem ao menos foi levado em consideração depois que se declararam heréticos seus ensinamentos. Mas o drama cristão surgiu inevitavelmente como resposta ao problema prático de levar a religião a um povo iletrado, incapaz de entender os responsos latinos e a Bíblia latina de São Jerônimo.

(*) A vida de Hrosvitha reflete uma renascença menor na Alemanha durante o reino dos Otos saxões. Oto o Grande era um patrono do convento de Gandersheim, que se tornou um centro de mulheres cultas. As seis comédias de Hrosvitha (*Gallicanus, Dulcitius, Sapientia, Abraham, Callimachus* e *Paphnutius*) são escritas num péssimo latim. Embora sejam chamadas "comédias" e tenham sido escritas para suplantar as peças de Terêncio, a quem ela abominava, falta-lhes humor. Apenas o *Dulcitius,* na qual um devasso governador pagão abraça potes sujos de fuligem na ilusão de estar cortejando três virgens cristãs, contém elementos cômicos. Essas comédias pertencem ao martirológio medieval e são agraciadas com o título "comédia" apenas no sentido medieval, como é o caso da *Divina Comédia* de Dante — isto é, porque terminam de forma feliz com a redenção de suas heroínas quando estas são martirizadas. Não obstante, Hrosvitha é importante porque antecipa o progresso posterior do "milagre" e das "moralidades". O *Dulcitius,* por exemplo, trata de três santas donzelas e contém dois milagres: um, quando duas das virgens enganam a fogueira morrendo antes de serem atiradas a ela e seus corpos permanecem ilesos a despeito das chamas; outro, quando a terceira donzela é transportada para uma montanha por duas figuras sobrenaturais e só é morta quando os soldados lhe atiram flechas. *Sapientia* é uma alegoria como o *Everyman* (*Todomundo*) com personagens tão abstratas quanto a Sabedoria, a Fé, a Esperança e a Caridade. Afora isso, a culta freira compôs vários poemas em latim comemorando o reinado de Oto e a história de seu convento. Um deles conta a estória faustiana de Teófilo que vendeu a alma ao demônio. Uma ardente feminista encontraria muito conforto na carreira dessa dama do século X que pode ser descrita como uma devota George Sand.

(**) Em francês no original. (N. dos T.)

Os sacerdotes começaram a empregar quadros vivos, como os descritos em relação à adoração síria de Tamuz, e acrescentaram pantomimas simbólicas quando solenemente baixavam o crucifixo na Sexta-Feira Santa, escondiam-no sob o altar e depois o erguiam com o júbilo apropriado no Dia de Páscoa. Em breve foram erigidos sepulcros permanentes para esse propósito na área do coro, os espetáculos se tornaram cada vez mais elaborados e as representações dramáticas começaram a ganhar diálogos salmodiados precedidos e seguidos por grandes hinos latinos, pois mais uma vez, tal como na Grécia e no Oriente, não era possível separar o primitivo teatro medieval da música e da poesia lírica. Assim, a transposição visual dos Evangelhos, que começara nas artes plásticas (na escultura, na pintura e nos vitrais) atingiu seu clímax no drama.

Por volta do século IX um diálogo salmodiado ou tropo foi inserido nas seqüências mudas da missa da manhã de Páscoa. O coro se dividia em dois grupos antifonais, com os anjos de asas brancas mantendo guarda no sepulcro de Cristo, de um lado, e as mulheres que chegavam em busca do corpo de Cristo, do outro. Os anjos entoavam: "A quem procurais no sepulcro, ó seguidoras de Cristo?" e as mulheres ou Maria respondiam que tinham vindo em busca de "Jesus de Nazaré, que foi crucificado". Em vista disso os anjos as informavam que ele não estava lá, mas ascendera ao céu assim como havia previsto, e lhes ordenavam: "Ide e anunciai que ele ascendeu de seu sepulcro". As novas eram saudadas com alegria inexprimível e toda a congregação eclodia com o glorioso *Te Deum* que se seguia. Tal é o conteúdo do mais antigo texto preservado, o tropo *Quem-quaeritis,* encontrado em St.-Gall. Em outra versão novos detalhes visuais eram acrescentados quando as Marias, parando junto ao pé do sepulcro, de lá tiravam os panos de musselina que envolviam o Salvador e, levantando-os bem alto à vista de toda congregação, ofereciam provas irrefutáveis de que Cristo subira aos céus. Por mais frágil que possa nos parecer esta pecinha, possuía valores altamente dramáticos quando auxiliada pelas coloridas vestes dos monges, pelas festivas roupas do povo, pelo imponente fundo da igreja ou catedral e pelo estado emocional dos crentes.

Ademais, essa pequena cena era o epítome e o clímax de todo o drama da Cristandade e serviu de base para as peças mais desenvolvidas que surgiram posteriormente. A partir desse ritual dramático, e de ritos outros associados ao Natal, incluindo representações da criança na manjedoura (o tropo conhecido por vários nomes como *Tres Reges, Os Magos* e *Stella*), o passo seguinte foi a elaboração de material a ele relacionado, tirado da Bíblia e até mesmo dos Apócrifos. Em breve estavam sendo apresentadas curtas peças em latim, escritas por talentosos sacerdotes — de início o espaço da representação era o coro e depois passou para outro, mais amplo, o da nave — com música agora especialmente composta para o diálogo. Em conseqüência disso o efeito foi grandemente enriquecido, como quando as palavras de Deus eram divididas entre tenor, baixo e contralto. Por volta do século XIII a evolução do tropo para o que poderia ser chamado de drama estava completa. E mesmo a comédia começou a penetrar o teatro eclesiástico quando, por exemplo, foram bem explorados, na Peça da Paixão de Siena, do começo do século XIII, o momento em que Maria Madalena compra cosméticos de um mercador.

O tropo de Páscoa evoluiu até se tornar uma peça litúrgica (conhecida sob vários nomes como *representatio, representatio miraculi* ou simplesmente *miraculum* ou "milagre") como o *Sepulchrum* de Orléans, que consiste em três episódios — a visita das três Marias, o anúncio que fazem a Pedro e João da nova de que Cristo subiu aos céus, em vista do que os dois santos correm para a tumba, e a aparição de Cristo a Maria Madalena exatamente no momento em que esta brada: "Meu coração está ardendo de desejo de ver meu Senhor!" Para a Segunda-Feira da Semana Santa havia uma peça como *Peregrini* ou *Viandantes* da Catedral de Rouen, datada do século XII, na qual viajores na estrada para Emaús encontram Cristo e não conseguem reconhecê-lo até que, sentado à mesa, parte o pão "para eles" e desaparece. Para o Natal havia peças como *Pastores* de Rouen. Doze dias depois vinha *Os Magos,* na qual três reis estrangeiros surgem resplandecentes em suas vestimentas e trazem raras oferendas, e peças correlatas como *Herodes,* de Orléans, em que, depois de ser informado do nascimento do rei do mundo, Herodes se comporta como o bombástico herói a que se refere Shakespeare em *Hamlet.* Ainda mais importante historicamente, embora muito menos eficaz, é *Prophetae* (Profetas) na qual o drama litúrgico já começa a adquirir material do Antigo Testamento e a preparar caminho para encantadoras peças em vernáculo como *Abraão e Isaac.* Entre as personagens dos Profetas estão Isaías, São João Batista, de longos cabelos, e até mesmo Balaão, montado em seu lúcido asno; suas profecias são ecleticamente confirmadas, de forma bem característica do medioevo, por Virgílio com seu tinteiro de chifre e sua pena de escrever, pela Sibila romana e por Nabucodosor. . .

Ainda outro passo foi a utilização do hagiológio da Igreja como fonte de material adicional de estórias. As peças sobre santos começaram a ser escritas em conexão com os dias dos santos e as procissões eclesiásticas, sendo Corpus Christi a mais elaborada destas, um festival de primavera estabelecido em 1624 pelo Papa Urbano IV em honra da Sagrada Hóstia. Na realidade, Corpus Christi se tornou o principal ensejo de apresentação do milagre ou dos assim chamados "mistérios", bem como das peças sobre as vidas de santos. As duas peças inglesas em vernáculo, *A Conversão de São Paulo* e *Santa Maria Madalena,* permanecem dentro dos cânones bíblicos e não são muito aformoseadas, mas no momento em que os santos mais recentes se tornaram personagens dramáticos, o pendor medieval pelo martirológio e pelo milagre irrompeu no teatro. São Jorge tem seu dragão em peças escritas em sua homenagem e São Nicolau é transformado em objeto de fantasiosas elucubrações bastante adequadas a esse protótipo de Papai Noel. Numa das peças, provavelmente apresentada entre as matinas e as vésperas do Dia de São Nicolau, ele arranja ouro e maridos para as filhas de um aristocrata arruinado. Em outra peça, o *Adeodatus,* é fiel à sua vocação de protetor das crianças resolvendo um caso de rapto e entregando ao pai o filho arrebatado. Inúmeros milagres atribuídos à Virgem, cujo culto floresceu poderosamente na França, eram igualmente celebrados.

Como existiam muitos santos e dias santos, o número dessas peças era considerável, especialmente entre os franceses, e os autores que as compunham evidentemente gozavam de popularidade suficiente para serem lembrados, distinção rara na Idade Média. O erudito normando Godofredo foi para a Inglaterra depois de estar associado à Universidade de Paris. Seu *Ludus de S. Katharina* continha, ao que parece, alguns detalhes seculares de tal forma perturbadores para sua consciência que ele tomou ordens religiosas.

Hilário, inglês que passou boa parte de sua vida na França e foi um seguidor do grande Abelardo, dramatizou as estórias de Daniel e Lázaro, mas talvez fosse melhor conhecido pela peça de São Nicolau. Embora essas lendas dramatizadas sejam inferiores ao drama estritamente bíblico, marcam um progresso na livre manipulação do material e na introdução de personagens secundárias. Com as peças sobre santos, os dramas eclesiásticos escritos em latim e representados na Igreja atingiram o limite de suas potencialidades, e a dramaturgia só poderia continuar a se desenvolver empregando o diálogo vernacular e oferecendo a obra livre para os gostos e interesses do povo. Mas uma vez que a dramaturgia conquistara um tema rematado nas narrativas bíblicas e se tornara flexível, bem como compreensível para aqueles que não conheciam latim, dela podiam se encarregar as laboriosas classes médias das cidades. Ademais, as representações transcenderam os limites físicos das catedrais e tiveram de ser encenadas no adro; finalmente, foram transferidas para as ruas e praças públicas. Mais uma vez, como na Grécia, o drama deixou a igreja.

2. *O Dramaturgo Fora da Igreja*

Não se pode dizer que o funcionalismo eclesiástico lamentasse vê-lo partir, pois o ímpeto do desenvolvimento dramático fez do teatro um aliado algo dúbio da religião. Seu espírito se tornava rebelde e seus excessos na igreja propriamente dita foram ficando cada vez mais ofensivos. O baixo clero, composto por subdiáconos, estudantes clericais e outros membros incontinentes da geração mais jovem, animava as austeridades da disciplina eclesiástica com exibições mais e mais irreverentes. Estava mesmo dando vazão ao ressentimento contra a autoridade episcopal na Festa dos Tolos ou Festa dos Asnos. Nesse "arrasta-pé" do baixo clero, que se originou na Festa da Circuncisão e continha mais de uma sugestão de vestígios de ritos da fertilidade, algo bem fedorento era usado como incenso, um asno verdadeiro era levado para dentro da igreja, os responsos eram zurrados, jogavam-se dados no altar, era eleito um bispo simulado, pregavam-se sermões de arremedo e se cantavam palavras obscenas ao som das melodias sagradas. A festa burlesca concluía então com uma tumultuada procissão através da cidade, sendo algumas vezes recebida como merecia quando virtuosas matronas despejavam baldes de detritos nos foliões. Era esta uma típica forma de liberação na Igreja medieval, que tinha sua contrapartida nas palhaçadas não-dramáticas dos *Goliardi* ou eruditos errantes (todos vagamente ligados à Igreja) e dos clérigos como o irreprimível poeta François Villon que não hesitou em roubar os tesouros de igrejas. A Festa dos Tolos (mais tarde equiparada na Inglaterra por uma Festa dos Meninos, comandada por um "Menino Bispo") contribuiu para o teatro medieval com elementos cômicos. Mas essas farras, cujo valor literário não vai além do texto da *Festa Asinaria* da Catedral de Beauvais, que na melhor das hipóteses é uma simples paródia, obviamente ofendiam o alto clero. Os bispos pregavam zelosamente contra o "execrável costume... por meio do qual a Festa da Circuncisão é conspurcada" e finalmente entraram em ação para expulsar todo o drama.

A expulsão não foi total e o teatro não seguiu a mesma evolução em todos os países, mas em todos os casos o caminho trilhado se dirigia ao drama secular e pode ser descrito com maior clareza se confinarmos o quadro a suas partes mais significativas. Na França, as peças religiosas se tornaram propriedade das cidades. Mons, por exemplo, devotava quatro dias à apresentação de episódios sucessivos do Antigo e Novo Testamentos, e dispendia somas imensas para fazer frente aos gastos dos espetáculos que, a despeito de sua crueza, eram coloridos, realistas até a ingenuidade e engenhosos o suficiente para empregar roldanas, plataformas praticáveis, alçapões para os demônios, corpos falsos para o martírio dos santos e animais mecânicos. Espetáculos como esse *Mistério da Paixão* de Mons em 1501, a cujo respeito há mancheias de particularidades num texto anotado recentemente descoberto, dão provas de um tremendo desenvolvimento teatral em todos os terrenos.

O cenário consistia em numerosas mansões ou "estações" dispostas em semicírculo (em Mons havia sessenta e sete delas) ou em linha reta, como é o caso de Valenciennes, sendo cada uma decorada para um episódio diferente. Claro está que a mais exaltada era a "estação" do Paraíso, onde aparecia o Deus Pai, e a mais vívida era uma toca chamada de Boca do Inferno, moldada de forma a semelhar a boca de um dragão e fartamente provida de demônios disfarçados. Animais vivos como coelhos, cavalos, pássaros e cordeiros eram empregados nesse palco múltiplo, fazia-se muito uso de efeitos de luz para irradiar a natividade ou para dar uma representação realista do Inferno. A cor não só era utilizada em profusão como também seu emprego se fazia de forma sugestiva, e encontramos um exemplo disso no Arcanjo Rafael, cujo rosto era pintado de vermelho. Também os figurinos não eram apenas deslumbrantes, mas igualmente criativos; os Apóstolos, por exemplo, envergavam vestes brancas, e os demônios eram grotescamente ataviados e mascarados como nas fantásticas pinturas de Hieronimus Bosch. O elenco era imenso; trezentos e dezessete atores eram usados em Mons, encarregados de responder por mais ou menos três vezes esse número de papéis, e ensaiados por quarenta e oito dias.

Em outras palavras, aqui estava o teatro desenfreado, ocupando toda uma comunidade ao invés de estar confinado a alguns edifícios determinados na cidade e a um público freqüentador selecionado. Por toda a Europa tais espetáculos se repetiam com grande vivacidade.

Em diversas cidades da Inglaterra cada guilda comercial assumia a responsabilidade pela apresentação de uma única peça (exceto em algumas poucas cidades onde eram usados palcos permanentes) em carroções, estruturas de dois andares sobre rodas com o compartimento inferior reservado como uma espécie de camarim. A não ser quando dois desses carros alegóricos eram usados ao mesmo tempo, cada palco ambulante aparecia numa hora e num local determinados, apresentava sua peça e continuava o caminho para tomar o lugar de outra peça em alguma outra rua ou praça. Cada lugar era visitado por uma sucessão de carros alegóricos até que se houvesse representado toda a estória, desde a Criação do Mundo ao Segundo Julgamento. Entretanto, em outros particulares, as encenações semelhavam às das "Paixões", de Mons ou de Valenciennes, sendo seu caráter espetacular proporcional à ostentação das respectivas guildas artesanais ou comerciais.

Os atores dessas peças — que vieram a ser conhecidas como "mistérios" não porque seu conteúdo fosse místico, mas porque eram produzidas sob os auspícios dos mestres das guildas — eram, em alguns casos, mimos ou menestréis profissionais e membros do baixo clero como o Jolly Absalom, citado por Chaucer, que "representou Herodes sobre um palco". Absalom chegou mesmo a formar uma companhia de privilégio reconhecido em Londres, em 1233, e sabe-se que ela representou ante a nobreza em 1409, depois de passado tanto tempo! Mas em sua maioria os intérpretes eram amadores, membros das corporações comerciais que possuíam algum talento. As peças eram divididas entre as associações de artesãos com alguma propriedade; aos estucadores atribuía-se a criação do mundo, os peixeiros e marinheiros escolhiam Noé e sua arca devido ao tema, e os padeiros apresentaram a Última Ceia na cidade de York. A lista de objetos de cena para um espetáculo incluía itens tais como "um par de luvas para Deus... quatro pares de asas de anjos... Uma libra de cânhamo para remendar as cabeças dos anjos... e um archote para atear fogo no mundo" [2].

Não sabemos quem escreveu a maior parte dos "mistérios", visto que estão sujeitos ao mesmo anonimato que cobre boa parte da arte e da literatura na Idade Média. Apenas na Inglaterra o redator ou possível autor do ciclo de Chester é conhecido pelo nome: Ralph Higden, poeta do *Polychronicon.* Claro está que as peças eram baseadas no drama litúrgico latino e, em primeira instância, devem ser atribuídas a talentosos membros do sacerdócio. Mas as provas de autoria popular são marcadas nos "mistérios", e é mais que provável que essas pequenas peças fossem refundidas e elaboradas pelos membros das guildas na Inglaterra e por diversos laicos em outros lugares. Freqüentemente as peças são cruas na estrutura, no estilo e na versificação, a ação é arrastada, a construção das personagens é convencional e o conteúdo, ligeiro. No entanto, tomadas como um todo (e devemos lembrar que de forma geral eram consideradas como simples episódios de um único drama que podia prolongar-se por diversos dias) possuem de tal modo o fascínio e o arrebatamento do grande drama que esquecemos suas imperfeições. A Inglaterra, por exemplo, teve diversos ciclos, e na França havia três grupos de peças tratando respectivamente do Antigo Testamento, do Novo Testamento e dos Atos dos Apóstolos, aos quais se pode acrescentar outro ciclo independente, os *Miracles de Nostre Dame* (Milagres de Nossa Senhora) em honra da Virgem.

Na Europa Central os ciclos se desenvolveram da mesma maneira e eram igualmente numerosos. As peças de Natal surgiram na Alemanha mais ou menos durante os séculos XI e XII, as "Paixões", ou peças de Páscoa foram desenvolvidas por volta do século XIII e ciclos completos, amalgamando tanto as peças de Natal quanto as de Páscoa, atingiram seu apogeu no século XV. Augsburgo, Freiburgo, Heidelberg

(2) Para relatos mais detalhados remetemos o leitor a *The Stage is Set*, de Lee Simonson, *The Medieval Stage*, de E. K. Chambers, e os eruditos livros do Professor Gustave Cohen em francês.

e outras cidades serviam de hospedeiras aos múltiplos palcos nos quais o drama era representado por centenas de homens, mulheres e crianças enquanto o resto da população compunha o auditório. Reservavam-se cadeiras para a nobreza e os espectadores mais turbulentos corriam o risco de ser agarrados pelos atores-demônios e atirados para dentro da simulada Boca do Inferno. Também aqui a encenação do drama religioso fazia uso abundante de maquinarias e fogos de artifício, e os intervalos eram preenchidos por cantos corais apresentados pela corporação dos mestres-cantores. As traduções e adaptações alemãs da Bíblia nos curtos versos rimados das peças deram aos plebeus suas únicas tinturas de conhecimento das palavras da Bíblia, e sem dúvida alguma auxiliaram a semear os germens da Reforma, que conseguiu popularizar grandemente o Livro Sagrado. Quanto às peças sobre santos, a Alemanha mostrou menos pendor para elas que a França. Mas a nação era hospitaleira para com os milagres da Virgem, como o prova a *Peça de Frau Jutten* (1480), de autoria de Theodor Schernberg, na qual o demônio instiga a Senhora Jutten a estudar disfarçada de homem até que ela se torna Papa. Arrastam-na às plagas do inferno depois de ter dado à luz uma criança, mas é salva por intercessão da Mãe de Cristo.

Estranhas coisas aconteceram na Alemanha a esse conjunto católico de dramas quando o protestantismo disseminou pelo país a disputa religiosa entre os seguidores de Lutero e os papistas. Os primeiros franziram o sobrolho para os "milagres". Tentaram eliminar seu humor irreverente ou aparente idolatria e proibir a aparição de Cristo no palco. Fizeram-se esforços para inserir a Reforma nos ciclos e, no século XVI, um certo Bartholomäu Krüger chegou mesmo a incluir Lutero nos "milagres". Aos ventos das transformações sociais e políticas, o teatro sofreu uma completa modificação.

Mesmo assim, a dramaturgia medieval não estava suficientemente modificada para se adequar à fé luterana e acabou por morrer nos principados protestantes. Nessas regiões, seu substituto definitivo foi o cantar dramático dos Evangelhos na forma do oratório, o que na verdade representa um retorno aos primitivos tropos ou diálogos salmodiados. Nos oratórios de Johann Sebastian Bach podemos encontrar o apogeu da transformação do "milagre" católico no drama protestante depurado de qualquer suspeita de "idolatria" e irreverência. As personagens do oratório não são mimadas e nenhum artifício histriônico ou cênico concorre para detrair a espiritualidade e universalidade da apresentação. Se essa sublimação do teatro resultou em vôos do gênio humano tais como *A Paixão Segundo São João* e a grande *Paixão Segundo São Mateus,* compostos por Bach no princípio do século XVIII, isso nos compensa amplamente pelo declínio da dramaturgia religiosa regular na Alemanha protestante.

Até certo ponto, a Reforma realmente contribuiu para a preservação dos "milagres" aqui e ali. A Contra-Reforma católica do século XVII viu nas peças um efetivo instrumento de fé e encorajou sua sobrevivência até nossos dias. A essa injeção de vida insuflada na periclitante dramaturgia medieval devemos as Paixões do Tirol, da Bavária e da Suíça. A mais famosa Paixão remanescente, de Oberammergau, foi criada em 1662 pela combinação de dois ciclos de Augsburgo datando respectivamente dos séculos XV e XVI. Representada uma vez a cada dez anos pelos habitantes da cidade, que durante o longo intervalo retornam aos seus humildes ofícios, essa Paixão bávara ainda nos dá uma boa idéia do que foi o drama religioso na Idade Média.

Peças individuais de mérito, pertencendo à dramaturgia de tipo cíclico, são muito numerosas no continente, sendo a mais importante *Adão,* uma obra de transição escrita em francês e latim provavelmente por volta de meados do século XII e representada nas vizinhanças de uma igreja, desde que as rubricas exigem entradas e saídas de "Deus" da casa de oração. A trama, já bastante familiar, gira ao redor do primeiro casal, da serpente e da morte de Abel nas mãos de seu irmão Caim, seguida por um breve epílogo no qual patriarcas e profetas (incluindo o indefectível Nabucodonosor) prevêem a chegada do Salvador. O encanto da peça está nos diálogos que contêm inúmeros versos de genuína poesia dramática, como é, por exemplo, o caso de Eva, lamentando o pecado e afirmando "A costela a quem o corpo traiu" [3], e de Adão em seu queixume, "Foi trigo que semeamos — foi cardo que em seu lugar brotou". Adão é um marido típico que censura Eva vigorosamente, Eva é uma mulher cheia de curiosidade, embora arrependida, Abel é um presumido e Caim tanto é cético quanto miserável. Os profetas, infelizmente, são cavalheiros bastante chatos ainda que, com freqüência, suas falas contenham bons vôos poéticos. Uma peça da Provença, que começa com o casamento da Virgem e termina na Natividade, é notável por seu retrato de José como um marido perturbado e idoso, casado com a jovem donzela que concebe de forma tão estranha — sem dúvida o toque gaulês; Katherine Bourlet, freira do século XV, escreveu uma *Natividade* [4]. A Alemanha se vangloria de um bom exemplo — ainda que seja caracteristicamente anti-semita — na peça de Redentin.

Para captar a qualidade da dramaturgia em sua melhor forma é necessário, porém, examinar tanto os ciclos escritos na Inglaterra provavelmente com o auxílio de originais franceses, quanto as melhores obras individuais da escola inglesa.

(3) Tradução de Babette e Glenn Hughes em *World Drama* de Barret H. Clark.

(4) V. *Harvard Miracle Plays*. Editadas por Donald Fay Robinson. Samuel French, New York.

A antiga cidade de Wakefield, em Yorkshire, tinha um desses ciclos, cujo manuscrito foi preservado na biblioteca da família Towneley, em Lancashire. É composto por trinta e duas peças notáveis devido à vivacidade, ao tratamento familiar com que abordam o tema sagrado e ao saboroso dialeto. Nelas, o rude e presto espírito inglês é afirmado de forma nítida, intocado pela literatura de cavalaria ou pela sofisticação da cultura feudal das classes superiores. O festival dramático de Wakefield, no século XIV, que se prolongava por três dias na ocasião da festa de Corpus Christi *, tinha início no Paraíso, com Deus sentado em seu trono criando o mundo com ajuda de lanternas, arbustos, pássaros e animais das florestas. Os querubins que coreiam o Criador ficam particularmente impressionado com a criação do deslumbrante e iluminado anjo Lúcifer, e o encantador hino que entoam em honra do arcanjo enche Lúcifer de fatal orgulho. Em vista disso tenta ocupar o trono de Deus durante sua ausência e é arrojado para o Inferno em companhia dos que o seguiram. Deus retoma o trono e calmamente continua a completar seu trabalho, moldando Adão do barro e Eva da costela do primeiro homem, advertindo a ambos contra a árvore da vida. Mas Adão, como qualquer lavrador ansioso por explorar o terreno, parte e deixa Eva exposta aos ardis da serpente.

A peça seguinte, apresentada pelos luveiros de Wakefield num segundo carro alegórico, representa a morte de Abel. A peça é uma farsa, enriquecida pela presença de Gárcio, um insolente rapaz que trabalha no arado e atormenta tanto os espectadores quanto seu mestre Caim. Em uma de suas travessuras, retarda o arado amarrando-lhe pedras; irritado ante o comportamento anormal das bestas de carga, Caim dá largas à sua raiva soltando um sonoro bofetão na cara do rapaz... bofetão esse que é prontamente retribuído. Caim é um típico granjeiro do Yorkshire, grosseirão, desabrido e briguento. Ao contrário de seu delicado irmão Abel, dirige-se a Deus com uma oração que mais parece um resmungo, regateando de muito má vontade oferta uns poucos feixes de cereais como agradecimento, e só o faz porque é obrigado a isso. Irritado ao ver que seu sacrifício não queima e, ainda por cima, lhe enche os pulmões de fumaça, Caim provoca uma discussão com o solícito irmão e acaba por matá-lo. Grande blasfemo, não sente respeito pela voz de censura que lhe é enviada por Deus — "Ora essa", indaga com grosseria, "quem é aquele labrego em cima do muro?" Mas o autor ou autores anônimos não permitiram que a peça

(*) De início os ciclos dividiam-se entre o Natal e a Páscoa, tendo cada festa suas peças apropriadas; mais tarde os dois ciclos foram combinados e eram representados no dia de Corpus Christi, o mais importante feriado do século XIV. (N. do A.)

terminasse num clima trágico e à morte de Abel se segue, numa cena de anticlímax, um momento de excessiva palhaçada.

O texto subseqüente, tratando de Noé, foi escrito no mesmo espírito que a anterior, porquanto Noé, o piedoso patriarca, está amarrado a uma virago que retarda sua partida na arca e é recebida com uma surra de vara pelo irritado esposo. Entretanto, ela não é facilmente domável, recusa-se a implorar pelo perdão e devolve os golpes de Noé com eficácia. Segue a alegoria do sacrifício de Isaac, no qual o relacionamento entre pai e filho, embora um pouco discursivo, é dramatizado com brilho; o da vitória de Jacó sobre Esaú; o da luta de Jacó com o Anjo e o carro no qual Moisés apresenta os dez mandamentos bem como todo tipo de profecias, sendo a série encerrada com o triunfo de Moisés sobre o Faraó.

Essas peças são acompanhadas por uma seqüência do Novo Testamento, iniciada com um texto burlesco no qual César Augusto, representado como fátuo tirano que jura por Maomé (detalhe anômalo que mostra a medida em que as Cruzadas influíram na imaginação popular), fica irado ao descobrir que Cristo está prestes a nascer. Surge a seguir a alegoria da Anunciação, onde as notícias são transmitidas a Maria numa cena encantadora, ficando o velho e simples José infinitamente perturbado com a condição de sua esposa virgem. Aparecem então duas alegorias representando a vigília noturna e a adoração dos pastores, farsescas no tom e na composição das personagens. Os pastores da primeira peça são campônios do Yorkshire que disputam uns com os outros e fazem uma burlesca tentativa para imitar a "Glória" dos anjos que os atemoriza durante a vigília. Mas seu comportamento é comovedoramente devoto em presença do Cristo criança na mangedoura, e a peça sobe a verdadeiras montanhas de ternura quando esses homens simples oferecem seus humildes presentes ao infante — um pequeno cofre de madeira, uma garrafa e uma bola.

A segunda peça, geralmente conhecida como *A Segunda Peça dos Pastores,* é ainda melhor. Sendo a melhor farsa entre os "mistérios" e um produto perfeito do humor popular, trata-se de pequena obra-prima do realismo. Um inverno típico do norte da Inglaterra compõe o cenário e os pastores, inadequadamente alimentados e agasalhados, sentem frio. A nota de protesto social é dada imediatamente pelo primeiro pastor e percebemos sem sombra de dúvida que a gente simples do povo está colocando suas penas e lidas no drama religioso quando ele declara:

De tal forma somos oprimidos e interditos,
Carregados de impostos e desencorajados!
Somos animais domados na mão
Desses cavalheirescos senhores
Assim como nos despojam do que nos sobra, que Nossa
[Senhora os despoje!
Esses homens presos à ordem de seus senhores, eles provocam
[o atraso do arado.
O que dizem os homens que é para o melhor, julgamos que é
[o contrário... [5]

Esse protesto é ampliado com emoção e sinceridade, e talvez seja tanto mais pertinente por preceder ao nascimento do Salvador que vem para estabelecer justiça e caridade na terra. O terceiro pastor, que é um servo do primeiro e mostra que também está descontente com sua sorte, sugere que ultimamente se tem entregue a altas meditações:

Para servos como eu, que suam e mourejam,
Comer esse nosso pão todo seco dá razões para pensar.
Úmidos e exauridos, suspiramos enquanto nossos mestres
[fingem não ver...
Mas ouve, mestre, meu juramento, pois que aqui sois também
[culpado,
De agora em diante, eis o que farei: só trabalharei pelo que
[vale meu trabalho.

Em outras palavras, ele está ameaçando algum novo tipo de sabotagem ao gênero do I.W.W. *.

Nada sabemos sobre o autor dessa obra curiosamente moderna; pelo menos nada sabemos de definitivo. Contudo, podemos estar certos de que se tratava de um escritor incomumente hábil que de alguma forma mergulhou na condição da gente humilde. É perfeitamente plausível que tenha sido um simpatizante da popular Revolta dos Camponeses que estourou em 1381 no sudoeste da Inglaterra e se espalhou por diversos condados, comandada por Wat Tyler e por John Ball, o "padre louco". O lema desses revolucionários,

Ao tempo em que Adão com a enxada lidava
E Eva no terreno as estacas fincava,
Quem dos privilégios de nobre gozava? **

(5) Transposto literalmente para o português da tradução de C. G. Child, *Everyman and Other Plays,* Riverside Press, Boston.

(*) I. W. W. ou *Industrial Workers of the World* (Trabalhadores de Indústria do Mundo), organização trabalhista revolucionária fundada nos Estados Unidos em 1905. Existiu até 1949, embora ao fim sua importância fosse quase nula. Pregava várias formas de protesto, inclusive a sabotagem. (N. dos T.)

(**) Com exceção desta citação, as anteriores foram traduzidas literalmente. (N. dos T.)

e o idealismo do primeiro poema proletário da Inglaterra (que não é revolucionário, mas sim tolstoiano), *The Vision of Piers Plowman* (A Visão de Piers do Arado), no qual a injustiça social é denunciada em nome de Cristo, O Trabalhador, revivem novamente nessa peça. À luz de tanta injustiça no mundo, a breve conclusão na qual o infante Salvador da humanidade é aclamado tem uma conexão profundamente dramática com a obra ao invés de ser um episódio sem relação com os demais. Também é relevante o miolo da peça, composto pela maravilhosa farsa de Mak, o ladrão de ovelhas, que oculta o cordeiro surripiado na cama da esposa. O comportamento de Mak e a picaresca farsa do comportamento de sua mulher, tentando fazer crer que deu à luz uma criança, exemplificam o estado de pecado do homem, ainda que este episódio encontre justificativa suficiente como mera comédia.

Vem a seguir no ciclo de York a ruidosa alegoria dos *Magos,* no qual Herodes fanfarroneia de modo alucinado, sem dúvida animando muito os espectadores que podiam encará-lo como um típico aristocrata blasonador. Depois deste episódio vem a Fuga para o Egito, no qual o velho carpinteiro José é despertado do sono e recebe ordens para fugir com Maria e a criança. Nesse drama doméstico, a ênfase está na composição das personagens, recebendo especial destaque a do velho marido. Então voltam a se afirmar a bulha e a fúria em *O Massacre dos Inocentes,* onde resistem intrepidamente aos soldados de Herodes as mães das crianças a quem aqueles vieram assassinar. Diversas peças se sucedem a esse precoce pogrom, entre as quais *Pagina Doctorum* (A Peça dos Doutores) nos oferece um encantador quadro de Jesus criança impressionando os rabinos do Templo com sua erudição. O ciclo é encerrado com a Santa Ceia, a traição de Cristo, a cena do julgamento, a Crucifixão com toda sua brutalidade, o colorido e grotesco Martírio do Inferno, a gloriosa ressurreição e, finalmente, o Juízo Final. Nessas alegorias de força progressivamente ascendente, o borbulhar do humor popular é contido pela solenidade do tema; e a dramaturgia, por mais tosca que seja, cintila com o sombrio esplendor de uma pintura de Rembrandt.

A mesma estória foi contada em muitos outros ciclos, por vezes de forma mais breve, por vezes com maior extensão, pois no auge dos "mistérios" era difícil encontrar uma cidade inglesa de importância que não carecesse de sua série de peças bíblicas. Londres chegava mesmo a ter duas, durando uma delas uma semana e um dia e a outra exigindo três dias. Várias delas, como o ciclo de Londres, estão perdidas ou sobrevivem apenas em algumas alegorias individuais das quais a mais famosa é indubitavelmente o terno e belo *Sacrifício de Isaac* (também conhecido como *Abraão e Isaac*), preservado no Solar Brome, em Suffolk. (Contudo, é também possível que esta peça fosse destinada a uma encenação independente.) Esse que é o melhor "mistério" inglês de natureza séria, e que encontra correspondente numa versão independente de Dublin, bem como nas alegorias de diversos ciclos, é incomumente rico em poesia, possui grande *suspense*, economia e *pathos*. A pouca vontade sentida por Abraão em sacrificar o filho e a oscilação de Isaac entre o medo e a coragem são realizadas de forma admirável. O menino, ao saber que está prestes a ser morto, declara com simples *pathos* — "Por Deus, desejaria agora que minha mãe estivesse nesta colina". Seus pensamentos mais ternos são para a mãe — "Mas, bom pai, nada conte para minha mãe. Diga a ela que em outra terra estou morando". Quando é salvo pela oportuna intervenção de um anjo, torna-se brincalhão, mas cauteloso enquanto assiste o pai na preparação do fogo para a ovelha que tomara seu lugar no altar. "Mas, pai, se eu me inclinar bem baixo, não me matareis com vossa espada, suponho?" E quando reencetam o caminho de casa, observa o garoto com um estremecimento rememorativo — "Jamais voltarei a pôr os pés aqui, a não ser que seja contra minha vontade!"

Entre os ciclos que sobreviveram, as alegorias de York são notáveis por sua poesia relativamente elegante, compreendendo diversos tipos de metros e cadências. O tom desse conjunto de peças é respeitoso e devoto; o material lendário tomado dos Evangelhos apócrifos confere um toque de fantasia aos detalhes da Paixão que, de outra forma, seriam dolorosamente realistas. Os estandartes romanos se inclinam em homenagem a Cristo embora os porta-estandartes façam o possível para mantê-los em pé; a cruz de Cristo é esculpida de uma madeira mística — a "árvore do Rei". Há também muita suavidade no drama de York: a vida doméstica de Noé é completamente espiritual e as cenas de José e Maria são modelos de ternura doméstica. Nesta série, a Natividade é uma pequena peça particularmente bela, permeada de fé simples, mas cheia de imaginação. Tem lugar numa noite cruelmente gelada; "o mais impiedoso frio que já senti", declara José antes de sair em busca de lenha. Durante sua ausência Maria dá à luz a Criança e é transportada por um êxtase que destrói toda consciência de dor até o momento em que ela declara "Estou toda envolta em puro conforto". Quando José retorna, fica atônito ante a visão que o acolhe: "Oh, Maria! que doce coisinha é essa sobre teus joelhos?" Une-se a Maria em adoração e o gado se inclina para a criança com tanta ansiedade que os pais a colocam delicadamente na manjedoura permitindo aos animais aquecê-la com o hálito. Essa alegoria dos colmeiros de York epitoma o espírito de devoção que reina em toda a série.

As vinte e cinco peças do ciclo de Chester têm sido associadas ao nome de um monge local, Ralph Higden, embora ele se haja inspirado provavelmente em fontes latinas e talvez francesas. Mas se Higden foi responsável pelo *élan* das alegorias, deve ter sido um clérigo amante das farras. Tal como acontece no ciclo de Wakefield, a peça sobre Noé nos oferece um excelente exemplo de humor popular. A turbulenta esposa do patriarca só vai para a arca arrastada pelos filhos e ofendendo-se com o sugestivo tom da frase de recepção de Noé, "Seja bem-vinda, mulher, a este barco", festeja o marido com um sonoro bofetão. As fofoqueiras amigas dela tornam-se personagens deliciosas quando se consolam com uma garrafa de vinho de malvasia e cantam sua canção embriagadas. Mesmo a peça da Natividade desta série contém elementos de humor. Os pastores que comem e bebem jovialmente, totalmente diversos de seus humildes correspondentes do ciclo de Wakefield, se divertem com brigas, arruaças e cantam vigorosamente. O dramaturgo de Chester era capaz de devoção a despeito de todas as alegres troças e do realismo terreno, mas mesmo assim não consegue conter totalmente sua juvenil vivacidade; na alegoria do Juízo Final o autor tem a audácia de condenar um papa à perdição, ao lado de uma rainha e de uma loquaz mulher de Chester a quem possivelmente teria sido destinada essa sorte por haver adulterado a cerveja que vendia. Também é bastante provável que os atores de Chester fossem engenhosos mecânicos, pois a peça sobre a Ascensão exige espíritos suspensos no ar e a Emissão do Espírito Santo pede anjos pairando ao alto derramando chamas sobre as cabeças dos Apóstolos, como no famoso quadro de El Greco.

Dos ciclos ingleses sobreviveu apenas mais um, as assim chamadas peças da cidade N., que possivelmente eram representadas em Northampton, mas não é necessário que nos detenhamos sobre elas, com suas alegorias mais ou menos tediosas e pouco relevantes. Embora fossem outrora denominadas de peças de Coventry, o verdadeiro ciclo de Coventry se perdeu, com exceção de duas alegorias remanescentes mais lembradas por suas canções — o Canto dos Pastores, "Enquanto cavalgo por esta noite interminável" e o Canto das Mães de Belém, "Ó minhas duas irmãs, que deveremos fazer para preservar este dia. . ." Em busca de outro ciclo, realmente encantador, é preciso voltar-se para as regiões célticas da Cornualha. A diferença entre este ciclo e as alegorias inglesas oferece uma assombrosa ilustração da natureza folclórica dos "mistérios" a despeito de sua origem litúrgica comum.

A tendência realista de uma classe média teimosa pouco preocupada com o romantismo dos barões feudais é mais marcante na Inglaterra. No Ciclo da Cornualha o realismo é menos evidente e tampouco se nota a presença da comédia robusta. Ao invés disso, a fantasia céltica corre desenfreada e o simbolismo é empregado sempre que possível. Aqui, mais que em quaisquer séries das outras partes da Europa, os "mistérios" se aproximam do romance religioso do medievo, sendo mesmo afins do *Parzival* de Wolfram von Eschenbach e de outras versões da estória do Santo Graal. Tal como no *Mabinogion,* obra galesa e exemplo típico da imaginação celta, a vida nas peças da Cornualha está cheia de mistério e maravilha. No momento em que Adão, amaldiçoado e exilado, tenta cavar o solo pela primeira vez, a terra grita e lhe opõe resistência até que Deus desce dos céus e a censura. Bem perto da morte de Adão, Set empreende uma jornada ao Paraíso e traz consigo sementes da maçã que Adão mordeu antes de sua expulsão, colocando-as na língua do pai morto. Em conseqüência disso, três bordões brotam de seu túmulo. Estes terão lugar proeminente em episódios posteriores como símbolos da salvação, pois são finalmente utilizados para a cruz de Cristo. Fantásticas lendas relacionadas a Pôncio Pilatos seguem-se à Crucificação. Não pode ser executado, pois a inconsútil veste de Cristo está agora em seu poder, e quando, tomado de desespero, se apunhala, a terra sofre de convulsões e rejeita o corpo. Atirado ao Tibre, tinge o rio de negro até que uma rocha é despedaçada e os demônios, emergindo dela, levam consigo o pecador. Com as peças da Cornualha atingimos a mais intensa utilização de material fabuloso e de criatividade artística na dramaturgia dos "mistérios".

3. *Os Moralistas e a Peça de Propaganda Tudor*

No século XVI, o Protestantismo e o mundanismo renascentista criaram um ambiente pouco hospitaleiro para os "mistérios" associados ao Catolicismo medieval. Ainda que continuassem a ser encenados até mesmo durante a infância de Shakespeare, as condições reinantes fizeram com que se desprendessem gradualmente do teatro. O festival de teatro de Corpus Christi foi abandonado, os "vexillatores" ou porta-estandartes não proclamavam mais os "banhos" anunciando as representações e os carros alegóricos jaziam rachados e empenados ao sabor das intempéries.

Outras formas dramáticas cujo desenvolvimento teve início já na baixa Idade Média defenderam-se porém, com maior tenacidade. Dentre estas formas, as moralidades, exercícios didáticos que inculcavam a abstenção do vício e a observância da virtude através de personagens alegóricas, gozaram de popularidade na Inglaterra entre o segundo quartel do século XV e o início do reinado de Elizabeth, na segunda metade do século XVI. As peças surgiram como desenvolvimento natural de alegorias medievais do gênero do famoso *Roman de la Rose* traduzido por Chaucer. Também encontramos suas fontes nas homílias populares, nas passagens moralizantes dos "milagres" e em obras de exortação como as peças do Paternoster ou da Oração do Senhor, provenientes de York, Beverly e Lincoln, das quais temos como exemplo apenas algumas notas fragmentadas. A França parece ter desenvolvido a forma da moralidade ainda mais cedo e é possível encontrar traços dela por toda a Europa.

As moralidades que, tal como as peças sobre santos, não eram produzidas em carros alegóricos nem mesmo na Inglaterra mas sim em plataformas permanentes dispostas ao redor de uma *platea* ou lugar, eram bem menos espetaculares que os "mistérios". Embora proporcionassem diversão através de figuras como o Demônio e o assim chamado Vício, um "petulante e persistente gnomo do mal" que surge sob inúmeros nomes, objetivavam a instrução e tendiam à esterilidade. É bem verdade que marcam um progresso na arte de escrever peças, pois são mais longas, vão além do material estritamente religioso e exigem que o autor invente sua trama ao invés de tomá-la das Escrituras. Ainda assim, com a gloriosa exceção do *Auto de Todo-o-Mundo* *, são sermões morais pouco inspirados, faltos do *pathos*, humanidade e exaltação dos "mistérios".

A única obra-prima entre as moralidades é o famoso *Todo-o-Mundo*, escrita em fins do século XV, que pode ter derivado de *Elckerlijk*, moralidade holandesa anterior, ou de uma fonte latina comum a ambas. A obra deve seu poder à arrebatadora simplicidade da fábula onde é narrada a forma pela qual Todo-o-Mundo, a caminho do túmulo, é abandonado por todos com exceção de Boas-Ações, o único a acompanhá-lo ao tribunal de Deus e a interceder por ele. A ominosa figura da Morte, que veio diretamente da *danse macabre* da imaginação medieval e conquistou uma imagem pictórica tão eficaz na obra de Holbein e Dürer, inunda o palco de solenidade. A sátira surge tosca e vigorosa quando Companheiro abandona o moribundo, quando Primo se lamenta pois uma cãibra no dedo do pé o impede de acompanhar Todo-o-Mundo em sua última jornada e quando Posses, personagem que surge no palco cercada de cestas e arcas, explica:

> *Aqui me tens pelos cantos empilhada*
> *E nestas arcas tão encolhidinha,*
> *Em sacas enfiadas, ora vê bem,*
> *Quem nem posso mexer-me em tantos fardos.*

A tragédia se aprofunda quando Força, Discrição, Beleza, Cinco-Sentidos e até mesmo Conhecimento o abandonam por sua vez, como devem abandonar todo o mundo. Prometeram não desertá-lo, mas um a um passam a cantar uma canção diferente quando Todo-o-Mundo declara que está fraco demais para se manter em pé e deve "voltar para a terra, e lá dormir". O *pathos* de detalhes tão humanos quanto o pavor de Todo-o-Mundo, sua percepção do fracasso e sua solidão são por demais avassaladores para que o tom persistentemente moral da peça consiga minimizá-los. Seria difícil encontrar um sermão tão simples e no entanto tão verdadeiro e — *definitivo*.

(*) *Auto de Moralidade de Todo-o-Mundo*, tradução portuguesa de Maria Luísa Amorim. Coleção "O Grande Teatro do Mundo". Editora Atlântida. Coimbra, 1969.

Se as outras peças morais tivessem metade do mérito de *Todo-o-Mundo,* mereceriam que nos detivéssemos para examiná-las posto que historicamente são válidas. Mas quando a Srta. Katharine Lee Bates, escrevendo sobre as moralidades, afirma que "o próprio termo é semelhante a um bocejo, ela está, grosso modo, tristemente próxima da verdade. Os dramaturgos da Igreja e das guildas comerciais foram seguidos por pedagogos e propagandistas desprovidos de inspiração. *O Castelo da Perseverança* deve seu principal interesse ao fato de ser o primeiro e mais primitivo exemplo do *gênero.* A segunda das assim chamadas Macro-Moralidades (intituladas de tal forma porque outrora estiveram em posse de um certo Sr. Macro) recebeu o nome de *Mente, Vontade e Compreensão,* qualidades que manifestamente estão ausentes da peça. A terceira Macro-Moralidade, chamada *Humanidade,* mostra a Piedade e a Maldade batalhando pela alma de Humanidade, com resultados algo melhores.

Moralidades ainda posteriores se tornam historicamente interessantes ao penetrar no terreno da controvérsia religiosa. O belicoso Bispo protestante, John Bale de Ossory, troveja loquazmente contra a Igreja de Roma em *The Treachery of Papistas* (A Traição dos Papistas), *The Three Laws of Christ* (As Três Leis de Cristo) e em *King Johan* (Rei João), precoce peça histórica que apresenta o Rei João como um nobre soberano prejudicado e perseguido pela Igreja. Em *Lusty Juventus* (O Robusto Juvento), de R. Wever, o herói é finalmente convertido à fé reformada. A *Satire of the Three States* (Sátira das Três Classes), de autoria do poeta escocês Sir David Lindsay, clama por reformas na Igreja e por justiça social quando "Pobre" lamenta a tirania de "Senhorio" e de "Clero". Além disso, no princípio do século XVI as moralidades se tornaram instrumentos de propaganda tanto para católicos quanto para protestantes, e os católicos tiveram seu *Hycke-Scorner* (Grosseiro Desdenhoso) e *Interlude of Youth* (Interlúdio de Juventude).

Até mesmo o perigoso tema da política entrou no teatro — evento bastante extraordinário durante o período absolutista dos Tudor. *Magnificence* (Magnificência), do poeta John Skelton, escrita por volta de 1516, é um sermão contra a extravagância dirigido a Henrique VIII, de quem Skelton fora tutor. *Lord Governance* (Senhor Governança), representado ante o Cardeal Wolsey pelos jovens advogados de Gray's Inn, era de tal forma aguilhoante que o colérico Lorde Chanceler mandou para a prisão Fleet o autor John Roo e alguns dos atores.

Ainda outras moralidades defendem com ardor o humanismo ou a educação progressista e, ao que parece, o círculo de intelectuais de Sir Thomas More ficou particularmente impressionado com as possibilidades pedagógicas do teatro. Em 1517, John Rastell, cunhado de More, escreveu *The Four*

Elements (Os Quatro Elementos), defendendo a instrução, e encheu sua peça de temas científicos incluindo a outrora aterradora conclusão de que a terra é redonda. Henry Medwall, que cresceu ao lado do autor da *Utopia* na casa do Cardeal Morton, de tendências humanistas, escreve um panegírico semelhante sobre a ilustração em sua *Nature* (Natureza) que, por outro lado, é bastante estéril. *Os Quatro Elementos,* em 1519, também aludem às descobertas de Américo Vespucci e afirmam que a teologia deve dar lugar à ciência. O mestre-escola John Redmond, maestro do coro de meninos da Catedral de São Paulo, celebrou o romance entre um estudante e a Dama Ciência, satirizando a Ignorância e sua mãe Ociosidade ou os antigos métodos educacionais da Escolástica em *Wit and Science* (Sagacidade e Ciência), escrita na quarta década do século.

Em outras palavras, as moralidades inglesas se ajustaram às condições da Renascença e da Reforma. Recordam uma das paródias bem mais curtas, e sendo assim, ocasionalmente mais excitantes, do jovem teatro revolucionário da América nos primeiros anos da década de 1930, quando representações estereotipadas do Capital e do Trabalho apresentavam problemas econômicos sobre muitas plataformas improvisadas enquanto os desempregados vendiam maçãs nas esquinas. As moralidades continuaram a ser escritas mesmo após o despontar da era elisabetana e coincidiram em parte com o trabalho radicalmente diverso de Shakespeare e de seus contemporâneos. Durante todo este último período, entretanto, permaneceram como anomalias, e esses vestígios de medievalismo no seio da Renascença não eram muito melhores do que poderiam ser. O fato de que pudesse contar com um público em geral, devia-se indubitavelmente ao favor dos puritanos, cuja capacidade de suportar punições sob a forma de sermões constitui prova nada insignificante do seu caráter resistente.

4. *John Heywood e os Farsantes*

Por sorte, o adeus que damos à dramaturgia medieval não precisa, necessariamente, estar imbuído da sobriedade que sobre ele lançariam as moralidades. O reino de uma dramaturgia nova e vivaz se anunciava mesmo enquanto as moralidades trombeteavam sua retidão. Na França, entre numerosas *soties* ou farsas sem relevo particular, encontramos a deliciosa *Farsa de Mestre Pierre Pathelin* [6], obra anônima na qual um advogado pobre escapa de pagar a conta de um vendedor de tecidos fingindo loucura e depois vence o caso de um pastor ensinando-lhe a se comportar como um inocente, respondendo "Béee" a todas as perguntas. Então, quando o bem-sucedido

(6) V. tradução de M. Jagendorf reimpressa em *World Drama* de Barrett H. Clark, V. 1, D. Appleton & Co.

advogado tenta cobrar seu salário, recebe o mesmo remédio do cliente, que assimilou muito bem as lições de Pathelin. Essa farsa também surgiu na Alemanha, onde o gosto pela comédia era igualmente forte.

Na Alemanha do século XVI, Hans Sachs, o irrefreável mestre-cantor de Nuremberg, que a ópera de Richard Wagner nos faz estimar, escreveu, além de uns quatrocentos e quarenta poemas, umas duzentas peças curtas, muitas das quais são farsas notáveis por seus vivazes quadros folclóricos e pelo humor tosco. Sachs tinha agudamente consciência das forças progressistas de seu tempo, mas no terreno da dramaturgia sua melhor obra pertence ao espírito folclórico da Idade Média. *The Wandering Scholar from Paradise* (O Estudioso Errante Vindo do Paraíso) é representativa dos *divertimenti* alemães. Nela, um estudioso itinerante que finge ter acabado de chegar do Paraíso, convence uma camponesa de pouca inteligência a cumulá-lo de presentes destinados ao seu primeiro marido, já falecido, descrito pelo estudante como uma pobre alma que vive na mais amarga penúria entre os santos. O segundo marido da camponesa, já com os punhos em riste e se considerando menos simplório que a esposa, apanha o rapaz de jeito mas também acaba por ser devidamente depenado.

Infelizmente, a Alemanha não estava destinada a desenvolver seus ricos recursos cômicos. Já nos tempos de Sachs o teatro se tornava a cada dia mais polêmico. A Reforma absorvia as energia da nação e o próprio Sachs ofereceu prodigamente seu talento à arte utilitária da sátira protestante. Um dos primeiros poetas de sua época a apoiar Martinho Lutero, honrou-o com o título de "rouxinol de Wittenberg" num famoso epigrama. As exigências da Reforma e os devastadores efeitos dos trinta anos de incessante guerra civil paralisaram o teatro germânico no momento exato em que este dava início a um ascenso igual ao do teatro na Inglaterra, Espanha e França. Sachs faleceu em 1576 e deveriam decorrer dois séculos antes que a Alemanha voltasse a contribuir significativamente para o quadro da dramaturgia. No terceiro quartel do século XVI, para obter edificação e entretenimento, o povo se tornou quase que inteiramente dependente de companhias itinerantes inglesas e espanholas.

Na Inglaterra, a farsa medieval encontrou uma de suas formas mais divertidas nos assim chamados "interlúdios" ou debates dramáticos, e neles, John Heywood, instrutor dos meninos-cantores e atores da Catedral de São Paulo, foi mestre consumado. Embora os interlúdios fossem conversações estáticas, podiam borbulhar de humor e espírito, e chegavam mesmo a refletir a predisposição crítica de uma nova época. Toda pretensão à alegoria e à exortação moral se eclipsara, pois o objetivo primordial do interlúdio era divertir. As gargalhadas — por vezes francas e abertas, por vezes escarninhas e maldosas — ressoavam nas salas em que eram representados sobre plataformas. John Heywood, nascido em 1497, foi um produto dessa época de transição e o mesmo acontecia com a forma literária que adotou. A devoção ortodoxa, que acabou por resultar em seu exílio da Inglaterra, é um reflexo da Idade Média e seu humor está aliado ao espírito predominante nos *fabliaux* medievais. Não obstante, também está próximo da Renascença, em virtude de sua concepção secular do drama, e da Reforma, com as incessantes sátiras à corrupção dentro da Igreja.

Seu interlúdio *The Play of the Weather* (A Peça sobre o Tempo), na qual voltou a lançar mão dos ornamentos da moralidade, gira ao redor da meteorologia, tema que se presta a tão altas controvérsias. Entretanto, sua obra-prima, *Four PP* (Os Quatro PP), mescla de sátira com seu humor folclórico e inclui algumas personagens que lembram o romance de Chaucer *The Canterbury Tales* (Os Contos de Canterbury). Emprega três personagens chaucerianas: um peregrino, um vendedor de indulgências e um farmacêutico (em inglês as personagens são designadas respectivamente por *Palmer, Pardoner* e *Pothecary*). O peregrino que farisaicamente acredita ter conquistado a salvação eterna perambulando de santuário para santuário, o vendedor de indulgências que mascateia seu "dedão da Trindade" e seu "cóccix de Pentecostes" e o farmacêutico que engana o povo com remédios macarrônicos como o "maná blanka" são personagens deliciosamente concebidas. Cada "P" exibe sua habilidade como mentiroso e um bufarinheiro (em inglês, *Pedlar*), o rei dos embusteiros por sua própria natureza, é nomeado juiz do concurso de mentiras que vem a seguir, atingindo alturas rabelaisianas. O farmacêutico narra suas curas da epilepsia e o vendedor de indulgências conta como salvou sua comadre Margery Carson do Inferno. Chega mesmo a mostrar orgulho especial por sua familiaridade com o Demônio, que costumava encontrar com freqüência "na peça de Corpus Christi", pois Satã não hesitou muito em concordar com a libertação de Margery Carson. Essa é a estória das mais cabeludas. No entanto, o obstinado peregrino consegue desbancá-la declarando simplesmente que

Não há um burgo ou boa cidade
No qual eu não tenha estado em toda Cristandade
E eis o que gostaria de lhes declarar:
Mulheres eu vi, quinhentas mil delas,
Esposas e viúvas, casadas e donzelas
E a todas longo tempo dediquei
Mas em todos os lugares pelos quais passei,
Jamais vi ou conheci, por minha consciência,
Uma mulher que não fosse questão de paciência.

Essa lorota conquista o prêmio. Outra obra de Heywood ainda mais cheia de vivacidade e decididamente mais dramática é a lasciva *Merry Play of John, Tyb and Sir John* (Peça Alegre de John, Tyb e Sir John) [7], na qual um padre se comporta de forma que dificilmente condiz com a tonsura.

Os seis interlúdios de Heywood estão realmente bem distantes da dramaturgia moral e religiosa dos tempos medievais. Entretanto, com Heywood, já nos encontramos em meio de uma nova era; quando faleceu no estrangeiro, depois de chegar à patriarcal idade de oitenta e três anos, Shakespeare, a mais primorosa flor dessa outra época, já estava em botão.

I. OS QUATRO CICLOS INGLESES: 1) O CICLO DE YORK, do qual subsistem 48 peças completas, já existia em 1378 e, possivelmente, é ainda mais antigo. 2) O CICLO TOWNELEY, posterior na origem, com 32 peças remanescentes, provavelmente representadas em palcos fixos ao invés de carros alegóricos na cidade de Wakefield. 3) O CICLO CHESTER, do qual sobraram 25 peças, datado, provavelmente, do início do século XIV; sua sobriedade de espírito o aproxima mais das primeiras peças litúrgicas. 4) PEÇAS DA CIDADE N. (N. provavelmente significando *nomen* de forma que aí pudesse ser colocado o nome da cidade na qual as peças eram representadas), do qual nos chegaram 42 obras. Também conhecidas como *Peças Hegge,* devido ao nome do possuidor do manuscrito do século XV. Antes chamadas, erroneamente de Peças de Coventry ou *Ludus Coventriae.* Posterior aos outros ciclos, provavelmente representado por atores ambulantes e não pelas guildas, em palcos fixos. Contém mais teologia e algumas personalidades alegóricas (talvez devido à influência das moralidades).

II. MORALIDADES: Devem sua origem à difusão dos sermões e alegorias literárias tais como a *Psychomachia,* escrita por Prudêncio no século V, um poema tratando da batalha das Virtudes e dos Vícios, o *Roman de la Rose* e *Piers do Arado,* popular poema tolstoiano do século XIV. A primeira menção a uma moralidade é feita *circa* 1378 por Wycliff. A forma mais antiga é o tipo de peça *Pater Noster,* do qual não há exemplos. Possivelmente as "moralidades" surgiram de início sob a forma de ciclos como os "mistérios" e podem ter sido representadas em carros alegóricos, mas só foram preservadas peças escritas para serem encenadas em palcos fixos. Uma "moralidade" completa tinha três temas: A Chegada da Morte, O Debate das Virtudes Celestiais, no qual a Piedade e a Paz intervinham com a Justiça e a Verdade em benefício da alma do homem após a morte e o Conflito dos Vícios e Virtudes por sua alma. Todos os três temas aparecem em *O Castelo de Perseverança* (por volta de 1450). Apenas o primeiro tema aparece em *Todo-o-Mundo,* obra de bem menos extensão, cujo título mais correto é *A Intimação de Todo-o-Mundo.*

III. INTERLÚDIOS: O mais antigo interlúdio remanescente é *Fulgens and Lucres,* escrito por volta de 1497 por Henry Medwall, tratando da rivalidade de um nobre e um plebeu pela filha de um senador romano.

(7) Embora não haja provas externas, os estudiosos estão de acordo em atribuir esta peça a Heywood.

Parte V. O TEATRO DE AUTO-AFIRMAÇÃO

A Europa arrebenta os grilhões do espírito medieval durante os séculos XV e XVI. A velha aristocracia feudal cai em decadência e gradualmente abre caminho para a classe média. A atividade econômica atinge um estado de genuína fermentação, viagens de descoberta e conquista do Novo Mundo abrem novos horizontes. A corporificação da unidade nacional, especialmente na Espanha e na Inglaterra, libera novas energias nacionais que enriquecem e alentam o indivíduo. A busca da felicidade, a aquisição de conforto e prazer e a afirmação da vontade pessoal tornar-se-ão artes elaboradas. Um novo princípio de auto-realização e uma paixão pelo poder e pela glória animam o homem europeu, e este defende seu direito ao autodesenvolvimento tendo à frente o exemplo da recém-recuperada cultura do mundo clássico.

O teatro reage expressando a sensualidade e alegria da nova era, e exaltando ou examinando a vontade humana. Após um período dedicado à imitação dos clássicos, a dramaturgia se inebria gloriosamente. É negligente, extravagante e freqüentemente caótica. Mas recupera sua mais valiosa mercadoria — o êxtase da liberação e da paixão. Os brilhantes mestres e os artesãos menos fulgurantes mas competentes da Renascença criam uma dramaturgia dedicada aos graus de intensidade da experiência e personalidade humanas, e nesse formigante mercado e templo de agressiva humanidade Shakespeare é, evidentemente, tanto o mercador-chefe quanto o sumo-sacerdote.

10. Os Artesãos* da Renascença

1. *Os Humanistas e a Dramaturgia*

"O desenvolvimento tem seu tempo" escreveu o erudito Ascham, um dos maiores defensores da nova aurora que raiava sobre a Europa. Num tempo de "desenvolvimento" como a Renascença, o teatro naturalmente pôs em exibição uma crescente energia e partilhou com outras atividades sociais e culturais da transição da Idade Média para o mundo moderno. Uma simples procissão de datas não conseguiria esquematizar uma época que se inicia de modo imperceptível, não assume forma definida ao mesmo tempo em diferentes países, sofre transformações sem plano preestabelecido e não se encerra exatamente com a precisão de um cronômetro. Pode-se dizer apenas que a Renascença atinge a plena estatura no século XVI, tem seu primeiro e mais completo florescimento na Itália e se espalha em direção ao norte num crescente arco de cultura clássica e pensamento moderno. Também podemos observar que no teatro o movimento será constituído por uma superposição de trilhas do classicismo, de tendências medievais remanescentes, de expressão nacional, de experimentos nas formas dramáticas e de enriquecimento nas possibilidades materiais do palco.

O teatro do drama renascentista, sendo estritamente de transição, não descobre obras-primas e seus dramaturgos "hu-

(*) O autor emprega a palavra *Journeymen*, para a qual não temos tradução exata. Segundo o *Webster's Dictionary* significa, em uma de suas acepções, "um trabalhador em algum terreno específico, competente, experiente, usualmente distinto de outro, mais brilhante ou cheio de cor". Assim, nesta e em outras partes do livro, optamos pelo termo *artesão* que, embora imperfeitamente, transmite o conceito desejado por John Gassner. (N. dos T.)

manistas" são mais artesãos que mestres em seu ofício. Quando o movimento do "reflorescimento do estudo" recupera a herança clássica da Europa, encoraja a imitação da dramaturgia romana e remete autores para as grandes peças de Atenas que eram praticamente desconhecidas da Europa Ocidental antes do século XV. Pois um dignitário da Igreja Católica Romana não declarara "É grego; nós não lemos" — *graecum est, non legitur* —?

Destarte, um grave problema para o período inicial da Renascença é a edição e publicação da dramaturgia ateniense. Os manuscritos atingiram o Ocidente através de eruditos gregos atraídos pela riqueza e mecenato dos principados italianos ou exilados quando os turcos finalmente conquistaram Constantinopla em 1452. Em 1502 as sete peças remanescentes de Sófocles são publicadas pelo famoso impressor veneziano Aldus. Um ano depois a mesma honra é concedida a Eurípides, e em 1518, Ésquilo, cujo grego mais antigo é mais difícil de decifrar, é impresso pelo mesmo prelo. Durante anos a tarefa de editar e traduzir a dramaturgia grega absorve as energias dos eruditos e poetas ao ponto de excluir o trabalho genuinamente criativo.

Anteriormente já fora registrado algum progresso quando os poetas se voltaram para a dramaturgia latina, que era muito mais familiar para o Ocidente. Uma tragédia sobre a tirania como a *Eccerinis,* escrita por Mussato em latim já no ano de 1315, pode ser considerada a primeira peça secular de fôlego dentro da moderna dramaturgia européia. Mas Mussato e seus sucessores tinham como modelo a Sêneca, esse ramo decadente da grandiosa árvore clássica que em suas peças incluía a verbosidade e o terror às custas da caracterização das personagens e da ação. Um avanço ainda maior é obtido pela imitação dos modelos gregos como é o caso de *Sofonisba,* composta em 1515 pelo poeta erudito Trissino, sendo a primeira tragédia clássica em italiano. A paixão genuína volta a pisar as pranchas do palco. Sofonisba, filha do general cartaginês Asdrúbal, está prometida ao príncipe Masinissa, da Numídia Oriental. Mas, ao invés disso, ela é dada ao rei da Numídia Ocidental e mais tarde levada para Roma. Em vista disso, Sofonisba bebe uma taça de veneno enviada por seu amante e morre. Trissino, que evita os excessos do melodrama de Sêneca, também dá um passo em direção à liberação do drama da prosódia clássica empregando versos brancos pela primeira vez, e a peça é escrita em endecassílabos italianos sem rima. No entanto, a maior parte da ação é relegada a cinco mensageiros, relatores dos acontecimentos que o drama moderno apresentaria à vista do público e o coro ajuda a reduzir qualquer efeito dramático ativo que tenha escapado à fúria narrativa dos mensageiros. A tragédia de Trissino é caracterizada pela simplicidade e bom gosto mas deploravelmente carente de movimento.

Seu amigo, Giovanni Rucellai, escreve uma *Rosamunda* ainda mais estática embora sua estória, girando ao redor dos desejos de vingança de um tirano, contenha os elementos de tragédia. *Orestes,* outra das obras do mesmo autor, é baseada na *Ifigênia em Táuris* sem, no entanto, dar um passo significativo em direção à dramaturgia moderna. Lodovico Dolce, em sua *Giocasta,* adapta a tragédia de Eurípides sobre o conflito fratricida entre os filhos de Édipo (*As Mulheres de Tiros* ou *As Fenícias*). Posteriormente, em 1533, outro compatriota, o florentino Martelli, escreve um *Tullia* baseada na *Electra* de Sófocles, e a peça se encerra com um obsoleto *deus ex machina* quando o deificado herói Rômulo surge em cena para cortar o nó dramático toscamente atado. *Marianna,* de Lodovico Dolce, uma tragédia do ciúme, se comparada com as outras é uma obra dinâmica: Herodes, o tirano que surgiu com tanta freqüência na dramaturgia medieval, torna-se excessivamente ciumento de sua esposa Marianna e mata sucessivamente o suposto amante da mulher, a própria mulher, os dois filhos que teve dela e também sua mãe. Mas a vinculação de Dolce aos horrores de Sêneca resulta em uma alucinatória extravagância.

O trabalho dos tradutores também prossegue por todo o resto da Europa e se encaminha igualmente da erudição para um simulacro de criatividade. Um inspirado poeta francês como Jodelle cria algo vivo em sua tradução da *Antígona* e também compõe em 1552 o primeiro drama clássico original em língua francesa, a *Cléopatre Captive* (Cleópatra Cativa). Seus companheiros no círculo poético e humanístico conhecido como a *Pléiade* (a Plêiade, uma designação adequadamente clássica!) ficam de tal forma arrebatados que o presenteiam à maneira grega com um bode engrinaldado de hera, provocando escândalo pelo comportamento pagão.

Na Alemanha, o amigo de Lutero, Melanchton, e seus alunos traduzem as peças gregas para o latim e as representam juntamente com as tragédias de Sêneca sem que a patente inferioridade deste último os incomode. Os humanistas protestantes justificam seu apego à dramaturgia pagã alegando razões morais, proclamando que "Para uma época corrupta e glutona, a tragédia grega ainda prega a lição de Virgílio". Em Estrasburgo, centro do humanismo germânico, o teatro é particularmente ativo e se torna uma instituição pública por volta de 1580. E todos os esforços são feitos no sentido de tornar as peças diretas e compreensíveis para seu novo público. Um prólogo ao *Prometeu Acorrentado,* em 1601, explica a estória; cenas adicionais ampliam a ação, um epílogo sumariza a moral e é fornecida ao espectador uma tradução alemã parcial — um "glossário". Prometeu é identificado como o espírito da Renascença e assegura-se ao público que Deus deu à Alemanha seu próprio Prometeu na figura do inventor da imprensa! Também são encenadas adaptações dos clássicos. Hans Sachs, esse autor tão versátil chega mesmo a escrever uma *Alceste* original em 1555. Os humanistas da Holanda, liderados pelo poeta Vondel que inspirou Milton, também não negligenciam a difusão dos clássicos, embora aqui a ênfase recaia sobre a comédia de Terêncio carregada de intuitos homiléticos. Cruzando o canal da Mancha, o movimento se transplanta para a Inglaterra com resultados que nenhum humanista poderia ter antecipado quando a dramaturgia elisabetana atinge a maturidade.

Seria lícito esperar que um período tão decididamente vivaz quanto a Renascença da Europa continental desabrochasse rapidamente numa grande era para a dramaturgia. Contudo o registro é lamentavelmente insípido e o período que produziu um Dürer, em Michelangelo e um Leonardo da Vinci não escalou, no continente, qualquer cume significativo para a literatura dramática. O período de assimilação nas letras foi desmesuradamente longo e antes que os homens se libertassem da tarefa de digerir as contribuições da Grécia e de Roma, não poderiam voltar-se para a popular arte do drama.

A Renascença de início liberou as energias do homem europeu em direção à atividade intelectual e sensorial. Por certo que não havia carência de brilhantes pensadores e de mestres do sensorial como os grandes pintores. Mas a grande dramaturgia nunca está inteiramente condicionada ao intelecto ou aos sentidos; paga tributo a ambos mas deve vassalagem primordialmente às exigências do conflito emocional. Embora a Renascença italiana tenha sido notavelmente apaixonada e ativa, no que concerne à dramaturgia somente conseguiu se exprimir de forma incompleta; sua vida ativa não podia ser derramada com segurança para dentro da dramaturgia séria. Na dramatização de conflitos políticos, o drama se veria às voltas com os maquiavélicos príncipes italianos que não tolerariam ver expostos seus atos criminosos. É significativo que tais temas fossem dramatizados não na terra em que mais se encontravam difundidos e sim na Inglaterra. A grande dramaturgia, ademais, é uma dramaturgia nacional e a Itália era uma colcha de retalhos de principados rivais. É importante notar que a idade de ouro do teatro tanto na Inglaterra quanto na Espanha tenha seguido a unificação e estabilização dessas nações.

Contudo, se a arte da tragédia simplesmente quebrou a casca dos sermões medievais e adquiriu algum brilho literário, a comédia chegou a uma situação apreciavelmente mais alta. Tornou-se flexível e adquiriu força satírica. E no terreno da encenação teatral a Itália se entregou ao prazer de modo tão livre que deu origem ao aspecto físico do moderno teatro.

2. *O Teatro Italiano*

A arte da encenação teatral, por excitar a aristocracia amante de espetáculos e gozar dos serviços dos grandes pintores e arquitetos da época, não sofreu qualquer inibição. As conquistas da Itália podem ser resumidas com brevidade sob pois cabeçalhos gêmeos: magnificência e experimentação. Não é de forma alguma necessário um exame mais acurado do primeiro. Basta a reflexão de que as peças eram diluídas pelo esplendor da produção material. Quase que em qualquer momento uma peça podia ser interrompida para ceder lugar a um suntuoso espetáculo; segundo a frase de Lee Simonsen, cada texto dramático se tornou um "motivo de festa para o pintor".

No entanto, as experiências em arquitetura e cenografia são de extrema importância. A aplicação dos princípios da perspectiva ao cenário, o astuto emprego de quadros panorâmicos no palco e a gradual separação entre o auditório e a área de representação colocaram o drama por trás de uma moldura que tem sido raramente rompida até mesmo em nossos dias *. Por trás do proscênio a peça romântica podia ser apresentada com todas as nuanças de colorido que exigia e cercada de uma aura de distância e elegância. Com o tempo, empurrada para trás do arco do proscênio, a peça se tornou uma pintura a ser observada pelo público, como geralmente ocorre hoje em dia, e não uma ação comunicada por um relacionamento direto entre o ator e o espectador, como acontecera durante a Idade Média. Em grande parte, isto não ocorreu na Inglaterra e na Espanha durante o fim do século XVI e início do século XVII, pois a evolução técnica italiana só seria gradualmente absorvida pelas outras nações. Entretanto, não levaria muito tempo para que a forma do teatro da Renascença italiana predominasse em toda a Europa.

O novo teatro em grande parte deve seu início a uma adaptação ou ampliação da cenografia e arquitetura clássicas baseada no texto de Vitrúvio, *De Architetura* que fora recentemente redescoberto e cuja compreensão por parte dos renascentistas italianos deixou muito a desejar. Nos tempos romanos descritos por Vitrúvio (que viveu de 70 a 15 a.C. e cujo Manuscrito foi publicado em 1511), a parede do palco era excessivamente decorada e estavam em uso os *periacti* [1] — aqueles prismas pintados usados para mudanças de cena. A Itália humanista acreditou que esses engenhos correspondiam à cenografia de todo o palco, e seguindo a declaração de Vitrúvio, segundo a qual a permanente pare-

(*) Se esta afirmação parecer estranha ao leitor acostumado com os novos espaços cênicos, frutos do trabalho de Peter Brook, Grotowski, Julien Beck e tantos outros que recolheram e aplicaram a herança de Artaud, Gordon Craig, Meyerhold etc., é preciso lembrar que Gassner escrevia estas palavras em 1940, quando a nova experimentação se encontrava em fase bem incipiente. (N. dos T.)

(1) V. *periaktoi*, Capítulo III deste livro.

de de fundo do palco romano era dotada de três portas, os arquitetos perfuraram a parede do palco e encheram os pórticos assim obtidos de quadros trabalhados em perspectiva por meio de telões pintados. (Com o tempo, o palco foi disposto de forma a oferecer um único desses quadros, como acontece no teatro do presente.) A partir das descrições de Vitrúvio do cenário clássico foram elaborados três tipos de cenografia a serem utilizados como quadros. Quando, em 1545, mais ou menos setenta anos depois da publicação do tratado romano na Itália, Sebastiano Serlio escreveu sua famosa *Architettura*, prescreveu cenários fixos para a tragédia, a comédia e o drama pastoral ou "satírico", seguindo o modelo romano: uma severa perspectiva de rua para a primeira, outra mais decorativa ou rococó para a segunda e uma perspectiva de árvores e casinhas de campo para o terceiro. Ainda mais elaboradas devido às construções arquiteturais dos Bibbiena, as perspectivas se tornaram imensas, com arcadas e colunas. A Renascença encerrou seu capítulo na história do teatro com a criação de um espaço teatral essencialmente adaptado para a pompa, a cor e sensacionais efeitos cênicos.

3. *Tasso e o Drama Pastoral*

O drama escrito para esse palco é um curioso amálgama de classicismo e romantismo. Como já observamos, a tragédia permaneceu fria e formal; não conseguiu ir muito além de *Sofonisba* na liberdade de tratamento. Os elementos de uma séria dramaturgia nacional contidos nas peças religiosas ou *sacre rappresentazioni* da Itália medieval não deram frutos, pois, de um lado, não eram divertidos o suficiente para agradar o gosto pagão da Renascença e, de outro, não estavam enraizados o suficiente na vida nacional para sobreviver. No entanto, a mascarada e o drama pastoral floresceram extraordinariamente na Itália do século XVI. Uma sociedade artificial brinca invariavelmente com a idéia de um retorno à natureza, e um estado de selvageria delicadamente estruturado é cultivado pelos nobres cavalheiros e damas da corte que posam de pastores e pastoras. Nascera aquilo que Thorstein Veblen, esse sarcástico filósofo econômico, teria chamado de uma variante da "arte das classes ociosas".

Tomando uma página dos idílios clássicos de Teócrito e seus sucessores, os italianos se voltaram para o drama pastoral. É óbvio que seus resultados não podem ser considerados como grande literatura mas, afortunadamente, os provedores dessa forma de entretenimento não eram necessariamente medíocres. Entre seu número contavam com nada menos que um poeta da estatura de Torquato Tasso, celebrado autor de *Jerusalém Libertada*. Em seus dias de felicidade, antes que tivesse a mente enevoada pela paranóia, Tasso levou a forma idílica ao ponto culminante. Seu *Aminta,* representado na corte de Ferrara em 1573, contava a graciosa estória do amor do pastor Aminta pela bela Sílvia, que se devotara à adoração de Diana, casta deusa da caça. Perseguida por um ardiloso sátiro e atada a uma árvore, ela é salva por Aminta e seus amigos. Aminta, levado ao desespero pela indiferença da moça, tenta o suicídio mas essa drástica conclusão não é consumada e o amor tudò vence.

Esse conto sentimental é tratado com delicadeza. Lateja com o frescor matinal dos impulsos naturais e da poesia prístina. Uma doçura nostálgica, perfumada por um traço de desencanto, só serve para enriquecer a veracidade dos sentimentos. Tasso está cantando uma Idade de Ouro anterior pois — como diz uma de suas personagens — o mundo envelheceu, e envelhecendo se tornou mais triste. O imenso sucesso da peça, que teve mais de duzentas impressões e foi traduzida para diversas línguas, atesta a facilidade da literatura pastoral em se tornar moda. Uma moda que não seria desdenhada pelo próprio Shakespeare ao escrever *As You Like It* (Como Quiserdes).

Depois de *Il Pastor Fido* (O Pastor Fiel) escrita em 1585 por Battista Guarini, obra mais longa e quase tão bela quanto *Aminta,* declinou o apogeu da dramaturgia pastoral na Itália. Não é ditícil torcer o nariz aos seus excessos de sentimentalismo, mas a obra de Tasso e Guarini vai além da simples efervescência. Como em todas as composições que trazem em si a marca do gênio, há nelas uma maturidade latente e uma "crítica da vida". Tanto Tasso quanto Guarini eram espíritos sensíveis que viram a Renascença cair na corrupção. Sua evocação de uma idade anterior de beleza bucólica e desejos simples é tanto mais luminosa por nascer da insatisfação. Tasso enlouqueceu e Guarini retirou-se do mundo.

4. *O Círculo de Giovanni Bardi e a Ópera*

Relacionada com a nova dramaturgia pastoral, a nova arte da ópera se constituía noutro alcandorado vôo por sobre a trivialidade do quotidiano e também outro pretexto para as exibições de magnificência teatral. O desenvolvimento natural e um experimento memorável inspirado pelo apego da época aos clássicos propiciaram sua gênese.

As peças litúrgicas da Idade Média haviam antecipado a ópera empregando versos cantados ou entoados em cantochão. Já em 1422 o humanista Ângelo Poliziano escrevera um poema dramático, *La Favola di Orfeo* (A Fábula de Orfeu), girando ao redor da estória de Orfeu que busca sua Eurídice perdida nas plagas do inferno. O libreto de Poliziano foi musicado, com solos, diálogos e coros derivados das canções e danças carnavalescas da Itália. Depois disso, não era raro encontrar peças da corte enriquecidas com canções e interlúdios musicais ou *intermezzi.*

Contudo, o principal impulso para a criação da ópera veio dos estudos humanistas da época. O nobre florentino Giovanni Bardi reunira em seu *palazzo* um círculo de poetas e músicos para o incentivo aos estudos clássicos. No decorrer de suas investigações, essa academia informal — incluía os três músicos Jacopo Peri, Giulio Caccini e Vincenzo Galilei, pai de Galileu — esbarrou com um aspecto da dramaturgia grega que até então fora negligenciado; descobriram seu caráter musical. Partindo da pressuposição de que o diálogo da tragédia grega era declamado ou cantado, logo criaram uma forma de drama musicado. Seu primeiro esforço digno de nota, a *Dafne* para a qual o poeta Ottario Rinuccini escreveu as palavras e Peri a música, foi representado em 1597. Foi seguido por outras "obras (isto é, *ópera*) musicadas" como a *Eurídice* de Peri e Caccini, cujo libreto era novamente de autoria de Rinuccini, e outras peças com música do conhecido compositor Claudio Monteverdi.

A intenção original dos diletantes de Bardi não era subordinar o texto dramático ao seu acompanhamento musical. Mas o ímpeto da época e o gênio de Monteverdi não favoreceram um equilíbrio justo entre a música e o texto, prevalecendo a primeira. Os libretos que continuaram a ser escritos em abundância por vários poetas, dos quais Metastásio, do século XVIII, foi o mais fervoroso adepto desse tipo de poesia bem como o mais prolífico, não possuíam méritos suficientemente notáveis para exigir a prioridade das atenções. Contudo, a música ampliada e orquestrada com maior riqueza os possuía. Com as peças de Monteverdi — uma *Dafne,* uma *Ariadne* e um *Orfeu,* representados em Mântua em 1607 e 1608 — teve início a ópera tal como a conhecemos. O estilo declamatório dos amadores florentinos foi suplantado pelo estilo operático, no qual as palavras dos libretos tinham significação secundária. As árias adquiriram importância cada vez maior, entrando em moda as acrobacias vocais como volatas e trinados. Além disso, qualquer importância que pudesse ter sido deixada ao dramaturgo foi atirada à sombra ante as pretensões do cenógrafo e do arquiteto teatral. A partir de 1637 foram construídos teatros excepcionalmente amplos para a ópera, e esse tipo de construção é o "estilo italiano" que prevaleceu na Europa Ocidental durante dois séculos e meio e, na realidade, transformou todos os teatros em casas de ópera. Não eram raras representações nas quais a cenografia incluía passagens, portos, o mar aberto "com tritões", o mundo subterrâneo e os "céus" [2]. Casando sua dramaturgia com a música durante a Renascença, o teatro deu à Europa uma arte nova e amplamente popular. Mas foi obrigado a renunciar à importância que lhe cabia por direito próprio antes que se pudesse tornar híbrido. As energias de muitos dramaturgos foram sugadas

(2) Elson, Arthur — *The Book of Musical Knowledge,* pág. 62.

ou inibidas pela nova forma. Os libretistas, entre os quais Metastásio ocupa posição proeminente, podiam escrever com fluência e sentimento mas dificilmente obteriam posições significativas como dramaturgos.

Dois séculos mais tarde a ópera começou a pagar sua dívida para com o teatro. Atirando de lado a pompa, deixando de ser "grande", começou a contribuir para a dramaturgia com as comédias musicais. As peças de Offenbach avivaram o teatro parisiense num momento em que suas obras teatrais regulares eram de pouca importância; Gilbert e Sullivan tornaram tolerável o teatro vitoriano. Nos Estados Unidos dificilmente passa uma temporada que não seja enriquecida por comédias musicais como *My Fair Lady, Oklahoma* ou *O Homem de La Mancha* que freqüentemente são mais divertidas ou contundentes que muitas comédias sem apoio de uma trilha musical.

5. *Os Atores-Dramaturgos da Commedia Dell'Arte*

Comparando as peças italianas com as de sua Inglaterra nativa, um elisabetano patriota declarou que as primeiras eram "mais danças do que peças". Mas um aspecto do teatro italiano, a comédia, não poderia ser tão altaneiramente desdenhado. Ela desabrochou naturalmente naquele período alegre ou, pelo menos, de moralidade pouco rígida. Conseguiu mesmo chegar perto da criação de um teatro popular na Itália.

Teve uma dupla origem: por um lado encontramos sua fonte na arte da mímica que, brotando indubitavelmente dos farsistas populares da época romana, evoluiu até os atores-jograis ambulantes da Idade Média; por outro lado buscou inspiração nas comédias formais de Plauto e Terêncio. As imitações destas deram origem à comédia humanista de autoria conhecida e texto preestabelecido. O aperfeiçoamento das farsas atelanas ou romanas resultaram na assim chamada *commedia dell'arte*.

Essas improvisações eram caracterizadas por enorme vitalidade e liberdade. Os intérpretes assumiam seus papéis por toda a vida, capacitados a agir assim devido ao fato de as personagens nas peças serem tipos fixos, usando nomes determinados com os familiares Dottore ou Doutor de Bolonha, Pantalone, Arlecchino (Arlequim), Brighella e o Capitano. Inventando seu próprio texto, não precisavam de nada além de um arcabouço da peça que deveriam representar; conseqüentemente as peças da *commedia dell'arte* não passam de simples sinopses. Em suma, lá encontramos atores-dramaturgos cujas comédias não podem ser separadas da apresentação espontânea em palcos rapidamente improvisados.

Entretanto, a qualidade das peças não constitui mistério. São descrições vívidas de tipos característicos e costumes contemporâneos, envoltas em tramas de intriga farsesca. Os velhos são satirizados como tolos e intermináveis variações são introduzidas no tema da tradição e do marido cornudo. Diversamente das comédias de Terêncio, que foram imitadas pelos humanistas, estas peças dão pouca importância aos parentes perdidos há longo tempo e o humor é muito menos gentil e convencional.

As cinqüenta sinopses do ator-dramaturgo Flaminio Scala, coligidas em seu *Teatro Para Cinqüenta Dias* que serviu *I Gelosi,* a mais famosa das companhias de *commedia dell' arte,* dão exemplo de uma dramaturgia que maliciosamente se divertia a grande. *O Retrato,* produto do terceiro quartel do século XVI, é uma sinopse bastante representativa. Nele, Isabella, a esposa do rico mercador Pantalone, goza da ligação com o cavalheiro Orazio e lhe oferece seu retrato, que o rapaz coloca num medalhão. A atriz Vittoria, cuja casa é freqüentada pelo jovem, retira a imagem do medalhão Pantalone, que também a visita, fica surpreso por encontrar o retrato da esposa em sua posse. Sendo censurada pelo bom esposo, Isabella tem uma rusga com Orazio e exige a devolução do retrato. A tentativa de Orazio para retomá-lo da atriz, a corte que esta recebe de Pantalone e de outro velho, Graziano, a traição de Graziano por sua esposa Flaminia com outro cavalheiro, Flávio, a romântica ligação da jovem Sílvia ao bazofiador Capitão — todos esses incidentes, bem como intrigas paralelas conduzidas pelos servos Arlecchino e Petrolino, dão margem a uma estória que borbulha de ação, surpresa e humor apimentado.

Pantalone, o crédulo ancião que por vezes aparece como pai e por vezes como marido, poderia ser dotado de uma série de características descritivas da avareza ou caduquice da velhice. O Dottore, que em certas ocasiões recebe um nome individualizador como o Graziano de *O Retrato,* exemplifica o pedantismo em seus diversos disfarces. Arlecchino era o servo que invariavelmente confundia as ordens recebidas, e as variantes do tipo podem ser apresentadas como os bufões e argutos satiristas da época. Brighella, outro servo que tem em Scapino * um primo bem próximo, geralmente se distinguia pela malandragem. O Capitano, descendente do *miles gloriosus* ou soldado fanfarrão da comédia romana, lembrava satiricamente os *condottieri* italianos ou os *bravos* espanhóis nas partes da Itália que estavam sob o domínio da Espanha. Pulcinella ou Polichinelo era um Brighella mais antigo, mais sofisticado e mais belicoso. Cruel, malicioso e egotista, representava o elemento sinistro da vida.

(*) Personagem da *commedia dell'arte* levada para a França pelas companhias ambulantes italianas e imortalizadas por Molière, que lhe dedicou as honras de protagonista em *As Artimanhas de Scapino,* como se verá mais tarde. (N. dos T.)

Todos esses camaradas e mais os amantes, que não primam pelo escrúpulo, ao lado de suas damas, raramente coroadas pela virtude, formam uma galeria de malandros de consideráveis dimensões. Embora mascarados e tipificados eram, a despeito disso, fortemente individualizados quanto à fala e ao dialeto. Tomados em conjunto, formavam um ponto de junção da sociedade das classes média e baixa cujo equivalente é encontrado apenas nos primeiros romances "picarescos" como o *Lazarillo de Tormes* e o *Viajante Desventurado* do romancista inglês Thomas Nashe (1567-1601?). Sendo "fatias de vida" numa bandeja figurada, em muitos aspectos as peças estão próximas da dramaturgia realista do século XIX.

Não é de surpreender que a *commedia dell'arte* tenha gozado de enorme popularidade e exercido nítida influência sobre dramaturgos posteriores, especialmente sobre Molière. Apresentando-se em centenas de praças de mercado sobre plataformas toscamente construídas que representavam o convencional cenário de rua descrito por Serlio, usando cortinas como pano de fundo e o mínimo necessário de objetos de cena até conseguirem um teatro permanente, os atores ambulantes ofereceram diversão padronizada para as massas. Além disso, uma vez que contavam com inúmeros intérpretes da mais alta categoria e com belas atrizes em suas companhias, atraíram também o favor da nobreza, mesmo num momento em que a Igreja trovejava contra eles. Também não estavam voltados inteiramente para a elaboração de peças e a bufonaria. A famosa e bela estrela da companhia dos *Gelosi,* Isabella Andreini e seu marido Francesco tinham conhecimentos suficientes para envergonhar um erudito. Conheciam diversas línguas e eram músicos consumados. Eles também, num certo sentido, eram humanistas.

No entanto, não é por sua erudição que os comediantes italianos devem ser lembrados. Criaram no continente europeu o primeiro teatro popular capaz de suplantar o teatro religioso da Idade Média, e se não estamos em posição de avaliar sua estrutura como dramaturgos, não é difícil imaginar a vivacidade e contundência do diálogo que manteve a Europa gargalhando e aplaudindo.

6. *Ariosto, Aretino e Maquiavel*

Entretanto, os homens da Renascença não se apoiaram exclusivamente no ator para seu estoque de comédias. Depois de muitos balbucios que pouco prometiam além de uma redação humanista de Plauto e Terêncio, a comédia começou a obter a adesão de autores de talento inquestionável que vieram de outros campos para se alistar sob a bandeira da Musa irreverente.

Conhecidas como comédias eruditas — *comedia erudite* — as imitações clássicas consistiam em grande parte em cenas de intriga, raptos e reconhecimento (*anagnorisis*) nas quais parentes perdidos há muito tempo eram alegremente recuperados no último ato. Il Lasca, crítico contemporâneo da comédia, lamentava-se amargamente declarando que a "comédia de anagnorisis" estava fora de moda. "Temos outros costumes, outra religião, outra forma de vida... Aqui não há escravos; não é costumeiro adotar crianças; nossos alcoviteiros não colocam as meninas à venda em leilão e nem os soldados do presente século salvam bebês enrolados em longas vestes durante o saque das cidades para depois educá-los como se fossem suas próprias filhas e lhes oferecer um dote; hoje em dia eles carregam a maior quantidade de butim que lhes é possível e se alguma moça ou mulher casada cai em suas mãos, ou exigem por ela um grande resgate ou privam-na da virgindade e da honra.[3]" Decorreu algum tempo antes que a polêmica de Il Lasca se tornasse inaplicável à comédia italiana.

O ponto alto dessa comédia neoclássica foi atingido pelo poeta Ludovico Ariosto (1474-1533) cujo amplo romance *Orlando Furioso* se constituiu no poema mais ao gosto da moda da época. Esse poeta elegante e bem nascido olhava argutamente para os costumes do momento. Tomando como moldura as comédias dos romanos, foi capaz de inserir nelas a carne palpitante da Renascença italiana. Sua *Cassaria* conta a estória que já nos é familiar de dois jovens que se apaixonam por duas moças pertencentes a um traficante de escravas brancas e as libertam com a ajuda de engenhosos criados. Se *Suppositi* (Pretendentes) narra as intrigas tecidas por um rapaz que se disfarça em servo a fim de seduzir uma donzela. Essa apimentada comédia ganhou a aprovação do próprio Papa ao ser representada em seu teatro com cenários de Rafael. Mais original era o *Negromante,* que gira ao redor da paradoxal condição de um jovem que mantém a esposa fechada a sete chaves mas vive abertamente com a amante. Com o fito de se livrar desta última, é obrigado a fingir certos defeitos físicos com a assistência de um intrigante astrólogo que tira dinheiro de todos, inclusive dos pais da mulher solteira que estão ansiosos por ver curado o "genro".

As melhores dentre as peças de Ariosto, devido às vívidas pinturas da vida em Ferrara, são *Lena* e *Scolastica. Scolastica,* completada após a morte de Ariosto por seu irmão Gabrielle, trata das complicações que surgem do amor de dois estudantes por duas moças. A maior parte do humor surge da forma pela qual ambos superam a oposição com ajuda do esperto criado Accursio e de um zelador duma casa de comodos, dotado de grande coração. Porém, nesta peça Ariosto não se limita à mera invenção de situações e

(3) Symonds, John Addington — *Renaissance in Italy.* Edição Modern Library, V. 2, pág. 239.

suas personagens trazem a indisfarçável marca da individualidade. Afora isso, além de suas cabriolas e escapadas para o terreno da obscenidade bem comportada, Ariosto atira algumas sátiras com endereço certo. São seus objetivos a burocracia, o favoritismo da corte e a corrupção judicial e, em *Scolastica,* chega mesmo a satirizar a Igreja na pessoa de um ganancioso frade. O frade deixa claro ao seu cliente que nada há no mundo de tão sério que não possa ser superado pela *l'elemosine* ou "caridade", que é em seu caso um descarado suborno. Ariosto conhecia muito bem a vida para permanecer um simples produtor de alegres disparates, ainda que estivesse demasiadamente ligado às fórmulas clássicas e não dominasse por completo a composição vernacular.

Muito mais vernaculares e mais libertas da comédia romana são as comédias de Pietro Aretino (1492 — 1556), esse fenomenal aventureiro da Renascença. Os príncipes que temiam sua pena aguilhoante, a qual parecia mais mergulhada em veneno que em tinta, pagavam generosamente por seu silêncio. Sentindo-se igualmente em casa nas cortes da aristocracia e nos mais ordinários bordéis, aquele que começara como um parasita acabou por adquirir um conhecimento de primeira mão da corrupção da época. Mas sua diversão e volúpia pelas extravagâncias da vida excediam qualquer ira justiceira. Não é a troco de nada que, segundo a lenda, ele morreu em conseqüência de um acesso de riso. Talvez o melhor comentário sobre a moral fácil daqueles dias seja o fato de que esse diligente devasso e assassino de reputações quase chegou a ser feito Cardeal.

Sua *Cortigiana* narra a estória de um cavalheiro da província que chega a Roma com o objetivo de fazer fortuna e cai presa de um malandro que o introduz ao mundo excuso sob o pretexto de torná-lo um completo cortesão. Onde mais pode alguém aprender tanto sobre a corte e seus costumes quanto nos lupanares? Seu mentor lhe oferece longas lições sobre os vícios que assegurarão o sucesso do jovem nos ambientes aristocráticos. Acima de tudo ele deve evitar falar "mal". O que é falar mal? — indaga o labrego. Falar a verdade, responde a voz da experiência. A vitriólica sátira, aguçada pelos retratos das prostitutas e da vida nas tabernas, resulta numa pungente comédia realista que está mais próxima de certos produtos do naturalismo do século XIX como *O Casaco de Castor*[4] do dramaturgo alemão Gerhard Hauptmann do que das comédias que a sucederam durante três séculos. O educador renascentista Castiglione traçara um retrato ideal do cortesão em *Il Cortigiano;* Aretino traçou um quadro real em *Cortigiana.*

Aretino voltou à investida contra a sociedade polida em *Marescalco,* obra de menos virulência, mas de maior viva-

(4) Bem como sua continuação, *O Galo Vermelho,* traduzida como *A Conflagração* na edição americana das obras de Hauptmann publicada pela Viking Press.

cidade na qual um homossexual rico e tolo é convencido a tomar uma esposa, esbulhado de seu dinheiro e finalmente enganado ao se casar com um rapaz disfarçado. É possível que Ben Jonson devesse a Aretino essa situação cômica, que reaparece em *Epicene or The Silent Woman* (Epicene ou A Mulher Silenciosa). O íntimo conhecimento que Aretino tem da ralé também resultou numa comédia sobre a vida das prostitutas, *Talanta,* e diversas comédias menos renomadas suprem sua galeria de patifes com retratos de um religioso hipócrita e de grande número de parvos. Tivesse Aretino dominado a difícil arte da dramaturgia e não fossem suas peças tão abundantes de material indigesto, seria agora celebrado entre os mestres da comédia realista.

Entretanto, ele não estaria condenado a ser permanentemente um pinheiro solitário no jardim de crisântemos humanistas, visto que Maquiavel (1469-1527) emprestou uma fração de seu temível intelecto ao teatro. Como um dos homens mais experientes de seu tempo, chanceler da república florentina aos trinta anos e embaixador em diversos Estados italianos, também teve amplas oportunidades de observar a realidade do momento. A íntima associação com César Bórgia, um dos mais destacados chefes políticos da Itália e sua análise da técnica do poder político em *O Príncipe* fizeram-no eminentemente adequado para levar a comédia ao fértil campo da sátira. Patriota e visionário que sonhou com uma Itália unida alguns séculos antes do acontecimento, era suscetível a impulsos que Aretino não podia acalentar nem mesmo remotamente. Infeliz no casamento, perseguido quando os Médici, príncipes-mercadores, retomaram o poder em Florença e forçado a passar seus melhores anos no exílio, compreendeu sua época melhor que a maioria dos homens e foi consumido pela amargura. Apenas as exigências de uma ocupada carreira e a impossibilidade de escrever comédias políticas ao tempo dos tiranetes impediram Maquiavel de contribuir de forma mais significativa para o teatro.

Não obstante, arrumou uma forma de compor duas (possivelmente quatro) comédias e fazer uma tradução do latim. Sua *Clizia* é um estudo vivaz e pouco convencional de um lar florentino, estragada apenas por esse íncubo da comédia renascentista, a cena de "reconhecimento", na qual o pai da heroína surge para anunciar a todos que a moça é sua filha. A intriga gira ao redor de um cavalheiro idoso que tenta casar sua pupila com um servo, pretendendo usar a este como cortina para um caso de amor ilícito. Encontra oposição na esposa, que tenta casar a moça com um sóbrio intendente e é denunciado pela própria menina, ajudada pelo filho do ancião, quando, na noite de núpcias, colocam em seu lugar um pajem. O herói dessas aventuras não é um tolo comum, mas sim um respeitável mercador, perfeitamente caracterizado, que se viu temporariamente privado dos sentidos.

O humor do diálogo é particularmente notável pois Maquiavel demonstra ser um mestre da ironia.

Porém, é em sua *La Mandragola* (A Mandrágora) * que Maquiavel exibiu toda sua força e voltou a tocar a mesma tecla de cinismo objetivo que distingue seu devastador manual para príncipes. Mais uma vez o pano de fundo é composto pela burguesia que atingira tal afluência na Itália do século XVI a ponto de conquistar um lugar no teatro antes que em qualquer outro país. Calímaco, um jovem inflamado, apaixona-se por Lucrécia, esposa de princípios e moral convencional, casada por interesse materno com Nícia, um advogado digno mas fátuo. Nícia, que suspira desesperadoramente por um herdeiro que sua esposa parece incapaz de lhe dar, é convencido a lançar mão dos serviços de um doutor que não é outro senão o jovem amante disfarçado. Este prescreve a mandrágora como meio de induzir à fertilidade, mas adverte o esposo que a primeira pessoa a manter relações sexuais com a paciente morrerá devido aos efeitos da droga. Assim, torna-se necessário encontrar alguém para tomar o lugar do marido. Com a ajuda de Ligúrio, após convencer a mãe e o inescrupuloso padre confessor de Lucrécia a obterem o seu consentimento para a substituição, Calímaco disfarçado de homem do povo consente em ser arrastado até o quarto da jovem senhora. Depois de tudo encerrado, Calímaco reaparece em suas vestes de doutor e Nícia sente-se tão grato que convida o rapaz a se tornar um freqüente visitante de sua casa. A desagradável denúncia feita por Maquiavel dos vícios de seu tempo representa para a dramaturgia do continente europeu o mesmo que *Volpone,* de Ben Jonson, para a comédia inglesa. Não poupando nem os tolos nem os pilantras, ainda que não encerre nenhuma moral, *A Mandrágora* tem a solidez do granito.

Tal como *Clizia, A Mandrágora* é escrita numa prosa aguçada e precisa, com versos geralmente mordentes entre os atos. A comédia, composta por volta de 1514, provavelmente deve seu clima ao estado de espírito de Maquiavel ao tempo da composição. Estava retirado em seu sítio próximo a San Casciano depois de perder a influência política com a restauração dos Médici e de ser ameaçado com a tortura das "quatro voltas do ecúleo"[5] antes de ser libertado por uma anistia papal. Estava num momento espiritual adequado para dividir o mundo entre tolos e biltres.

Aqueles que se comprazem com a pintura de uma Renascença sugando inocentemente o pólen da flor da beleza pagã sentir-se-ão incomodados com *A Mandrágora.* A época experimentou uma extraordinária liberação da obscuridade das catedrais do medievo, mas a nova liberdade não encerrava

(*) *A Madrágora*, tradução brasileira de Mário da Silva. Editora Civilização Brasileira. Rio de Janeiro. 1959.

(5) Symonds, V. 1, pág. 158.

em si apenas pontos positivos. Acicatou a rapacidade carente de consciência e permitiu ao individualismo correr desenfreadamente às expensas da humanidade. Os tiranos estabeleceram pequenas ditaduras e tentaram mantê-las e ampliá-las por meio da perfídia, da força, dos envenenamentos. A classe média desenvolveu um apetite voraz pelo lucro que deveria tornar-se cumulativo nos quatro séculos seguintes. Não é de espantar que Maquiavel chamasse sua Itália de "a corrupção do mundo". Seus artistas exibiram as flores da Renascença. Maquiavel e Ariosto fotografaram o mato rasteiro.

11. Lope de Vega e Calderón

Um dos aspectos da Renascença, o desenvolvimento do nacionalismo, demonstrou ser um elemento de progresso na medida em que unificou amplas áreas geográficas sob uma mesma lei, conferiu-lhes um objetivo comum e forneceu a segurança necessária para o incremento do comércio e indústria. Ao teatro da Renascença era necessário apenas esse fator de galvanização para que atingisse a maturidade. O teatro medieval devia seus triunfos à unidade espiritual e cultural da Europa sob a Igreja una e à energia das cidades tornadas prósperas pelas classes médias locais. O teatro renascentista fora da Itália contraiu uma dívida para com a unificação das nações individuais, que liberou energias e fermentos mais nacionais que municipais.

A Espanha e a Inglaterra emergiram ao grande palco mais ou menos ao mesmo tempo. Mas foi a Espanha do século XVI a primeira a alcançar a prosperidade e a hegemonia. A nação, que já florescia sobre as sólidas bases econômicas fornecidas pelos mouros e judeus, viu acrescidas suas fontes de lucro à medida que se derramavam nos cofres espanhóis as riquezas vindas do México e do Peru. Endurecidos por séculos de luta contra os mouros, que outrora haviam dominado a maior parte da região, os espanhóis do século XVI constituíam uma raça de soldados e aventureiros cujas faculdades foram revigoradas uma segunda vez pela conquista da América. A terra que antes gerara o Cid e os soldados de Fernando e Isabel, esmagadores dos últimos redutos mouriscos, continuou a produzir conquistadores e aventureiros sob Carlos V e Filipe II. Até mesmo a Igreja, embora lutando ferrenhamente contra a liberdade religiosa por meio da Inquisição, era enérgica, militante e aventurosa. O Estado, ainda que igualmente intolerante em relação a outras raças e religiões e resolutamente autocrático, ao mesmo tempo vibrava de energia. Para os espanhóis, que jamais haviam conhecido a liberdade política, a situação autocrática não era particularmente incômoda. Derrotando a aristocracia feudal, a autocracia chegou mesmo a se constituir numa aliada temporária do campesinato e da classe média. Afora isso, toda a rigorosa pompa de reis e sacerdotes não podia prevalecer contra o fermento de uma época voltada para a conquista e a aventura.

Foi partindo dessa intensificação da vida nacional que a literatura espanhola e o teatro espanhol atingiram alturas que jamais voltaria a alcançar. O Século de Ouro ou *El Siglo de Oro,* nome dado ao período pelos espanhóis, testemunhou extraordinários progressos na poesia, na prosa e na dramaturgia, culminando em dois gigantes — Cervantes no campo da ficção e Lope de Vega no teatro.

1. *O Monstro da Natureza*

Num período pródigo em personalidades marcantes, uma das mais coloridas foi a do mestre do teatro espanhol, homem que é um verdadeiro epítome das energias, feitos e limitações na nação. Nascido aos 25 de novembro de 1562, mais ou menos dois anos antes de Marlowe e Shakespeare, sobreviveu a ambos. Marlowe era um adolescente traquinas e Shakespeare um sedentário burguês em comparação com o flamejante soldado, amante, arrivista e autor de mais ou menos 2 200 peças curtas e longas, das quais se conservaram perto de quinhentas. E a tudo isso cabe acrescentar inúmeros poemas líricos, fastidiosos poemas épicos, uma autobiografia e diversos escritos religiosos! Foi um romântico maior que Cortez, um fenômeno mais impressionante — e também mais afortunado — que a Grande Armada. Cervantes adequadamente o chamou de "Monstro da Natureza".

É bem típico daquela idade de aventuras que Lope Felix de Vega Carpio (o nome por si só já é típico da sobranceria espanhola) fosse filho de camponeses asturianos vivendo em Madri. Em nossa época, teria sido um prodígio universitário, pois aos cinco anos já lia latim, espanhol e ainda, de quebra, escrevia poemas. Aos catorze estudava no Colégio Imperial de Madri, provavelmente devido à influência de seu tio, o Inquisidor Don Miguel Carpio, pois seu próprio pai já estava morto e a família se dispersara devido à pobreza. Nessa tenra idade se tornou adepto da esgrima, dança, música, bem como da literatura e da "ética". Possuído pelo mesmo impulso que enviara seus ancestrais para os mares desconhecidos, fugiu do colégio por essa época e atravessou o noroeste da Espanha em companhia de um colega de classe. Aos quinze, por conta própria, se alistou como soldado numa expedição contra Portugal e participou de uma batalha. Logo depois o bispo de Ávila tomou Lope sob sua proteção e o enviou à Universidade de Alcalá, onde o rapaz se bacharelou e esteve prestes a tomar as ordens sacerdotais. Mas por essa época, aos dezessete anos, o coração de Lope se tornou sujeito a incêndios que de forma suave poderiam ser descritos como crônicos. "Estive mesmo", escreve ele numa carta, "a ponto de me tornar sacerdote; mas fiquei cegamente apaixonado, que Deus perdoe; sou um homem casado agora, e aquele cuja doença chega a tal ponto nada mais teme." [1]

De Alcalá foi para os Açores numa expedição naval bem-sucedida e depois para Madri, onde começou a imprimir sua marca ao teatro e rapidamente conquistou a reputação de espirituoso. Embora suas posses fossem magras, eram grandes suas pretensões; afirmava escrever apenas por passatempo e se pavoneava com os melhores dentre os *hidalgos*. Não demorou muito a fazer dupla conquista: a de Jerônimo Velazquez, o produtor que comprou suas peças, e a de Elena, filha do Sr. Velazquez e que estava então casada com um ator. Ele a celebrou sob o nome de Fílis em inúmeras baladas enquanto que a moça lhe dava seu amor e suas jóias, e a devoção de Lope parece ter sido mais longa do que é a norma para têmperas tão vibráteis quanto a sua — durou cinco anos. Mas quando o fim chegou em 1587, chegou de forma explosiva, e uma briga furiosa com o pai de Elena, para quem começou a recusar suas comédias e a quem satirizou impiedosamente, acabou por resultar num processo. Foi preso e depois exilado por dois anos do reino de Castela. Acompanhado por um amigo fiel, que também costumava fazer das suas e precisava ser tirado da prisão por Lope, foi para Valência, onde continuou a praticar a arte na qual se iniciara. Três meses depois, arriscando ser enviado para as galés, voltou a Madri e fugiu com Isabel de Urbina, filha de proeminente membro da corte. Casou com ela, mas deixou-a em Madri e em 1588 juntou-se à Armada Espanhola, que também se intitulava orgulhosamente de "Invencível Armada".

Felizmente para o teatro, escapou ao destino que aguardava diversos de seus compatriotas durante a desastrosa empresa que fez da Grã-Bretanha a senhora dos mares. Seu galeão, o *San Juan,* foi um dos poucos navios a voltar a Cádis. Para isso se fez necessária uma longa viagem de seis meses que iniciou uma circunavegação das Ilhas Britânicas, mas Lope não era dos que se deixariam derrotar por alguns incidentes infelizes. Passou o tempo compondo o artificial romance *A Beleza de Angélica,* uma de suas muitas e volumosas aventuras no terreno da poesia épica. Um mês depois regressou a Valência e se dedicou a um negócio muito sério: o de ganhar a vida por meio do teatro.

(1) V. *History of Spanish Literature* de Ticknor, V. 2, pág. 183.

As peças sucederam-se com rapidez, até que o provisor passou a fornecer sua produção a mais de um empresário. Sua jovem esposa morreu após incontáveis cenas de ciúmes e irritadas recordações de como ele a abandonara. Um novo amor apareceu no horizonte de Lope, a atriz Micaela de Luján, que lhe deu quatro filhos além de fornecer a ocasião para inúmeros sonetos. O dramaturgo lhe foi fiel à sua maneira, o que equivale a dizer que ela partilhou de sua devoção com várias outras damas espanholas. Em 1598 também casou com a filha de um bem-sucedido mercador de carne de porco e gozou dos confortos que pode oferecer um dote gratificante. Sua versátil paternidade foi particularmente assinalada num ano, 1605, pelo nascimento sucessivo de um filho, tido por sua esposa, e uma filha tida por Micaela que, dois anos mais tarde também lhe deu o talentoso filho Lopito (formalmente conhecido como Lope Félix del Carpio y Luján), poeta de dotes bastante consideráveis. Mais tarde, em 1610, depois de chegar a certa afluência devida aos seus ganhos e ao mecenato de uma sucessão de nobres entre os quais o jovem Duque de Lessa foi o mais generoso, estabeleceu a família em Madri, e quando a esposa morreu em 1613, o pai devotado, embora um tanto indiscriminado, levou os filhos ilegítimos para a mesma casa em que viviam os outros, tidos sob a sanção oficial da sociedade.

Sem ter consciência de quaisquer contradições de princípio, o grande amante se voltou para a Igreja no ano seguinte, tomou as ordens menores e se tornou um "familiar" da Inquisição. Mas um tal passo não constituiu interrupção em suas empresas literárias e amorosas. Assim como escrevera diversas peças religiosas durante os dias laicos, continuou a escrever peças seculares durante o tempo de sacerdócio. Pelo menos duas ligações galantes seguiram-se à sua declaração de devoção e fé — uma com a selvagem atriz Lúcia de Salcedo, a quem Lope descreveu como "a louca" *(la loca),* e outra com sua "Amarílis". Esta era Doña Marta, jovem senhora casada a quem a morte livrou do esposo três anos depois de contribuir para o aumento da diversificada paternidade de Lope, numa época em que este já estava próximo dos sessenta. Ele perdeu Doña Marta em 1632, muito tempo depois que a chama de sua paixão escorregara para o terreno da amizade. Três anos depois também perdeu o filho Lopito, que morreu no mar, e a filha ilegítima, que fugiu com um membro da corte. Tais calamidades pesaram em demasia sobre o gênio de setenta e três anos, e ele morreu envolto numa parcial aura de santidade aos 27 de agosto de 1635. Esse complexo indivíduo (estremecemos ao pensar no que diria um psicanalista a seu respeito) adquirira o hábito de se flagelar pelo bem de sua alma até que as paredes do quarto ficassem salpicadas de sangue!

2. *Lope e o Teatro Espanhol*

O teatro para o qual Lope emprestou seu fenomenal talento já vinha sofrendo rápido crescimento e fixando suas convenções há algum tempo. Emergindo do período do "milagre" medieval, que continuou a atrair a atenção de Lope e de seus colegas ao escreverem seus inúmeros *autos sacramentales,* o teatro espanhol seguira até certo ponto o modelo renascentista. Os acadêmicos compunham imitações da comédia romana e até mesmo da tragédia grega. Mas era difícil permanecer acadêmico durante a dinâmica época do imperialismo espanhol, tão difícil quanto não seguir a evolução cultural do período Tudor, o correspondente inglês do *Siglo de Oro.* Os *entremeses* ou interlúdios cômicos do século XV cresceram em popularidade e foram seguidos por diversas peças e pecinhas de transição. A intriga, tirada em grande parte das *novelle* italianas, começou a encher o teatro de peças plenas de vigor e sabor até atingir a lascividade da famosa *Calixto e Melibéia* ou *Celestina,* de autoria desconhecida. Os esforços dos dramaturgos anteriores, entre os quais estava o "pai do teatro português", Gil Vicente, foram amalgamados nas primeiras décadas do século XVI por Naharro, que desenvolveu a caracterização das personagens e a unidade da trama. Depois Lope de Rueda, que começara a vida como ourives e se tornara ator, escreveu quatro vigorosas comédias que anteciparam as de Lope de Vega. Uma de suas peças, *Los Engaños,* comporta forte semelhança com a *Décima-Segunda Noite* de Shakespeare e ambas brotaram da mesma fonte italiana. Lope de Rueda não era apenas dotado de espírito e capacidade de diversão originais, como também influenciou todos os seus sucessores, que formaram uma escola ao seu redor. Um destes, Juan de la Cueva, que passou três anos no México, ampliou os recursos da arte teatral espanhola introduzindo diversos metros na dramaturgia nacional, deu início ao costume de usar temas históricos e desenvolveu as peças românticas de "capa e espada" que ocuparam lugar tão destacado na produção de Lope. Ainda encontramos outro dramaturgo que não é senão o próprio Cervantes em pessoa, o gênio que foi sábio o suficiente para resguardar sua fama com os méritos muito mais duradouros do *Don Quixote.*

Para os espanhóis, algumas das peças desse período preparatório ainda são agradáveis e é preciso reconhecer nelas certo grau de engenhosidade teatral. Mas a dramaturgia ligeira desse tipo, que com tanta freqüência inunda o teatro e dá margem a um prazer momentâneo, só pode tornar-se significativa quando atinge o ponto culminante de seu encanto. E foi oferecendo esse encanto em alto nível, com a ajuda dos mais variados recursos da arte teatral, que Lope se colocou acima de seus predecessores e contemporâneos. Afora isso, ele foi muito além desse teatro leve num certo número de obras que, a despeito das limitações de seu talento, são marcantes pelo poder de emoção e pela polêmica. Não há dúvida de que oferece o melhor de si mesmo quando se pode mover com liberdade; por outro lado, nunca é menos interessante que quando segue as convenções como o diálogo empolado.

Os teatros públicos em Madri e Valência, tal como seus correspondentes elisabetanos, eram amplas estruturas ao ar livre construídas a partir dos modelos dos *corrales* que, antes dessa época, serviam como locais de entretenimento. Uma plataforma, decorada com pouco cenário, sobressaía por sobre a platéia e permitia a rápida continuidade da ação sem interrupções como o fechamento de cortinas e trabalhosas mudanças de cena. Nesse palco ele podia dar largas à sua fabulosa inventividade, mostrando os duelos e encontros, os mal-entendidos e complicações de seus heróis e heroínas. Aqui ele podia tecer à vontade suas complicadas tramas românticas sem motivações muito elaboradas e laboriosos preparativos. Lope gozava da vantagem de ser capaz de manter sua inventividade dúctil o suficiente para torcer o nariz à realidade quotidiana e substituí-la pela realidade ilusória do teatro.

3. *As Peças de Lope*

Seus *autos* sagrados, condimentados com vigorosas introduções ou *loas* e *entremeses* farsescos, assim como suas extensas *comédias de santos* que, como o próprio nome indica giram ao redor da vida dos heróis da Igreja, remontam a um período anterior. Apenas sua riqueza de recursos e valor como diversão os distinguem do drama medieval. Lope os escreveu porque estavam próximos do coração de seu país fortemente católico e também porque satisfaziam à curiosa devoção que o governava lado a lado com impulsos que de ordinário não associamos à devoção.

Boa parte de suas peças baseadas nos detalhes melodramáticos de muitas *novelle* italianas dramatizam crimes de ambição e paixão. São melodramas semelhantes aos que deliciaram as platéias elisabetanas e culminaram em obras sanguinolentas como *The White Devil* (O Diabo Branco) e *The Duckess of Malfi* (A Duquesa de Malfi), de Webster *. Mas, ao contrário das peças citadas, os esforços de Lope nesse terreno carecem da profundidade emocional e das denúncias contra a corrupção humana que elevam a obra de Webster ao nível da tragédia; Lope não tinha o gosto e nem possuía a profundidade necessária para essa nobre arte. Uma de suas peças tipicamente novelescas é *El Castigo Sin Venganza* (O Castigo sem Vingança), que dramatiza o conflito entre o duque de Ferrara e seu filho bastardo, que se apaixona pela negligenciada esposa do pai. O duque, sendo informado do caso ao regressar

(*) Sobre Webster e a "tragédia sangrenta" ver o item número 4 do Capítulo XIV, neste volume. (N. dos T.)

de uma viagem, induz o filho a matar a esposa pecadora sem que o rapaz saiba o que está fazendo e, em seguida, o condena à morte como assassino. Encontramos aqui o velho tema de Hipólito, da tragédia grega, e da *Phèdre,* de Racine, sem a profundidade e calor humano associados a ambos. O melhor resultado da veia de Lope será encontrado em outra parte — em suas comédias e peças históricas. As primeiras triunfam por meio da engenhosidade pura e as segundas, através de uma lúcida captação das realidades da sociedade.

Suas peças ligeiras, tecnicamente conhecidas como comédias de "capa e espada" por girarem ao redor da ardente aristocracia, são casos turbilhonantes de intriga, amor e enganos. Sua variedade dificilmente pode ser sugerida. Podemos apreender a qualidade do trabalho do dramaturgo nesse terreno por meio de dois dentre os melhores exemplos: *Uma Certeza Para a Dúvida* e *El Acero de Madrid* (O Aço de Madri), que serviu de modelo para o *Le Medicin Malgré Lui* (O Médico à Força) de Molière.

Poderoso representante do romance fanfarrão, *Uma Certeza Para a Dúvida* descreve a rivalidade entre Pedro o Cruel e seu irmão Don Enrique pelo amor de Doña Juana. Embora Pedro tenha a vantagem do poder, que lhe permite banir o irmão, e Enrique a desvantagem de ser perturbado por duas outras mulheres, Doña Juana oferece seus favores ao segundo e rejeita as investidas do rei. O rei tenta fazer com que o irmão seja assassinado e procura forçar a dama ao casamento. Ao invés disso, Enrique aparece disfarçado na cerimônia e se torna o noivo. Obviamente, Pedro acaba por demonstrar uma natureza generosa e perdoa os amantes. Seria difícil igualar a galanteria de Don Enrique no momento em que este arrisca tudo para lançar uma vista d'olhos em sua dama e o *brio* de seu temperamento seria suficiente para cativar mesmo a mais fleumática das heroínas teatrais, embora Doña Juana certamente pertença a uma irmandade bem mais vivaz.

Belisa, em *O Aço de Madri,* se apaixona pelo jovem galã Lisardo e, sendo vigiada pela duenha Teodora, que tem mais olhos que o gigante Argos, finge estar doente. É chamado um doutor, que não é outro senão o jovem disfarçado enquanto Teodora está ocupada no parque, tendo sua atenção voltada para Riselo, amigo de Lisardo, que faz a corte à dama algo atônita mas mesmo assim bastante envaidecida. Como essa intriga se prolonga por meses, os amantes correm o risco de perder um ao outro. A moça amada por Riselo mostra irritação pela negligência do namorado enquanto este distrai Teodora de sua guarda. Entrementes o pai de Belisa traça planos para o casamento da moça com outra pessoa. Diante de tais apuros, Belisa foge da casa do pai para a casa do amante e um duplo casamento põe fim a todas as complicações.

A forma pela qual Lope mantém o humor em permanente movimento pode ser demonstrada pela cena na qual

Belisa dá um jeito de encontrar o namorado Lisardo. Acompanhada pela duenha, sai da igreja e o vê. A duenha a repreende:

Mostrai mais moderação e modéstia.
Moderação andando silenciosamente,
Modéstia mantendo os olhos baixos
Por sobre a terra pisada por vossos pés.

Belisa a assegura de que é exatamente o que está fazendo, e quando a duenha exclama: "Por Deus! Estais olhando diretamente para aquele homem!" Belisa retruca com alegre petulância

Pois não instastes comigo para que olhasse por sobre a [terra?
E o que é ele senão uma pequena parte dela?

Ela finge tropeçar e é ajudada pelo jovem. Ao afastar-se dele Belisa olha para trás e a duenha torna a dirigir-lhe palavras de reprovação: "Mas por que novamente voltais vossa cabeça para trás? ao que a moça retruca jovial:

Ora, ora! Estou certa de que pensais ser sábio e prudente
Observar com atenção o local no qual tropecei
Pois assim não tropeçarei mais quando voltar a passar [aqui!

Peças desse tipo são maravilhas de improvisação; são limitadas apenas pela ausência daquela profundidade na criação das personagens e daquela mestria em pular de uma situação cômica ligeira para uma cena de atordoante beleza que fazem com que Shakespeare seja superior a Lope mesmo na comédia romântica. As mesmas imperfeições se refletem na versificação de Lope, que gorgoleja e flui como um regato, cheia de alegria e variedade mas sem nunca transformar-se numa grandiosa torrente de sons.

Vamos encontrar o ponto mais forte de Lope numa dinâmica visão do homem que se agarra com avidez ao prazer físico. Se seu método cômico chega a alguma profundidade, isso acontece apenas na criação mais elaborada das personagens de uma obra como *O Cachorro do Jardineiro,* na qual Lope delineia os conflitos internos de uma dama nobre por nascimento lutando contra um amor conflitante com seu código social. Nesta peça, a orgulhosa condessa Diana é amada por seu secretário Teodoro e corresponde ao afeto. Mas a humilde posição do rapaz estabelece uma barreira para os sentimentos dela e Diana oscila entre o amor e o desprezo até que um espertíssimo *gracioso* (o malandro cômico do teatro espanhol) inventa uma árvore genealógica para Teodoro. O conflito entre o amor e a posição social, e uma certa troça dos problemas gerados pela linhagem partindo de um dramaturgo que, pessoalmente, era oriundo da plebe e ascendera na escala da sociedade, conferem ao trabalho uma gama de nuanças bem mais ampla que a geralmente encontrada nas comédis de "capa e espada" convencionais. Na realidade, a entrada dos homens do povo dotados de esperteza e astúcia em cena enriquece todas as comédias de Lope, assim como o fizera com as de Shakespeare. Essa gente da plebe infunde a levedura do solo nos artifícios das personagens melhor situadas socialmente. O humor do bom senso e da inteligência popular também dão dimensão maior a uma peça tal como *Sábia Por Si Mesma,* na qual uma jovem, educada como pastora mas levada para a corte de Urbino na qualidade de herdeira do Duque, faz bom uso de sua rusticidade e acaba por demonstrar ser mais do que parelha para suas sofisticadas inimigas.

Com uma personalidade tão cheia de vibração e fascínio, Lope também se sentiu naturalmente atraído pelo material histórico e legendário. Nesse terreno podia encontrar aqueles eventos e feitos heróicos de amplas proporções que eram gratos aos seus pendores marciais. Suas *comédias heróicas* ou *comédias historiales* abarcam uma ampla área que passa por todos os territórios, desde histórias convencionais como *A Coroa de Otun,* que dramatiza a decadência do infeliz Otokar, rei da Boêmia, ou *Roma Incendiada,* melodrama girando ao redor de Nero como personagem, até alguns poucos dramas sociais inesperadamente provocantes e contundentes. Entretanto, mesmo a mais fraca de suas peças históricas encerra considerável dose de alvoroço e estímulo e é temperada com algumas pitadas de deliciosa bufonaria anti-heróica por parte do palhaço ou *gracioso* plebeu. Lope tinha o pendor de Shakespeare para adicionar elemento de desafogo cômico a eventos momentosos, e a classe média ascendente começava a entrar no teatro por meio da porta de serviço.

Aclamada por longo tempo mas agora considerada espúria, *A Estrela de Sevilha* é um drama de amor e honra, que se abeira da tragédia na estória de um cavalheiro sevilhano que recebe de seu soberano a ordem de matar um amigo. Obedece a ordem real e é absolvido do crime pelo rei. Mas os juízes, exibindo raro grau de integridade, recusam-se a perdoá-lo, e é salvo apenas após a confissão do rei sobre sua parte no assassinato. Particularmente poderosa é a cena em que os alcaides se recusam a perdoar o herói. A frivolidade e brilho de Lope eram freqüentemente temperados com um austero sentido de justiça e um respeito pelo governo honesto, características que de ordinário não se associam a um provedor de bagatelas ao gosto da moda. Era essa uma faceta mais profunda de seu caráter, embora menos singular que seu pietismo curiosamente inconsistente.

Para o gosto do leitor ou espectador do século XX, porém, os momentos em que Lope mais se aproxima da grandeza verdadeira são aqueles em que dramatiza o temperamento vigoroso e as lutas heróicas dos espanhóis. Sendo ele próprio filho de família de camponeses, nunca atinge tanto vigor e emotividade quanto nas ocasiões em que rende homenagem aos seus ancestrais. Dentre as suas inúmeras peças que tratam de camponeses e homens do povo, ao menos duas — *O Melhor Juiz, O Rei* e *Fuente Ovejuna* — são de indubitável valor para o teatro moderno.

Em *O Melhor Juiz, O Rei,* que baseou nas crônicas da Espanha, Lope se voltou para o reinado de Alfonso VII de Castela, soberano renomado por sua justiça e que poderia ter servido de modelo aos governantes do tempo do próprio Lope, os bem menos admiráveis Filipes II, III e IV. O camponês Sancho vai à presença de seu senhor feudal Don Tello com o fito de obter a licença costumeira para casar-se com sua amada Elvira. Mas, depois de atender ao pedido, Don Tello apaixona-se pela moça que veio em companhia do moço, e a rapta. Sancho, com a ajuda do futuro sogro, Nuño, faz tudo para recuperar a noiva. Mas quando chega para discutir com o seu amo, é expulso pelos servos deste. Em tal circunstância, os resolutos camponeses dirigem-se ao rei que ordena ao nobre a soltura da moça, mas nada consegue. Considerando-se o principal juiz do país — *el mejor alcalde* — Alfonso apressa-se em resolver o problema, solta Elvira e manda executar o refratário senhor.

Sancho é uma personagem magnífica e vai ao crédito de Lope o fato de haver podido desviar-se de seus ardorosos cavalheiros eternamente populares e cômicos plebeus para retratar um herói camponês. Isso foi até mesmo mais do que Shakespeare jamais conseguiu. Apenas nos longos monólogos formais que carecem da magia da poesia shakesperiana Lope não chega a realizar as possibilidades de seus temas de maior vigor. Mesmo a glorificação feita por Lope do ideal da monarquia espanhola é mais progressista que retrógrada. O Estado centralizado era um princípio progressista no século XVI e o povo só podia considerá-lo como uma vasta melhoria em relação ao domínio arbitrário que os senhores feudais lhe impunham.

Ainda mais eficaz e de longe mais original é a *Fuente Ovejuna* (A Fonte da Ovelha), na qual a luta do campesinato contra os senhores feudais assume as proporções de um drama de massa. Aqui não há um herói único, ainda que a peça contenha diversos retratos bastante vívidos; *Fuente Ovejuna* tem um herói coletivo — a comunidade de camponeses em Fuente Ovejuna. Lope encontrou esta estória nas crônicas da Espanha do ano de 1476, mas modificou os detalhes com o objetivo de ajustá-los a seu propósito.

O Comandante que domina a cidade é um nobre tirânico e corrupto mas os camponeses lhe respondem à altura. São da mesma cepa que combateu as hordas mouriscas durante séculos, que tornou grande a Espanha em dois continentes, que mais tarde lutou contra Napoleão até detê-lo e que recentemente ofereceu a mesma resistência teimosa ao fascismo nativo apoiado por tropas e aviões de guerra estrangeiros *. O senhor feudal, que até o momento da ação dispôs das donzelas da aldeia ao seu bel-prazer, é temporariamente afugentado quando assedia a espirituosa Laurência. No momento em que se apodera da camponesa, é rechaçado por Frondoso, o rústico e fidedigno noivo da moça. Sem se deixar intimidar por sinais de resistência tão ominosos, o Comandante, entretanto, envia uma força armada para se apoderar de outra moça, Jacinta, e quando os camponeses pedem por ela, o portador deles, Mengo, é arrastado para o açoite. Em breve o povo é vítima de novos agravos quando o tirano, ofendido com o casamento de Frondoso e Laurência, prende o casal e espanca o pai da moça, que é um alcaide ou juiz de paz, por insubordinação. Os camponeses excitados se reúnem e são levados a um tal estado de fúria pela desgrenhada e injustiçada Laurência que juram permanecer juntos e destruir o Comandante que agora deseja também enforcar Frondoso. Abrindo caminho à força para dentro do castelo, matam o Comandante e seus validos, colocando a cabeça dele no alto de um pique. Quando chegam os juízes da corte real para julgá-los por homicídio, deparam-se com um povo unido. Nem mesmo a tortura pode obrigar os aldeões a divulgar o nome de seus cabeças; ainda que trezentos deles sofram a tortura do cavalete, incluindo meninos de dez anos de idade, todos respondem como um só homem que Fuente Ovejuna (o nome da aldeia que também significa "o poço da ovelha" ou "das ovelhas") matou o Comandante. Os juízes relatam ao Rei Fernando que este deve ou perdoar os assassinos não identificados ou aniquilar a aldeia até o último homem. Cheio de admiração pelos heróicos camponeses, o soberano os perdoa e também os toma sob sua proteção especial.

Fuente Ovejuna é um clássico negligenciado há muito tempo. Foi saudado na União Soviética como o primeiro texto dramático proletário e os russos devem ser autoridade nessa questão. Mas esse trabalho extraordinário encerra uma tal plenitude de paixão, caracterização e cor local que foi aclamado com igual entusiasmo pelo *Times* de Londres e pelo *Pravda* de Moscou.

A peça leva a lamentar que Lope não tenha escrito com mais freqüência nessa veia. É evidente que seu apego à comé-

(*) O leitor não deve esquecer que este livro foi escrito em 1940. O autor se refere à Guerra Civil Espanhola, que teve seus antecedentes iniciados em 1931, eclodiu em 1936 e foi vencida pelo "fascismo nativo" em 1939. (N. dos T.)

dia ligeira deu-lhe um sucesso temporário às custas de fama mais duradora, que seu talento poderia ter-lhe assegurado. Entretanto, as contradições que se encontram na obra do dramaturgo estão por demais arraigadas em seu caráter e em sua época para nos fazerem acalentar a esperança de que poderia ter-se aplicado com mais consistência a uma dramaturgia de paixões genuínas e significações mais amplas. Um homem capaz de escrever um poema épico tão furiosamente chauvinista quanto a *Dragontea,* no qual pintava Sir Francis Drake com um monstro inacreditável, e capaz de presidir à execução de um monge franciscano queimado na fogueira por heresia, carecia ter o firme e constante senso humano de Shakespeare e dos trágicos gregos. Lope desceu às profundezas e escalou as alturas muito raramente para alguém dotado com seu gênio para o teatro. E mesmo assim, sua obra não é de molde a ser ignorada.

4. *Calderón de la Barca*

Lope, tal como Shakespeare, não foi uma figura isolada. Nove anos mais jovem que ele, Guillén de Castro y Bellvis escreveu inúmeras peças no mesmo estilo, uma das quais, *Las Mocedades del Cid,* tratando da vida do maior herói nacional, constitui-se no original do mais amplamente conhecido *Le Cid* de Corneille. Inferior à tragédia francesa no estilo e na profundidade é, não obstante, superior em movimento dramático, o qual sofria menos restrições no teatro espanhol do que viria a sofrer na época clássica da França. Mais importante que Castro foi Tirso de Molina, cujo *Burlador de Sevilha* trouxe para o palco a figura do descomedido Don Juan. Na realidade, Don Juan foi morto pelos frades de um mosteiro franciscano, os quais alegaram que, tendo ele insultado a estátua do homem a quem assassinara, foi arrastado para o mundo subterrâneo por meios sobrenaturais. Os fantasiosos atavios com que Tirso enfeitou essa estória deram margem a toda uma literatura que compreende a comédia de Molière sobre o mesmo tema, *Don Juan,* o poema de Byron, a brilhante peça de Rostand, *Última Noite de Don Juan* e inclusive a grande ópera de Mozart, *Don Giovanni.* As outras peças de Tirso, ocasionalmente melhores porém menos conhecidas, também foram compostas ao estilo de Lope e, tal como o predecessor que indubitavelmente influenciou seu trabalho, Tirso morreu no seio da Igreja, após atingir a veneranda idade de setenta e sete anos. Outro distinto membro da escola, Juan Ruiz de Alarcón, que nasceu no México em 1580, dividiu suas atenções entre a advocacia e o teatro e escreveu apenas trinta peças — número reduzido se o compararmos aos seus prolíficos contemporâneos. Ficou mais conhecido pela vigorosa caracterização de personagens e por fornecer o modelo para *Le Menteur* (O Mentiroso), de Corneille em *La Verdad*

Sospechosa (A Verdade Suspeitosa), comédia na qual um chicanista crônico acaba enredado em suas próprias mentiras. Sua peça romântica, *O Tecelão de Segóvia*, trata de uma personagem do tipo Robin Hood que se junta a um bando de salteadores quando é injustiçado pelo rei e vem a ser justificado apenas depois de realizar alguns feitos heróicos. Alguém poderá encontrar ecos desse texto em *Os Bandoleiros* de Schiller.

Os colegas de Lope foram realmente numerosos; Underhill menciona sessenta e seis apenas em Castela, e os sucessores de Lope não foram menos numerosos. À sua produção inacreditavelmente vasta, acrescentaram tantas peças que, por volta de 1700, segundo um certo cômputo, a dramaturgia espanhola atingiu o espantoso total de trinta mil obras [2]. Quaisquer que sejam as reservas que se possam fazer quanto à qualidade dessa coleção, a simples quantidade dá um testemunho impressionante do estado de prosperidade do teatro espanhol. Não é de surpreender que o teatro espanhol devesse exercer uma tal influência sobre os escritores do continente europeu e da Inglaterra. Ao menos numericamente era por demais esmagador para ser posto de lado ou ignorado.

Afora isso, ao menos uma de suas figuras posteriores, Calderón de la Barca, que nasceu em 1600 (quase quarenta anos depois de Lope) e faleceu em 1681, realmente deixou sua marca na dramaturgia européia devido ao mérito da obra. Embora também ele tenha sentido inclinações militares, tomando parte em campanhas na Itália e em Flandres, bem como na supressão de uma revolta na Catalunha, sua disposição era mais filosófica. Era dado a maiores refinamentos de pensamento e sensibilidade que seu turbulento predecessor. Esteve ligado a várias casas nobres e conquistou tal favor na corte que acabou por receber o título de cavaleiro. Os últimos trinta anos de sua vida passaram-se sob as santas ordens, que ele respeitou com maior firmeza que Lope.

Das cento e vinte peças de sua autoria que nos chegaram às mãos, perto de oitenta são *autos* celebrando o mistério da eucaristia no dia de Corpus Christi e geralmente se constituem em alegorias à maneira das "moralidades" inglesas. Por maiores que sejam os méritos a eles atribuídos por seus admiradores espanhóis, e uma dessas virtudes palpáveis é o hábil lirismo neles inserto, não chegam a impressionar como textos dramáticos. Entretanto, não são estes os únicos trabalhos de Calderón a estarem recobertos com a pátina da religiosidade e da reflexão. O famoso *Mágico Prodigioso* é uma obra meditativa que comporta certa semelhança com o *Dr. Faustus* de Marlowe (escrita anteriormente) e ainda mais com diversas estórias análogas correntes durante a Idade Média. O demônio tenta o filósofo pagão Cipriano com uma beldade cristã ade-

(2) V. Introdução, pág. XXIII de *Four Plays by Lope de Vega*, tradução de Underhill.

quedamente batizada de Justina. Quando a virtuosa donzela rejeita o erudito, este é levado a tais extremos de desespero que renuncia aos seus estudos e entrega a alma em troca da conquista de Justina. Mas o demônio não tem poder sobre a alma pura e o sábio fica de tal forma iluminado pela experiência que se converte ao Cristianismo e procura o martírio. Ele e Justina unem-se na morte ao serem martirizados simultaneamente pelo governador romano de Antioquia. Considerável intriga completa o quadro desse pio exercício, que outrora gozou de uma reputação bem maior que aquela que o nosso teatro contemporâneo lhe concederia mesmo de boa vontade.

Calderón variou de estilo com a composição de certo número de peças de "capa e espada" consideradas por algumas autoridades como mais brilhantes que as de Lope [3]. *A Dama Duende,* altamente apreciada, é uma engenhosa comédia de amor. A paixão de um amante, barrada pela família da donzela, acaba por vencer todas as dificuldades. Mais uma ou duas peças de igual qualidade podem ser mencionadas sem aumentar ou diminuir o mérito do autor. Mas Calderón, que realmente é agradável em suas comédias, impressiona mais em seus momentos de maior gravidade, para os quais possuía o raro dom de uma poesia sonora e, além disso, sensível e fluente.

Entre as peças sérias, as menos adequadas ao nosso gosto do século XX são as tragédias de ciúmes e honra marital. São escritas com acentuado vigor mas com um embotamento para a moderação e o humano que mais uma vez impõem a distinção entre os mestres espanhóis e os gênios universais como Eurípides ou Shakespeare. Aqueles raramente conseguiam elevar-se acima da Espanha que conheciam e suas convenções foram por eles com demasiada freqüência consideradas mais importantes que os imperativos da razoabilidade e da compaixão.

A comparação entre *Otelo* e *O Médico de Sua Honra,* de Calderón, não é favorável ao dramaturgo espanhol. O irracional ciúme de Otelo encontra bases não apenas em seu caráter impetuoso e honrado como também nas circunstâncias de seu casamento. Antes que entre em cena o ciúme, Shakespeare mostrou-nos o romance de Otelo com Desdêmona, a fuga dos amantes e a barreira da raça que tiveram de pular. Acreditar que Desdêmona aparentemente é infiel após uma tal selagem dos laços de paixão é um golpe que o nobre Mouro não pode suportar sem perder toda moderação. Afora isso, esse ciúme não surge de um convencional código de casamento como no drama espanhol mas sim das maquinações de Iago, o vilão. Otelo não é um *hidalgo* convencionalmente ciumento, não é nem ao menos ciumento por predisposição — a enfermidade é introduzida em seu cérebro por um inimigo maquiavélico.

(3) *History of Spanish Literature* de Laborde.

Além do mais, depois de ter assassinado a esposa, o infeliz não se recosta complacentemente e discursa sobre a honra vingada.

Otelo não é a melhor tragédia de Shakespeare mas sem dúvida alguma é incomensuravelmente superior a uma obra como *O Médico de Sua Honra*. Na peça de Calderón um marido acredita que a esposa, mulher verdadeiramente acima de qualquer suspeita, está apaixonada pelo seu irmão, o príncipe Enrique, o qual por acidente deixa sua adaga no quarto dela. Depois de convencer o rei a banir o príncipe, o marido passa a tratar da esposa. Leva um cirurgião para sua casa e o força a sangrar a esposa até a morte. Então conta ao rei sobre a morte da mulher e, por não querer admitir publicamente que ela o tivesse desonrado de tal forma, anuncia o falecimento como acidental. Mas embora o soberano perceba qual é a situação, respeita a atitude do esposo. Depois, por alguma lógica que ultrapassa a compreensão, o rei lhe ordena que se case com Leonora, uma dama com a qual já esteve comprometido há muito tempo. Esse ato o limpará do assassinato pelo qual o rei pode puni-lo se assim o desejar. O herói consente com a condição de que sua futura esposa compreenda a punição na qual incorrerá se se mostrar infiel. "Ouça o que digo", diz ele à feliz noiva, referindo-se ao assassinato da primeira esposa, "se uma vez por causa de minha honra, já me transformei em sanguessuga, não pretendo perder a prática".

Mas Calderón alcança importância internacional com dois textos amplamente aclamados. Um, *El Alcalde de Zalamea* (O Alcaide de Zalamea), é um drama social. O outro, *La Vida es Sueño* (A Vida é Sonho), sublima o amor desse dramaturgo pela dialética, que adquiriu dos jesuítas que supervisionaram o início de sua educação, num drama filosófico profundo e original.

O Alcaide de Zalamea segue o molde dos dramas camponeses de Lope. Os espanhóis sempre insistiram em aplicar o princípio da "honra" entre todas as classes sociais; o orgulho, independência e espírito de rebeldia do povo espanhol são inseparáveis dele. Lope o dramatizou em *Fuente Ovejuna* e criou uma epopéia do povo. Calderón o seguiu em seu drama dos aldeões de Zalamea, embora falte à sua peça algo da amplidão e vigor da obra de Lope. O capitão de um destacamento de soldados aquartelados na aldeia rapta a filha de seu hospedeiro, viola-a e amarra o pai da moça numa árvore dos bosques. Aquela gente, pensa ele, faz parte da ralé e pode-se fazer dela o que se quiser. Crespo, o pai da moça, que entrementes foi eleito *alcalde* ou supremo magistrado ou prefeito da aldeia, tem, no entanto, uma concepção diferente dos direitos do povo. Captura o capitão e o julga pessoalmente. Don Lope de Figueroa, oficial superior do réu, ao saber da captura, pede a liberdade do capitão em nome do rei, e o próprio rei, que chegou à aldeia, exige a soltura de seu oficial.

Mas Crespo entrega apenas o cadáver do prisioneiro, pois já havia dado ordens para sua execução. Impressionado com a coragem e justeza do comportamento desse alcaide, o rei acaba por nomeá-lo alcaide perpétuo ao invés de lhe infligir algum castigo. A peça é geralmente considerada como a maior obra de Calderón. Por uma vez Calderón colocou o tema da honra numa base amplamente popular e sua vivaz evocação da vida do povo espanhol se constitui numa bem-vinda libertação do artificialismo de seu estilo costumeiro.

Apenas *A Vida é Sonho* pode ser colocada ao lado desse drama social. Não é, na verdade, tão radicalmente diversa de *O Alcaide de Zalamea,* visto que seu tema está relacionado muito de perto com o problema do bom governo. O Rei Basílio, advertido por uma profecia que seu herdeiro, o príncipe Segismundo, seria causador de grandes males, mantém o filho confinado em uma torre. Depois de muitos anos, o pai decide submeter o jovem a uma prova. Faz com que o narcotizem e o levem secretamente para seu palácio, dando-lhe uma oportunidade de revelar seu caráter. Entretanto, o jovem príncipe se comporta lá de forma tão abominável que seu pai percebe a impossibilidade absoluta de algum dia confiar-lhe a coroa e o reino. Manda que o narcotizem novamente e o levem de volta à torre; quando o príncipe acorda fica persuadido de que nunca saiu de lá e simplesmente esteve sonhando. Um amotinamento popular o liberta mais tarde e o rapaz é coroado rei. Mas agora está tão temeroso de que essa realeza recém-adquirida acabe por se revelar apenas como um outro sonho que se conduz com discrição e clemência. Conseqüentemente, acaba por vencer a maldição que pesava sobre sua cabeça. Perceber que a vida não passa de um sonho, Calderón parece dizer, é o meio mais eficaz de neutralizar a ganância de poder do homem.

Se *A Vida é Sonho* parece muito dada à preocupação moralizante e não é inteiramente convincente na construção psicológica, deve, não obstante, ser considerada como uma fantasia engenhosamente elaborada que segue uma lógica toda sua. A moderada especulação que apresenta é até mesmo apoiada pela moderna psiquiatria; os psicanalistas nos asseguram que um sonho pode provocar a descarga de impulsos destrutivos. Além disso, o drama de Segismundo deve ser medido não apenas por sua ligação com a estrita probabilidade e a motivação psicológica mas também por seu poder de sugestão e sua fantasia reflexiva. Afora isso, os versos de Calderón estão plenamente à altura das exigências dessa fábula filosófica; são prejudicados apenas nas passagens que seguem as afetações de linguagem então em moda e conhecidas como Eufuísmo na Inglaterra ou Gongorismo na Espanha.

A influência de Calderón sobre a dramaturgia européia foi imensa e nem sempre positiva. Se incentivou a atitude meditativa, também propagou o artificialismo. Faltavam-lhe a arejada vitalidade e a riqueza teatral de seu grande predecessor, e o desenho de suas personagens era viciado pelo crescente amaneiramento da vida espanhola durante o século XVII.

Foi um verdadeiro filho do rápido declínio da Espanha. O poder imperial estava abandonando a Península Ibérica. Sua vida econômica, desprovida do efêmero estímulo do ouro da América, começava a sentir os efeitos da expulsão dos mouros e judeus que haviam dado alento ao comércio e à indústria da nação. A definhante energia da época reflete-se nas peças geralmente tímidas de Calderón, e a decadência observável em suas próprias obras aumenta ainda mais nas de seus sucessores como Zorilla, Moreto e outros. Até mesmo os historiadores que defendem com parcialidade a literatura espanhola concordam que esta chega ao crepúsculo, na dramaturgia, com a morte de Calderón. O teatro encerrava outro ciclo após ter dado origem a um vasto conjunto de engenhosas tragédias e comédias românticas, a inúmeros dramas sociais polêmicos, ao importante drama popular de Lope e a uma peça filosófica que se faz notar pela originalidade da forma e pela beleza da composição dos versos.

Um outro ciclo ainda mais significativo, iniciado por volta da mesma época, encerrara-se perto de meio século antes. Contudo, antes de concluído na Inglaterra, a dramaturgia havia alcançado sua segunda grande época. A Renascença Espanhola, serviu-lhe, na verdade, apenas de mero prelúdio.

Nota sobre o Drama Jesuíta

Os enérgicos chefes jesuítas da Contra-Reforma fomentaram o teatro em suas escolas e também escreveram inúmeras peças em latim desde os fins do século XVI até a última parte do século XVIII. Dedicaram especial atenção à arte da produção. As apresentações eram abertas ao público e os espectadores recebiam sinopses das peças na língua nacional. Os temas das peças eram essencialmente figuras históricas, vidas de santos e alegorias. Podemos notar que foi nas escolas jesuíticas que Corneille, Molière, Le Sage, Diderot e Voltaire obtiveram suas primeiras noções da arte teatral e a influência da Ordem de Jesus foi, naturalmente, muito forte na Espanha e no Novo Mundo colonizado pelos espanhóis e portugueses. Na realidade, os jesuítas criaram o primeiro teatro verdadeiramente internacional que o mundo conheceu depois da Idade Média. Eram especialmente enérgicos e atuantes na Europa Central e Oriental. (Uma breve súmula de sua atividade pode ser encontrada nas páginas 240-244 do livro de Allardyce Nicoll, *World Drama,* de 1950.) Os jesuítas também empregaram meios teatrais não-literários para proporcionar instrução moral e religiosa — manifestações teatrais ao ar livre como procissões e *tableaux vivants.* Estes haviam gozado de real popularidade num período anterior, durante a Idade Média. A época elisabetana teve um pendor particular pelas procissões pomposamente encenadas e pelos desfiles de carros, muitos dos quais alegóricos. Os *tableaux vivants* eram amiúde explicados ao público por um expositor.

12. Christopher Marlowe

1. *O Laureado de Magnificência*

Christopher Marlowe é considerado como um símbolo do segundo grande momento do teatro não apenas por ter sido seu primeiro dramaturgo de estatura como também por haver exprimido os impulsos românticos da época de forma mais direta e singular que qualquer de seus predecessores ou sucessores. Continha em si, como notou o poeta Drayton pleno de amizade, "maravilhosas coisas translunares", "explosões todas feitas de ar e fogo" e montanhas de uma "fantástica loucura". "Homem da Renascença" é um título que lhe cabe mais que a qualquer outro dramaturgo europeu, pois ninguém aclamou os anelos de magnificência dessa época — em seu pensamento, ação e prazer de desfrutar a vida — com a mesma embriaguez gloriosa.

Esse Ícaro elisabetano emergiu de uma crisálida ainda em parte medieval. Canterbury é a Cidade do Vaticano da Inglaterra e lá, à sombra da grande catedral, o filho do sapateiro John Marlowe foi batizado aos 26 de fevereiro de 1564. Os sinos do tempo devem ter acalentado o menino, devem tê-lo despertado e chamado para a oração. Sua paz lembrava uma época de fé, à qual ele renunciaria mais tarde, e as gárgulas que lhe faziam caretas eram representações visíveis dos terrores que aguardavam os pecadores e descrentes.

Mas uma nova era já atropelava a antiga durante a infância de Marlowe. O mundanismo abria seu caminho enquanto a Inglaterra se tornava uma nação comercial e o amor pela magnificência crescia na corte e nas cidades da próspera classe média. Maravilhosos espetáculos e procissões eram prova do novo reino do esplendor, e uma destas ocorreu durante a visita da rainha Elizabeth a Canterbury durante a juventude de Marlowe.

O rapaz também cresceu dentro de um meio ambiente que respeitava o indivíduo altamente bem sucedido acima de todos os outros homens. A adoração medieval dos santos estava sendo suplantada pela adoração aos superempresários, os heróicos flibusteiros, conquistadores e mercadores da época. Muito antes de se familiarizar com os ensinamentos de *O Príncipe,* de Maquiavel, o qual era pouco mais de um manual para o empreendedor homem da Renascença que acidentalmente se via no cargo de governante, Marlowe se poderia ter embebido da filosofia do poder que se respirava no simples ar na Inglaterra. Sua arte, que se voltou com tanta avidez para o sol da glória pessoal, não precisava de um estímulo externo, ainda que "maquiavelismo" fosse um rótulo conveniente para o sonho do super-homem. Ademais, a óptica mundana estava intimamente relacionada com o reaparecimento da cultura clássica e com valorização dos sentidos e a curiosidade intelectual do momento.

O novo ensinamento da Renascença já começava a demandar respeito no país, depois de zelosamente incentivado durante oito décadas por líderes como Sir Thomas More, o autor da *Utopia,* Sir Thomas Elyot, cujo livro, *The Governour* (O Governador), era um manual da nova educação humanista, da mesma forma que o *School-master* (Mestre-escola), de Roger Ascham. Eles haviam promovido o estudo do grego e promulgado os ideais de uma educação completa que poria o estudioso em contato com o mundo e o mundo em contato com o estudo. Se a primeira fase da educação de Marlowe em Canterbury passou-se sob o domínio dos clérigos, também foi, não obstante, desenvolvida sob a égide de um arcebispo que cultivava a erudição e colecionava livros com amor e ardor. Abriu-se uma exceção a fim de permitir ao adolescente aparentemente brilhante entrar para a King's School e mais uma vez foi ele favorecido ao receber uma das bolsas de estudo do Arcebispo Parker para o Corpus Christi College de Cambridge em dezembro de 1580.

Essas bolsas, na verdade, eram destinadas a rapazes que, segundo se esperava, iriam ingressar na Igreja, e Cambridge, além do mais, ainda lançava alguns olhares por cima do ombro em direção à Idade Média. Mas aqui estavam os tesouros da cultura clássica e do pensamento moderno para que demonstrassem por esses ramos do conhecimento um pensador como o que Marlowe começava a exibir. Francis Kett, o unitarista que seria queimado na fogueira como livre-pensador quatro anos antes da morte de Marlowe fora adjunto da Universidade e sua saída precedera de uns seis meses a matrícula do jovem estudante na famosa instituição de ensino. Outro cético proeminente, Thomas Fineux, entrou na escola pouco antes que Marlowe a deixasse em 1587. A nova e moderna *Lógica* de Peter Ramus era ensinada lado a lado com a *Analítica* de Aristóteles e a astronomia era estudada assiduamente. Acima de tudo, Marlowe podia mergulhar na excelente biblioteca da Universidade, onde encontraria inúmeros livros que incendiariam sua imaginação e forneceriam material para as peças que escreveria poucos anos depois.

O teatro também não era negligenciado em Cambridge, pois as Universidades se haviam tornado os primeiros teatros importantes da Renascença Inglesa. Comédias romanas, imitações dos clássicos, peças didáticas e outras peças para eruditos trazidas de Londres por companhias como a Queens Players e a Lord Rich's Players, enchiam os átrios da venerável instituição. *Richardus Tertius,* precoce crônica histórica em forma teatral escrita por Thomas Legge, foi encenada na Universidade enquanto Marlowe era um calouro, e outras "peças escolares" se sucederam. As representações eram prescritas pelos estatutos da Universidade e os estudantes que se recusavam a participar delas podiam ser sumariamente expulsos.

Se tais exercícios eram pouco espontâneos e inferiores à nova e livre dramaturgia romântica que em breve dominaria a Inglaterra, mesmo assim não faltava excitação aos espetáculos. O Trinity College foi obrigado a colocar novas vidraças "depois das peças" em 1538 e a partir de então julgou prudente removê-las durante a temporada teatral. Os estudantes que mantinham ordem durante as representações, numa demonstração de sabedoria, carregavam adagas e espadas desembainhadas e tomavam o cuidado adicional de usar "viseiras e capacetes de aço" [2].

É desconhecido o papel de Marlowe nessas demonstrações, mas decerto não era o tipo de estudioso que pudesse ser contido por uma atmosfera acadêmica. É bem verdade que se bacharelou em 1584 e permaneceu na escola para obter o cobiçado grau de mestre, que recebeu três anos mais tarde. Mas dificilmente poderíamos imaginar um estudioso menos convencional. Segundo os arquivos da Universidade, ele desaparece com freqüência durante seus últimos anos em Cambridge, excedendo o número de ausências permitido pelo estatuto. Tão logo recebe o grau de bacharel, passa a ser encontrado cada vez menos na Universidade, e parte de seu tempo é despendida em Reims, entre os católicos que tramavam contra o regime protestante da rainha Elizabeth do outro lado do Canal. A Universidade desconhecia as razões dessas ausências, suspeitou-o de papismo e recusou-lhe um título. No entanto, o Conselho Privado interferiu e ordenou aos lentes que lhe conferissem o grau de mestre, testemunhando

(1) Tributo de Michael Drayton a Marlowe.
(2) Bakeless, John — *Christopher Marlowe. The Man In His Times*, pág. 65.

que o rapaz se comportara discretamente e "por meio disso prestou à sua Majestade bons serviços, merecendo ser recompensado por suas fiéis diligências" [3]. Seu patrono e amigo, Thomas Walsingham, era um parente próximo de Sir Francis Walsingham, chefe do serviço secreto de Sua Majestade; Robert Poley, um dos agentes da organização, era companheiro de Marlowe e encontrava-se presente por ocasião da estranha morte do poeta. É característico de seu temperamento apaixonado que tivesse mergulhado no cerne da política e da intriga elisabetana enquanto ainda freqüentava a Universidade. A Renascença demolira a noção de que um erudito deve levar uma existência retirada; na verdade, seus estudos eram uma carta de apresentação para a atividade pública. Além do mais, havia na perigosa tarefa atribuída a Marlowe aventura e emoção suficientes para atrair um jovem romântico.

Em julho de 1587; Marlowe, agora Mestre em Artes, se estabeleceu em Londres e deu início à sua carreira de escritor e boêmio, embora ainda estivesse provavelmente no serviço secreto. Na capital, atirou-se à vida social dos poetas e dramaturgos e associou-se a literatos aristocratas cheios de colorido como Sir Philip Sidney e Sir Walter Raleigh, com os quais discutia filosofia e partilhava sonhos de glória e aventura. Se a posição social de Marlowe não lhe permitia uma carreira pública como a de Raleigh, ao menos tinha a possibilidade de concretizar seus sonhos nas personagens que criava, substituindo a realidade pela ficção; Tamburlaine, o herói de sua primeira peça de sucesso, é um super-Raleigh e um super-Essex.

Além disso, quando a embriaguez de seus sonhos era insuficiente, podia perder-se na vida boêmia de seus amigos escritores. Morou nos mesmos aposentos com Thomas Kid, seu par em popularidade no incipiente teatro elisabetano, e levou uma vida dissoluta com dramaturgos e panfletistas tão equívocos quanto Roberto Greene e Thomas Nashe. Provavelmente também representou por algum tempo e estava certamente em contato com os atores famosos do momento, em especial com o esclarecido e marcante Edward Alleyn que contribuiu de modo tão acentuado para o êxito de suas peças. Uma sociedade "ateísta" ou "Escola da Noite", freqüentada por Raleigh e por intelectuais, como o conhecido matemático e astrônomo Thomas Harriot, fornecia-lhe ainda mais estímulo. As tavernas de Londres também devem ter reboado com suas ousadas especulações, e deliciava-se em chocar seus ouvintes com conversas que amiúde os espantavam pela aberta heresia. As brigas e algazarras não eram igualmente desconhecidas de um poeta que precisava "ser amarrado para se manter a paz".

(3) Ibid., pág. 80.

Oscilando entre as sofisticadas mansões de Walsingham e da irmã de Sir Philip Sidney, a condessa de Pembroke, e a suculenta vida da *intelligentsia* plebéia, Marlowe apreendeu o significado do momento em que vivia. E não importa quem fossem seus amigos, viviam e pensavam com ousadia e algumas vezes com temeridade. Passaram para a história as investidas de seu amigo Raleigh contra a Espanha, a rivalidade política com Lorde Essex pelo favor da rainha, o estabelecimento da Virgínia, na América do Norte em vias de colonização pelos ingleses, e a reputação de especulações heréticas. A aparência magnífica do cortesão, seu temperamento impulsivo e seus trajes recamados de jóias eram assunto de todas as conversas. Seu companheiro-"ateu" Thomas Harriot acompanhou Raleigh nas expedições à América do Norte e seu gênio científico o levou a tentar invenções e a fazer predições astronômicas que lhe valeram uma perigosa reputação de conhecedor da magia negra. O miraculoso Dr. Fausto de Marlowe tem um modelo vivo nesse intrépido matemático. O progresso científico da Renascença, que no continente europeu tinha seu paralelo em Galileu e Kepler, tocou Marlowe diretamente e não é de espantar que suas peças contenham inúmeras alusões à astronomia, que estejam plenas da maravilha de um universo em expansão.

O importante papel desempenhado por Sir Philip Sidney na corte e sua morte heróica na Holanda, a vigorosa carreira de Walsingham a serviço da Rainha como seu indispensável Secretário constituem mais provas da vida ativa que o poeta glorificou com tanta consistência. Os escritores e atores dos estratos sociais mais baixos tampouco eram tímidos reclusos. Não há dúvida de que se encontravam desenraizados, dentro do submundo de Londres, mas personalidades cheias de cor como Greene, Peele e Nashe movimentavam-se na lama com certa magnificência. Mesmo os espiões escroques e assassinos do mundo escuso como Ingram Frizer, Robert Poley e Nicholas Skeres, aos quais esteve ligado, desempenharam certo papel na vida do poeta, amante dos clássicos, contribuindo para tirá-lo da biblioteca.

Há provas mais do que abundantes de que Marlowe se movia através dessa tumultuada vida elisabetana com a ebriedade de um menino encantado. Tornou-se o poeta da magnificência, do esplendor físico e mental, da aventura. Permanece até hoje o maior romântico do teatro.

Agora resta apenas completar esse retrato com alguns matizes mais sombrios que os usualmente empregados, pois Marlowe não vivia embriagado a ponto de perder inteiramente o contato com a realidade. Tinha momentos de lucidez e sobriedade. Jamais casou e parece haver-se tornado progressivamente mais irritadiço e briguento a ponto dos próprios amigos perderem a paciência com ele. Seus companheiros Greene e Nash falaram dele com menoscabo e Kyd, seu companheiro de quarto, lamentava-se de suas inclinações rixentas. Amargurado pela discrepância que havia entre seus sonhos e a realidade da situação na qual vivia, pois não tinha quer dinheiro quer posição, foi tomado de frustração e rancor. Tinha consciência do mal e do ódio no mundo, da corrupção, da intriga política e da injustiça. Até mesmo a futilidade final de todas as aspirações estava presente em seu espírito. Caso contrário, como poderia ter escrito tragédias, e afinal de contas criou tragédias e não romances. Para a comédia não demonstrava praticamente nenhum talento; sua personalidade jamais foi cordata ou mesmo equilibrada. Registrou em suas peças muita vileza, muita frustração e muita amargura.

Da mesma forma suas opiniões pareciam tornar-se a cada dia mais pronunciadas. Suas afirmações, registradas indubitavelmente com algum exagero pelo patife Richard Baines, que depôs contra ele, referem-se às contradições da Bíblia, bem ao gênero de *Age of Reason* (A Idade da Razão), de Thomas Paine. Demonstrava pouco respeito pelos Apóstolos; afirma-se haver Marlowe declarado que entre eles "apenas Paulo tinha miolos, mas era medroso a ponto de incitar os homens à sujeição perante os magistrados contra suas consciências". Moisés era capaz de realizar milagres porque aprendera as "artes dos egípcios", mas era um "jogral" * e manteve os judeus no deserto durante quarenta anos "com o propósito de que viessem a perecer todos aqueles que conheciam de perto suas astúcias (truques) para que assim uma superstição duradoura permanecesse no coração do povo". Parece também ter duvidado da legitimidade de Cristo. Todos os protestantes eram "mulas hipócritas" e "o princípio da religião era simplesmente manter os homens em constante terror" [4].

Marlowe acabou por ser suspeito de heresia, seu amigo Kyd foi torturado para depor contra ele e assinou-se um mandato de prisão. Mas antes que pudesse ser encontrado e levado à presença do Conselho Privado o poeta de vinte e nove anos morreu. Aos 30 de maio de 1593, na taverna da Senhora Eleanore Bull, na pequena cidade de Deptfordhard-junto-a-Londres, Marlowe, Frizer, Poley e Skeres pediram um aposento privado. Lá jantaram e cearam, o vinho correu livremente e de súbito Marlowe, provavelmente embriagado, começou a brigar com Frizer sobre o pagamento da conta. Apanhou a adaga de Frizer e o atacou com ela mas Frizer defendeu-se, agarrou o braço de Marlowe e num brusco movimento de retrocesso enfiou a arma no olho direito do assaltante, ferindo-o mortalmente. Ao menos é esse o depoimento das testemunhas. Conjeturou-se, com boas razões,

(*) No sentido medieval do termo. (N. dos T.)

(4) Ver Apêndice à edição Mermaid Series da obra de Christopher Marlowe, págs. 428-30.

que o caso não teria ocorrido de maneira tão acidental quanto parece e é mais que provável que Marlowe haja sido deliberadamente provocado e morto com o objetivo de impedir sua prisão. Caso o poeta fosse submetido à tortura pelo Conselho Privado poderia ter implicado homens de importância entre os quais talvez estivesse Raleigh. Seja como for, as palavras de Marlowe na conclusão do *Doutor Fausto,*

Cortado está o ramo que poderia ter crescido em pleno vigor, acabaram por servir de profecia ao seu próprio destino. A morte violenta e prematura, sete anos após seu aparecimento em Londres, foi o fecho de uma carreira meteórica que começou e terminou de forma muito semelhante a uma dessas tragédias com as quais se destacou na grandiosa e febril época da dramaturgia inglesa.

2. *Marlowe e o Alvorecer do Teatro Elisabetano*

Mesmo que Marlowe jamais houvesse escrito uma peça, ainda seria lembrado como poeta. Foi um lírico inspirado e nos legou um dos mais belos poemas da língua inglesa, *Hero e Leandro,* completado por seu amigo Chapman, o tradutor de Homero. Contudo, para o terreno da dramaturgia é que se voltaram as atenções do jovem e dinâmico escritor. Como tantos outros estudiosos elisabetanos que se viram impelidos a uma precária carreira literária, estabeleceu-se no negócio de fornecer peças para o teatro.

Seria do feitio de Marlowe aplicar a si mesmo a bazófia de César Augusto, asseverando que encontrara o teatro feito de argamassa e o deixara feito de ouro. Tinha consciência de sua missão quando o Prólogo de *Tamburlaine* anunciou a intenção de levar os espectadores para longe

> *Dos oscilantes talentos das rimadas inteligências nativas*
> *E de fantasias extravagantes tais quais a palhaçada*
> *[alimenta.*

Nos "oscilantes talentos das rimadas inteligências nativas" há muito que reconhecemos uma alusão ao afetado verso em rimas empregado por seus predecessores. No entanto, Marlowe está levantando sua oposição a algo mais fundamental — ou seja, a falta de grandeza da dramaturgia britânica até então. Para com as "fantasias extravagantes" da "palhaçada" mostra apenas impaciência; a comédia pré-shakesperiana era desprovida de alta poesia, e parecia ter faltado a ele um genuíno senso de humor naquilo que Shaw denominou asperamente de seus "gracejos pesados e canhestros". (Se é que estes realmente lhe pertenciam.) Entretanto, o pleno significado de sua ruptura com os predecessores não pode ser apreendido sem algum conhecimento das cinco décadas de atividade teatral que antecederam seu próprio momento, décadas que prepararam as bases de argamassa para as quais ele contribuiu com o ouro de seu talento.

Como a dramaturgia italiana, a elisabetana teve início com revivificações e imitações da comédia e tragédia clássicas. O douto escocês George Buchanan, por exemplo, traduziu *Medéia* e *Alceste* de Eurípides para o latim a fim de serem representadas por seus alunos em Bordeaux e dramatizou temas bíblicos à maneira grega em seus *Baptistes*. A dramaturgia latina, mais conhecida, exerceu uma influência ainda maior e Terêncio, que era especialmente adotado nas escolas, inspirou peças didáticas relacionadas muito de perto com as antigas "moralidades"; várias delas vieram da França e da Holanda. Uma dessas peças, *Acolastus,* escrita pelo erudito holandês Gnaphaeus, chegou mesmo a ser adotada como livro escolar na Inglaterra. No primeiro romance inglês, *The Infortunate Traveller* (O Viajante Infortunado), Thomas Nashe, companheiro e colaborador de Marlowe, recordou uma das cruas representações universitárias de *Acolastus*: "Um, como se estivesse brincando num solo coberto de lama, bateu os pés no palco com tanta violência que verdadeiramente pensei que estivesse resolvido a inflingir ao carpinteiro que o construíra alguma vergonha absoluta. Outro esticou os braços como se esticam varas para apanhar as peras de uma pereira, de tal forma que todos temeram muito fosse ele arrancar de seus soquetes as velas que pendiam sobre suas cabeças, deixando todos no escuro".

Mais vivazes eram as imitações inglesas de Plauto que tiveram início já em 1533 com o *Ralph Roister Doister* de Nicholas Udall. Embora fosse diretor de escola sucessivamente em Eton e Westminster, encontrou em Plauto um modelo que incentivava antes o jovial humor que o aborrecido didatismo. O escopo de Udall pode ter sido pedagógico, visando oferecer um exercício aos seus alunos. Mas concebeu a idéia de lhes oferecer o equivalente inglês de uma comédia romana, da qual tomou emprestado as personagens características do tolo, do fanfarrão e do malandro parasita [5]. Seu herói cômico, Ralph, um abastado toleirão doidamente apaixonado pela virtuosa matrona inglesa Dame *. Constance, é levado pelo parasita Matthew Marrygreek (Mateus Grego Alegre) a cortejá-la com tal ardor e decisão que a irrita até a exasperação e coloca em perigo seu contrato de casamento com o respeitável mercador Gawain Goodluck (Galvão Boa Sorte). Tomando por base o princípio de que a "Alegria prolonga a vida e fortalece a saúde" desde que venha entremeada de uma "decente moderação", o culto dramaturgo criou uma série de complicações que resultam numa batalha regular entre os seguidores de Ralph e os domésticos da

(5) V. Capítulo VI, Parte 2.

(*) Título inglês sem tradução possível, que, neste caso, deve corresponder ao nosso "senhora". Pode ser também um designativo de distinção, outorgado a mulheres de destaque pela Coroa da Inglaterra. (N. dos T.)

casa de Dame Constance, entre os quais se incluem algumas robustas donzelas. Desde que estas descobrem a fórmula para transformar uma frigideira num instrumento de destruição, o impetuoso amante é derrotado às custas de vigorosas pancadas. "Ralph Roister não mais iniciará um namoro" e são reconciliados Dame Constance com seu respeitável noivo. Devido ao humor nativo, ao picante linguajar e ao pano de fundo da classe média, *Ralph Roister Doister* tornou-se a primeira comédia inglesa da Renascença. Ralph pode ser romântico de certa forma mas possui a faculdade inglesa do cálculo quando avalia o dote de Dame Constance; e Merrygreek, a despeito de todas as trapalhadas que cria, é capaz de observações tão práticas como

Cem libras de dinheiro-de-casamento, sem dúvida,
Devem chegar a umas trinta libras esterlinas, ou pouco [menos.

A utilização de provérbios ingleses mantém a comédia bem próxima ao solo, como é o caso da observação de Tibet Talkpace (Tibet Fala-sem-parar), criada de Dame Constance:

Velhas cascas de pão de centeio devem ser muito bem [mastigadas
Mas boa cerveja descendo pela garganta provoca co- [michões muito agradáveis.

Alegres canções inglesas como *Whoso to marry a minion wife* e *I mun be married a Sunday* (Quem quer que se case com uma esposa amada e Posso estar casado num domingo) conferem mais vida aos episódios. Os alunos de Udall deviam ter inclinações robustas e *Ralph Roister Doister* é uma comédia plena de vitalidade que ainda pode ser reencenada sem problemas.

Foi seguida de perto pela famosa *Gammer Gurton's Needle* (A Agulha de Gammer Curton), comédia sobre a vida aldeã de autoria e data incertas (pode ter sido escrita pelo John Bridges que posteriormente se tornou Bispo de Oxford), [6] que é ainda mais deliciosa. Também esta comédia era de origem acadêmica e foi representada pela primeira vez no Christ's College de Cambridge, embora nenhuma comédia possa estar mais distante da lâmpada noturna que arde para iluminar a erudição. Gammer Gurton, uma velha requitivelha, perde sua muito amada agulha e é convencida por Diccon, que adora criar intrigas e trapaças, a suspeitar que tenha sido roubada por sua vizinha, Dame Chat. O *affaire* Gurton atinge proporções herói-cômicas e toda a aldeia é posta em alvoroço. O beberrão sacerdote da paróquia,

(6) Outros estudiosos atribuem a autoria a certo William Stevenson, adjunto do Christ's College.

Doctor Rot, interfere com resultados lamentáveis e o tolerante oficial de polícia da aldeia, Mestre Bayly, inutilmente tenta ajudar na pacificação até que a agulha acaba por ser encontrada nas calças de Hodge, o criado de Gammer. A robustez do humor é marcada em particular pelo tom do diálogo e pelo clímax rabelaisiano, que localiza o artigo perdido algo dolorosamente para Hodge "no exato lugar em que fora empregada a diligência de Gammer Gurton" [7]. Ainda uma vez, esta segunda peça é enriquecida por uma esplendida canção em honra da cerveja inglesa, *Back and side go bare, go cold.*

Contudo, o estilo dessas peças era demasiado plebeu para um homem com os aristocráticos gostos adquiridos por Marlowe; e seu metro, com as "coplas de pé-quebrado em doze sílabas ou congêneres" no caso da primeira comédia e coplas de catorze e até mesmo dezesseis sílabas na segunda instância, só podia provocar nele a sensação de vulgaridade. Restou ao gênio mais versátil de Shakespeare incorporar o humor popular de tais obras em suas famosas passagens dedicadas aos labregos, malandros, palhaços e policiais cômicos. Marlowe também não podia demonstrar muita consideração pelas comédias da corte que sucederam às da escola, obras mornas escritas à maneira italiana, inspirada nos clássicos, domesticada de início por George Gascoigne, dramaturgo menor, na sua adaptação em prosa de *The Supposes* (Os Prometidos), comédia de Ariosto sobre identidades trocadas, apresentada pelos advogados em formação de Gray's Inn em 1566.

Para a corte que apreciava espetáculos, festejos, peças pastorais e frágeis fantasias tão em voga na Itália, John Lyly, outro graduado pela universidade, nascido em 1554, uma década antes de Marlowe, forneceu uma série de exercícios de melhor qualidade. Fizera sua estréia com uma novela na qual seguia as tendências da moda, *Euphues,* a qual popularizou a linguagem afetada subseqüentemente conhecida como "eufuísmo". Sua prosa, que adejava por entre arpejos de aliteração e alusões a curiosidades pseudocientíficas, titilava o gosto da aristocracia. Embora nunca tenha chegado à posição de Mestre de Festejos que cobiçava, Lyly se tornou o queridinho da corte, e o desapontado mas persistente cortesão que Marlowe bem conheceu continuou a bajular a rainha Elizabeth em busca de favores com uma série de elaboradas comédias. *Campaspe,* a primeira, apresentada perante Sua Majestade em 1581, celebra o apaixonado amor de Alexandre por Campaspe, sua prisioneira tebana que, por sua vez, ama o pintor Apeles. Designado pelo conquistador para pintar a bela dama, Apeles também se apaixona por ela e Alexandre é nobre o suficiente para, ao fim, sancionar o casamento dos dois amantes. Duelos de espírito e inteligência, em particular

(7) Saintsbury, George — *English Literature,* vol. 2, pág. 57.

quando o rude filósofo Diógenes está em cena, e passagens sentimentais adornam a peça.

Safo e Faon, a empreitada seguinte de Lyly, trata mais uma vez de uma estória de amor — narra a paixão de Safo, inflamada pela caprichosa Vênus, pelo belíssimo barqueiro Faon. Nesse texto a bajulação alegórica à rainha Elizabeth tinha continuidade com atavios mitológicos, e esses traços atingem o acme de sua perfeição de ouropel na peça *Endimião,* apresentada mais ou menos um ano antes que Marlowe fizesse sua estréia no teatro. Aqui Elizabeth é Cíntia, a casta deusa lunar, e se apaixona pelo jovem Endimião (o Duque d'Alençon, que cortejava Elizabeth nessa época). O rapaz caiu vítima de um sortilégio segundo o qual deverá permanecer adormecido por quarenta anos, provocado por uma bruxa que está enamorada dele e sente ciúmes da deusa. Os trabalhos posteriores acrescentam um toque satírico à sua arte fantasista em *Midas* e *The Woman in the Moon* (A Mulher na Lua), cínica exposição da condição feminina que pode ter sido inspirada em seu desapontamento com a rainha devido ao fato de esta não mostrar qualquer inclinação em recompensá-lo pelas adulações. Também experimentou o drama pastoral em *Love's Metamorphosis* (Metamorfose do Amor) e a comédia italiana de intrigas em *Mother Bombie* (Mãe Bombie), durante os anos 1578-1579.

Com exceção de *A Mulher na Lua,* Lyly escreveu suas peças em prosa agradavelmente maneirista, intercalada com encantadores versos líricos como a famosa "Canção de Campaspe", e devemos reconhecer que ele era dotado de "razoável talento". Shakespeare foi influenciado por ele, nem sempre com bons resultados, em suas comédias românticas no que diz respeito às sugestões e ao estilo. Entretanto, o sanguíneo e intolerante Marlowe não podia ter muita consideração por um trabalho ao qual faltavam vigor e paixão. E tampouco podia levar em conta os intérpretes de Lyly, atores adolescentes ligados à igreja de Saint Paul. As peças de Marlowe eram encenadas por atores maduros, homens de peito largo como o majestoso Edward Alleyn, com mais de dois metros de altura, os únicos que podiam fazer justiça aos seus vigorosos heróis. O estilo de Lyly, que também foi experimentado por outros escritores, quando muito ofereceu ao teatro um certo número de *divertissements.*

A marcha triunfal da dramaturgia inglesa teve início com as primeiras manifestações da tragédia elisabetana. Entre 1559 e 1566 foram publicadas cinco das tragédias de Sêneca, e o conjunto da obra atribuída a ele apareceu em 1581 no histórico volume *Ten Tragedies* (Dez Tragédias). Ademais, muito antes dessa época, Sêneca, já era familiar aos elisabetanos conhecedores de latim. Seu estilo fortemente retórico carregado de sangue, trovões e relâmpagos, a alta seriedade e as tramas melodramáticas forneceram os primeiros modelos para uma dramaturgia onde se desencadeavam paixões, embora o teatro continuasse a ser dominado por influências medievais com muito mais vigor do que se costuma reconhecer em geral e os elisabetanos não tenham imitado servilmente o dramaturgo romano por muito tempo.

O mais antigo dentre os notáveis dramas inspirados por Sêneca, *Gordobuc,* escrito pelo poeta Thomas Sackville e por Thomas Norton narra uma típica estória senecana de fratricídio. Gordobuc divide seu reino entre os dois filhos, Férrex e Pórrex. Contudo, maus conselheiros instigam-nos a se atacarem mutuamente e Férrex é assassinado pelo irmão o qual, por sua vez, é morto pela mãe que sempre protegeu Férrex. O povo se insurge e condena à morte tanto o rei quanto a rainha. Seguindo a fórmula de Sêneca, Sackville e Norton relegaram totalmente esses acontecimentos melodramáticos à narração de serviçais mensageiros. Porém, o amor elisabetano pela ação teatral, em parte herdado do teatro medieval, era satisfeito com uma série de *dumb shows* ou pantomimas que apresentavam os acontecimentos de forma visível enquanto estes eram apenas narrados na peça propriamente dita. Os autores deram início ao processo de abandonar os temas clássicos, dando preferência à história da Inglaterra e prestaram menos atenção às unidades de tempo e lugar do que exigia seu modelo. Acima de tudo, escreveram a peça não na prosódia clássica mas em seu equivalente nativo, o "verso branco" ou pentâmetros não-rimados que já haviam demonstrado certa eficácia na poesia inglesa.

A peça de Sackville e Norton chega mesmo a introduzir aquele interesse tópico por problemas referentes ao bom governo, à concórdia civil e à sucessão ao trono que ocuparam todos os ingleses inteligentes e fizeram de muitos dramas históricos elisabetanos uma lição velada para a sua e outras épocas. Preocupar-se com tais temas e iluminá-los equivalia a abordar o mais premente tópico do momento, ou seja, a preservação do governo fortemente centralizado que a Inglaterra finalmente conquistara sob Elizabeth após muitas guerras civis e discórdias políticas. *Gordobuc* invectivava "a ganância de poder" que "desconhece a fé sagrada, as regras da razão, a consideração pelo direito".

Seu efeito mais imediato, no entanto, foi principalmente o de estender o melodrama. Seguido nos anos 60 por outras tragédias senecanas como a *Jocasta, Tancredo e Gismunda* de Gascoigne (com cinco outros colaboradores segundo a fórmula que mais tarde seria adotada com tanto sucesso por Hollywood) e os *Misfortunes of Arthur* (Infortúnios de Artur) de Thomas Hugues, *Gordobuc* abriu caminho para o horror desenfreado que caracterizou o primeiro período do teatro elisabetano e continuou a viciá-lo até o fim. Ainda outras tentativas ampliaram o campo, explorando temas românticos numa tragédia como *Ápio e Virgínia,* que encenava a ação ao invés de relatá-la (assim como em *Cambises,* de Thomas Preston, obra que por outro lado é execrável) ou introduzindo a tragicomédia como em *Damon e Pítias,* exercício que preconizava a mistura de tragédia e humor típica do período elisabetano. Nem Marlowe nem Shakespeare estiveram sempre a salvo do estilo bombástico e do mau gosto exibido por esses primeiros autores.

Seja como for, para o melhor tanto quanto para o pior, eles transmitiram aos dramaturgos elisabetanos posteriores seu gosto pela emoção e pela violência. Ademais, a tragédia principiava a evoluir com passos largos no exato momento em que Marlowe completava sua educação e encetava sua carreira. Ela fazia seus primeiros ensaios dentro de um novo estilo poético, um verdadeiro *dolce still nuovo,* na obra de George Peele, o amigo de Marlowe. Peele, esse "espirituoso universitário" ou boêmio, famoso por sua temeridade e pelo tema dos *Merry Jests* (poemetos satíricos) em grande parte apócrifos, segundo os quais teria roubado um par de calções devido à mais negra necessidade, seguiu Lyly na composição de comédias refinadas como *The Arraignment of Paris* (A Denúncia de Paris) e fantasias satíricas como *Old Wive's Tale* (O Conto das Velhas Esposas). Com o mesmo talento refinado partiu para sua tragédia bíblica *David e Bethsabe* (Davi e Betsabá), encenada por volta da mesma época em que o foi a primeira peça de Marlowe. Ainda que inábil na construção, *Davi e Betsabá* era caracterizada por aquele gênio poético o qual, num grau infinitamente mais amplo, representa a principal contribuição de Marlowe para a dramaturgia. Não é difícil encontrar nela cadências como

God, in the whizzing of a pleasant wind,
Shall march upon the tops of mulberry-trees,
To cool all breasts that burn with grief.

Then let them toss my broken lute to heaven,
Even to his hands that beats me with the strings *.

Se ninguém precisou ensinar Marlowe a cantar, não é menos verdade que sua obra encontrou predecessores e paralelos através da expansão de uma dramaturgia genuinamente poética no trabalho de seus colegas.

O tratamento melodramático também começava a evoluir de um simples relato dos acontecimentos para vívidas representações cênicas, o que acontece de forma mais acentuada na obra de Thomas Kyd, que escreveu no mesmo quarto com Marlowe e foi acusado das mesmas heresias. Me-

(*) Deus, no sibilar de um doce vento / Deverá ascender ao topo das amoreiras, / Para aplacar todos os peitos que ardem em dor. // Então deixai-os atirar meu alaúde quebrado aos céus, / Mesmo para suas mãos que me açoitam com as cordas.

nos brilhante e menos poético que Marlowe, Kyd possuía, não obstante, um tremendo vigor e compreendeu as exigências teatrais do momento ainda melhor que seu amigo; afora isso, a despeito do trocadilho de Ben Jonson que o chamou de "Kyd brincalhão" (*sportive Kyd* na gíria inglesa designa criança, garoto; daí o trocadilho), ele possuía uma natural inclinação para a tragédia. Embora não pareça ter freqüentado qualquer das duas universidades, possuía ao menos o verniz de uma boa educação e em seu tempo era aceito pelos "espirituosos universitários", ou boêmios que haviam recebido o fermento das faculdades, como um de seus pares. Isso também foi sua desgraça, pois foi preso sob a mesma acusação de ateísmo que Marlowe em 1593. Parece que ficou alquebrado pela prisão, tortura e desgraça, morrendo um ano mais tarde. O longo braço da lei elisabetana exigia mais uma vítima no único dramaturgo que igualou e talvez tenha ultrapassado a popularidade de Marlowe no exato momento do apogeu deste último.

Kyd traduziu *Cornelia,* drama francês de Garnier escrito à maneira de Sêneca enquanto freqüentava o círculo clássico da culta Condessa de Pembroke e de seu irmão Sidney. Por volta de 1589 parece haver escrito um *Hamlet,* obra perdida que teria sido o original da obra de Shakespeare e descobriram-se traços de sua colaboração em duas obras deste último, *Tito Andronico* e *Henrique VI.* A única peça remanescente que lhe pode ser atribuída com certeza é *The Spanish Tragedy* (A Tragédia Espanhola), a mais bem-sucedida obra de seu tempo. Embora tenha sido representada em 1588, esse *tour de force* dramático continuou popular durante todo o período elisabetano. Um traço notável do drama senecano era seu emprego do tema da vingança. A tragédia de Kyd, que dramatizava a vingança de um pai enlouquecido de dor, levava esse tipo de drama ao seu mais alto pináculo antes de Shakespeare.

Horácio, o único filho do marechal de Espanha Hierônimo, conquista o amor da bela Belimpéria, mas é assassinado pelo príncipe de Portugal e pelo irmão da moça, Lorenzo, que deseja vê-la casada com o príncipe. Belimpéria é levada para longe com o fito de impedir que preste testemunho contra os assassinos, mas ela consegue enviar a Hierônimo uma carta escrita com seu próprio sangue à guisa de tinta. O pai enlouquecido de dor denuncia os assassinos, em vão exige justiça do rei, perde a esposa que morre de desgosto e hesita por longo tempo, mentalmente perturbado e, assim como Hamlet, fingindo uma loucura muitas vezes maior que verdadeiro distúrbio para não causar suspeitas. Por fim, enquanto Belimpéria, contra a vontade, está sendo casada com o príncipe português, Hierônimo encena uma tragédia para o casamento e esta é representada de forma tão literal que todos os vilões acabam por ser mortos. Belimpéria termina com a própria vida e o malsinado pai, que arranca a língua com os próprios dentes com o fito de impedir que o rei o force a revelar os nomes de seus aliados, apunhala-se. Situações vigorosas e versos altamente tocantes fazem de *A Tragédia Espanhola* um arrebatador melodrama a despeito de suas óbvias puerilidades. Marlowe não poderia ter ficado imune à influência de Kyd quando escreveu sua própria peça a respeito da vingança, *The Jew of Malta* (O Judeu de Malta).

Ademais, se foi Kyd o autor de *Arden of Feversham*, representada entre 1586 e 1592, cabe a ele o mérito de ter sido o criador da tragédia de classe média, gênero que não foi tocado quer por Marlowe, quer por Shakespeare. Essa rara dramatização de um crime recente relatado num livro que serviu de fonte inexaurível aos dramaturgos elisabetanos, as *Chronicles* (Crônicas) de Holinshed, é uma obra magistral e surpreendentemente moderna. Alice, esposa do honrado cavalheiro Arden, comete o adultério com um homem do povo, Mosbie, e convence este último a livrá-la do marido. Depois de muitas intrigas e muitos fracassos, conseguem assassiná-lo, mas falham na tentativa de apagar todas as suas pistas e são executados pelo crime. O *suspense* agoniante da ação é igualado apenas pelas caracterizações torturadas e sutis dos protagonistas. Alice é a vítima duma paixão todo-poderosa, Mosbie é menos dominado pela paixão que pela ganância e chega mesmo a odiar a amante, e Arden é um homem de coração pesado, alternadamente fraco e forte, suspeitoso e superconfiante. E tampouco levou uma vida absolutamente isenta de culpas; talvez nem mesmo tivesse encontrado a morte se não houvesse sucumbido a um crescente vício da classe média, a avareza, devido à qual criou vários inimigos. A mais nobre personagem da peça é o Franklin ou proprietário livre, que permanece leal a ele, mas comenta sentenciosamente que

Arden lay murdered in that plot of ground
Which he by force and violence held from Reed *.

O dramaturgo falha apenas ao fazer Arden muito crédulo em sua atitude para com Mosbie e sua esposa, pois a confiança que deposita em ambos atinge, por vezes, um grau que excede toda plausibilidade.

Nesse sombrio drama de paixões criminosas ninguém é feliz ou exaltado, e o realismo da obra prenuncia a dramaturgia da classe média de uma época muito posterior ainda que tenha sido seguido por algumas imitações elisabetanas como *A Warning for Fair Women* (Uma Advertência para as Mulheres Honestas), de 1599 e *A Yorkshire Tra-*

(*) Arden jaz assassinado naquele pedaço de terra / Que ele tomou de Reede por meio da força e da violência.

gedy (Uma Tragédia de Yorkshire), outra peça poderosa, datada de 1608. O autor de *Arden de Feversham* sabia perfeitamente que estava escrevendo contra o gosto da época ao concluir de forma desafiadora:

> ......*simple truth is gracious enough.*
> *And needs no other points of glosing stuff* *

Em suma, a dramaturgia elisabetana atingira os contrafortes e iniciava a ascensão final até o cume das montanhas quando Marlowe entrou em cena. Tudo o que se fazia necessário era um salto ousado que ninguém até então tivera a temeridade ou a capacidade de dar. A honra de executar esse salto, que equivalia a entronar a alta poesia teatral no palco que distingue a dramaturgia elisabetana e contrabalança seu insistente erro, o de estraçalhar uma paixão até vê-la transformada em frangalhos, estava reservada a um grande poeta. O trabalho de Marlowe não representou progresso no difícil terreno da construção dramática; em peças como *Tamburlaine* e *Dr. Fausto* chegou mesmo a regredir e nunca construiu seus textos tão cuidadosamente quanto o autor de *Arden de Feversham.* Mas era possuidor de qualidades mais raras como a inspiração poética, a visão ampla e penetrante, as intensas percepções.

Além do mais, por volta de 1587 o edifício teatral elisabetano estava pronto para receber seu gênio. Esse teatro começara a florescer meio século antes de seu nascimento, em salões privados e acadêmicos; durante sua infância, mudara-se para os pátios abertos das estalagens, providos de galerias em seu interior para depois se estabelecer, durante a juventude do poeta, em casas de espetáculo especialmente construídas, inspiradas nos modelos dos pátios das estalagens e situadas fora da jurisdição do puritano *Lord Mayor* (prefeito) de Londres. Onze anos antes que *Tamburlaine* fosse representado, um marceneiro de profissão, James Burbage, que participara da companhia do Conde de Leicester, concebeu a idéia de construir uma casa de espetáculos, O Teatro, perto de Shoreditch, ao norte do Tâmisa. Com o tempo, na baixa e pantanosa região de Southwark conhecida sob o nome de Bankside — um bairro marginal que acomodava tavernas, casas de jogo e bordéis ocupados por damas eufemisticamente chamadas de "Gansas de Winchester" pois que a terra pertencia ao bom Bispo de Winchester — o público tinha à sua disposição os teatros *Rose* (Rosa), *Swan* (Cisne), *Globe* (Globo) e *Hope* (Esperança). Perto do fim do século havia oito casas de espetáculo nas margens norte e sul do Tâmisa.

Não podemos entrar aqui na fascinante história dessas empresas. E. K. Chambers, em seu estudo histórico de qua-

(*) ... a simples verdade é graciosa o suficiente / Para não pedir que sejam tecidos ao seu redor um sem-número de comentários.

tro volumes, *The Elizabethan Stage* (O Teatro Elisabetano), e em outros estudos eruditos, trata do assunto com muita precisão. Ainda que os registros de que dispomos não sejam sempre definitivos, está claro para nós que os teatros públicos eram estruturas redondas ou hexagonais, capazes de abrigar amplas platéias. Pátios desprovidos de telhado e cercados por duas ou três galerias reservadas aos cavalheiros e às damas, essas construções não dispunham de iluminação artificial, de sorte que os espetáculos deviam ser apresentados durante a tarde. Não havia cadeiras na platéia ou poço, onde a plebe se acotovelava e dava claras mostras de sua total falta de paciência quando não era regalada com representações abundantes de espetaculosidade, de belos figurinos, de peripécias, de arruaças, de palavras tonitruantes e ações fulminantes *.

Esse palco era uma plataforma que se salientava por sobre a platéia e esta o cercava de três lados; no teatro de Alleyn, o *Fortune,* "o avanço era de quarenta e três pés num edifício cujo interior media ao todo cinqüenta e cinco pés de extensão" [8]. A divisão artificial entre palco e platéia, que predomina em nosso teatro, não existia em tal estrutura e talvez os janotas mais assanhados chegassem mesmo a sentar no palco, o que representa meramente mais um sinal da "participação do público". As coxias do teatro ou camarins e depósitos de contra-regragem formavam um pano de fundo permanente. Suas portas serviam para as entradas e saídas, e uma galeria superior fornecia um cenário para episódios tais como a cena do balcão em *Romeu e Julieta,* enquanto um falso teto conhecido como "o paraíso" dava a impressão de uma faixa do céu. Quando necessário, era possível usar uma cortina que dividia o palco em procênio e poscênio. Esta última porção e o pano de fundo permanente com sua galeria era utilizado para ações que se desenrolavam em locais específicos. O procênio era usado para ações gerais e não localizadas, chegando algumas vezes a ser cruamente identificado através de cartazes.

No entanto, o caráter primitivo desse palco tem sido exagerado. Um cenário permanente pode ser muito eficaz, como demonstrou Jacques Copeau em nosso próprio século. A ação teatral precisa muito mais de sugestão e espaço de representação do que de aproximações minuciosas com verdadeiros quartos e edifícios. Ademais, os elisabetanos lançavam mão de pedaços de cenário, tapeçarias e panos pintados estendidos sobre molduras de madeira, e estas podiam

(*) O espírito informal que dominava os espectadores que prestigiavam o teatro elisabetano é indicado de forma não intencional por Sir Henry Wotton em sua narrativa do incêndio que destruiu o Teatro Globe, de Shakespeare, durante uma representação aos 29 de junho de 1613. A platéia escapou aos ferimentos — "apenas um homem teve incendiados os seus calções, o que talvez o tivesse ferido se ele, auxiliado por uma inteligência previdente, não houvesse apagado o fogo com uma garrafa de cerveja". (N. do A.)

(8) Schilling, Felix — *Elizabethan Playwrights,* pág. 200.

representar casas com portas de verdade, cenas pastorais e uma grande variedade de móveis. Rápidas trocas de cenário eram arranjadas atrás das cortinas quando, por exemplo, pequenos interiores eram armados numa porção do palco. Contanto que a continuidade da ação pudesse ser mantida, o teatro público elisabetano progrediu para a representação de panos de fundo, enquanto alçapões facilitavam as aparições e inúmeros engenhos forneciam efeitos espetaculares como raios e fogos de artifício. Auxiliado pelo contra-regra, pelo cenógrafo e pelos atores que se tornaram cada vez mais eficazes em sua arte, ainda que raramente pusessem de lado os maneirismos declamatórios, um dramaturgo elisabetano podia sentir que o fruto de suas elucubrações estava recebendo uma boa dose de justiça. Apenas uma coisa era tacitamente entendida por todos — o fluxo da ação devia permanecer desimpedido, posto que os dramaturgos tinham a liberdade de vagar pelo tempo e pelo espaço sem preocupar-se com as demoradas mudanças de cenários realistas. Numa era tão ativa quanto a elisabetana, a ação muito mais que a localização desta constituía a consideração primeira.

Esse teatro comercial começara a levar uma vida florescente na época em que Marlowe emprestou seu gênio à tarefa de compor obras teatrais. Os puritanos podiam irritar-se com sua existência, as pragas podiam fechar suas portas e enviar os atores a excursionar pelas províncias, e a competição dos meninos atores da Chapel, de Blachfriars e da Igreja de Saint Paul podia reduzir as receitas de bilheteria. Mas o gosto de uma população vigorosa, ávida de ação dramática, assegurou às companhias de atores adultos, como a companhia de Lord Chamberlain, de Lord Admiral, da Rainha e do Conde de Worcester, um patronato estável. Apenas os dramaturgos pouco ganhavam a não ser que, tal qual Shakespeare, possuíssem cotas em suas companhias; e sem dúvida alguma é por essa razão que escreviam volumosamente, cobiçavam o mecenato da nobreza, experimentavam outras tarefas como a redação de panfletos e com freqüência viam-se obrigados a levar uma vida marcada pela Rua da Amargura. As peças de Marlowe tiveram a vantagem de serem apresentadas pela bem-sucedida companhia de Lord Admiral (Lorde Almirante) sob a direção de Alleyn, que ganhou dinheiro suficiente para dotar Dulwych de uma faculdade vinte anos após a morte de seu infortunado dramaturgo.

3. *O "Poderoso Verso" de Marlowe e a Nova Dramaturgia*

Nos "círculos de madeira" formados pelos edifícios dos teatros Burbage, o mais antigo, e Rose, de propriedade do sogro de Alleyn e do mais famoso agente teatral, Philip Henslowe, o público elisabetano viu, durante os anos 1587-1593, um conjunto de peças escritas por um jovem poeta que diferiam em qualidade de tudo quanto já fora apresentado até então. Os espectadores foram por ele açulados com tragédias de ambição e paixão cujas chamas subiam aos céus. Até então, nenhum dramaturgo invocara o mundo, a carne e o demônio de forma tão magnificente ou empregara versos tão vigorosos, e, no entanto, tão cadenciados, em suas encantações. Os versos brancos de *Gordobuc* e *A Tragédia Espanhola* eram, na melhor das hipóteses, adequados, mas os de Marlowe eram radiantes. O poeta satírico Nashe pode referir-se ao "dilatante empolamento de um fanfarronista verso branco", mas a posteridade agradecida o recorda como o "poderoso verso" de Marlowe.

Marlowe pode ter começado a escrever em Cambridge, quando compôs uma tragédia medíocre sobre o amor infeliz, *Dido, Queen of Carthage* (Dido, Rainha de Cartago), em colaboração com Nashe. Mas sua aparição no teatro profissional efetivou-se com grande pirotecnia. Embora longa, tediosa e informe, a tragédia de *Tamburlaine* formava um quadro por demais esmagador de aspirações colossais e conquistas avassaladoras que pode ser medido por alguma reguinha de base. Se Marlowe negligenciava todos os outros princípios da dramaturgia válida, não deixava de observar o mais importante, a tarefa de fornecer emoção e magia. Na presença do super-homem Tamburlaine as platéias podiam esquecer tudo menos a pompa do poder. A despeito, de todos os defeitos, a peça continha um elemento de grandeza que até então faltava em seu teatro, e a recepção dos espectadores encorajou o jovem dramaturgo a dar um *bis* numa Segunda Parte da tragédia.

Moldada a partir de juvenis sonhos de glória, *Tamburlaine* cristalizava uma época bem como uma personalidade. A paixão pelo poder e pela glória da Renascença ou da era elisabetana encontrou sua realização na estória do conquistador cita que, de pastor e montanhês, chega a ocupar uma dúzia de tronos, todos conquistados a golpes de coragem e devido a uma confiança indomável. O Tamburlaine de Marlowe é um poeta que se expressa na ação. Reveste seus sonhos de conquista duma linguagem tão magnificente quanto seus feitos. Ele não apenas derruba rei após rei em sua busca "do doce gozo de uma coroa terrena", mas é capaz de conquistar Theridamas, que está conduzindo uma esmagadora força contra ele, pelo simples poder mágico de sua língua. É também um amante da beleza que vê os apelos inatingíveis para ele e insiste que

Our souls, whose faculties can comprehend
The wondrous architecture of the world,
And measure every wandering planet's course,
Still climbing after knowledge infinite,
And always moving as the restless spheres,
Will us to wear ourselves, and never rest... *

"Se todas as penas que os poetas já empunharam" se combinassem para exprimir a beleza, acrescenta Tamburlaine, ainda assim permaneceria algo não expresso e não atingido,

One thought, one grace, one wonder, at least
Which into words no virtue can digest **.

A personalidade de Tamburlaine, combinada com a tumultuada ação e o bárbaro esplendor de suas batalhas e triunfos, oferece uma experiência memorável a que nenhum sumário pode fazer justiça. Podemos acrescentar apenas que a peça é aprofundada pelos elementos de compaixão incidental que nela existem e são tratados algo superficialmente. O conquistado Bajazet, imperador dos turcos, e sua rainha tornam-se figuras patéticas quando, incapazes de suportar cruéis humilhações por mais tempo, matam-se contra as jaulas nas quais são mantidos pelo conquistador. Zenócrate, a esposa de Tamburlaine, também toca a nota da piedade e há muita coisa comovente no rogo das donzelas de Damasco, que imploram o fim do sítio. Tais detalhes ajudam a contrabalançar até certo ponto o derramamento de sangue e a empolação com as quais o poeta se comprazia muitas vezes, correndo o risco de cair em burlesca extravagância.

A nota mais profunda ressoa pois na Segunda Parte da tragédia que narra os desapontamentos, as dores e o fim de Tamburlaine. Um de seus filhos demonstra a tamanha covardia que ele o mata; Tamburlaine também perde a amada Zenócrate, que o precede no túmulo e, embora continue invencido pelo homem, "a morte corta o avanço de sua pompa". O filho nada marcial, personagem composta tanto de sensibilidade quanto de covardia, é uma dura provação para o conquistador, e a perda de Zenócrate o envolve do mais profundo desespero. "Negra é a beleza do mais brilhante dia", brada, e sua ira contra um poder superior ao seu próprio só é escoada depois de haver queimado a cidade onde ele perdeu a mulher querida. Daí por diante, carrega o corpo embalsamado dela para onde quer que vá. Ademais,

(*) Nossas almas, cujas faculdades podem compreender / A maravilhosa arquitetura do mundo, / E medir o curso de cada planeta errante, / Continuam a correr atrás do conhecimento infinito, / E sempre movendo-se, como as esferas incansáveis, / Exigirão que nos desgastemos a nós mesmos, e nunca repousemos...

(**) Pelo menos um pensamento, uma graça, uma maravilha / que nenhuma virtude pode resumir em palavras.

Marlowe não perde a oportunidade de injetar uma pungente crítica da conduta cristã no episódio em que Sigismund viola o pacto contraído com seus aliados maometanos. Embora a Segunda Parte seja menos magnificente e escrita com maior pressa que a Primeira, na realidade significa um aprofundamento na mestria de Marlowe.

Tamburlaine foi seguido por uma série de imitações de segunda ordem, como *Alphonsus of Aragon* (Afonso de Aragão), de Robert Greene e *Battle of Alcazar* (A Batalha de Alcazar) de Peele, mas Marlowe já caminhara para a frente. Quando voltou a se ocupar do drama de ambição, mais ou menos um ano depois, seu campo de batalha era o intelecto. Muitos dos triunfos da Renascença foram obtidos dentro da mente conquistadora e Marlowe, o intelectual e amigo de intelectuais como Harriot, encontrou um tema excelente na estória medieval do mago Dr. Fausto. Um livreto popular alemão, publicado em Frankfurt no ano de 1587, narrava minuciosamente suas aventuras, uma balada sobre Fausto era popular na Inglaterra, embora possa ter sido composta depois da peça, e outras versões perdidas talvez estivessem em circulação. Estas possivelmente fossem apenas sensacionais contos de magia. Seu herói infeliz que selara um pacto com o demônio em troca de prazeres e poderes sobrenaturais, se tornou, porém, para Marlowe, um símbolo da tragédia da aspiração intelectual. Em Dr. Fausto o poeta criou um homem de erudição e ousadia que é consumido por uma paixão pelo poder o qual pode ser atingido somente com a ajuda de meios extraordinários. A mente é sua própria inimiga, e Fausto é assaltado por sua consciência que toma a forma de um anjo do bem. Muitas vezes se encontra à beira do remorso, e apenas a fraqueza de seu caráter e as ameaças do sombrio aliado o impedem de salvar a alma. Depois de experimentar o poder e atingir altíssimo grau de êxtase no episódio de Helena, quando a inefável beleza de Helena de Tróia surge ante seus olhos, Fausto é capturado pelos agentes do inferno.

No texto mutilado que chegou até nós, *Dr. Fausto* é uma peça extremamente desigual. Estruturalmente próxima das moralidades da Idade Média com sua luta entre o bem e o mal e sua recontagem dos Sete Pecados Capitais, a tragédia derramava o novo vinho da Renascença numa velha garrafa. Não obstante, a peça produz uma emoção consistente, alçando-se a um dos maiores clímax já atingidos na dramaturgia mundial quando Fausto conta sua última hora pelas batidas do relógio. Seu tormento produz aqueles versos inesquecíveis nos quais implora ao tempo que pare, e aqueles nos quais brada

O, I'll leap up to my God! Who pulls me down?
See, see where Christ's blood streams in the firmament!
One drop would save my soul — half a drop: ah, my
[Christ *.

Aterrado com a perspectiva dos sofrimentos eternos enquanto se aproximam os demônios, aspira pela dissolução de sua alma imortal:

O soul, be changed into little water-drops,
And fall into the ocean — ne'er be found **.

Seu último grito patético é o verso extraordinariamente dramático, "Queimarei meus livros". Sem dominar ainda as estruturas do drama, Marlowe atingiu a mestria sobre dois elementos inestimáveis — episódios excitantes e poesia dramática.

Ademais, a tragédia dobra de estatura quando vista em termos imaginativos mais que literais. Cada partícula de informação relativa a Marlowe brada contra a possibilidade de que tenha abordado sua estória levando em consideração seus valores superficiais. Como os clássicos gregos antes dele e Goethe depois dele, Marlowe reteve os velhos contornos e o pano de fundo de uma lenda sem aceitar seu significado convencional. Muito antes do fim da tragédia, permitiu ao infernal Mefistófeles exprimir um ponto de vista tão ortodoxo sobre o inferno quanto

Hell hath no limits, nor is circumscribed
In one self place, for where we are is hell
And where hell is there must we ever be ***.

Em outras palavras, o inferno é apresentado como um estado de espírito ou uma falta de graça, e a presença visível dos demônios ao fim serve apenas às exigências da representação teatral. A forma popular da peça dita a suposição de que a intenção primordial de Marlowe fosse escrever um "bom espetáculo", mas nosso conhecimento de Marlowe nos assegura que sua própria concepção do *Dr. Fausto* deveria estar próxima do simbolismo. A tragédia de Fausto é o empenho da mente irrequieta que busca aquilo que está além da compreensão humana e experimenta raros êxtases e desilusões durante a busca, mas é arrastada para a frustração e a derrota finais. A mente que salta por sobre os obstáculos do

(*) Oh, eu saltarei até meu Deus! Quem me puxa para baixo? / Vejam, vejam onde o sangue de Cristo escorre no firmamento! / Uma gota salvaria minha alma — meia gota: ah, meu Cristo.

(**) Oh, alma, transforme-se em pequenas gotas d'água, / E caia no oceano — nunca seja encontrada.

(***) O inferno não tem limites, e nem está circunscrito / A um único lugar, pois onde estamos é o inferno, / E onde é o inferno lá devemos estar.

poder humano finalmente torna-se sua própria vítima e sofre com os terrores e arrependimentos atávicos dos quais apenas alguns poucos intelectos, se é que há algum, estão totalmente livres. É numa tal concepção desta peça que podemos apreender sua exata dignidade e profundidade, mesmo que seu humor execrável — possivelmente de outra proveniência — permaneça um obstáculo. Se o público elisabetano não precisava desta interpretação e o "espetáculo" possa passar sem ela, não é menos verdade que a heterodoxa inteligência de Marlowe deve ter considerado esta fábula como uma verdadeira racionalista. Ele provavelmente a entendeu também num sentido autobiográfico, pois o drama de Fausto era, num certo sentido, o drama de Marlowe. Tal qual seu herói, ele era demasiado temerário para a paz de sua mente. Podemos inclusive concordar que "A própria veemência de suas profissões de impiedade era um sinal de que sua emancipação estava incompleta" [9].

Marlowe, porém, não sentia amor particular pelo simbolismo e pela fantasia, que ele com toda probabilidade devia associar às anêmicas frioleiras de Lyly. Após sua tentativa de injetar os objetivos e a ideologia renascentistas em material legendário, voltou a atenção para materiais mais literários e de menor alcance. O remanescente de sua obra foi, para o melhor e para o pior, inteiramente devotado a temas históricos objetivos. É bem possível que tenha auxiliado na composição da trilogia sobre *Henrique VI,* e em seu *Massacre de Paris,* inacabado e pobre na poesia, dramatizou, com patente desaprovação da intolerância, as lutas religiosas na França que culminaram com o massacre dos huguenotes no Dia de São Bartolomeu. Em *The Jew of Malta* (O Judeu de Malta), que seguiu o *Dr. Fausto* por volta de 1592, escreveu um drama de vingança baseado numa mixórdia de detalhes históricos. Barrabás, um rico judeu, é injustamente privado de metade de suas posses pelos cristãos de Malta, e quando levanta a voz para formular um protesto enérgico e varonil, todos os seus bens são confiscados. Uma desordenada sede de vingança se apossa dele e torna-se culpado de horrendos crimes executados com a diabólica perícia que os elisabetanos descreviam sob o termo "Maquiavelismo". Com o tempo entrega Malta aos turcos e depois os turcos aos cristãos antes de cair no caldeirão de água fervente que havia preparado para os primeiros.

O Judeu de Malta possui momentos de grandeza dos quais poucos dramaturgos foram capazes. Barrabás é uma figura magnífica no início da peça, tão claramente um poeta da riqueza quanto Tamburlaine o era das proezas militares. Mesmo quando se torna um monomaníaco a uivar por vingança, exerce o fascínio de uma personalidade poderosa.

(9) Legouis, Emile — *A History of English Literature* (com Louis Cazamian), Macmillan, pág. 418.

Também não há qualquer falta de fogo intelectual na peça. Marlowe mais uma vez aproveita a oportunidade para castigar a conduta "cristã", e joga o peso da simpatia sobre seu herói até que as vinganças deste excedem todos os limites. Faz com que Barrabás reflita sobre a diferença entre as afirmações e o comportamento cristãos:

For I can see no fruits in all their faith,
But malice, falsehood, and excessive pride,
Which methinks fits not their profession.
Haply some helpless man hath conscience,
And for this conscience lives in beggary *.

A despeito da crescente flexibilidade de seu verso dramático e do poder isolado de alguns detalhes, Marlowe não conseguiu superar as limitações da peça que gira ao redor do tema da vingança. *O Judeu de Malta* só chegou a nós na remendada adaptação de Thomas Heywood, tal como foi representada ante Carlos I. Se a informidade dessa edição de 1633 não deve ser atirada às costas de Marlowe, ainda assim ele é o responsável pelo tom geral do texto. O Barrabás de Marlowe torna-se um monstro e a única coisa que se permite à tragédia é caminhar pelo redemoinho de vinganças sucessivas que não conseguem lançar luz sobre o homem e os motivos que o movem. Caberia ao *Hamlet* de Shakespeare transformar a tragédia de vingança numa tragédia do homem, renovando destarte os feitos de Ésquilo e Eurípides em seu tratamento da estória de Orestes-Electra.

Contudo, Marlowe estava prudentemente dando passos rumo à sublimação das formas populares elisabetanas e, em seu famoso *Eduardo II,* representado em 1592, mais ou menos um ano antes de sua morte, Marlowe obteve uma tal sublimação do drama histórico que apenas Shakespeare conseguiria refiná-lo ainda mais. Além do mais, desta vez, talvez porque estivesse lidando com material histórico nativo de grande interesse, conseguiu o equilíbrio e a objetividade ausentes de seu trabalho anterior. Eduardo II afasta os nobres e a rainha devido a sucessivas paixões avassaladoras por Gaveston e pelo Jovem Spenser, seus favoritos arrivistas e ambiciosos. Ele é tão egocêntrico e extravagante quanto seus opositores são irritantemente arrogantes e desse conflito resulta a guerra civil. Assassinam Gaveston e depois, quando a roda da fortuna roda contra eles, perdem a vida nas mãos do rei, enquanto a rainha, Isabella, foge para a França em busca de proteção e ajuda. Mas ela e o amante retornam com um exército e Eduardo é derrotado, aprisionado e assassinado na cela pelo agente de Mortimer. Então

(*) Pois em toda a fé que ostentam não vejo outros frutos / Senão a malícia, a falsidade e o orgulho excessivo, / Os quais, segundo penso, não condizem com suas afirmações. / Ocasionalmente um homem desvalido demonstra ter consciência, / E por essa consciência vive na miséria.

o próprio Mortimer é executado pelo jovem rei Eduardo III e a rainha conduzida à Torre de Londres.

Como crônica histórica teatral, *Eduardo II* ocupa um posto tão alto quanto o *Ricardo II* e o *Ricardo III* de Shakespeare, se não estiver mesmo acima delas. Embora esta opinião esteja exposta à discussões, especialmente no que diz respeito ao *Ricardo II,* a efetividade e a distinção da tragédia de Marlowe não podem ser negadas. A trágica patologia de Eduardo pode tornar-se uma ninharia cansativa, mas é temerariamente penetrante e seus efeitos sobre o reino compreendem um quadro vividamente dramatizado, ainda que algo repetitivo, da guerra civil. Afora isso, a morte de Eduardo é uma das grandes cenas da dramaturgia universal e seu *pathos* minora o efeito de um caráter que de forma alguma foi admirável. (A não ser que alguém o aprove pela democrática escolha dos favoritos.) Em sua última peça Marlowe descobriu o poder da compaixão. Pela primeira vez em sua carreira de escritor, tomou um fraco para seu herói, e também surgem piedade e compreensão na criação da infeliz Isabella, que só se torna infiel a Eduardo depois de ser humilhada e negligenciada por longo tempo. Um aprofundamento na criação das personagens pode ser sentido nos retratos da infeliz esposa, de seu marido psicologicamente singular e de seu vacilante irmão, Kent. Os assassinos e os nobres são tipos ingleses até então ausentes em suas peças, e o jovem Eduardo III é uma das crianças melhor construídas da dramaturgia elisabetana. Além do mais, o verso de Marlowe agora está inteiramente liberto de extravagâncias; tornou-se o instrumento perfeito, e os versos estão tão próximos da fala cotidiana quanto a forma do verso branco poderia permitir *.

John Mason Brown faz com que Marlowe diga de si mesmo: "Eu era mais reservado do que a própria natureza da tarefa do dramaturgo lhe permite ser" [10]. Nunca se disseram palavras mais verdadeiras a respeito do conjunto de sua obra. Afortunadamente, em *Eduardo II,* estava principiando a ser menos reservado.

Apenas é perturbador perceber que Marlowe não conquistou a comparativa perfeição de *Eduardo II* sem algum sacrifício de grandeza. Os intoxicantes esplendores de *Tamburlaine,* e a chamejante criatividade de *Dr. Fausto* estão ausentes aqui. Shakespeare aprendeu a regular e humanizar seu talento sem precisar abaixá-lo. Marlowe aparentemente não conseguiu fazê-lo, embora talvez pudesse aprender com o tempo. Contudo, o teatro é um cruel mestre-escola. Não pode viver de nada que não sejam realizações e é ocioso

(*) A contribuição de Marlowe para o desenvolvimento da "crônica" ou peça histórica elisabetana pode, na verdade, ser ainda maior se, como se acredita, ele auxiliou na composição das partes 2 e 3 de *Henrique VI* e em *Ricardo III*. (N. do A.)

(10) Brown, John Mason — *Letters from Greenroom Ghosts*, pág. 86.

especular sobre o que Marlowe poderia ter conseguido fazer se fosse poupado pelo golpe de adaga que lhe pôs fim à vida em seu vigésimo-nono ano.

Sua contribuição especial estava efetivamente acabada. Entronara a poesia no teatro, enchera-o de poderosas personalidades e expressara suas lidas em cenas impressionantes. Mais do que qualquer outro dos predecessores de Shakespeare, convertera o palco elisabetano no teatro do individualismo romântico, e a tragédia elisabetana no drama da vontade feroz. Nenhum outra forma de arte dramática poderia ter exprimido essa era de expansão nacional em seus primeiros influxos de poder e expectativa. Dessa época, na medida em que apreendeu sua incipiente magnificência, Marlowe foi o indiscutível laureado. Sua própria imaturidade como homem e como artista o fizeram assim.

13. William Shakespeare

1. *O Homem de Stratford*

Marlowe, educado e formado segundo os clássicos, teria preferido passar para a posteridade como outro Ícaro que voou até muito perto do sol e tombou, mas ainda assim o historiador também deve considerá-lo como um São João Batista algo pesado. Anunciava outro maior que ele mesmo, ainda que sem dúvida não soubesse de quem se tratava e talvez nem mesmo fizesse muita questão de sabê-lo. Mais ou menos dois meses depois do nascimento de Marlowe, na cidade de Stratford-on-Avon nascia outro filho da classe média, o segundo tido pelo proprietário alodial, luveiro e tanoeiro John Shakespeare, que desposara a descendente da antiga casa de Ardens.

Os primeiros anos da vida de Shakespeare se passaram numa atmosfera de conforto e prosperidade enquanto seu pai conquistava posição após posição até atingir os altos postos municipais de regedor e bailio de Stratford. O rapaz recebeu a costumeira educação elementar e freqüentou um curso básico de humanidades (a "grammar school") onde adquiriu o "pouco latim", se não o "menos grego", que Ben Jonson lhe creditaria muito mais tarde. Mas não haveria carreira universitária para ele. Quando tinha treze ou catorze anos a fortuna de seu pai começou a desaparecer e, por volta de 1577, quando William atingia seu décimo terceiro aniversário, a família estava realmente reduzida à pobreza. William deixou a escola e trabalhou para seu pai e, a crer nas narrativas sem fonte definida, aliviava o tédio de uma vida de duro trabalho cotidiano com travessuras ocasionais e pequenos furtos inocentes no parque de Sir Thomas Luce. Seus choques com a lei contra o furto — que podem não ter incluído as chicotadas que, segundo a narrativa de Rowe, o rapaz teria recebido — ao menos parecem haver perdurado em sua memória ao tempo em que escrevia *The Merry Wives of Windsor* (As Alegres Comadres de Windsor), quando se refere ao Juiz Shallow que ostenta em sua cota d'armas "uma dúzia de lúcios brancos" (em inglês, a *dozen white luces*) e é objeto do mesmo trocadilho com "piolhos" (em inglês, *louses*) que aparece na balada sobre a "Piolhenta Lucy", atribuída a Shakespeare. Segundo tudo indica, o rapaz tinha algum espírito e estava possivelmente familiarizado com as toscas representações dos atores ambulantes que visitavam Stratford de tempos em tempos. Está claro que nessa época levava uma vida penosa e, em sua inquietação, parece ter fugido do cortume paterno, que incluía um pequeno e antiquado matadouro.

As precipitações e provações de um jovem se tornam ainda mais aparentes no ato irrefletido que o obriga a se casar aos dezoito anos, e é mais que sabido que o casamento se faz urgente, pois a noiva já está grávida. Menos de seis meses após o pedido para a licença de casamento, datada de 27 de novembro de 1582, (enquanto Marlowe ainda é um calouro na universidade), Shakespeare se torna pai. Três anos depois do nascimento de sua filha Susana, é novamente pai, desta vez dos gêmeos Hamnet (ou Hamlet) e Judith. Sua esposa, Anne Hathaway, é oito anos mais velha que ele e talvez por essa única razão as relações domésticas parecem não ter sido tão ideais quanto teriam desejado seus admiradores vitorianos. Não é impossível que Shakespeare estivesse recordando sua experiência quando colocou na boca do Duque, em *Twelfth Night; Or, What You Will* (Noite de Reis; ou O Que Quiserdes), uma advertência contra um casamento no qual o noivo é mais jovem que a noiva:

Let still the woman take
An elder than herself; so wears she to him,
So sways she level in her husband's heart *.

Suas memórias vão servi-lo até mesmo depois de passados tantos anos, na época em que escreve *The Tempest* (A Tempestade), onde afirma que as relações pré-nupciais servem para fomentar o "ódio estéril, o azedo desdém e a discórdia".

Depois de 1584 não há registro de que tenha permanecido junto à esposa ou de que a haja visitado até que seu filho único, Hamnet, morre aos onze anos e é enterrado aos

(*) A mulher deve sempre escolher marido mais velho do que ela, pois, assim, a união se torna mais perfeita e forte, conservando a mulher por mais tempo o lugar predominante no coração do esposo. (trad. de F. C. de Almeida Cunha Medeiros e Oscar Mendes.)

11 de agosto de 1596. Entre 1548 e 1592 Shakespeare pode ter trabalhado como mestre-escola no campo, embora os registros referentes a esses anos sejam nebulosos. Mas em 1592 se encontra certamente em Londres, já trabalhando como ator, produtor e dramaturgo.

Mergulhado no fervilhante caldeirão londrino por circunstâncias que ignoramos, por volta de setembro de 1592 está ativamente associado à Companhia de Lorde Strange que, mais tarde, será transformada na Companhia do Chamberlain. Sua ligação com o bem-sucedido grupo, do qual participavam o grande ator trágico Richard Burbage e também Will Kempe, um cômico consumado, provavelmente teve início em 1591, quando escreveu ou adaptou a segunda e a terceira partes de *Henry VI* (Henrique VI). No ano seguinte já obtinha êxito suficiente em sua profissão para suscitar a inveja e a ira de Robert Greene, homem de academia, o qual, falando não apenas por si mesmo mas também por Marlowe e outros dramaturgos educados o chama de "corvo arrivista, embelezado com nossas penas, que . . . se julga tão capaz de engrolar empoladamente versos brancos quanto os melhores dentre vós; e sendo um completo *Johannes fac totum,* é em sua própria opinião o único 'chacoalha-cena' * do país". Ademais, o jovem, que alguns anos antes provavelmente era apenas um anônimo curioso que rondava os teatros, mesmo que seja apócrifa a estória segundo a qual ele segurava cavalos na porta da casa de espetáculos, já exigia uma certa medida de respeito. Henry Chettle, o editor do grosseiro panfleto de Greene, *Groat's Worth of Wit,* desculpa-se pelas calúnias levantadas contra Shakespeare, declarando: "Com meus próprios olhos vi seu comportamento que é tão cortês quanto ele é eminente no ofício que exerce. Afora isso, várias pessoas tomadas de extrema admiração contaram de sua retidão nos negócios, o que vem testemunhar sua honestidade, e sua jocosa graça no escrever, que confirma sua arte" [1].

Durante os dois anos seguintes Shakespeare prossegue seus trabalhos literários para diversas companhias. Escreve *Richard III* (Ricardo III), que é uma continuação de *Henrique VI; Titus Andronicus,* (Tito Andronico), uma peça de vingança na tradição Sêneca-Kid, que ele provavelmente retocou mais do que criou, e sua *Comedy of Errors* (Comédia dos Erros), uma adaptação livre dos *Menaechmi* (Gêmeos), de Plauto e ao mesmo tempo um tributo à tradição humanista da comédia italiana que antecedera a explosão teatral da era elisabetana.

Mesmo essas primeiras obras já descortinam mais progresso do que se poderia esperar de um labrego semi-educado vivendo em circunstâncias normais. Mas as circunstâncias

(*) No inglês, Greene usa a expressão *Shake-scene,* trocadilho intraduzivel com o sobrenome do poeta, *Shakespeare.* (N. dos T.)

(1) Em *Kind-Hearts' Dream* de Chettle.

estavam longe de serem normais. Poetas nascem, se é que eles também são feitos, e o rapazola de Stratford parece ter tido o mais natural dom para a imagística e a musicalidade verbal que em qualquer tempo foi conferido a um ser humano. Seu conhecimento da paisagem inglesa, das flores e dos pássaros, pode ter sido adquirido com facilidade durante suas peregrinações pelo campo. Um conhecimento do coração humano e do comportamento humano deve ter atingido sem grandes barreiras um jovem observador que partilhou das vicissitudes de sua família, ainda bem moço conquistou considerável experiência nos negócios ao invés de estar encerrado numa universidade, se tornou pai aos dezoito anos e um viajor errante aos vinte e dois. Então, chegando à cosmopolita Londres, encontrara um novo mundo abrindo-se à sua frente. "Ao tempo de Shakespeare todas as influências do velho e do novo encontravam-se e confundiam-se", e "o completo ecletismo e confusão de seu tempo conferiram-lhe aquela universalidade" que ele partilhou com tantos elisabetanos.

Ele experimentara a vida de um rico burguês durante a infância e a pobreza de um camponês durante a juventude. Também possuía um elo de ligação com a baixa nobreza através de sua mãe e através da própria vida de um período durante o qual as classes baixas estavam alcançando a independência e os homens podiam conquistar seu lugar ao sol. Mentalmente pertencia tanto à classe média quanto à aristocracia numa época em que as fronteiras de ambos os grupos eram decididamente elásticas. Acrescente-se a isso o fato de que no mundo semimarginal de atores e boêmios dramaturgos ele também podia adquirir alguma familiaridade com os "proletários" e vagabundos de seu tempo, e está claro que em pouco tempo Shakespeare, na verdade, se assenhoreara de uma vasta rede de relações desse tipo.

Ainda que sua educação formal fosse imperfeita, sua idade e as condições de sua vida podiam suprir a deficiência de forma notável. Os clássicos começavam a ser encontráveis em inglês através de um número sempre crescente de esplêndidas traduções como a versão de North das *Vidas* de Plutarco, já editada em 1579, e diversas transcrições de Ovídio, Sêneca, Virgílio e outros autores básicos de uma educação humanista. Um pouco mais tarde, em 1598, também já lhe era possível familiarizar-se com o *Homero* de Chapman e as traduções de Florio dos provocantes ensaios de Montaigne. O conhecimento de línguas estrangeiras é um desiderato mas não uma condição indispensável para o talento criativo. Ademais, muitos ensinamentos podiam ser colhidos nas conversas com atores e boêmios, bem como em numerosas peças mais antigas que o jovem Will leu ou adaptou. Shakespeare se tornou um filho da erudição humanista por adoção.

Havia em toda parte material disponível para um dramaturgo profissional. Shakespeare o encontrou em um sem-número de peças mais antigas, muitas das quais serviram de base para seus próprios trabalhos; nas *Crônicas* sobre a Inglaterra de autoria de Holinshed, em outras histórias e nas *Vidas* de Plutarco; em narrativas românticas inglesas como a *Arcadia* de Sidney e a Rosalind de Greene e nas *novelle* ou contos italianos explorados com tanta freqüência pelos elisabetanos. A técnica também era facilmente adquirível. Para um dramaturgo florescente era inestimável a experiência de trabalhar como ator nas peças, e em seu tempo Shakespeare foi um ator de renome, ainda que não atingisse a proeminência de um Alleyn ou de um Burbage. A colaboração com outros escritores e a readaptação de textos anteriores também permitia conquistar um preciosíssimo treino. De Kyd podia apreender os métodos de preencher o palco com ações de extraordinária força, de Marlowe era possível aprender a transfigurar a ação por meio da poesia e a capturar a imaginação dos espectadores com personalidades heróicas. O truque das alusões clássicas ele podia adquirir de um número infinito de peças, enquanto que a refinada retórica de Lyly servia de modelo para as tiradas brilhantes e o diálogo refinado das comédias em voga.

O conteúdo intelectual podia ser aspirado do próprio ar da sociedade elisabetana por uma inteligência tão aguda quanto a sua. Problemas de governo; os triunfos e fracassos das personagens históricas; o divino direito dos reis, o direito de rebelião e os direitos dos indivíduos; questões religiosas, aspirações nacionais, política exterior, filosofia humanista, indagações científicas e especulações metafísicas — estes e outros temas ocupavam todos os súditos inteligentes da rainha Bess. Quando Shakespeare a eles alude ou neles se aprofunda, está simplesmente num terreno comum a inúmeros outros escritores menores da época. Shakespeare é singular apenas em sua imensa faculdade de assimilar o fermento intelectual de seu tempo, de associá-lo convincente e apropriadamente a personagens vivos, e de fixá-lo no molde de suas situações dramáticas com um considerável efeito de justeza e de inevitabilidade dramática. E porque esses pensamentos são captados com a intensidade de algo recém-descoberto, porque tudo é sentido por ele com êxtase, paixão e singularidade, Shakespeare parece um dramaturgo mais abrangente que qualquer outro que o tenha seguido. Ele assimila a Renascença elisabetana como que por osmose. Isso não o torna um pensador social ou filosófico, mas faz dele um dramaturgo de escopo quase infinito.

Não menos marcante é a personalidade do homem que arrecada seus tributos dos ricos recursos dessa era. Seu dom poético se desenvolve obviamente sob a influência de uma época na qual o verso lírico e branco estão sendo constante mente aperfeiçoados, ainda antes mesmo que ele esteja pronto a contribuir para seu progresso. Sua inigualada mestria da linguagem é alcançada num período em que as palavras não se tornaram já endurecidas e cunhadas como uma moeda, mas ainda são plásticas, e quando as frases ainda estão comparativamente livres da gramática dos mestres-escola. Entretanto, a fantástica facilidade com que Shakespeare envolve em meio às cadências e a um vocabulário riquíssimo também é essencialmente um dom pessoal. Se, com respeito a seus dotes verbais e poéticos, ele não difere de outros mestres elisabetanos no gênero, difere deles em grau — e o segredo da superioridade humana é, afinal das contas, uma questão de grau.

Vivacidade mental e equilíbrio formam a espinha dorsal de sua personalidade. Sua vivacidade promove uma observação tão aguda e uma tal plasticidade do intelecto que toda experiência ou sensação deixam sua marca sobre ele — o poeta absorve tudo, não rejeita nada. Sua alma comparativamente equilibrada o salva em sua maturidade dos excessos aos quais sucumbiam os dramaturgos elisabetanos. Contudo, esse dom ele não deve apenas à doçura de temperamento, atribuída a ele por todos os seus contemporâneos, e tampouco o deve apenas ao extremo refinamento de sua inteligência. Shakespeare difere de seus colegas em genialidade por possuir uma grande dose de humanidade simples, um abundante suprimento de bom senso, uma palpável porção de terra em seu fogo.

Thomas Mann observou em um de seus ensaios que o maior dos gênios contém sempre um elemento de lugar-comum e é o melhor por possuí-lo. Esse resíduo de terra serve de elo entre o gênio de um homem e a realidade cotidiana; entre a humanidade extraordinária, que corre o risco de se perder mui facilmente entre as nuvens, e a humanidade ordinária que é o material básico do esforço criativo. Esse ponto é especialmente bem ilustrado por Shakespeare, que é um típico burguês em sua corrida atrás da afluência e em sua demanda de uma patente de nobreza. Como Balzac, que viveu num período similar de expansão comercial. Shakespeare está constantemente fazendo investimentos financeiros. O mesmo espírito prático faz dele o hábil empresário teatral que conhece todos os pontos fracos do público para o qual está representando e vira com a maré da moda no teatro, voltando-se para qualquer gênero dramático — comédia, drama histórico, tragédia e romance ou a assim chamada tragicomédia — que esteja temporariamente no gosto dos espectadores. Como ator, dramaturgo e acionista de sua companhia, ele não podia, na verdade, pairar acima de considerações práticas. O efeito de um tal ecletismo em sua arte não pode ser superestimado; sua obra contém quase um mundo inteiro, capta inúmeros aspectos de humanidade, e projeta a realidade para um plano mais amplo que o de qualquer outro escritor, com a possível exceção dos romancistas Balzac e Tolstói.

Claro está que nem mesmo Shakespeare conseguiu superar todas as limitações de seu meio ambiente particular em Londres. Não captou todos os fenômenos apresentados pela Europa renascentista; nenhum indivíduo isolado poderia fazê-lo. Os estimulos revolucionários que produziram a revolta dos Países-Baixos e o levante socialista dos Anabatistas na Alemanha não entraram no âmbito de sua obra. A batalha pela liberdade religiosa na Europa o afetou apenas de leve; se ele não parece ter sido tão intolerante em relação ao Catolicismo quanto muitos de seus colegas *, também não enuncia amplos princípios de tolerância religiosa e, quanto aos Puritanos ou Dissidentes Protestantes, manteve uma atitude de incansável hostilidade.

A ciência renascentista encontrou expressão em algumas de suas alusões e em sua atitude para com a vida após a morte e para com a justiça divina. O Hamlet moribundo está preocupado apenas com a reputação póstuma ou "nome maculado", que ele confia ao seu amigo Horácio — "o resto é silêncio". "Uma divindade molda nossos fins", mas não somos informados a respeito dos princípios de que ela lança mão para fazê-lo. Gloucester vê uma volubilidade maligna na operação do universo —

As flies to wanton boys are we to the gods;
They kill us for their sport **.

E não há ninguém na tragédia para contradizê-lo! Se o mal é punido com freqüência nas peças de Shakespeare, o triunfo do princípio moral não conserta nada do que está errado e nem atua como bálsamo para corações feridos com exceção das comédias e tragicomédias, onde a vida não é tratada com seriedade. Ademais, o vilão é derrotado por ter ele próprio semeado os germes de sua destruição e não devido à intervenção de um deus. Até esse ponto Shakespeare reflete a perspectiva mundana da Renascença. Mas o sonho de Bacon, de aperfeiçoar métodos científicos e usá-los para conquistar o controle da natureza não encontra expressão na obra de Shakespeare. E este dramaturgo que é geralmente moderno em seus trabalhos também não está livre de um certo sobrenaturalismo remanescente de outras épocas e partilhado pela maioria de seus contemporâneos, embora ele faça excelente uso de suas feiticeiras e fantasmas.

No terreno da política é insular: até mesmo seus caracteres italianos são habitantes da Inglaterra, a glória ou a pros-

(*) Há quem sustente inclusive que ele morreu na antiga fé. Veja-se Clara Longworth de Chambrun e seu trabalho *Shakespeare Rediscovered*, Scribners, 1938.

(**) Como moscas para meninos caprichosos assim somos nós para os deuses. / Eles nos matam para seu prazer.

peridade da Inglaterra são sua única preocupação e inclina-se às vezes a um certo chauvinismo. Sua visão também não vai muito além de uma benevolente autocracia, ainda que, ao contrário das suposições de certos eruditos, não seja um furibundo reacionário a alimentar infinito desprezo pela plebe. Simplesmente não a considera uma fonte de governo na qual se possa confiar: a não ser em suas tragédias romanas, onde está lidando com material já determinado, simplesmente não representa o povo comum como uma força política de influência quer para o bem quer para o mal. No que se refere à justiça social, ele tipicamente esquece a penúria do expropriado campesinato inglês quando os "cercados" para a criação de ovelhas (tendo em vista a crescente indústria da lã) reduziram considerável parte da população ao estado de vagabundos que iriam por fim compor o proletário assalariado do capitalismo moderno. É crítico em relação ao feudalismo, retratando seu fracasso em *Henrique VI, Henrique IV* e *Henrique V;* também não tolera a monarquia irresponsável ou incompetente tal como é exemplificada por um oscilante rei João e um estouvado Ricardo II. Mas neste caso está simplesmente surrando num cachorro morto, a não ser que sua crítica deva ser tomada positivamente como uma glorificação da antifeudal e responsável monarquia elisabetana.

No que se refere ao plano social, sua reação mais positiva é, na verdade, essa preocupação com um governo estável, ao qual está associado seu interesse pelo bem-estar da grande massa da população que depende de um tal regime. Em tragédias de discórdia civil, como *Macbeth* e *Rei Lear,* causadas por usurpações e corrupções da realeza, é toda a nação quem sofre. O poeta não se perturba muito pelo fato de a monarquia estável que celebra ser absolutista; seus personagens da classe média arrumam-se de modo a prosperar dentro dela, como na realidade o fizeram até os últimos anos de Elizabeth, quando começaram a sentir os efeitos do monopolismo. Ele observa o impulso de auto-afirmação e independência dessa classe em muitas peças e registra sua alegria. A cura para uma autocracia irresponsável, em suas peças, é a rebelião, à qual opõe os direitos divinos do governante em questão. (Sem, no entanto, denunciar aqueles que os violam, desde que, é claro, eles sejam de sangue real.)

É na perspectiva e contúdo geral da obra de Shakespeare que se encontra aquela súmula de uma grande época e aquela ampla pertinência ao gênero humano que, à falta de uma palavra mais exata, os homens chamam de "universalidade". Para Shakespeare, tanto quanto para sua era, a chave da vida é a afirmação do individualismo. Criou personagens altamente individualizadas com mais abundância que qualquer outro dramaturgo, e os conflitos em suas peças são invariavelmente produzidos pelo exercício da vontade humana. O homem luta contra o homem e não contra o Destino, Deus, a hereditariedade ou os distúrbios glandulares. O drama shakespeariano é o drama da vontade individual.

Torna-se evidente por si só que um teatro dessa natureza é gloriosamente ativo e excitante, podendo perscrutar inúmeras profundezas da personalidade humana e sendo capaz de imensa clareza e poder de definição. E visto que em todas as eras o homem existe e exerce sua vontade, o supremo mestre do "teatro do indivíduo" é inevitavelmente universal, ainda que suas personagens tragam estampado em si o selo de seus próprios tempos. Ademais, num período em que as diferenciações de classe começam a se tornar flexíveis, Shakespeare dá sua atenção a representantes de quase todos os níveis da sociedade. A mesma mão que desenha príncipes e nobres também delineia mercadores, oficiais subalternos, soldados rasos, trapaceiros e vagabundos. A mesma individualização se estende aos dois sexos e alguns dos maiores triunfos de sua arte serão encontrados em suas personagens femininas.

O gosto pela vida sentido com tamanha intensidade numa época plena de dinamismo pulsa em cada página de sua obra. Risos e lágrimas, ambição concentrada e ações desperdiçadas, sérias profissões e a jovial busca ao prazer atropelam-se uns aos outros na mesma obra. Intensidade é tudo! Suas personagens são quase todas formadas por ativas personalidades, desde heróis que conquistam coroas ou a glória até andarilhos ou vagabundos que roubam bolsas e dormem em celeiros, desde rainhas apaixonadas até marafonas * promíscuas e donzelas núbeis que se vestem com roupas de rapazes para seguir os homens de seu desejo.

O que é mais, suas personagens triunfam até mesmo sobre suas deficiências. Arrancam novas intensidades de suas derrotas quer estas se devam a impedimentos físicos, no caso de Ricardo III, quer seu motivo esteja em falhas externas produzidas por seus próprios erros ou maldades. Quando Ricardo II, por exemplo, é destronado, revela novos recursos de força numa sensibilidade intensificada e dignificada que investe o irresponsável acovardado de nobreza e novo interesse. Lear nunca é derrotado; em momento algum é tão impressionantemente positivo quanto no momento em que é expulso por suas filhas, e não é apenas emocionalmente enaltecido por seus sofrimentos como também sai deles intelectualmente amadurecido, desde que ganha uma nova compreensão da vida. Otelo reafirma sua dignidade após o longo sítio de fátuo ciúme no momento em que se apunhala. Macbeth nunca é tão glorioso quanto no instante em que, saindo de sua sórdida e sangrenta usurpação do trono, chega à percepção de que "todos os nossos ontens iluminaram para os loucos o caminho da poeira da morte" (trad. de F. C. de Almeida Cunha Medeiros e Oscar Mendes) e parte com

(*) O autor faz aqui um trocadilho com as palavras *queen* (rainha) e *quean* (prostituta) sem correspondente em português. (N. dos T.)

bravura para encontrar a morte inevitável no campo de batalha. Ricardo III recusa-se a aceitar as limitações de seu corpo aleijado, compensando-o com uma mente implacável e um espírito ousado que não lhe faltam nem mesmo em sua última hora. Em suma, as personagens possuem a correta estatura trágica.

Mesmo suas personagens cômicas — de alta ou baixa estirpe — apresentam uma exaltante auto-segurança. Talvez o maior triunfo obtido com qualquer personagem no teatro seja Falstaff. Com muita aptidão, John Palmer chamou o barrigudíssimo cavaleiro de Shakespeare de "a mais vital expressão existente na literatura da determinação do homem para triunfar sobre o corpo vil". Em seus velozes recursos de inteligência e espírito temos "a imagem de toda a humanidade como uma criatura de divina inteligência atada a uma barriga que deve ser alimentada" — e lubrificada.

A atividade intelectual, desenvolvida apenas pelo prazer que confere, também suplementa a luta pela auto-afirmação. Encontramo-la no brilhante jogo verbal consignado a todos os estratos da sociedade, em inúmeras alusões e reflexões e nas perguntas e dúvidas de uma multidão de personagens. Mercúcio, Jaques, Lear e Hamlet — príncipes e tolos — são todos indagadores. Mesmo Romeu, absorvido em sua paixão juvenil, não deixa de refletir no destino que cabe a um pobre boticário e na maldição do ouro enquanto paga ao homem pelas drogas que comprou: "Eu vendo o veneno; tu não me vendeste nenhum". A paixão pela indagação que domina o mundo moderno encontra seu epítome na constante vivacidade mental das personagens de Shakespeare.

Finalmente — na medida em que se pode escrever *finis* a uma análise tão limitada — a chave de abóbada para a dramaturgia shakesperiana é seu humanitarismo, que se ergue em contraste tão acentuado com a filosofia "maquiavélica" da vontade-de-poder, que era corrente na época e foi glorificada por Marlowe. Sem tocar os tambores de uma democracia inexistente ou abraçar a causa dos deserdados camponeses elisabetanos e denunciar os ultrajes das bárbaras leis penais da rainha, Shakespeare é o maior humanista que jamais escreveu para o teatro. Reformadores tão resolutos quanto Ibsen e Shaw não podem aproximar-se dele nesse terreno. A habilidade de Shakespeare em criar personagens infinitamente humanos brota de um abrangente amor pelo homem que nenhum grau de pessimismo em seu período de apogeu poderia obliterar. Não é um filantropo tão invertebrado a ponto de poupar o látego da sátira, e podia arrancar a máscara da humanidade corrupta de modo tão rude quanto Jonathan Swift o faria mais tarde. O pessimismo o domina durante a época em que escreve o *Rei Lear* e *Tímon de Atenas*. Mas não é tão calvinisticamente rigoroso a ponto de condenar a humanidade em geral ou por muito tempo. Depois de suas sombrias tragédias, nas quais sempre há personagens tão nobres quanto Kent e Cordélia, vem a ensolarada procissão de suas peças românticas. De verdadeira torpeza há pouco ou nada em suas peças e, provavelmente com exceção de *Tímon* e *Troilo e Créssida,* nunca é um cínico impessoal, mesmo quando desmonta o mundo.

Exceto em *Tito Andronico,* uma das primeiras obras da primeira fase, nunca perdoa a violência caprichosa, o erro ou a injustiça, e é imune àquela intoxicação poética pela magnificência do poder que domina a maior parte da obra de Marlowe. Seus governantes e conquistadores não são senão carne, não importa o quão gloriosa seja, em última análise acabará por se transformar em cinza inglória. Aqueles que vivem pela espada — seus usurpadores, tiranos e assassinos — morrem pela espada. Shakespeare é um poeta da *Hubris* — ou orgulho desmedido — tão grande quanto Ésquilo. Sua análise da grandeza maculada de sangue é sempre um dos pontos altos de sua arte e a figura histórica que prefere, Henrique V, é um governante humano e democrático que se mistura com todas as classes.

As grandes personagens trágicas ou históricas aprendem sem exceção, em grau maior ou menor, que todo poder é vaidade. Entretanto, as maiores delas dão ainda um largo passo a mais; tornam-se oráculos da piedade humanitária. Hamlet tem uma dolorosa consciência da

The oppressor's wrong, the proud man's contumely,
The pongs of disprized love, the law's delay,
The insolence of office, and the spurns
That patient merit of the unworthy takes *.

O rei Lear, em meio à grande tormenta, percebe todas as misérias que lhe escaparam quando governava seu reino —

Poor naked wretches, whereso'er you are,
That bide the pelting of this pitiless storm,
How shall your houseless heads and unfed sides,
Your loop'd and window'd raggedness, defend you
From seasons such these? O! I have ta'en
Too little care of this. Take physic, pomp:
Expose thyself to feel what wretches feel,
That thou mayst shake the superflux to them,
And show the heavens more just **.

(*) ...injúria do opressor, a afronta do soberbo, / as angústias do amor desprezado, a morosidade da lei, / as insolências do poder e as humilhações / que o paciente mérito recebe do homem indigno... (trad. de F. C. de Almeida Cunha Medeiros e Oscar Mendes)

(**) Pobres miseráveis nus, onde estiverdes, vós que sofreis os golpes encarniçados desta implacável tempestade, como vos defendereis de um temporal semelhante com vossas cabeças de furos e aberturas? Oh! preocupei-me muito pouco com isto! Pompa, toma este remédio; expõe-te a sentir o que sentem os desgraçados, para que possas deixar cair sobre eles teu supérfluo e mostrar os céus mais justos.

Nenhum grito comparável ressoou no teatro desde que Eurípides perturbou a consciência de seu público ateniense dois mil anos antes. E mesmo o humanista ático não lançou um assalto tão frontal contra a corrupção numa dúzia de versos consecutivos quanto a segunda explosão de angústia de Lear, na sexta cena do quarto ato, que tem início com a afirmação "Nisso pudeste contemplar a grande imagem da autoridade: um cão que é obedecido quando exerce sua função" e conclui:

Through tatter'd clothes small vices do appear;
Robes and furr'd gowns hide all. Plate sin with gold,
And the strong lance of justice hurtless breaks;
Arm it in rags, a pigmy's straw doth pierce it *.

Sem sucumbir ao que Shaw denominou de "bardolatria", não se pode negar que os resultados obtidos por Shakespeare demonstram ter sido ele um dos espíritos verdadeiramente grandiosos do mundo. Contentar-se com uma descrição dele como um consumado homem de teatro — o que era sem qualquer sombra de dúvida — é incorrer em grosso filistinismo. Os críticos românticos, Coleridge e seus seguidores, podem ter caído no erro oposto, o de reclamar para Shakespeare toda e qualquer virtude imaginável, mas estavam mais próximos de uma justa apreciação de sua grandeza do que os estreitos exegetas que iriam julgá-lo sob os mesmos parâmetros que aplicam a um Ferenc Molnar ou a um Noel Coward. Com o tempo, a apoteose de Shakespeare se tornou nauseante, e o único caminho para fugir às ânsias de vômito era apontar para seus pés de barro. Mas esquecer que foi um grande homem a expressar uma grande era, e que o foi também, como diz o memorável verso de Ben Jonson, "não de uma época mas para todos os tempos", é escolher a asinino em detrimento do divino.

2. *A Carreira de Shakespeare no Teatro*

É impossível tentar qualquer análise detalhada da obra de Shakespeare num único capítulo. Isto também seria supererrogatório em qualquer outra coisa exceto um livro devotado exclusivamente ao tema e dotado de novas informações ou interpretações, como o livro de Mark Van Doren sobre Shakespeare. Se algum esforço para falar de sua obra está sendo aqui envidado, é apenas como alternativa preferível para não deixar um claro gritante em nosso exame da dramaturgia. Felizmente, porém, o leitor acha-se em condições de preencher os detalhes do esboço, e se estiver interessado em maté-

(*) ...os vícios pequenos são vistos através dos andrajos; a púrpura e o arminho tudo ocultam. Põe couraça de ouro no pecado e a terrível lança da Justiça se quebrará impotente contra ele; arma-o com farrapos, que a palha de um pigmeu o traspassará. (trad. de F. C. de Almeida Cunha Medeiros e Oscar Mendes.)

rias de interpretação, que também são sempre matérias de controvérsia, há bibliotecas inteiras à sua disposição. É a carreira de Shakespeare como dramaturgo que pode ser mais facilmente delineada numa dúzia de páginas, e um tal debuxo serve a um propósito se o revela assimilando os avanços feitos pelo teatro renascentista, enriquecendo esse teatro, conferindo-lhe maior escopo e profundidade, e fazendo deste o espelho de uma época em particular e da humanidade em geral [2].

Voltando a 1594, o ano em que o deixamos Shakespeare escreveu as seguintes peças autênticas: *Henrique VI,* partes dois e três (1590-91), seqüências de uma peça anterior composta por autor ou autores diferentes, *Henrique VI,* primeira parte (1591-92); *Ricardo III* e *A Comédia dos Erros* (1592-93); *Tito Andronico* e, provavelmente, *A Megera Domada.* Ver-se-á pois que ele já se aplicou à história da Inglaterra, à farsa e ao melodrama de vingança.

Não fez nenhum avanço nesse setor mencionado em último lugar. Mesmo que consideremos ter ele inventado poucos dos execráveis detalhes de *Tito Andronico,* certamente não conseguiu melhorar muito o material que dispunha. Incrível como parece o fato de que Shakespeare tenha escrito esse *Grand Guignol,* é bastante crível que um jovem homem de teatro, cheio de confiança em si mesmo, tivesse tentado explorar uma certa moda indo aos seus extremos.

A trilogia sobre *Henrique VI,* baseada em peças mais antigas, partes das quais permaneceram inalteradas, é desordenada e muitas vezes repetitiva bem como pobremente versificada. Há na obra um toque de Greene e a mão de Marlowe pode ser detectada em diversas passagens que ou foram escritas por ele ou foram compostas sob sua influência. Mas mesmo assim, aqui o estilo de Shakespeare está começando a tomar forma, inúmeras passagens são felizes e sobejam belos toques de caracterização. Uma profunda reprovação da discórdia civil permeia essa obra na qual a maior parte dos trágicos eventos que sugaram até a última gota de sangue da Inglaterra são vistos como o resultado direto da anarquia feudal. Uma passagem cheia de compaixão fala pela gente simples do povo; um pai descobre que matou seu filho e um filho descobre que chacinou o pai, ambos numa causa que não era realmente sua. Lutaram simplesmente porque pertenciam a nobres diferentes, e o rei que presencia as duas tragédias grita:

> *While lions roar and battle for their dens,*
> *Poor harmless lambs abide their enmity* *.

(2) Quanto à cronologia, estou seguindo E. K. Chambers. V. seu *William Shakespeare: A Study of Facts & Problems,* Oxford University; e seu resumo por Charles Williams, *A Short Life of Shakespeare with the Sources,* 1933.

(*) Enquanto os leões rugem e batalham por seus covis. / Pobres ovelhas inofensivas sofrem as conseqüências de sua inimizade.

Ademais, essa trilogia da Guerra das Duas Rosas, do tremendo cadinho do qual emergiu a Inglaterra moderna, está repleta de momentos excitantes e possui um grande valor narrativo. Na primeira parte, é inflamante a cena dois do II ato, quando as rosas branca e vermelha são colhidas como emblemas das facções rivais, e se as façanhas de Joana D'Arc são tratadas cruamente e sem simpatia, ao menos contêm grande dose de ação e tensão. O "bravo Talbot", o general inglês, é uma personagem arrojada, e o peso da enfase está no risco de uma nação em guerra quando seus chefes se engajam em ambições privadas. Na segunda parte, a rebelião de Jack Cade, embora seja tratada de forma pouco simpática, é uma pintura realista de como a anarquia nas camadas mais altas da sociedade inevitavelmente é duplicada nas camadas mais baixas. A parte final da trilogia, que trata da continuidade da guerra civil, está plena de compaixão e terror. Henrique VI, o monarca irresoluto, é uma personagem patética, e a sinistra figura de Ricardo de Gloucester, que em breve se tornará Ricardo III, agiganta-se através das cenas como um portento de barbarismo que está por vir.

Entretanto, na trilogia, Shakespeare ainda depende muito de outros autores; mais de 3 200 versos de *Henrique VI,* partes dois e três, foram tomados integralmente de duas peças anteriores, *The First Part of the Contention* (A Primeira Parte da Contenda) e *The True Tragedy of Richard Duke of York* (A Verdadeira Tragédia de Ricardo, Duque de York).

Em *Ricardo III,* que continua a estória iniciada na terceira parte de *Henrique VI,* ele cria um efeito unificado e se aprofunda na completa caracterização de uma personalidade dinâmica. Tal como Marlowe, voltou-se para o estudo de uma figura maquiavélica, e o corcunda Ricardo é quase sublime em sua força demoníaca e energia inumana. É o produto de uma sensação de inferioridade física em busca de compensação num sentimento de superioridade. Também é o fruto amargo da dissenção civil, o supertirano que supera as pequenas tiranias de uma aristocracia desorganizada com a terrível eficiência de uma única vontade concentrada. Finalmente é derrubado pelo ódio que semeou, e em última análise falha tanto como governante quanto como homem que é condenado a sofrer o tormento de uma solidão sem qualquer espécie de afeto. "A cobiça do poder é para ele uma agonia que vem das entranhas" [3].

Nessa obra Shakespeare já está indo além de Marlowe em virtude de seu senso de realidade mais aprofundado, de sua compreensão mais segura da personagem e de sua alma mais equilibrada. Esse drama da política do poder e de um super-homem nada tem de ingênua adulação de *Tamburlaine.* Apenas na carência de harmonia e em algumas personagens

(3) Brandes, Georg — William Shakespeare, pág. 131.

menores relativamente negligenciadas é que *Ricardo III* se torna inferior às grandes obras-primas de Shakespeare. O que a peça ganha em poder concentrado, ela perde na dimensão de sua humanidade. Ademais, o jovem dramaturgo ainda não subjugou a arte da sutileza, e as personagens se explicam autoconscientemente em monólogos: "ainda não chegou o tempo em que Shakespeare deixará de sonhar em fazer suas personagens entregarem formalmente aos espectadores a chave para seu mistério" [4].

A *Comédia dos Erros* é a primeira aventura de Shakespeare no terreno do humor e da jovialidade. Compõe uma tola farsa de identidades trocadas e se apóia em um dos mais antigos e mais óbvios recursos do teatro cômico. Em *A Comédia dos Erros* as fontes do riso jazem inteiramente em situações baseadas numa hipótese extravagante. Apenas Adriana, a esposa ciumenta, possui uma sombra de realidade. Mas já é algo para Shakespeare ter descoberto um dos principais recursos do dramaturgo prático — ou seja, o truque de arrumar uma trama e mantê-la em movimento, que é simplesmente a indispensável arte da invenção dramática. E em *A Megera Domada,* na qual ainda se podem descortinar alguns traços de colaboração, manipula esse dom com probabilidades consideravelmente maiores, ao mesmo tempo que penetra em um reino mais elevado de comédia. Descobriu a arte de extrair humor da personagem e não apenas da simples fabricação de um incidente. Sua megera Catarina e seu domador Petruchio são personalidades vividas e travam o duelo dos sexos com riqueza de divertimento. O riso começa a tornar-se uma das grandes realizações de seu criador.

Por essa época sobrevém uma interrupção e os teatros são fechados devido a uma praga na cidade. Shakespeare volta-se para empreendimentos mais puramente literários, escrevendo seus dois poemas erótico-narrativos, *Venus and Adonis* (Vênus e Adônis), em 1593, e *The Rape of Lucrece* (A Violação de Lucrécia), em 1594, ambos dedicados ao jovem Conde de Southampton. O patronato de Southampton devia envolver alguma recompensa de ordem monetária, ainda que a narrativa de Rowe, segundo a qual Shakespeare teria recebido mil libras, certamente beire o exagero. Shakespeare parece ter investido o presente do Conde na companhia recém-formada sob o patrocínio do Lorde Chamberlain, Henry Hunsdon. Destarte o dramaturgo lança as fundações de sua fortuna posterior, tornando-se acionista naquele grupo notavelmente bem sucedido — a Companhia do Chamberlain e mais tarde do Rei — que finalmente acabou por ocupar tanto o teatro Globe quanto o Blackfriars. Shakespeare assim obtém a vantagem de escrever para uma companhia da qual é coproprietário, ao invés de ter que mascatear seu trabalho, uma necessidade que é a maldição de todos os dramaturgos dos

(4) Ibid., pág. 139.

tempos modernos. Pode compor sua obra com os dedos no pulso do público e com um conhecimento muito seguro das capacidades de seus atores.

Também consegue certa posição na sociedade e não é desconhecido na corte de Elizabeth, onde a companhia representava de tempos em tempos. Visto que o patrono da Companhia do Chamberlain era o primo mais próximo e o partidário mais fervoroso de Elizabeth, Shakespeare tinha assegurado a favor da realeza. Ao que parece, a rainha gostava dele bem como o admirava, e o relato segundo o qual ela lhe teria pedido para reviver o gordo cavaleiro Falstaff em *The Merry Wives of Windsor* (As Alegres Comadres de Windsor) não deixa de ter fundamento.

Suas relações com a nobreza se tornam cordiais. Conhece os Pembrokes e através de Southampton pode ter chegado à intimidade com o Conde de Essex, cuja execução foi seguida pelas tragédias mais sombrias de Shakespeare. É significativo que os conspiradores de Essex tenham convencido a Companhia do Chamberlain a reapresentar *Ricardo II* na véspera do levante de 8 de fevereiro de 1601. O paralelo entre o rei que era destronado por seus súditos e a rainha que, segundo se esperava, em breve seria suplantada por Essex, era o motivo do espetáculo. Para seu Guardião dos Registros da Torre, Elizabeth confidenciou: "Eu sou Ricardo II, vós não sabíeis disso?" [9].

Ademais, através de toda a sua carreira ele é um homem do mundo, agudamente cônscio das intrigas da corte, do problema da sucessão ao trono e dos conflitos políticos com a França e a Espanha. Quanto a alusões diretas, há poucas em seu trabalho, mas quanto a significados tópicos mais amplos, há inúmeros na obra de um dramaturgo que estava próximo das fontes do governo inglês. É compreensível que o mesmo homem também tivesse chamado a atenção e atraído o respeito do mundo literário. Jonson e Francis Beaumont tinham-no em alta conta, ainda que considerassem deficiente sua formação cultural, e o culto Chapmann pode ter sido o poeta rival mencionado nos *Sonetos*. Por volta de 1596 Shakespeare é um "gentil-homem"; recebeu uma cota de armas da Secretaria de Heráldica — "Ouro sobre banda escura, lança do primeiro de Prata", segundo está escrito na fórmula estranhamente antiquada, e ao alto do escudo figura um falcão de prata segurando uma lança.

Em 1594-95 ele começa sua carreira como criador de comédias românticas com *The Two Gentlemen of Verona* (Os Dois Cavalheiros de Verona), *Love's Labour's Lost* (Trabalhos de Amor Perdidos) e de tragédias com *Romeu e Julieta.* Na primeira obra mencionada é essencialmente um romancista e cria as primeiras de suas encantadoras mulhe-

(5) V. *Shakespeare's Richard II and the Essex Conspiracy* de E. M. Albright. P. M. L. A. xiii, 3.

res nas personagens da terna Júlia e da astuta Sílvia. Robert Greene, ainda que fosse um irremediável debochado, levara para o palco exemplos da encantadora feminilidade inglesa em suas duas comédias românticas *Friar Bacon and Friar Bungay* (Frei Bacon e Frei Bungay) e *James the Forth* (Jaime Quarto), talvez como uma oferta de paz a uma consciência que deve tê-lo reprovado muitas vezes por haver abandonado sua boa esposa por uma grosseira ligação no submundo de Londres. Dorothea, a heroína da segunda peça, era uma Griselda paciente que permaneceu fiel ao seu marido mesmo quando ele a expulsou da corte e tentou matá-la: ela caminhou sem destino disfarçada de pajem; foi amada por uma mulher que julgou seu sexo por suas roupas e finalmente acabou por se reunir novamente ao antipático esposo. Há algo de incontrolavelmente tolo nesses labirintismos sentimentais, mas Dorothea é infinitamente mais real e comovedora do que sua devoção ao seu senhor deixaria supor. A primeira comédia de Shakespeare sobre o amor fiel e infiel é escrita no mesmo estilo quando Júlia segue o amante em roupas masculinas, e na verdade o tema seria demasiado pobre se seu humor não tivesse, de alguma forma, rompido com a casca do romance maneirista. A aguçada faculdade do dramaturgo de exercer a crítica através do riso começa a tomar forma em seus plebeus, e o balão dos inflados sentimentos estremece cada vez que o bufão Launce atravessa o palco com seu vira-latas Crab e parodia aqueles que lhe são socialmente superiores.

Trabalhos de Amor Perdidos vai um passo além e critica diretamente os artifícios que cria com tanto ímpeto. À bolha da polida afetação aplica o alfinete do bom senso e a comédia termina com um apelo em favor do comportamento natural. O rei de Navarra e seus cortesãos, que se voltaram a uma vida de estudos, abstinência e reclusão, não conseguem sair vitoriosos da batalha contra as moças francesas que viram suas cabeças e roubam seus corações. Outras bolhas menores também estouram nas pessoas do soldado fanfarrão Don Adriano de Armado, do coadjutor Sir Nataniel e do pedante mestre-escola Holofernes. A sátira literária também faz sua aparição em alguns comentários sobre os refinamentos lingüísticos do eufuísmo, sobre "as frases de tafetá, os termos exatos com seda" e as "hipérboles de três andares".

No entanto, ainda não se pode dizer que o progresso de Shakespeare na comédia seja qualquer coisa de fenomenal. *Os Dois Cavalheiros de Verona* é uma obra de quinquilharias teatrais que sofre de uma falta mais ou menos generalizada de inspiração, e *Trabalhos de Amor Perdidos* é, em sua maior parte, um trabalho moroso e palavroso. É na tragédia *Romeu e Julieta* que Shakespeare dá seu primeiro salto inspirado.

Como acontece com todas as obras maiores do bardo, esta também é por demais conhecida para exigir qualquer espécie de discussão num capítulo duma obra deste feitio. Como diz Dowden, *Romeu e Julieta* é "uma tragédia escrita por um jovem", e em seu gênero é perfeita. Seu autor já é um grande poeta, um mestre da música verbal, da rapsódia, da compaixão lírica. Ao mesmo tempo, já é uma pessoa suficientemente madura para combinar as jóias da jovem paixão com o bruto metal das troças de Mercúrio e da vulgaridade da Ama. Nesta tragédia ele traduziu a voluptuosidade de seus dois poemas eróticos para a linguagem do teatro vivo, e conseguiu fazê-lo em termos de caracterização. Particularmente notável é a transição dos amantes que passam de simples filhos dos sentidos a indivíduos tragicamente perturbados, dolorosamente amadurecidos. Permitir às personagens se desenvolverem no decurso de uma peça e oferecer condições para que suas paixões centrípetas se tornem centrífugas até que seus sofrimentos privados açambarquem todo o universo do homem, como acontece em *Hamlet* e no *Rei Lear*, não é uma tarefa fácil.

Em *Romeu e Julieta* podemos vê-lo subindo às alturas da arte trágica, e seus pés já ultrapassaram os contrafortes, partindo em direção aos cumes mais elevados. Se ainda não é completamente o mestre dramaturgo, isso se deve em grande parte à relativa rigidez ou antes à simetria formal de sua construção [6] e à sua fidelidade para com as coplas rimadas e para com o uso de formas e conceitos de estrofes, sendo um exemplo os ternos versos de Romeu.

If I profane with my unworthiest hand
This holy shrine, the gentle fine is this;
My lips, two blushing pilgrims, *ready stand*
To smooth that rough touch with a tender kiss *.

Romeu e Julieta é seu grande drama lírico; os exemplos mais dinâmicos de sua arte trágica ainda estão por vir.

No ano seguinte, em 1595-96, aplica o mesmo dom lírico à fantasia de *Midsummer Night's Dream* (Sonho de Uma Noite de Verão). Unido às terrenas bufonarias de Bottom e seus amigos artesãos e a um delicioso folclore, o elemento lírico fornece um mundo dual de fantasia e realidade. Se é que alguma nota mais profunda é tocada, ela deve ser encontrada no pensamento levemente sugerido de que o amor é um sonho e uma ilusão. Mas o pensamento não é o domínio da peça. Shakespeare simplesmente tomou os bordados fantásticos de Lyly como seu modelo e teceu sua própria tapeçaria multicolorida. Nada que abalasse o mundo foi realizado, mas uma forma de arte dramática que propicia o entretenimento atingiu sua exata perfeição.

(6) Brandes, pág. 80.

(*) Se profano com minha mão por demais indigna esse santo relicário, a gentil expiação é esta: meus lábios, dois ruborizados peregrinos, estão prontos a suavizar com um terno beijo tão rude contato. (trad. de Oscar Mendes.)

Entretanto, no mesmo ano o dramaturgo volta ao terreno mundano da História, com o qual já se ocupara antes. O *Eduardo II* de Marlowe tem sido freqüentemente comparado com *Ricardo II*, mas não há dúvidas no que diz respeito à superioridade desta última peça. O vício de Eduardo é comparativamente simples e sua paixão patológica por dois cortesãos arrivistas é elementar e repetitiva. *Ricardo II* toma por tema uma personagem extraordinariamente complexa. Uma certa feminilidade sobreviveu nos genes que lhe conferiu sua personalidade mas isso não explica todo o comportamento de Ricardo. Ele é caprichoso, sensitivo, imprudente e cheio de autocomiseração; é, acima de tudo, um esteta irresponsável que ama o prazer e os refinamentos, transformando todos os acontecimentos, exceto sua morte, numa adornada obra de arte. Tem uma "imaginação retórica" muito mais que qualquer consistência de sentimentos ou ação. Encontra-se também uma profundidade paradoxal nessa instável personalidade maníaco-depressiva ou pelo menos "ciclotímica" que oscila entre as mais altas exaltações e as mais profundas depressões. Com efeito, Ricardo II é um personagem por demais multifacetada para fornecer a unidade de efeito. Ademais, por essa época, Shakespeare compõe numerosos versos memoráveis, ainda que seu verso branco freqüentemente continue a ter os finais muito marcados ou rimados e, em conseqüência disso, não alcance aquela máxima fluidez e naturalidade que marca sua grande poesia.

Tampouco permanece no pináculo que atingiu, como se não estivesse ainda completamente seguro de sua arte. *Rei João,* que surge no ano seguinte (1596-97), inclui um sensível e patético retrato do infeliz príncipe Artur que é defraudado por seu tio. É o primeiro retrato comovedor de uma criança na galeria de Shakespeare (a não ser que consideremos Romeu e Julieta como crianças) e é bem possível que Shakespeare tenha desenhado em Arthur uma imagem do filhinho que perdeu naquele ano. Mas o Rei João é uma personagem fraca que, ao contrário de Ricardo II, não tem complexidades ou profundidades compensadoras dessa fraqueza. Uma defesa da independência da Inglaterra no desafio de João ao papado e algum fervor patriótico conferem certa força à tragédia. Mas o maior mérito que pode pretender é sua clara superioridade em relação a uma peça anterior na qual se baseava.

Entretanto, no mesmo ano Shakespeare volta a ganhar estatura com sua obra tão bem conhecida, *The Merchant of Venice* (O Mercador de Veneza). A obra é notável por sua poesia, pela compreensão plena de simpatia por Shylock (ainda que ele pudesse ser apenas um servo cômico para o público elisabetano), e por seu retrato dessa personagem inteligente e moderna que é Pórcia. Interpretar essa comédia como uma peça de tese que postula a tolerância racial é uma falsificação patente. Mas também o seria considerá-la uma glorificação da perseguição racial, não apenas porque o desejo de vingança de Shylock é psicologicamente justificado pelo tratamento que recebeu de Antônio como também porque uma de suas tramas românticas gira ao redor do amor liricamente extasiante de Jessica, a filha do judeu, e do jovem cristão Lorenzo. *O Mercador de Veneza* é meramente uma fábula e apenas como tal mantém uma unidade de tom e ponto de vista. Possui, no entanto, uma distinção que se torna cada vez mais característica da ampla criatividade de Shakespeare: comporta inúmeros elementos de experiência e reflexão, de sentimento e diversão. Nesta peça a fábula não é uma única flor de estufa mas todo um jardim que tem por teto o céu.

Essa qualidade abrangente de sua arte, já palpável em *Romeu e Julieta,* se torna daí por diante o próprio cerne da dramaturgia shakespeariana. Aparece no ano seguinte (1597-98) nas duas partes de *Henrique IV* e em *Henrique V,* um ano mais tarde. A riqueza de vida, tanto heróica quanto comicamente anti-heróica, que se encerra nessas duas crônicas é extraordinária. Para demonstrá-lo, é suficiente mencionar Falstaff e seus joviais companheiros, o príncipe Hal e Hostpur. Afora isso, Shakespeare já não se sente mais esmagado pela vastidão do quadro que se propõe pintar, como acontecia com *Henrique VI;* sua composição é clara e bem acabada — ponto que merece ser sublinhado tanto devido ao progresso que ele está fazendo em seu trabalho quanto à tendência de considerar a peça como desajeitada e fragmentária. Na crônica, os episódios podem acotovelar-se uns aos outros, como até mesmo devem fazê-lo, mas estão ligados entre si.

A espinha dorsal dessas obras é a formação de um grande rei inglês que suplanta o feudalismo romântico, cujo representante é Percy Hotspur. Sir John Falstaff, com seu extraordinário bom senso e virtudes antimarciais, é a antítese dos heróis feudais. O príncipe Hal, que entrou em contato com personagens do povo e sentiu o pulso da vida nacional, supera o feudalismo com um governo centralizado. Hotspur, o glorioso adolescente da cavalaria, está defendendo um mundo anômalo e anárquico no qual cada barão luta para governar com independência. Seu lugar deve ser tomado por um príncipe que num certo sentido não pertence a qualquer classe e protegerá os interesses de uma nação unida. Desde que Falstaff, sob certo aspecto, é meramente o contraponto cômico de Hotspur e representa o mesmo princípio ultra-individualista e irresponsável, também deve ser afastado. O príncipe Hal, que viu Falstaff destruindo a ordem e enchendo o exército real de aleijados porque os homens sadios lhe pagavam uma taxa para se verem livres do recrutamento, expulsa o jovial colosso de sua presença.

Em *Henrique V,* o jovem rei conseguiu, de modo muito semelhante à rainha Elizabeth, organizar a nação de modo a transformá-la num poderoso instrumento. Ele agora derrota o aparatoso feudalismo na França, assim como o decapitou na Inglaterra, ao matar Hotspur. Fundiu sua nação numa ponta-de-lança de ação unida para a conquista; é o primeiro imperialista do teatro inglês, e um imperialista bem prático, à maneira do esperto negociante John Bull, símbolo da Inglaterra, tal como fica indicado pela maneira rude e direta com que corteja uma princesa francesa, acostumada aos refinamentos da Gália. Furtar-se ao estreito nacionalismo de Shakespeare é possível mas não exeqüível. A Inglaterra era seu mundo, e quando olhava para o resto da Europa, como nós o fazemos nos Estados Unidos hoje, seu próprio país relativamente democrático parecia ser um pedaço de terra bastante invejável. Se *Henrique V* não chega à altura de seus maiores trabalhos, é porque seu herói em certos momentos se torna um glorificado escoteiro e porque o dramaturgo se fiou no artifício de coros explanatórios para conseguir a unidade de ação. Porém, com *Henrique V,* Shakespeare chega ao fim de sua carreira como cronista da Inglaterra. Levou a história de seu país até aquele ponto de unificação e triunfo nacional que vê repelido e ampliado no reino de Elizabeth.

Quando Shakespeare novamente se volta para a história em *Júlio César, Coriolano* e *Antônio e Cleópatra,* seu assunto é romano. Embora este possa ser confrontado com suas crônicas da história da Inglaterra, leva o público elisabetano para um mundo diferente. Retornará à história puramente inglesa apenas no fim de sua carreira, com *Henrique VIII,* e nessa obra é somente um colaborador. Na realidade, o período romano se inicia já no ano seguinte (1599-1600), com *Júlio César,* o bem conhecido drama sobre o tiranicídio e a guerra civil que tem sido deixado para a rude complacência dos meninos de escola, embora seja uma das peças políticas mais vigorosas do mundo. Efetivamente, recuando no tempo, Shakespeare conseguiu a universalidade nesse drama que encerra em si uma das mais nobres personagens da história do teatro, na figura do eterno liberal que é Brutus, e uma das grandes cenas de multidão da dramaturgia no linchamento do poeta Cina, politicamente inocente, uma poderosa lição sobre a história das massas que o mundo ainda tem que aprender a levar a sério.

Entretanto, os anos que viram *Henrique V* e *Júlio César,* de forma alguma estão confinados à história. *Much Ado About Nothing* (Muito Barulho Por Nada), *As You Like It* (Como Quiserdes), e *Twelfth Night* (A Décima Segunda Noite) assinalam o ápice de seus esforços no terreno da comédia romântica. A primeira peça, a mais fraca do trio, é prejudicada pelo desagradável e até mesmo estúpido caso de amor entre Hero e Cláudio. Mas seu par de amantes sofisticados,

Beatrice e Benedick, irradiaram sua comicidade para quase todo o mundo com exceção de G. B. Shaw, e o imortal Dogberry, que é a própria encarnação dos estapafúrdios oficiais, atenua em grande parte a tônica romântica. *Como Quiserdes* e *A Décima Segunda Noite*, certamente, não necessitam de introdução para quem quer que leia inglês *. Vale a pena repetir apenas que *Como Quiserdes* leva a forma do drama pastoral à sua mais alta perfeição, e mais uma vez em virtude do triplo dom shakespeariano de produzir gloriosa poesia, brilhantes caracterizações e engenhosa mistura da realidade comum com a graça idílica. Naturalmente, *Como Quiserdes* não exige qualquer esforço por parte do leitor ou espectador, e aparentemente também exigiu muito pouco de seu autor; ele a escreveu com alegre abandono.

A Décima Segunda Noite ou a *Noite de Reis* **, com o hilariante Malvólio, Sir Toby Belch, Sir Andrew Aguecheek, Feste e a esperta camareira Maria, igualmente contribuiu muito para a alegria do gênero humano. Sua moral pode muito bem ser encontrada nas palavras de Feste, o bobo: "a tolice, senhor, caminha pelo orbe como o sol; brilha por toda parte". Em ambas as peças, assim como em muitas outras obras, desde *Os Dois Cavalheiros de Verona* até *Cimbelino*, boa parte da ação gira em torno de uma jovem que aparece disfarçada de rapaz. Sem sombra de dúvida o artifício era encorajado pela norma que proibia às mulheres trabalharem como atrizes, pois sempre que esse disfarce era empregado, deveria esconder as deficiências dos esganiçados rapazes encarregados de interpretar os papéis femininos. Realmente o artifício de travesti foi responsável por muitos absurdos e quando Bernard Shaw era crítico teatral, denunciou Shakespeare devido a ele. É manifestamente absurdo afirmar que o disfarce podia ser executado com muito sucesso. Porém, em *Como Quiserdes* e *Noite de Reis*, seria preciso sofrer incuravelmente de dispepsia para resistir ao encanto cômico que afasta todas as descrenças. Far-se-ia também necessário ser impermeável a duas das mais encantadoras jovens que já pisaram as pranchas do palco: Rosalind e a Viola da *Noite de Reis*, que combinam um espírito de resolução patentemente moderno e uma liberdade de inibições com a feminilidade básica na mais antiga das ocupações femininas, que o próprio Shaw reconheceu, ou seja, a busca de um companheiro, do homem. Nunca existiu um espírito mais gentil que o do criador de Viola, que é o epítome da delicada condição feminina sem conceder uma vírgula que seja ao seu direito quer à inteligência quer ao casamento.

Com a *Noite de Reis*, Shakespeare chega perto do fim de seu período de céu límpido. Arthur Symons considerou esta

(*) Deve-se assinalar que, ao lado de *Sonho de uma Noite de Verão*, estas duas formam entre as comédias de Shakespeare mais traduzidas, representadas e apreciadas no mundo inteiro. (N. dos T.)

(**) Título pelo qual a obra também é conhecida em português. (N. dos T.)

comédia como o "adeus à alegria" de Shakespeare. Porém, é possível que ela seja seguida por essa engraçadíssima farsa que é *The Merry Wives of Windsor* (As Alegres Comadres de Windsor) *. Obedecendo, ao que parece, a um pedido real, Shakespeare ressuscitou Falstaff e forçou a musa do riso a trabalhar além da conta. Se Falstaff não está em sua melhor forma nessa comédia, é porque aqui sua sublime impertinência é suplantada por sua tolice. Enquanto que ele sempre foi o senhor de qualquer situação em *Henrique IV*, é agora uma vítima constantemente lograda. O gordo cavaleiro caiu ignominiosamente; não é mais a incômoda personificação da inteligência mas sim a pesadíssima encarnação da fatuidade. Contudo, o prazer é admiravelmente servido pelas mulheres da classe média, Sr.ª Ford e Sr.ª Page, que provam ser um páreo bem duro para seu aristocrático galanteador. Sem transformar um morrinho numa montanha afirmando que Shakespeare fez de Falstaff um toleirão com o fito de corroborar as pretensões "revolucionárias" da classe média, como o faz um crítico soviético [7], é interessante observar o dramaturgo voltar-se para a comédia da classe média. Ao criar as espirituosas personagens da Sra. Ford e da Sra. Page, que de modo algum ficam impressionadas pelo fato de ser Falstaff um cavaleiro e nunca se deixam intimidar por sua posição quando o perseguem com suas travessuras, Shakespeare captou o espírito de independência que animava o Terceiro Estado elisabetano. Os dramaturgos do período Tudor de tempos em tempos voltavam sua atenção para a vida da classe média desde que Ralph Roister ficou apaixonado e Gammer Gurton perdeu sua agulha nos calções do empregado. Mais ou menos um ano antes de *As Alegres Comadres*, Thomas Dekker encenara uma espirituosa e animada celebração dos burgueses de Londres com *The Shoemakers Holiday* (O Feriado dos Sapateiros). Shakespeare simplesmente seguiu a moda.

No ano de *As Alegres Comadres*, 1600, tem início a década trágica e cínica de sua carreira da qual resultam suas maiores obras, e essa farsa é tanto um "adeus à alegria" quanto um homem de teatro pode permitir-se um adeus desse tipo. Shakespeare continuou a escrever comédias dado que nenhum homem de teatro pode acalentar suas aflições particulares por muito tempo; mas a nota trágica era predominante. Muita especulação foi feita sobre as causas de seu período sombrio, mas é provável que se tenham combinado diversos fatores para produzi-lo.

O homem de teatro reagia a um ressurgimento da tragédia "sangrenta" que prevalecera durante o apogeu das imitações de Sêneca no teatro, mais ou menos uma década antes desse período. Tornavam-se novamente populares as peças

(*) A não ser que seja aceito o argumento de Leslie Hotson, segundo o qual essa peça teria sido escrita numa data anterior.

(7) V. *Shakespeare* de Smirnov.

de vingança temperadas com personagens retratadas como revoltadas e cínicas. As tragédias de John Marston, *Antonio and Mellida* (Antônio e Melida) e *Antonio's Revenge* (A Vingança de Antônio), já haviam sido encenadas em 1599, e de fato a segunda peça contém a figura hamletiana de Antônio, um ser erudito e melancólico atrelado à carga de ter de vingar a morte de seu pai. Tal obra não se constituía numa ruptura radical com a dramaturgia de dez ou vinte anos antes, e os principais traços externos das novas peças eram a mesma loucura ou pretensa loucura do protagonista, os mesmos horrores, fantasmas, interesses amorosos e descobertas que caracterizavam um texto bem anterior, *A Tragédia Espanhola,* de Kyd. Com efeito, é significativo que esse texto fosse reapresentado em 1601 e 1602, com "acréscimos" do maior contemporâneo de Shakespeare, Ben Jonson. Um público exausto seria conquistado por esse retorno à tragédia e podia-se confiar no principal dramaturgo da Companhia do Chamberlain; ele faria sua parte.

Ademais, uma mortalha começava a descer sobre aquela era. Elizabeth, agora chegando à velhice, tornava-se cada vez mais irascível e tirânica. Em 1600 tinha sessenta e sete anos e estava desesperadamente preocupada em esconder as devastações do tempo. Seus conselheiros mais altruístas estavam desaparecendo ou perdendo o favor e a corte borbulhava de intrigas e de gente que procurava seu quinhão do bolo. Francis Bacon, que mudou com o vento e entregou seu amigo Essex ao machado do carrasco, era típico da época. "Ama como se fosses odiar daqui por diante e odeia como se fosses amar daqui por diante", sua máxima favorita, poderia ter servido a muitos dos novos líderes ingleses.

Os conflitos religiosos do momento eram exacerbados pela crescente militância das facções puritanas e pela progressiva intolerância da rainha. O incentivo que a rainha dava aos monopólios também deu margem à franca insatisfação e a busca de riqueza privada pela classe mercantil obscurecia o idealismo nacional de anos anteriores. Para onde quer que se voltasse uma alma sensível, defrontava-se com provas de crescente corrupção. Adveio o clímax após dois anos de montantes conflitos e intrigas quando Essex, que suplantara Elizabeth no favor de muitos elisabetanos e finalmente se revoltara contra ela, enfrentou o cepo do decapitador aos 25 de fevereiro de 1601. Southampton, o antigo patrono de Shakespeare, ao mesmo tempo foi condenado à prisão perpétua na Torre sob a mesma acusação de conspiração.

A atmosfera carregada evidentemente afetou um observador tão agudo de seu tempo quanto Shakespeare e isso já acontecia em 1600, quando se voltou para a velha tragédia de *Hamlet* e fez dela o tambor de sua desilusão. Quando a cabeça de Essex foi separada do corpo depois dos três golpes do machado, no ano seguinte, Shakespeare — que segundo tudo indica mantivera íntimas relações com o infeliz senhor e seu amigo — escreveu essa que é a mais amarga das comédias, *Troilus and Cressida* (Troilo e Créssida). A peça é um raivoso ataque contra a inconstância feminina e é bem possível que tenha tido Elizabeth como modelo ou incentivo. A corte, que se entregara às mais rematadas maquinações contra Essex, também por ter estado presente no espírito de Shakespeare quando este traçou seu quadro dos oportunistas e corruptos líderes da guerra de Tróia. A lembrança da conduta dos cortesãos pode ter ulcerado o poeta e é possível que tenha sido reavivada por exemplos recentes de vilania ultrajante quando criou, dois anos mais tarde, a sinistra figura de Iago em *Othello* (Otelo), cujo herói "essexiano" é outra vítima de desenfreado maquiavelismo. As devastações da ambição inescrupulosa, da corrupção moral e da crescente discórdia civil mais uma vez puderam encontrar expressão, um ano depois, em *Macbeth* e no *Rei Lear,* bem como dois anos mais tarde nas vitriólicas explosões finais de *Coriolanus* (Coriolano) e *Timon of Athens* (Tímon de Atenas). As duas comédias que escreveu durante esse período, *All's Well That Ends Well* (Bem está o que Bem Acaba), na qual o amor de Helena é obrigado a lidar com muita mesquinharia e dor, e *Measure for Measure* (Medida por Medida) não são mais de molde a despertar um riso despreocupado. Escuras sombras movimentam-se através de seu teatro cômico. *Medida por Medida,* a mais dolorosa das comédias, é o *Tartufo* de Shakespeare, uma descompostura passada na hipocrisia e na corrupção social.

Essas perturbações do observador político e amigo da nobreza parecem também estar mescladas com desapontamentos privados que têm sido objeto de muitas especulações. O desapontamento no amor é o dado geral da maioria das hipóteses, e a possibilidade de uma paixão desenfreada não pode ser posta de lado no caso de um saudável homem de trinta e seis anos de idade que para todos os efeitos e propósitos estava separado de sua esposa bem mais idosa. Ademais, os famosos sonetos indubitavelmente se referem a uma paixão que não poderia ter sido totalmente literária. Quer a "dama escura" ou morena seja ou não a dama de honra da rainha, Mary Fitton, é indiscutível seu efeito sobre Shakespeare, que ela parece ter traído. Seu amor é "como uma febre, desejando ainda aquilo que não mais pode curar a doença", "desejo é morte", e mesmo a traição não pode acabar com ele:

> *When my love swears that she is made of truth,*
> *I do believe her, though I know she lies* *.

(*) Quando meu amor jura que ela é feita de verdade, / Nela acredito, embora saiba que mente. (Tradução literal.)

Os produtos literários dessa concatenação de perturbações públicas e privadas não podem ser analisados aqui. É imperativo apenas observar que Shakespeare permanece mais o mestre de sua depressão que sua vítima. Sua habilidade na arte não é destruída pelo estado de espírito; na pior das hipóteses, é algo dissonante, enquanto que na melhor, está mais firme que nunca.

Troilo e Créssida sofre de prolixidade e falta-lhe a nobreza que transfigura as obras mais características de seu autor. Mas, dentro dos limites de uma cínica comédia realista, *Troilo e Créssida* explora um estado de espírito e uma perspectiva negativista e anti-heróica de forma tão completa quanto é humanamente possível. Os gregos da guerra de Tróia, idealizados por Homero, são despojados de qualquer vestígio de decência; são tão estúpidos e viciosos que nem mesmo Eurípides ousou pintá-los assim. Heitor, o único cavalheiro da peça, é um troiano, ou seja, inimigo das personagens principais, e não é derrubado durante um glorioso combate com Aquiles mas praticamente assassinado pelos três "heróis" gregos enquanto está desarmado. A guerra é um absurdo banho de sangue travado por uma Helena que não passa de uma rameira, em defesa de um Menelau que é um "cornudo" completamente dominado; a jovem heroína, Créssida, também é desprezível. Se não é fácil gostar desta peça, ainda é mais difícil não respeitá-la como um cáustico comentário sobre as falhas do gênero humano. Aqui, Shakespeare se dirige àquela pequena parte da humanidade que pode dar-se ao prazer de degustar intelectualmente um ácido não diluído. *Troil e Créssida,* ao lado do texto contemporâneo de Ben Jonson, *Volpone,* é um tipo especial de comédia; deveria ser rotulada "Veneno" e tirada da prateleira apenas quando os ratos do mundo estão em marcha.

As outras comédias do período sombrio, *Bem Está o que Bem Acaba* e *Medida por Medida,* apresentam-se infelizmente, quanto ao ânimo, como se o autor se torturasse entre a amarga tarefa de dizer a verdade e as exigências do espetáculo cômico. Mas suas tragédias, com exceção de *Tímon de Atenas,* figuram entre suas peças mais bem construídas porque nelas Shakespeare tem uma única visão e nunca permite a esta sair de foco.

Shakespeare ainda consegue se arranjar para atenuar o peso de seu quadro com humor e para complementar a vilania com vislumbres de humanidade não-corrompida. As terríveis mulheres do *Rei Lear,* Goneril e Regan, são contrabalançadas por sua irmã Cordélia; e seus maridos, servidores e Edmund pelo valoroso Kent e pelo inimitável e leal Bufão. A inocente Ofélia e o equilibrado amigo Horácio florescem na debochada corte do tio de Hamlet. Mesmo em *Tímon de Atenas* há um nobre criado para nos lembrar, ainda que levemente, de que não se perderam completamente as esperanças do gênero humano. Shakespeare também não refreia sua cálida compreensão e objetiva compaixão quando pinta seus grandes vilões. Embora Cláudio e a mãe de Hamlet estejam mergulhados na culpa, os dois são palpáveis seres humanos. Macbeth e sua esposa, ambos maculados de sangue, tornam-se criaturas reconhecíveis. O amor adúltero de Antônio e Cleópatra é transfigurado pela nobreza de sua paixão. Coriolano, o traidor de sua pátria, é um jovem tragicamente desorientado, ainda que se comporte como um presunçoso e um tolo na maior parte do tempo. Apenas personificações do mal absoluto, tais como Goneril e Regan, estão quase inteiramente fora do pálio da humanidade, como também o está o demônio de Otelo, Iago, que Hazlitt [8] descreveu com felicidade como um representante da "atividade intelectual doentia", de um tipo que não era desconhecido na Itália renascentista.

Também digno de nota é o fato de Shakespeare não renunciar ao direito da avaliação crítica, mesmo quando os sofrimentos de suas personagens justificam sua amargura; em parte, Hamlet e Lear são os autores de seu próprio tormento pois que se desviaram de algum princípio da conduta razoável. As procrastinações de Hamlet e o presente que Lear faz de seu reino às duas filhas hipócritas, que um pai deveria conhecer melhor que ele, são ambos considerados como aberrações de uma saudável forma de ação.

Vale igualmente a pena observar que em todas as suas maiores obras Shakespeare consegue uma extraordinária unidade de tom, de tal forma que a linguagem de sua peça — com sua imagística e cadências — é uma evocação sinfônica do conteúdo dramático. Cada peça tem sua música própria. Finalmente, é preciso notar de que forma a riqueza sugestiva da linguagem dessas peças — seu sentido filosófico, por assim dizer, e as inúmeras reflexões com que estão juncadas — desponta da matriz da ação dramática. O incisivo questionamento que Hamlet efetua sobre o homem e a sociedade emana do choque dramático da descoberta do assassinato de seu pai e da infidelidade de sua mãe. A amarga crítica social de Lear, surgida à medida que reflete sobre a sorte daqueles seus antigos suditos cuja própria existência lhe escapara antes, toma corpo quando ele próprio nada mais é senão um pária errando por uma tempestuosa charneca.

Em suas maiores tragédias Shakespeare está, na verdade, engalfinhado com o mundo todo numa escala atingida apenas pelos profundos tragediógrafos da Grécia. Em sua obra, a tragédia vai além do fracasso individual e torna-se *Weltuntergang* — um colapso cósmico. Nações entram em derrocada; a ambição, a luxúria e a ingratidão ressecam a terra. Almas sensíveis estremecem ante o espetáculo. Colo-

(8) V. a esplêndida análise de Hazlitt em *Characters of Shakespeare's Plays*.

cam em questão as quimeras do homem e do destino, recebendo respostas empoeiradas. Para eles, o amor se transforma numa galhofa, a decência simples acaba por virar uma troça; vêem o sangue correndo como uma torrente; a consciência se contorce no amago de seu ser; o autodesprezo e o desprezo pela humanidade campeiam em muitos deles. Há muita coisa envolvida, ainda que esta guerra com o mundo saia fora das situações pessoais específicas das personagens.

Ademais, até mesmo a anarquia da pintura mais ampla tem uma unidade que lhe é conferida pela lógica da estrutura dramática. Qualquer pessoa pode maravilhar-se ante as brilhantes passagens e marcantes situações encontradas nessas obras e imaginar que as apreende em seu valor exato. Qualquer romancista pode pagar a elas um extasiado tributo. Mas somente o cuidadoso escrutínio de um homem de teatro pode descortinar a esplêndida arquitetura dessas construções. *The Meaning of Hamlet* (O Sentido de Hamlet), de J. Dover Wilson e *Prefaces to Shakespeare* (Prefácios a Shakespeare) de H. Granville-Barker são excelentes exemplos do método específico que aborda cada peça shakespeariana como um conjunto orgânico. *Disjecta membra,* escreveu Thomas Carlyle, "são tudo o que encontramos de cada poeta". Mas nenhum dramaturgo pode ser um mestre de sua arte a não ser que seu trabalho consista em algo mais que elementos fragmentados ou *disjecta membra,* e a grandeza das peças nas quais Shakespeare está no completo comando de sua arte não pode ser abrangida por uma reunião de maravilhosos discursos e episódios.

No entanto, a abordagem fragmentária se torna lamentavelmente necessária quando, tendo transposto os tormentosos cabos das grandes peças, Shakespeare chegou às águas rasas; ou seja, quando escreveu as peças fabulescas *Péricles, Cymbeline* (Cimbelino) e *The Winter's Tale* (O Conto de Inverno) em 1610-1611. Conjectura-se que Shakespeare sofreu um ataque nervoso depois de *Tímon de Atenas,* obra na qual já começara a cometer erros, e que o novo estilo romântico ou fabulesco seria o efeito da convalescença e recuperação. Porém, mesmo sem essa hipótese, fica patente que o poeta que atingira a "última Tule" da tragédia foi obrigado a recuar; nada mais tinha a experimentar ou exprimir depois de *Tímon* sem se tornar louco como homem e caótico como artista. Ademais, ainda era um homem que pertencia ao mundo dos espetáculos. Dera largas a um estado de espírito talvez até por mais tempo do que se poderia permitir, e uma nova moda de romance e fábula começava a exigir a atenção do teatro londrino.

Em todas as peças de sua nova série, com exceção da última, *The Tempest* (A Tempestade), são apenas os *disjecta membra* que chamam a atenção, e a superioridade de Shakespeare é vista apenas na resplandecente qualidade de inúmeros fragmentos. *Péricles,* a fábula pseudoclássica na qual parece que ele teria colaborado com outro escritor, tem, realmente, "a fragilidade de um esboço preliminar". Mas a personagem de Marina, a jovem nascida no mar, é desenhada pela mesma mão segura que delineou Viola, e a música do naufrágio do barco, incluída na peça, se insere entre as grandes poesias que já foram escritas sobre o oceano. Imogen, em *Cimbelino,* é uma das mais encantadoras criaturas de Shakespeare e seus irmãos perdidos, vivendo num idílico e oculto recanto, são personagens adoráveis, embora a fábula que os contêm seja uma peça bastante inepta. *O Conto de Inverno* sofre de um asfixiante e inconvincente tratamento do ciúme na pessoa de Leontes ("um caso de alta pressão" como o chamou Ivor Brown), mas Perdita é outra das maravilhosas jovens de Shakespeare, e Autólico, o vagabundo de dedos leves, é uma criação suprema. Ninguém que não estivesse muito próximo da própria fonte da alegria e do riso poderia ter criado esse ágil ladrão que salta por sobre as leis da propriedade como o etéreo Puck. Grande seria a nossa dificuldade para encontrar um seu correspondente em qualquer lugar que não fosse naquele homérico hino a Hermes, o rei de todos os ladrões, uma composição que pertence ao frescor matinal do mundo. Shakespeare devia estar curado de todas as aflições quando concebeu esse irrefreável joão-faz-tudo e "surrupiador de insignificantes bagatelas". E em seu testamento final, *A Tempestade,* não há nem mesmo sinal do antigo destempero. O poeta a quem se deve essa fábula soberba, que certamente não precisa de uma descrição aqui, exprime — quer a sinta ou não — completa paz com o mundo. Ademais, assenhoreou-se da arte da fábula, e mais uma vez essa obra é um todo acabado ao invés de um conjunto de fragmentos.

Embora execute alguns pequenos trabalhos teatrais por mais um ano (1612-1613), colaborando indiferentemente em *Henrique VIII e The Two Noble Kinsmen* (Os Dois Parentes Nobres) com um autor mais jovem, e talvez retocando alguma outra peça aqui e ali, Shakespeare segue o exemplo de Próspero e renuncia à sua mágica. Depois de 1613 não escreve mais, tendo voltado um pouco antes para Stratford como um próspero cidadão que apagara inteiramente a desgraça social da pobreza de seu pai. Agora está confortavelmente instalado na maior casa da cidade. Um cavalheiro do campo, apenas viaja para Londres ocasionalmente com o fito de esclarecer algum assunto comercial ou fazer um investimento. Planta amoreiras e, como todos os homens sábios que se podem permiti-lo, cultiva seu jardim. Sendo mais sábio que a maioria dos homens, possui, na verdade, *dois* jardins.

Os problemas que tem agora são menores, de caráter doméstico. Sua filha casada, Susanna, abre um processo contra alguém que lhe difamou o caráter; a irmã dela, Judith, se casa numa estação proibida pela lei canônica. Suas alegrias são as simples alegrias do campo, no máximo complementadas por uma visita ocasional de seus colegas de Londres. Uma dessas agradáveis reuniões provavelmente lhe custou a vida. Segundo uma fonte segura [9], "Shakespeare, Drayton e Ben Jonson tiveram um alegre encontro e, ao que parece, beberam muito, pois Shakespeare morreu de uma febre nele contraída". Aos 25 de março de 1616, aparentemente, alguma premonição o levou a concluir seu testamento; menos de um mês depois, aos 23 de abril, estava morto.

Um grande número de peças foram publicadas isoladamente, em volumes *in-quarto,* conhecidas como os *Quartos.* A primeira coleção (36 peças) num volume *in-folio* agora chamado de *O Primeiro Folio,* foi publicada depois da morte de Shakespeare por seus atores e amigos John Heminge (ou Heminges) e Henry Condell em 1623. Continha 20 peças nunca publicadas antes. Outras edições *in-folio* seguiram-se. A primeira coleção editada da obra de Shakespeare foi feita em 1709 pelo dramaturgo Nicholas Rowe, que providenciou uma lista de personagens, deu o local das diferentes cenas, acrescentou rubricas e foi o primeiro editor a dividir coerentemente as peças nos cinco atos convencionais, embora não haja nenhuma prova de que os espetáculos elisabetanos fossem representados com mais de um intervalo. Evidentemente aqui é impossível fornecer até mesmo uma fração que seja do material erudito que se acumulou ao longo dos anos, e o leitor deve ser remetido à bibliografia (que pode ser qualquer coisa, menos exaustiva) encontrada no apêndice *.

(9) V. *A Short Life of Shakespeare* por Charles Williams (condensação da erudita obra de Chambers), pág. 64.

(*) O apêndice será publicado ao final do segundo volume desta obra. Em português, afora um bom número de obras de Shakespeare que foram traduzidas isoladamente, são conhecidas duas traduções de sua Obra Completa. A tradução de Carlos Alberto Nunes foi editada em 22 volumes, inicialmente pelas Edições Melhoramentos e mais tarde em coleção de bolso pelas Edições de Ouro. A tradução de F. Carlos de Almeida Cunha e Oscar Mendes foi editada em 3 volumes pela Companhia José Aguilar Editora em 1969. (N. dos T.)

14. Ben Jonson e a "Nobre Raça"

Há muito tempo ultrapassamos a noção de que Shakespeare foi um gênio isolado. No próprio apogeu da "shakespeariolatria", o grande crítico Hazlitt já disse claramente que não o considerava "algo sagrado e distante"; Shakespeare "era um dos membros de uma raça de gigantes — o mais alto, o mais forte, o mais gracioso e belo de todos eles; mas era uma nobre progênie" [1].

"O Gênio de nossa vida é ciumento, e não terá nenhuma grandeza individual a não ser através do geral." As palavras de Emerson se aplicam não apenas às fontes sociais da força de Shakespeare, como ele pretendia, mas também à sua comunidade de espírito com os colegas na arte. Eles surgiram do mesmo solo e desenvolveram seus ramos num crescimento comum. Ademais, Shakespeare, a quem Emerson justamente chamou de "o mais endividado dos homens", pede emprestado a muitos deles e, por sua vez, influencia seus credores e seus sucessores. Eles, por seu turno, não apenas paralelizam como também suplementam sua visão reveladora daquela era e completam sua forma de expressar a primeira época do mundo moderno.

Que muitos deles eram homens de extraordinário talento, ninguém pode negar. Mas é igualmente inegável que a maior parte deles era composta por negligentes artesãos cujos desmazelados meios eram encorajados pela falta de disciplina literária e teatral em seu tempo. Destarte, uma dualidade de atitude caracterizou a recepção que a posteridade lhes dispensou. A escola romântica do início do século

(1) Hazlitt, William — *Lectures on the Dramatic Literature of the Age of Elizabeth*, 1820.

XIX e esse incorrigível rapsodo que foi Algernon Swinburne, encontrando brilhantes cintilações de gênio poético ou dramático na obra deles, algumas vezes foram levados a superestimá-los. Os românticos, que não possuíam um teatro próprio de valor, inúmeras vezes julgaram os assim chamados elisabetanos menores passando por alto as exigências da completude e da lógica no teatro. Ademais, nos extravagantes esforços da "nobre progênie", encontraram justificativa para seus próprios vôos irrestritos de imaginação. Perto do fim do século XIX, a inevitável reação a uma idealização tão indiscriminada foi para o outro extremo, o de negar a muitos dos confrades e sucessores de Shakespeare qualquer mérito. Shaw, que apelidou John Webster de "laureado do museu de cera de Mme Tussaud" e fustigou toda a confraria impiedosamente, foi nessa reação, a madrinha da tropa.

Nossa própria época, todavia, está assaz distante do calor da controvérsia para chegar a conclusões mais eqüitativas. Podemos afastar boa parte dos trabalhos "menores" do período como tolices sem negar crédito a fragmentos superlativos de literatura dramática e reconhecer certo número de peças como genuínas obras-primas, ainda que irregulares. O que os "elisabetanos menores" tinham em comum com o presidente de todos os dramaturgos não pode ser tomado em muito alta consideração. Possuíam uma capacidade para a intensificação dramática e a expressão poética que só foi concedida de forma parcimoniosa a dramaturgos de períodos posteriores e mais bem comportados. Se lhes faltava, quanto às regras da arte, a laboriosa perfeição de muitos escritores modernos, tinham algo infinitamente precioso — paixão e vigor inesgotáveis.

Entretanto, sobre um deles não houve sérias controvérsias; tem sido admirado mesmo quando não é amado. Ben Jonson, o jovial companheiro e arguto crítico de Shakespeare, conserva sua posição como mestre da sátira.

1. *O Pedreiro da Dramaturgia*

Entre as personalidades no teatro, nenhuma é de pronto mais notável que o robusto indivíduo que manteve sua própria posição ao lado de Shakespeare — e, na verdade, a tal ponto que "os críticos já o chamavam pelo primeiro nome depois de um ligeiro conhecimento" [2]. Nascido em Londres em 1573, filho de uma família rija e puritana do Norte do país, recebeu um nome oriundo do Velho Testamento, Benjamin, que deveria ser permanentemente abreviado para Ben por seus colegas. Seu pai protestante, que fora aprisionado e privado de suas propriedades durante o reino católico de Maria Tudor e subseqüentemente se tornara pregador, mor-

(2) Introdução a *Selected Works of Ben Jonson* por Harry Levin, Random House, pág. 3.

reu no inverno de 1572-73 não deixando como herança para o filho nada além do vício de deblaterar, com a diferença de que o rapaz lançaria mão do teatro ao invés de utilizar o púlpito. O herdeiro nasceu um mês depois da morte do pai. Sem meios de sobrevivência, a viúva casou com um mestre-pedreiro cujo entusiasmo pela cultura não devia ser dos mais notáveis. Mas a intervenção do generoso erudito Camden, professor assistente na escola de Westminster, salvou o menino do destino de "pouco latim e menos grego" que Jonson condenaria mais tarde no caso de Shakespeare. Camden, que deve ter percebido nele habilidades excepcionais, tomou-o sob sua tutela, que evidentemente valia mais que uma educação universitária. Jonson acabou por se tornar um dos homens mais cultos de seu tempo e recebeu graus honorários de ambas as universidades.

Ao sair da escola, o jovem parece ter-se diplomado também no negócio de pedreiro de seu padrasto, profissão a que iria dar continuidade num plano mais sublimado, na laboriosa composição de suas peças. Anos depois, seria censurado com freqüência devido à forma lenta e um tanto pesada com que escrevia. Houve também quem não resistisse à frivolidade de notar que Jonson, o irrefreável mestre da sátira, era mais eficiente na arte de assentar tijolos que na da literatura. Seja como for, o rapaz mostrou pouca paciência para com o negócio de construções, assim como pouca paciência mostrou seu padrasto para com as inclinações literárias de Jonson. Nos Países-Baixos, os combativos burgueses protestantes estavam defendendo suas liberdades religiosas e políticas contra o catolicismo e o domínio espanhol. Aceso tanto pelo idealismo quanto pelo amor à aventura, Jonson se alistou no corpo dos combatentes ingleses que auxiliariam os holandeses em sua defesa. Homem obstinado e forte, inimigo tão formidável com a pena quanto com a espada, Jonson lutou com os melhores deles, coroando seus dias de soldado com um gesto característico de valor e bravura clássica. Avançando à frente dos voluntários ingleses, desafiou um espanhol para combate singular, matou-o e depois despiu o cadáver de sua armadura, na melhor tradição homérica.

Relata-se que em 1592 estava de volta a Londres, mourejando em seus trabalhos literários e casando com uma mulher a quem subseqüentemente descreveria como "uma megera, ainda que honesta" e que abandonaria por cinco anos. Também se tornou pai, em 1596, classificando o filho como sua "melhor obra poética". Lamentou profunda e sinceramente a morte do rebento quando o viu carregado pela praga aos sete anos apenas. Mergulhou na vida boêmia da cidade, passou a emborcar bebidas alcoólicas em quantidade superior à normal, trabalhou no teatro, remendou a velha *Tragédia Espanhola* para o produtor teatral Philip Henslowe e escreveu uma imitação de duas comédias romanas em *The*

Case Is Altered (O Caso Está Mudado). Finalmente emergiu do limbo dos dramaturgos desconhecidos em 1598, com uma peça extraordinariamente bem-sucedida, *Every Man in his Humour* (Cada Homem com sua Mania), dedicada não a algum aristocrata janota mas ao Mestre Camden, "o mais culto, e meu honorável amigo". É uma peça singular para a época, como o próprio Jonson percebeu ao antepor-lhe um Prólogo que soa como um manifesto. Não pretende fornecer ao povinho da platéia arrepios românticos — não mostrará lutas entre as casas de Lancaster e York ou fogos de artifício para agradar os meninos e assustar as damas, "mas sim feitos e palavras tais como os homens os praticam e as pronunciam". Deseja "mostrar uma imagem de seu tempo", e escreverá uma comédia "assim como as outras peças de hoje deveriam ser".

Embora *Cada Homem com sua Mania* seja construída frouxamente, mantendo a unidade apenas através das tentativas do velho Edward Kno'well (Eduardo Sabe Tudo) de seguir os duvidosos coleios de seu filho em Londres e dos inúmeros disfarces de Brainworm (Verme de Cérebro), criado de ambos, a peça é uma obra-prima em seu gênero. Jonson antecipa aqui a Charles Dickens na arte de obter o realismo cômico por meio da acentuação de idiossincrasias. O truque de extrair humor de alguma excentricidade, tal como ocorre nos retratos de Pistol, Nym e, num sentido mais amplo, Malvolio, fora empregado por Shakespeare com muita freqüência. Mas não era aplicado a personagens principais. Jonson, que estava familiarizado com os exageros da comédia romana, transformou, porém, deliberadamente, a excentricidade num fetiche e a chamou de "humor" * porque a fisiologia primitiva de sua época atribuía o comportamento a certas secreções orgânicas (e nem era essa fisiologia tão primitiva assim se considerarmos as teorias de alguns de nossos próprios endocrinologistas!). É compreensível que uma classificação tão definida das estranhezas humanas produza um verdadeiro redemoinho de humor farsesco. E ela se torna particularmente vívida quando quem entoa a canção é um observador tão perspicaz como Jonson, que conhecia todas as frinchas e frestas de Londres, bem como todas as nuanças da rica linguagem popular que lá era ouvida. Todas as personagens, com exceção do jovem Kno'well, meramente entregue aos desvarios da mocidade na forma costumeira, são obcecadas por suas "manias" ou 'humores"; hoje, chamaríamos a isso de "complexos". O velho Kno'well é vítima de uma ridícula ansiedade com respeito ao filho; um mercador faz uma fantástica exibição de ciúmes; o juiz Clement (Clemente) tem verdadeira fixação por um copo de vinho; dois palermas, um da cidade e outro do campo, possuem o dom

(*) Ou *humour*, segundo o título original da peça, e que em português equivale mais, numa determinada acepção, a "mania" ou "modo de ser". (N. do T.)

patológico de se deixarem lograr por todos; o capitão Bobadil (Bazofiador) leva a fanfarronice à condição de uma verdadeira arte devido às suas maneiras impecáveis e à calma mortal com que profere suas mentiras. As caricaturas de Jonson servem, todavia, a um propósito mais amplo. Colocadas lado a lado, formam um quadro heterogêneo dos pontos fracos do gênero humano e das loucuras da época. *Cada Homem com sua Mania* é uma imensa tela da era elisabetana desenhada com cores gritantes.

Num estado de espírito autocongratulatório, que não era invulgar em seu caso, Jonson agora se comportava como se fosse a própria menina dos olhos da fortuna. Mas o desastre sobreveio rapidamente. Depois de brigar com o ator Gabriel Spencer, Jonson matou seu oponente em duelo, usando uma lâmina dez polegadas mais curta que a de Spencer. Preso e levado para a sombra da galé, só escapou da execução lendo seu *neck verse* * de latim, o que lhe deu direito ao "benefício do clérigo" e a uma sentença branda. Seus bens foram confiscados e marcaram-lhe o polegar com um ferrete, mas soltaram-no da prisão. Na prisão, abraçou secretamente o catolicismo sob a influência de um sacerdote, tomando seu primeiro sacramento com pão do presídio. Como sua *recusancy,* "não-conformismo", como era chamada a perigosa reincidência na antiga fé, não afetou seu trabalho ou seu comportamento de forma significativa, não há necessidade de aprofundar o estudo do assunto.

A liberação de Jonson em 1599 foi comemorada com a representação de sua nova peça, *Every Man Out of His Humour* (Cada Homem Fora de sua Mania), obra que acompanha o primeiro trabalho e na qual seu talento para a caricatura atinge o paroxismo. Menos divertida e coerente que sua predecessora, esta comédia, não obstante, revela um aguçamento no estilo do autor. Não está mais simplesmente desenhando um divertido retrato da vida londrina e sim acometendo asperamente os costumes e a moral da época. Na pessoa de Asper anuncia a intenção de expor "a deformidade deste tempo", e narra em versos poderosos os preciosismos e a corrupção dos quais irá troçar. Concluída essa Apresentação, o dramaturgo passa a desencavar uma coleção tão maluca de malandros e tolos quanto qualquer outra que possa ser encontrada no mundo. Aqui estão arrivistas como Sogliardo, trapaceiros andrajosos como Shift, um marido fantasticamente amoroso e gagá como Deliro, um cortesão afetado como Fastidius Brisk, um repulsivo aproveitador como

(*) Lit. "verso do pescoço". Estrofe que usualmente consistia nas primeiras linhas de uma versão latina do 51.º salmo e era colocada à frente de um acusado que apelava para o "benefício do clérigo". Era este, na antiga lei inglesa, a isenção de julgamento por tribunal secular a que tinham direito os clérigos e, mais tarde, a isenção de pena a que tinham direito certos delinqüentes primários que soubessem ler. O acusado podia comprovar seu apelo lendo a estrofe em voz alta e de forma inteligente ante alguns examinadores. (N. do T.)

Sórdido. Estas e outras personagens suscitam o ódio de Macilente, um perfeito sábio, que se exaspera ao ver triunfarem a maldade e a estupidez enquanto que o mérito honesto anda em farrapos. Sua mágoa se transforma em corrosiva paixão ou "mania" e, com malévola ingenuidade, arruma um jeito de se vingar de todos eles.

Há grande divertimento nos esforços de Fungoso, estudante de Direito, em se manter em dia com a moda masculina, apenas para descobrir que suas novas roupas estão sempre obsoletas no momento em que lhe são entregues pelo alfaiate. Não menos engraçado é Puntavolo que, nas suas tentativas de reviver a época da cavalaria, entra em sua própria casa com a formalidade de um cavaleiro chegando a um castelo medieval. Mas o estado de espírito dominante desta comédia é a raiva. A mesma desilusão com uma grande era que começava a se desfazer produziu tanto as tragédias de Shakespeare quanto as comédias de Jonson. *Cada Homem com sua Mania* nos impressiona como um exercício bastante pesado de retaliação, mas foi em sua própria época uma poderosa peça de crítica e com ela Jonson conquistou um segundo êxito.

A partir de então se torna muito procurado. No mesmo ano, 1599, colabora em duas outras peças, ambas perdidas à maneira de tantas obras teatrais elisabetanas. Dois anos mais tarde seu aríete está novamente em ação em *Cynthia's Revels* (As Farras de Cíntia), comédia dotada da brilhante concepção aristofanesca de uma Fonte do Amor-Próprio da qual os cortesãos tiram sua doidice. Crescia a brecha entre a classe média e a aristocracia, e Jonson, embora de modo algum formasse com a primeira, nadava com a onda ao satirizar a segunda. Infelizmente a execução do original engenho cômico deixa muito a desejar. Mas aqui, mais uma vez, seus contemporâneos divergiram de nós conferindo à peça seu favor.

A peça foi um *succès de scandale* porque por essa época seu autor estava no mais aceso de uma guerra com os demais dramaturgos e caricaturou personalidades proeminentes. A "guerra dos teatros" começou quando Jonson ficou ofendido por um retrato que o satirista John Marston traçou dele em seu *Histriomastix* como um pedante erudito. Contra-atacou ridicularizando o pedantismo de Marston em *Cada Homem Fora de seu Humor* e foi sumariamente punido em *Jack Drum's Entertainment* (O Divertimento de Jack Drum). Jonson voltou a atacar com *As Farras de Cíntia,* onde espicaçava também seu antigo colaborador, Dekker; recebeu uma resposta com *What You Will* (O Que Quiserdes) de Marston, respondeu com uma peça nova e bem melhor, *The Poetaster* (O Poetastro), e foi por sua vez atirado sobre carvões em brasa por Dekker em seu *Histriomastix.* Até mesmo o "gentil" Shakespeare, que segundo se diz também deu uma pílula de purgante a Jonson, aparentemente esteve envolvido na controvérsia; a troncuda e rude figura de Ajax em *Troilo e Créssida* parecia ter algo a ver com Jonson. Sem dúvida alguma houve rixas e indisposições entre o colérico dramaturgo e seus colegas, e Jonson mais tarde declarou que bateu Marston e tomou-lhe a pistola. Mas boa parte dessa confusão pode ter sido adrede preparada como um golpe de publicidade pré-estadunidense. Quando as hostilidades já haviam servido ao seu propósito, foram postas de lado, e três anos mais tarde Jonson colaborava com Marston (e Chapman) numa excelente comédia, *Eastward Ho!* (Para o Oriente!).

Capaz como sempre foi de tirar bom proveito de sua raiva e do temperamento irascível, Jonson escreveu uma peça impressionante, *O Poetastro,* como derradeiro tiro na "guerra dos teatros". Embora sua constante auto-exaltação seja assaz irritante, usa de maneira carinhosa o poeta clássico Horácio encilhado com um pai bem pouco simpático e um bando de vaidosos rivais, entre os quais Marston e Dekker aparecem sob nomes clássicos. A peça torna-se outra sátira levemente velada à época elisabetana e essencialmente outra "comédia de manias", que, no entanto, é aqui dignificada por uma nobre retórica. Com efeito, *O Poetastro* é igualmente uma denúncia das pretensões artísticas e uma glorificação da arte genuína. Horácio, consciente da dignidade das letras, não tem medo de castigar o Imperador Augusto por uma referência casual à sua pobreza.

Júlia, a filha do imperador, confere sua afeição ao poeta Ovídio, respeitando seu valor plebeu, e o próprio imperador sabe como honrar um poeta tão notável quanto Virgílio. Ademais, consciente da *noblesse oblige* das letras, Jonson anuncia sua retirada das mesquinhas disputas; declara que vem pensando em algo

That must, and shall be sung, high and aloof,
Safe from the wolf's black jaw and the dull ass's hoof *.

E mantém a palavra empenhada. Isola-se num retiro e, a despeito das calúnias de seus detratores, dele não sai enquanto não completa a tragédia romana *Sejanus* (Sejano), nobre e meticulosamente escrita, que, indiretamente, se dirige à crescente desintegração do governo inglês. Essex foi executado e o governo de Elizabeth é devorado até o cerne pela tirania e corrupção cada vez maiores. Na verdade, a popularidade de Elizabeth diluiu-se a tal ponto que Jonson julgou necessário desculpar-se por sua apologia à rainha no epílogo de *Cada Homem Fora de sua Mania.*

Jonson narra a carreira de Sejano, o maquiavélico arrivista que consegue tornar-se o favorito do dissoluto impe-

(*) Que deve ser cantado, e o será, bem acima e à distância, / A salvo do negro maxilar do lobo e do casco do estúpido asno. (Trad. literal.)

rador Tibério e começa a cobiçar o trono. Sejano afasta de seu caminho o filho do imperador, Druso, por meio do veneno, depois de perverter Lívia, a esposa do governante; provoca a queda dos herdeiros próximos do trono e destrói as liberdades civis dos romanos. Conseqüentemente, está em vias de converter-se no virtual ditador de Roma. Mas Tibério é um pássaro da mesma plumagem e igualmente adepto de estratagemas. Depois de levantadas as suspeitas do imperador, este faz com que Sejano seja seguido por espias, separado de sua guarda militar, denunciado no Senado e morto pelo povo.

Embora Jonson fosse incapaz de descer às profundezas da psicologia humana para esquadrinhá-las, *Sejano* é um texto estimulante. A despeito de ser a obra construída dentro de um apego às regras neoclássicas, Jonson não se deixa estorvar por elas e emprega muitas cenas para descrever o império decadente e dominado pelo vício. *Sejano* é uma autêntica pintura de uma época, consistindo num mosaico de fatos e de citações de autores clássicos cuidadosamente reunidos. No entanto, ainda mais eficazes são as denúncias que faz Jonson contra governantes degenerados e ditadores arrivistas cuja eficiência é ainda mais destrutiva que a ineficiência por eles suplantada.

Lances poderosos abundam nessa peça extraordinariamente moderna. Lívia trama a morte do marido enquanto se ocupa com cosméticos. Sejano descarta um nobre oponente contratando um *agent provocateur* para incitá-lo a proferir declarações comprometedoras enquanto soldados ficam ocultos atrás de uma porta para prendê-lo. Tais são os métodos da tirania política, diz Jonson; e sua velada diatribe é tão relevante para nosso próprio tempo quanto o era para o do autor. Entram em seu quadro até mesmo a queima de livros e a perseguição a homens de letras liberais. Cordus, o historiador, é acusado de haver tratado de maneira respeitosa as figuras dos falecidos Brutus e Cássio em seus "Anais". Dado que esses nobres romanos defenderam a República, não constituem objetos adequados ao elogio num tempo de ditadura. Destarte, Cordus é preso e seus livros queimados. A tragédia chega a um intenso final com a merecida queda do arrivista. Não obstante, Jonson não faz concessão ao otimismo ao destruir Sejano, pois Tibério, que venceu seu sinuoso rival. certamente não é nenhum salvador da humanidade. Um velho tirano suplantou um jovem tirano — isso é tudo; e o veneno da corrupção continua a corroer seu caminho rumo ao coração de um império.

Embora Jonson seja um tragediógrafo desgracioso e frio que usa avaramente o *pathos,* triunfa nesta peça pouco sutil através do simples poder de sua exposição, e *Sejano* merece uma admiração maior do que essa que muitas vezes lhe tem sido atribuída. Contudo, o autor deve ter percebido que seu forte era a comédia. *Sejano* não é seguido por uma série de nobres tragédias e sim por algumas comédias extraordinárias. Em primeiro lugar vem *Para o Oriente!,* na qual colabora com Marston, seu inimigo de outrora, e com Chapman, seu amigo íntimo; no ano seguinte escreve *Volpone,* sua comédia mais poderosamente construída, quatro anos mais tarde é a vez da hilariante *Epicene or The Silent Woman* (Epicene ou a Mulher Silenciosa), em 1610 *The Alchemist* (O Alquimista) e em 1614 *Bartholomew Fair* (A Feira de São Bartolomeu).

Para o Oriente!, uma vivaz comédia sobre a vida londrina, se tornou uma *cause célèbre.* Por um inadvertido insulto à realeza escocesa, com o qual o novo rei Jaime I, filho de Maria Stuart, ficou justamente indignado, Chapman e Marston foram lançados à prisão. Num ato de característica temeridade, Jonson foi reunir-se voluntariamente a eles no cárcere, alegando igual responsabilidade pela peça, e todos os três correram o perigo iminente de verem arrancados seus narizes e orelhas. Altas conexões e, sem dúvida alguma, o favor que Jonson vinha obtendo como escritor de mascaradas * para a corte salvaram-nos das barbaridades previstas pelo código penal. A saída da prisão foi celebrada por um banquete oferecido por escritores e eruditos em honra aos três. O clímax da celebração sobreveio quando a mãe de Jonson exibiu o "papel cheio de forte veneno" que pretendia ministrar ao filho se a execução da sentença não tivesse sido sustada; e para mostrar "que ela não era sovina", "pretendia antes tomá-lo pessoalmente". Jonson tornava-se um herói da *intelligentsia* inglesa.

Em *Volpone* Jonson põe de lado as "manias" em favor dos vícios declarados e compõe uma sátira altamente concentrada sobre a ganância, que começava a tornar-se progressivamente um traço temível do sistema econômico introduzido pela Renascença. A gloriosa era da empresa individual radicava no comércio; os patronos italianos da arte eram na verdade príncipes mercadores; o acúmulo do poder por meio da riqueza transformou-se na paixão dominante da época. Jonson não era o único humanista e homem de letras a olhar o fenômeno com desânimo e revolta. Mas ninguém criou um tal epítome de sua natureza sinistra e vulgar quanto o autor de *Volpone.* Seu vilão é o rico mercador Volpone ou Grande Raposa, no qual a cobiça se fez uma paixão primária e um objetivo intelectual dominante. Com engenhosidade diabólica põe em execução o plano de fingir que está morrendo e devido a essa agonia aparente convence todo um sortimento de personagens não menos rapaces que ele próprio a cumulá-lo de presentes na esperança de serem nomeados herdeiros de sua fortuna. Cada um desses otários é retratado

(*) Forma de espetáculo muito apreciada na corte inglesa nas últimas décadas do século XVI e no início do século XVII. (N. dos T.)

mais com a ajuda de um bisturi que de um pincel. O mercador Corvino ou Pequeno Corvo lhe oferece até mesmo sua inocente esposa, Célia, e a arrasta para Volpone com ameaças e violências. Corbaccio, ou Velho Corvo, entra cheirando o corpo de Volpone para certificar-se de que o homem está morto. Voltore ou Abutre, o advogado, é igualmente venal e inescrupuloso. Cada um deles é apropriadamente designado segundo algum animal predatório e ilustra a declaração de Mosca, segundo a qual

All the wise world is little else, in nature,
But parasites or sub-parasites *.

Mas os trapaceiros geram trapaceiros ainda maiores e o feitiço é virado contra o feiticeiro Volpone por seu cúmplice, Mosca, que se nomeia a si mesmo herdeiro da fortuna e procura mantê-lo legalmente morto. Surgem complicações e todos os vilões e otários são desmascarados e punidos.

Um riso tão selvagem e obtido com tal concentração de objetivos raramente será encontrado em qualquer outra parte nos anais do teatro; a obra foi concebida na prisão e escrita sob a mesma nuvem de desencanto que pairava sobre o período trágico de Shakespeare. Na aparência, *Volpone* não é basicamente uma comédia mas uma dilacerante "moralidade", e sua única sorte consiste no fato de que Jonson era capaz de extrair uma fantástica espécie de alegria dos temas que suscitavam sua indignação. Embora seja incrível que uma exibição tão brutal da cupidez humana possa ser divertida, o fato é que a peça é imensamente engraçada; os elementos sinistros da comédia são demasiado chocantes para não serem ridículos. Ademais, Jonson teve a sabedoria de diluir seu ácido com o humor mais suave de uma estória subalterna na qual Sir Politick e Lady Would-Be, "minha madame de voz eterna", são mais representantes da tolice que do vício.

Talvez sentindo que atingira os limites da comédia didática, Jonson voltou à arte do genuíno entretenimento em *Epicene,* outra comédia de humores que gira ao redor da figura de Morose, indivíduo hipocondríaco que tem uma fantástica aversão a qualquer tipo de ruído. Seus criados só podem dirigir-se a ele por meio de uma linguagem de sinais, sua escada é atapetada, suas venezianas permanecem fechadas; e quando resolve casar-se, a noiva deve ser muda. A forma pela qual acaba por se envolver com um adolescente disfarçado de mulher propicia a maior parte do humor. Assim que a suposta noiva se vê casada, torna-se tão palradora quanto uma dúzia de vendedoras de peixe e a confusão atinge um grau desenfreado quando Morose é visitado por um bando de farristas. Dessa praga Morose é libertado por seu

(*) Todas as pessoas sábias, na verdade, não passam de parasitas ou subparasitas. (Trad. lit.)

sobrinho, que fora o responsável por todas as complicações, somente depois que este recebe um substancial presente em dinheiro de seu avarento tio.

Epicene é um divertimento bastante pesado, mas mesmo assim é um divertimento, e seu estilo reaparece nas duas comédias satíricas que Jonson escreve a seguir, ambas as quais são as melhores e mais alegres dentro dessa linha. Na primeira, *O Alquimista,* o astuto Subtle finge ser um alquimista, e a pedra filosofal que deve ter o poder de transmutar o metal simples em ouro acaba por revelar-se uma irresistível atração para o empregado de um advogado, para o dono de uma casa de tabacos, para o distinto cavalheiro Sir Epicure Mammon e para dois pios puritanos da congregação de Amsterdã — o pároco Tribulation Wholesome, que afirma serem os fins que justificam os meios, e o diácono Ananias que acaba por aderir ao grupo depois de alguma hesitação. *O Alquimista,* composta em vigorosos versos cômicos, satiriza a credulidade e a ganância sem lançar mão da amargura, e sua sucessora, *A Feira de São Bartolomeu,* repete o feito com igual brilho mas apresentando um quadro popular ainda mais rico. A vida elisabetana explode e pulula na feira que serve de local de ação à comédia e, com exceção do *Tartufo* de Molière, a beatice hipócrita nunca foi tão alegremente desmascarada no teatro. A personagem de Jonson, Rabi Zeal-of-the-Land Busy, puritano com "a mais lunática das consciências", que conquistou uma reputação de piedade e forçou sua entrada na puritana casa da Senhora Purecraft, é um verdadeiro oráculo. Quando "Win-the-Fight" (Ganha-a-Luta), filha da dona da casa e que está grávida, é assaltada por um insaciável desejo de comer carne de porco, é Busy quem deve ser consultado em primeiro lugar. Tal dieta é proibida por sua seita, que pretende seguir os preceitos do Antigo Testamento. Mas há um tempo para tudo, e quando a Senhora Purecraft lhe implora que "Pense num meio de tornar a coisa o mais legal possível", o pio oportunista dá seu consentimento, contanto que a filha da boa senhora coma a iguaria com "uma boca reformada"! Na feira, depois de beber muito mais do que é conveniente, torna-se de tal forma incômodo que é posto no castigo do tronco. Estas aventuras, bem amparadas por outras que dizem respeito a todo o bando de festeiros, resultam numa das mais turbulentas farsas satíricas do teatro.

Esta é uma manifestação muito distante da nobre arte da tragédia, com a qual pensou reforçar sua pretensão de passar à posteridade. Destarte, Jonson interpôs *Catilina,* outro drama de assunto romano, entre as duas últimas comédias mencionadas. O tema é a conspiração de Catilina contra a república romana. Mais uma vez o pano de fundo clássico é captado com grande fidelidade, e uma cena excelente, na qual a trama é revelada por um cortesão ofendido, se constitui num comentário brilhantemente satírico sobre como um acontecimento de pequena dimensão e de ordem particular pode afetar o curso da história. Não obstante, *Catilina* é uma obra de segunda ordem e a partir de então Jonson se contenta em exercer seu dom para a sátira. Porém, esse dom se revela menos flexível que antes e embora seus trabalhos posteriores continuem a ser inventivos ou arrebatados, se tornam progressivamente mais fracos. *The Devil is an Ass* (O Diabo é um Asno) e talvez o melhor desses esforços; ao menos contém a idéia agudamente satírica de que Satã é um demônio amador em comparação com a humanidade. Apenas o drama pastoral *The Sad Shepherd* (O Pastor Triste), escrito com grande beleza mas deixado incompleto, e suas mascaradas poéticas, mas inconseqüentes, compostas como entretenimento para a corte e que serviram de ensejo às proezas mecânicas e pictóricas do maior cenógrafo da Inglaterra, Inigo Jones, dão continuidade ao estilo mais exaltado de Jonson.

Jonson vive por muito mais tempo que Shakespeare e vai empilhando comédia sobre comédia. Torna-se vítima da doença e da obesidade, pesa perto de 125 quilos e adquire uma "monumental barriga". Mas o tempo também traz muitas compensações. A aristocracia continua a favorecê-lo com presentes e convites, e seus dotes de conversação, para não falar de sua exuberante personalidade e seus hábitos sociáveis, fazem dele o ditador literário da Inglaterra até sua morte, aos 6 de agosto de 1637. O Grande Cã da Mermaid, "Sereia", e de outras tavernas atrai um brilhante círculo de escritores e pessoas de espírito que sentem orgulho em se denominarem a si mesmos "os filhos de Ben". A estes ele dispensa a parte mortal de seu talento, ou seja, esses fogos de artifício verbais dos quais apenas algumas poucas centelhas estão conservadas nas *Discoveries* (Descobertas) e nas *Conversations* (Conversações) anotadas por seu anfitrião escocês, William Drummond.

Assim termina a carreira de outro típico elisabetano que batalhou e se divertiu, mas preservou, simultaneamente, um grande respeito pela dignidade das letras. Igualmente admiráveis são seus excelentes poemas (o bem conhecido "Ainda por limpar, ainda por vestir", "Bebe à minha saúde apenas com teus olhos" e o maravilhoso *Requiem para Narciso*) e seu poderoso diálogo coloquial. Casamento é o "laço de correr da vida conjugal", Morose deseja ver aquela "a quem deverei escolher como minha novilha" e vende "minha liberdade a uma mulher"; os homens "deveriam amar sabiamente, e a todas as mulheres"; foliões voltando de mais uma bebedeira irão "arrancar hoje mais um pêlo do mesmo lobo". Seu talento para desenhar a vida do momento em que viveu era da mais alta ordem, e a sua maior deficiência, afora sua carência geral de uma alegria descontraída, era a inabilidade de criar personagens completas ou acabadas no palco — talvez porque ele próprio era muito mais uma personagem completa que uma *tabula rasa* como o poeta de Stratford, a quem votava uma admiração tão imensa.

As gerações seguintes prestar-lhe-iam um desserviço louvando-o mais estrondosa que convidativamente. T. S. Eliot, cujo talento para recuperar reputações ensombrecidas é conhecido de sobejo, analisa o caso com sua usual precisão: "Ser universalmente aceito; ser maldito pelo elogio que esmaga qualquer desejo de ler o livro; ser assaltado pela imputação de virtudes que não despertam o menor prazer . . . — esta é a mais perfeita conspiração da aceitação".

Nossa própria época está em condições de recolocá-lo em seu posto como um mestre da comédia inglesa que tem apenas um igual — G. B. Shaw. Comparadas às comédias de Jonson, as obras da maior parte de seus sucessores mais freqüentemente reapresentados são anêmicas e triviais. Ele possuía uma capacidade tipicamente elisabetana de absorver experiências e espelhá-las com deleite e intensidade; seu riso não cacareja, mas explode com estrondo; não brinca com os temas cômicos, mas engalfinha-se com eles. Tais qualidades são muito mais importantes que o fato acadêmico de ter ele defendido princípios clássicos de dramaturgia numa era romântica e de estar sua obra recheada de exemplos da grande erudição que possuía. Embora raramente seja tão ágil quanto um comediógrafo deve ser em nossos dias, tem a imponência de um cavalo de batalha, completamente equipado, em ação. Sua virtude singular, e talvez a única que importe no teatro, é que está gloriosamente vivo. Se inúmeras vezes se embriagava com bebidas alcoólicas, também vivia contínua e imoderadamente intoxicado de vida.

2. *Beaumont e Fletcher*

Jonson era o "John Bull" entre os dramaturgos. Mas a época elisabetana não carecia de cavalheiros que se comportassem com elegância. E nenhum deles possuiu um estilo tão elegante e respirou a colheita de refinamento artificial na polida atmosfera do reino de Jaime I num grau tão elevado quanto Francis Beaumont e John Fletcher. Fletcher, nascido em 1579, mais ou menos quinze anos depois de Shakespeare, era filho de um homem que mais tarde se tornou bispo de Londres. Conseqüentemente circulou pelos mais refinados ambientes até que seu pai morreu e o deixou em apuros financeiros. Beaumont, cinco anos mais novo que ele, era o filho de um próspero juiz e estava destinado às leis até que caiu sob a influência de Jonson e uniu-se à boêmia irmandade de escritores. Os dois filhos de cavalheiros rapidamente consolidaram sua amizade, ocuparam os mesmos aposentos próximos do Teatro Globe e partilharam seus bens. A relação conservou-se até 1613, quando Beaumont se casou e retornou ao seio da respeitabilidade. Morreu três anos depois, deixando o amigo a servir o teatro sozinho e em colaboração com outros escritores por mais nove anos.

De início também escreveram separadamente, Beaumont produzindo uma peça herói-cômica, *The Woman-Hater* (O Odiador de Mulheres), em 1609, e Fletcher apresentando uma imitação do *Pastor Fido* (Pastor Fiel) de Guarini, escrita em 1610 com grande beleza e intitulada *The Faithful Shepherdess* (A Pastora Fiel). Mas foi em colaboração que se mostraram na sua melhor forma. Em 1609 compuseram uma brilhante paródia do teatro elisabetano, *The Knight of the Burning Pestle* (O Cavaleiro do Pilão Ardente), e mais ou menos um ano mais tarde praticamente deram início à moda da tragicomédia em *Philaster* (Filaster), que ostenta o apropriado título alternativo de "O Amor Jaz sem Sangrar". A peça preenche amplamente a definição que deram ao *gênero* da tragicomédia, a cujo respeito escreveram que "faltam-lhe mortes, o que é suficiente para não fazer dela uma tragédia; contudo leva algumas personagens para perto dela, o que é suficiente para não fazer dela uma comédia". *Filaster* desenvolvia a rivalidade entre uma pessoa nobre e uma pessoa ignóbil que se apaixonam pela mesma moça. Esta emprega o disfarce de homem, tão apreciado pela época, com o fito de ter acesso a seu ídolo, Filaster. A tragédia está iminente, mas o amor tudo vence e a platéia que foi levada a um apogeu de *suspense* é mandada para casa reconfortada e feliz. Esta floreada peça, da qual se diz ter sido diretamente responsável pelo *Cimbelino* de Shakespeare, possui a mesma falta de plausibilidade e coerência, mas muito pouco do encanto poético da obra romântica do dramaturgo mais velho.

Perto de um ano mais tarde surgiu a peça mais considerada da dupla, *The Maid's Tragedy* (A Tragédia da Moça). Tecnicamente, está muito mais próxima da tragédia que *Filaster* e demonstra em parte uma infreqüente independência de pensamento. Nesta obra, Evadne, a amante do rei, se casa com um cavalheiro honrado, mas pouco brilhante. Contudo, na noite do casamento Evadne informa o noivo de que ela não pode ser verdadeiramente sua esposa, e quando ele insiste em fingir para a corte que o casamento foi consumado, o rei deixa-lhe bem claro que Evadne é propriedade real. Diante disso, o marido deixa transparecer seu desgosto ante o marcial irmão da moça, Melantius, que é também o dileto amigo do pobre homem. Ultrajado por tal comportamento, Melantius reprova Evadne e manda-a assassinar o rei. Evadne — cuja mudança de sentimentos nunca é apresentada de forma plausível — atrai o rei para seu leito e o apunhala até a morte. Também volta a faca contra si mesma quando Amintor, o horrorizado esposo, rejeita com desprezo o seu amor. Para tornar tudo ainda mais digno de aplauso para os antigos freqüentadores de teatro elisabetano, Aspatia, a moça que foi abandonada por Amintor em favor de Evadne, se disfarça de pajem, provoca-o para um duelo e é mortalmente ferida pela mão do homem que ama.

Para revelar a insipidez da trama, sua motivação execrável ou a falta de motivação e a insipidez de grande parte dos versos seria preciso reimprimir a peça. É incrível que *A Tragédia da Moça* tenha sido colocada entre as melhores tragédias elisabetanas por muitos escritores. (Desolado pela falta de ortodoxia de sua opinião particular, o presente escritor releu a peça duas vezes antes de redigir este capítulo, na esperança de encontrar condições para revisar seu julgamento.) Neste trabalho, como em tantas obras de Beaumont e Fletcher, a espetaculosidade superficial usurpa o lugar do verdadeiro talento. Apenas a vivaz pintura da corrupção da corte e a parcial justificação do regicídio fazem com que este texto se sobreleve em relação a outros produtos teatrais ainda mais corriqueiros dos mesmos e de outros autores.

As tragédias e tragicomédias isoladas de Fletcher, bem como a maior parte de suas colaborações com outros dramaturgos, são ainda menos marcantes e ficar aqui a discuti-las não contribuiria para qualquer propósito maior. Beaumont parece ter sido o mais talentoso e crítico dos dois, e se não conseguiu tirar inteiramente a dramaturgia fletcheriana do lodo da composição artificial, ninguém o conseguiria. Talvez se possa conceder que a colaboração de Fletcher com Shakespeare em *Henrique VIII,* após o casamento de Beaumont, foi mais frutífera, mas os méritos da peça são decididamente dispersos. Quando apenas a mão de Fletcher é visível, a obra torna-se fácil e superficial. *Os Dois Nobres Parentes,* na qual novamente é vista a mão de Shakespeare (sobretudo nas primeiras cenas do primeiro e quinto atos), é especialmente notável pelas passagens do mestre que podem ser favoravelmente comparadas a muitos de seus melhores trechos. Baseada num poema de Boccaccio e *The Knight's Tale* (O Conto do Cavaleiro) de Chaucer, a peça dramatiza a rivalidade de dois parentes pela mão de Emília, irmã do rei Teseu. Termina com um duelo e um acidente fatal para o vencedor. A contribuição de Fletcher à obra, que deve seu plano a ele, é uma peça de maquinaria teatral tão oca e falsa quanto é excelente a poesia de Shakespeare.

A versificação fácil e a teatralidade superficial de Fletcher sozinho ou em colaboração o converteram no mais proeminente e bem-sucedido autor de seu tempo. Até mesmo Shakespeare foi temporariamente obscurecido por ele. Mas é apenas em passagens poéticas isoladas e na tempestuosa paródia de *O Cavaleiro do Pilão Ardente* que se mostra sua maior força. É difícil culpar Fletcher por refletir um período de decadência, ainda que não fosse obrigado a servir-lhe de instrumento, e seu domínio da espetaculosidade é uma valiosa realização no teatro. Mas é bem possível que sua influência fosse parcialmente responsável pelo declínio do teatro elisabetano.

3. *Os Últimos da Raça de Gigantes*

Beaumont e Fletcher, a despeito de todas as suas pretensões trágicas com *A Tragédia da Moça,* pertenciam à espécie dos brilhantes e bem-comportados pequenos vultos de uma época decadente. Mas há certo número de gigantes torturados e deselegantes que caminham por entre eles como os sobreviventes da era "anterior ao Dilúvio", segundo a curiosa forma com que Dryden o expressou. Uma apressada análise de suas obras descortina lances de gênio, de rara paixão e iluminação dramáticas.

George Chapman, o mais velho da irmandade, arrasta-se pelo teatro com um ar de grandeza sem equilíbrio. Sua erudição era pelo menos igual à de Ben Jonson. Sua fama, seguramente, repousa sobre suas traduções irrecusáveis, ainda que errôneas e exageradas, da *Ilíada* e da *Odisséia,* às quais Keats mais tarde pagou o tributo de um famoso soneto. Sua vida cobriu o teatro elisabetano desde o início à senilidade. Nascido por volta de 1559, atingiu a maturidade perto de uma década antes que Marlowe escrevesse *Tamburlaine,* mas permaneceu mais ou menos afastado do teatro até cerca de 1596 e suas primeiras aventuras na dramaturgia foram interrompidas pelos trabalhos de sua vasta tradução.

Encontrou tempo em 1605 para escrever a inteligente e divertida comédia *All Fools* (Todos Tolos), que lembra Terêncio em sua sátira a um pai extremamente severo que descobre que o modelo de virtudes que pensou estar criando se casou sob seu nariz. No ano seguinte tentou a comédia romântica com *The Gentleman Usher* (O Cavaleiro Escudeiro) obtendo pouco sucesso, e a comédia de caracteres com *Monsieur d'Olive,* texto de considerável mérito. Seus melhores esforços, ainda que mais desiguais, são, no entanto, aqueles em que esteve às voltas com a tragédia.

Em 1607 produziu seu *Bussy d'Ambois.* É notável pelo tratamento que dá a temas contemporâneos provenientes da Europa Continental; Chapman, que viajara longamente e era muito menos provinciano que seus companheiros de letras, acompanhou a perturbada história da França com vivo interesse. A peça, escrita dentro do estilo de Marlowe, trata do reino de Henrique III de França e gira ao redor de um grande amante e fanfarrão cheio de vida; Bussy é um Tamburlaine gaulês e em grau menor. Incrivelmente bombástica, pois Chapman estava inebriado com a linguagem e com complexidades de pensamento amorosamente acalentadas, a peça possui, não obstante, uma cadência majestosa. Foi seguida pela *Revenge of Bussy d'Ambois* (Vingança de Bussy d'Ambois), obra de menor valor se comparada à primeira e que em muitos pontos é semelhante ao *Hamlet*. O costume exige que Clermont de Bussy vingue seu blasonador irmão, traiçoeiramente assassinado, e o vingador se revela outro Hamlet em sua procrastinação, dado que também ele é uma personagem reflexiva. A atitude reflexiva é, na verdade, a essência da obra séria de Chapman no teatro. Sem essa qualidade, que em muitas ocasiões é tão sentenciosa quanto em outras é incisiva, as duas peças a respeito dos Bussy seriam continuações indistintas do melodrama gênero "sangue e trovão". Versos como "O Rei pune os erros dos súditos com seus próprios erros" e "Reis são como arqueiros, e seus súditos, as flechas", bem como a passagem na qual Clermont disseca o amor após o casamento e acaba por provar ser ele logicamente impossível são características da tediosa grandeza de Chapman.

De efeito muito mais poderoso em sua ríspida magnificência são as duas peças *The Conspiracy of Charles, Duke of Byron* (A Conspiração de Charles, Duque de Byron) e *The Tragedy of Charles, Duke of Byron* (A Tragédia de Charles, Duque de Byron), ambas tratando de uma notória conspiração contra Henrique IV de França. A personagem do instável nobre feudal é contraposta com eficácia à esperteza do rei. A multiplicação de pensamentos rebeldes em Byron, as tentações às quais está exposto, a forma pela qual é atraído para a corte de Henrique por um traidor e sua queda formam uma história psicológica amiúde comovedora. Tivesse ao menos Chapman maior talento para transformar seu material em situações efetivamente dramáticas, as duas peças sobre Byron seriam memoráveis. Elas possuem o essencial da tragédia na trama e na criação das personagens, bem como um maior número de versos memoráveis do que aquele que podemos esperar agora até mesmo de nossos melhores dramaturgos. Como outros elisabetanos, Chapman é particularmente vigoroso quando seu estado de espírito é sombrio e tem então laivos de filosofia dialética. Byron clama

. . . wretched world,
Consisting most of parts that fly each other;
A firmness breeding all inconstancy,
A bond of all disjunction; like a man
Long buried is a man that long hath lived;
Touch him, he falls to ashes *.

(*) ... miserável mundo, / Consistindo em sua maioria de partes que fogem umas das outras; / Uma firmeza que gera toda inconstância, / Um elo de toda separação; como um homem / Que há muito está enterrado é um homem que há muito viveu; / Toquem-no, ele se desfaz em pó.

Também é capaz de pungentes declarações dramáticas. Quando Byron é vendado pelo carrasco que irá enforcá-lo, o Arcebispo o conforta

My lord, now you are blind to this world's sight.
Look upward to a world of endless light *.

Mas as palavras lhe são lançadas de volta ao rosto:

Ay, ay, you talk of upward still to others,
And downwards look with headlong eyes, yourselves **.

A outra personagem que o admoesta por não permitir que o carrasco lhe corte o cabelo,

My lord, you make too much of this your body
Which is no more your own ***.

Byron retruca: "E nem pertence a vós". Morre amargurado, ressentido com a mortalidade do homem:

Such is the endless exile of dead men.
Summer succeeds the spring; autumn the summer;
The frosts of winter, the fall'n leaves of autumn:
All these, and all fruits in them yearly fade,
And every year return: but cursed man
Shall never more renew his vanquish'd face ****.

Como se verá, o grande vento do drama sopra temperamentalmente através das frestas do intelecto desse apaixonado sábio.

Chapman continuou a escrever para o teatro até 1612, ano em que apresentou *The Widow's Tears* (As Lágrimas da Viúva) uma comédia irônica e plena de força, ainda que mal construída. Mas depois de 1613 suas peças se tornaram extremamente parcas em número e indistintas em qualidade. Ele, que não se voltara para o teatro senão quando já se aproximava dos quarenta, praticamente o abandonou durante os últimos vinte e um anos de sua vida. Numa era menos apegada ao teatro, é possível que Chapman jamais escrevesse uma peça. Mas o teatro elisabetano era um poderoso ímã que atraiu para junto de si quase todos os talentos. Tal é

(*) Senhor, agora estais cego para a visão deste mundo, / Olhai para o alto, em direção a um mundo de luz sem fim.

(**) Oh, Oh, falais do alto também a outros, / E com a cabeça inclinada vós próprios só olhais para baixo.

(***) Senhor, prezais demasiado esse vosso corpo / Que já não vos pertence mais,

(****) Tal é o eterno exílio do morto. / O verão sucede à primavera; o outono ao verão; / Os gelos do inverno às folhas que tombam no outono: / Todas estas, e todos os frutos nelas fenecem anualmente, / E todos os anos retornam: mas o homem amaldiçoado / Jamais verá renascer sua face desaparecida.

sempre a atração de um teatro vigoroso, e poucas pessoas criativas conseguem resistir-lhe.

A mesma dedicação apenas parcial ao teatro aparece na carreira do insolente satirista John Marston (1575-1634), que devotou ao palco apenas uns nove anos. Escreveu os melodramas ensopados de sangue *Antônio e Melida* e *Antonio's Revenge* (A Vingança de Antônio) que fizeram reviver a "tragédia de vingança" antes da apresentação de *Hamlet*. Criou também contundentes comédias como *O Descontente*. Depois dessas obras, construídas com desleixo, mas freqüentemente poderosas, Marston abandonou a dramaturgia e passou o resto de sua vida, todo um quarto de século, no seio da Igreja. Seu *Parasitaster or the Fawn* (Parasitastro ou O Cervo Novo) inclui muitas explosões ousadas de comicidade às expensas da vida da corte, *The Dutch Courtesan* (A Cortesã Holandesa) é um estudo forte, ainda que desagradável, da paixão física, e sua obra escrita em colaboração, *The Insatiate Courtesan* (A Cortesã Insaciável) apresenta o poderoso retrato de uma mulher que já é suficientemente descrita pelo detalhado título. Em *Para o Oriente!*, obra ainda mais notável e também fruto de colaboração, famosa por sua vivaz pintura da vida londrina, Marston contribuiu com outras excelentes personagens — malandros e otários que estão singularmente vivos por não estarem atrelados às "manias" jonsonianas.

O poder de Marston decorre invariavelmente de seu feroz negativismo e de seu cinismo exaltado. Seu *The Malcontent* (O Descontente), o drama de um duque que perde seu ducado e aprende a considerar a humanidade com desprezo, antecipava o *Misantropo* de Molière e *O Homem Sincero* de Wycherley. Suas palavras cínicas: "Esta terra é o único túmulo e Gólgota onde todas as coisas que vivem devem apodrecer; não é senão o rascunho onde todos os corpos celestes descarregam sua corrupção; a própria lixeira na qual os orbes sublunares lançam seus excrementos", expressam uma angústia que o homem ainda não é capaz de exorcizar. Num tal mundo é fútil pensar, e a vaidade de lutar para adquirir conhecimentos raramente foi posta em versos tão felizes como na passagem de *O Que Quiserdes,* que conclui da seguinte forma

I staggered, knew not which was the firmer part;
But thought, quoted, read, observed and pried,
Stuffed noting-books, and still my spaniel slept.
At length he waked and yawned, and by yon sky,
For aught I know he knew as much as I *.

(*) Eu titubeava, não sabia qual era a parte mais firme; / Mas pensava, citava, lia, observava e pesquisava, / Enchia cadernos de notas, e enquanto isso meu cão dormia. / Depois de algum tempo ele acordou e bocejou, e pelo próprio céu, / Ao que eu saiba, ele sabia tanto quanto eu.

A mesma sensação de futilidade é indicada pela retirada de Marston do teatro no momento em que ainda estava no auge de seus poderes criativos.

Entretanto, a maioria dos dramaturgos elisabetanos não podia permitir-se abandonar o teatro mesmo que sentissem predisposição para fazê-lo, e uma boa parte deles não a sentia. Escreveram copiosamente, com muita freqüência colaboraram uns com os outros, produziram uma montanha de bobagens insignificantes e, ocasionalmente, escreveram algo memorável.

Thomas Dekker, que talvez tenha sido o mais talentoso desse bando de escrevinhadores, como foi certamente o mais desanuviado deles, já havia nascido em 1570 e morreu apenas um ano, ou pouco mais ou menos, antes do fechamento dos teatros pela vitoriosa Revolução Puritana em 1642. Como Robert Greene já o fizera antes, tentou aumentar as parcas posses escrevendo livros satírico-realistas como sua enciclopédia sobre a roubalheira e a vagabundagem, *The Bellman of London* (O Guarda-Noturno de Londres) e o delicioso *Gull's Hornbook* (ABC do Otário) repleto de detalhes íntimos da vida de Londres.

Colaborou de forma tão intensa tanto com seus pares no teatro quanto com colegas dramaturgos de terceira categoria que lhe sobrou pouco tempo para criar uma obra independente; apenas umas oito ou nove peças remanescentes são exclusivamente suas. Mas nem mesmo essa furiosa produção literária melhorou suas finanças o suficiente para mantê-lo fora da prisão por dívidas. Foi encarcerado em diversas ocasiões e uma dessas durou três anos.

Sua personalidade cordial não foi azedada por essas experiências. Era de natureza sangüínea, não sendo excessivamente sobrecarregado pela cultura ou pelo poder da reflexão. No entanto, era capaz de cantar com beleza, rir de coração aberto e possuía agudos poderes de observação. Sua fantasia *Old Fortunatus* (O Velho Fortunato), peça disparatada e ocasionalmente absurda, é poética e rica em imaginação. A estrofe

> *Tomorrow, Shadow, will I give thee gold,*
> *Tomorrow, pride goes bare, and lust a-cold,*
> *Tomorrow will the rich man feed the poor,*
> *And vice tomorrow virtue will adore,*
> *Tomorrow beggars shall be crowned Kings.*
> *This no-time, morrow's time, no sweetness sings* *.

não necessita de comentários ou elogios. Os excelentes monólogos da Fortuna no primeiro ato contém versos como

(*) Amanhã, Sombra, eu te darei ouro, / Amanhã, o orgulho andará descalço, e a cobiça, nua, / Amanhã o rico alimentará o pobre, / E o vício amanhã adorará a virtude, / Amanhã os mendigos serão coroados reis. / Esse não-tempo, o tempo de amanhã, nenhuma doçura pode cantar.

This world is Fortune's ball, wherewith she sports,
Sometimes I strike it up into the air,
An then create I emperors and kings:
Sometimes I spurn it, at which spurn crawls out
The wild beast Multitude... *

The Roaring Girl (A Garota Estrepitosa), escrita em colaboração com Middleton, é uma pintura vigorosa da baixa vida e gira ao redor da vivaz figura de Moll Cutpurse que pode ser tomada como a "moll" (prostituta) original do vernáculo americano. Essa garota de calças é o oposto das inúmeras donzelas elisabetanas que brincavam com sua inocência em disfarces masculinos; é uma salteadora perita e nem mesmo sua reabilitação final debilita a alegria e a força robustas da personagem. No entanto, essa comédia que em muitos momentos é divertida, embora seja estruturada com certo excesso de sentimentalismo, pertence mais a Middleton que a Dekker.

A cordialidade básica de seu caráter foi de muita valia a Dekker quando escreveu as duas partes de *The Honest Whore* (A Prostituta Honesta), uma prolixa comédia de costumes e intriga que apresenta as excelentes caracterizações da regenerada prostituta Bellafront e de seu vigilante pai Friscobaldo. Mas é na brincalhona ternura demonstrada em sua obra-prima *O Feriado do Sapateiro* que encontramos seu gênio desanuviado no apogeu. Nesta obra Dekker é um dos muitos elisabetanos a celebrar a classe média que em certa proporção ascende tanto política quanto socialmente para sua crescente prosperidade. Thomas Deloney, o romancista que traçou esse desenvolvimento em suas curtas narrativas, forneceu o assunto e Dekker transformou sua estória de Simon Eyre, o sapateiro que se tornou prefeito durante o reino de Henrique VI, numa encantadora comédia romântica. *O Feriado do Sapateiro* conjuga uma "estória de sucesso" que deve ter agradado à plebe das platéias através de uma pintura geral da vida dos artesãos com uma estória de amor na qual o sobrinho de um conde se disfarça num sapateiro flamengo com o fito de conquistar Rose, a filha de Simon. A democracia obtém um tento quando esse desigual enlace é sancionado pelo rei, e também prevalece quando o aprendiz Ralph, retornando das guerras, recupera sua esposa de um abastado cavalheiro que está prestes a se casar com ela. A peça recebe uma injeção de gloriosos humor e vigor com a cordial autoconfiança de Simon Eyre e com as cabriolices de seus briosos aprendizes que encenam a primeira greve surgida na dramaturgia e, brandindo seus porretes, permitem a Ralph reconquistar a mulher. A alegria da peça, ademais, não é tão "ligeira" quanto afirmam algumas autoridades. É a melhor

(*) Este mundo é a bola da Fortuna, com o qual ela brinca, / Algumas vezes eu a atiro para o ar, / E então crio imperadores e reis: / Às vezes eu a chuto, e desse chute para fora se arrasta / Uma besta selvagem, a Multidão...

comédia social da época, e seu humor democrático a recomenda até em nossos dias.

A mesma simpatia pela vida do povo era demonstrada por outro fértil dramaturgo, Thomas Heywood, cuja *Woman Killed with Kindness* (Mulher Morta pela Ternura), escrita em 1603, é um tributo ao bom senso e ao humanismo do Terceiro Estado. Numa peça simples e comovente Heywood conta a estória do sólido cidadão Master Frankfort, que é informado de que sua esposa Anne o trai com o pobre cavalheiro Wendoll, a quem ele deu abrigo. Ao invés de dar largas ao costumeiro heroísmo e matar os amantes, mantém uma adequada dignidade. Separa-se da esposa, mas continua a sustentá-la, e a piedade que sente por ela é muito maior que seu orgulho. Ela morre de coração partido pelo remorso que a ternura do marido suscitou em sua alma, mas não antes que ele a tenha perdoado. O seu comportamento pouco convencional é comentado por um nobre que vive nas vizinhanças e declara que teria matado tanto a esposa quanto o amante. A despeito de uma certa fraqueza presente na motivação do comportamento da esposa e não obstante a existência de uma trama secundária, *A Mulher Morta pela Ternura* conserva seu sabor de genuíno *pathos* e humanismo.

A lealdade de Heywood à classe burguesa surge em inúmeras peças, como *King Edward IV* (O Rei Eduardo IV), que celebra o sítio de Londres e o inteligente comportamento de seus cidadãos que derrotam o inimigo, e em *The Four Prentices of London* (Os Quatro Aprendizes de Londres), na qual os quatro filhos do cruzado medieval Godfrey de Bouillon, que são aprendizes de diferentes profissões, se cobrem de glória por meio de façanhas na Terra Santa. A pintura da vida do mar em *The Fair Maid of the West* (A Bela Moça do Ocidente) e os temas caseiros de *The English Traveler* (O Viajante Inglês) e de *A Bela Moça do Ocidente* possuem o sopro da vida e da realidade. No entanto, Heywood fez concessões a todos os gostos concebíveis da época e a maior parte de sua obra é de muito pouca qualidade.

A classe média também foi abordada pelos autores anônimos de *Warning for Fair Women* (Aviso para Mulheres Bonitas), de 1599, que trata realisticamente do assassinato de um mercador londrino, e da excelente *Yorkshire Tragedy* (Tragédia de Yorkshire), de 1608, retrato de um libertino que chega até o assassinato e é consumido pelo remorso. O drama da classe média recebeu mais contribuições dos dramaturgos Middleton e Massinger, talentosos ainda que extremamente desiguais. O primeiro, que trabalhou como cronista da cidade de Londres e teve a seu cargo muitas mascaradas ou carros alegóricos cívicos, escreveu uma gloriosa comédia sobre os batoteiros ingleses, *Michaelmas Term* (O Fim da Festa de S. Miguel). A forma pela qual um inocente habitante do campo é seduzido pelo assistente de um usuário e as vivazes descrições das escusas práticas comerciais fazem dessa comédia um triunfo menor do realismo. *Trick to Catch an Old One* (Truques para Agarrar um Velho), do mesmo autor, é uma farsa pungente na qual um sobrinho esbanjador consegue vencer seu velho e avarento tio. A peça é alternadamente lasciva e satírica e deve grande parte de seu valor àquele deleite pela criativa fala coloquial, que está presente na obra da maior parte dos elisabetanos, mas que nos surpreende como absolutamente extraordinário sempre que nos deparamos com ele em peças de nosso próprio tempo. O velho Hoard, acreditando ter sido impedido de completar um negócio, exclama que não foi decente da parte de seu rival "chegar na noite da barganha e ceifar todas as minhas esperanças num minuto; entrar, como ele o fez, pela porta de trás da compra". Quando uma personagem separa os belicosos velhos, declara a respeito deles que "quando o fogo se torna muito desarrazoadamente quente, não há melhor maneira que o de levar embora a lenha".

Também seria difícil encontrar uma peça elisabetana tão refrescante, irreverente e enraizada na vida cotidiana quanto *Chaste Maid in Cheapside* (A Casta Donzela em Cheapside). T. S. Eliot, em seu admirável ensaio sobre Middleton, faz uma avaliação precisa quando escreve: "Como um documento social, a comédia de Middleton ilustra a transição do governo de uma aristocracia rural para o governo de uma aristocracia urbana (isto é, a burguesia) que gradualmente monopolizava a terra". Mas Middleton, sabiamente, concentra-se em personalidades vívidas ao invés de preocupar com abstrações econômicas.

O estilo da comédia sobre a classe média também foi continuado na geração seguinte por Philip Massinger, que nasceu em 1584, catorze anos depois de Middleton. *New Way to Pay Old Debts* (Nova Forma de Pagar Velhas Dívidas), de autoria do dramaturgo mais jovem, foi escrita em 1625 e é uma das mais divertidas sátiras que o teatro já conheceu sobre o instinto aquisitivo. Sir Giles Overreach, seu representante do século XVII, que engana o sobrinho Wellborn, espera privar uma viúva de suas posses por meio da fraude e deseja elevar sua posição social casando a filha com um par da terra, é um dos memoráveis retratos da época. Quando a filha foge com um amante e Wellborn recobra parte de sua riqueza, o velho pecador enlouquece; fica declaradamente insano, dado que presenteia a todos aqueles que encontra com seu dinheiro!

No entanto, os últimos lampejos de grandeza no período de declínio decorrem do dom tipicamente elisabetano de manter a emoção no grau mais agudo. As fagulhas continuam a voar, e a grande era — que teve um início tão equilibrado — vai ter seu término numa paixão atabalhoada.

Middleton começa a abrir de leve a usual veia do *pathos* em *Women Beware Women* (Mulheres, Cuidado com Mulheres), de 1612, quando descreve a afeiçoada vida doméstica de um jovem par recém-casado. Mas não demora muito para que fique talhado o leite da estória e a peça se torna um amontoado de depravações humanas. Esta obra é seguida por uma série de tragédias intensas, nas quais Middleton colabora com o ator-dramaturgo William Rowley. Entre elas figura o drama *A Fair Quarrel* (Uma Luta Honesta), que em muitos momentos atinge grande força e usa poderosamente a angústia de um filho cuja mãe simulou desonestidade a fim de preservá-lo de um duelo, e uma peça extraordinária, *The Changeling*. Sem tradução possível para o português, a expressão que dá nome à obra indica a criança defeituosa que é deixada em lugar de um bebê sadio, o qual, segundo a mitologia anglo-saxônica, foi raptado pelas fadas. Esta tragédia, apresentada por volta de 1622, ostenta a verdadeira chama elisabetana que brilha mesmo quando solta fumaça. A bela Beatrice, que está apaixonada por Anselmero, é obrigada por seu pai a casar com o nobre Alonso. Em desespero ela aceita os serviços de De Flores, o resoluto servo do pai, cuja paixão silenciosa ela tem desprezado até então. O criado é um homem desesperado que já experimentou muitos sofrimentos e olhou profundamente para dentro dos abismos da injustiça humana. Assassinando o pretendente, reclama a virtude da moça como recompensa, e em breve a abominação que ela sente por De Flores é transformada numa perversa espécie de amor que lhe impõe devido à força de sua natureza. Depois de haver experimentado a paixão de De Flores, Beatrice só pode julgar seu marido Anselmero como um fraco principiante; pelo menos, como sugere T. S. Eliot, ela se "habituou" ao agente de seu crime. Finalmente os criminosos são desmascarados, mas De Flores engana a justiça e escapa à humilhação do castigo apunhalando a moça e suicidando-se. *The Changeling* é um poderoso drama psicológico, e embora impregnado de reflexão e cheio de piedade pela frustração humana, caminha com irrespirável intensidade.

"Nossas platéias", escreveu Lamb, "vêm ao teatro para serem elogiadas por sua bondade". Isto era dito em 1820, e a declaração mais ou menos se aplica a longos períodos do teatro inglês. Os espectadores elisabetanos, ao contrário, iam ao teatro em busca de uma intensificação das experiências e ficavam gratos ao dramaturgo que era capaz de lhes mostrar os vertiginosos abismos e píncaros da paixão. *The Changeling* foi uma das últimas peças a apresentar esse desafio aos dramaturgos. Ademais, isso não era (e nem poderia ser) conseguido sem aquele dom poético que alguns dos elisabetanos conservaram até o fim. Versos dramáticos como os de De Flores

Can you weep Fate from its determined purpose?
So soon you may weep me, *

e as palavras de Beatrice, explicando sua perversa ligação com o homem que detestava

Beneath the stars, upon yon meteor
Ever hung my fate, 'mongst things corruptible,
I ne'er could pluck it from him; my loathing
Was profet to the rest, but ne'er believed **.

são dignos de Shakespeare, que os elisabetanos menores sempre tocam em seus momentos de genuína exaltação. Esses momentos são bastante freqüentes em *The Changeling.*

A grande poesia volta a aparecer na obra de Cyril Tourneur, que em geral é pretensiosa, mas em alguns momentos transmite uma extraordinária emoção; aparece em suas duas peças tão sombrias, *The Revenger's Tragedy* e *The Atheist's Tragedy* (A Tragédia do Vingador [3] e A Tragédia do Ateu), que surgiram respectivamente em 1607 e 1611. Ambas as peças vinham engrossar a corrente da literatura de vingança ou do "sangue e trovão", que triunfava naquele momento. Mas a segunda começou a dramatizar a *recusa* de vingar ofensas particulares. Charlemont, que é despojado de sua herança e cujo pai foi assassinado por seu cínico ("ateu") tio, abstém-se do derramamento de sangue. Ao invés disso, deixa o vilão entregue à justiça da Providência que, prestativamente, o destrói. A paixão pela riqueza domina o "ateu" de forma tão absoluta que a peça se torna outra crítica elisabetana à paixão pelos bens materiais. É bom lembrar que os dramaturgos elisabetanos presenciaram o ascenso da empresa da classe média antes que esta se transformasse em norma; ainda não haviam aprendido a aceitar uma sociedade comercial como a ordem fixa das coisas e assim sendo observavam seu ascenso com olhos desatuados — que podiam estar cheios de maravilha ou horror. Para aqueles que não conseguem engolir as contínuas vilezas de *A Tragédia do Ateu,* a outra peça de Tourneur, *A Tragédia do Vingador,* com sua pintura de corrupção na corte, é mais impressionante. Vezes sem conta, suas personagens, falando sob a compulsão de algum erro, exploram em versos mordentes como os de Vendice, o irmão que está tentando salvar a honra de sua mãe e de sua irmã:

(*) Podes prantear o Destino por seus propósitos determinados? / Então em breve poderás prantear a mim.

(**) Sob as estrelas, sobre o mais distante meteoro / Sempre esteve pendente meu destino, entre as coisas corruptíveis, / E eu nunca consegui arrancá-lo dele; meu ódio / Profetizava o que viria a acontecer, mas nunca acreditei.

(3) Com base em algumas provas extremamente tênues, esta peça é atribuída às vezes a Middleton; ver *The Autorship of the Revenger's Tragedy* por Wilbur D. Dunkel, PMLA, setembro de 1931.

Were't not for gold and women, there would be no
[damnation.
Hell would look like a lord's great kitchen without fire in't...
Does the silkworm expend her yellow labours
For thee? For thee does she undo herself?
Are lordships sold to maintain ladyships,
For the poor benefit of a bewildering minute? *

Só é lamentável que Tourneur, do qual quase nada sabemos a não ser que se dedicava apenas ocasionalmente ao teatro, houvesse permitido às estruturas de suas peças rangerem de forma tão audível.

4. *John Webster, o Derradeiro Elisabetano*

Contudo, mesmo Tourneur é um dramaturgo bastante brando em comparação com John Webster, verdadeiramente o último dos grandes elisabetanos.

Webster também lança sua sombra sobre o prolífico Philip Massinger, que sobreviveu até 1639 e escreveu muitos dramas românticos e tragédias como *Duke of Milan* (O Duque de Milão), *The Maid of Honor* (A Dama de Honra), *The Bondman* (O Servo) e *The Roman Actor* (O Ator Romano), uma glorificação da profissão do ator. A despeito de todo seu impacto emocional e de sua estrutura comparativamente cuidadosa, as peças sérias de Massinger são rígidas e monótonas. A dignidade de sua obra é produto de um talento mais meticuloso que dramático. John Ford, o dramaturgo tão grandemente elogiado, também é inferior a Webster. Ford trabalhou como um vulcão, num esforço para despertar o exausto apetite de seu público. Empilhou desgraça sobre desgraça e assaltou as glândulas lacrimais com um aríete em sua ardorosa tragédia de amor *The Broken Heart* (O Coração Partido), que goza de uma reputação muito superior à que merece. Sua estória é um luxuriante cântico a respeito de uma mulher, Panthea, que morre de coração partido quando, sendo obrigada pelo irmão a casar com um homem rico, sente-se dilacerada entre o desejo que sente pelo amante e a abominação que lhe inspira o adultério. Seu coração partido encontra similar no da princesa que se compromete com o irmão de Panthea apenas para perdê-lo quando o rapaz é apunhalado pelo amante de Panthea. Na verdade, o título da peça é muito modesto, visto que são dois os corações partidos que nos apresenta a estória. Em *'Tis Pity She's a Whore* (Pena que ela Seja uma Prostituta), sua outra obra, mais poderosa que a primeira, Ford também não poupa meios

(*) Se não fosse pelo ouro e pelas mulheres, não haveria danação. / O inferno parecer-se-ia com a grande cozinha de um senhor, sem fogo nela... / Gastará o bicho-da-seda seu amarelento trabalho / Por vós? Por vós se desfaz ele de si mesmo? / São os "senhorios" vendidos para as "senhorias" / Pelo pobre lucro de um minuto alucinante?

em sua busca de sensacionalismo. Giovanni e sua irmã Annabella apaixonam-se um pelo outro e cometem o incesto. Annabella casa com outro homem e, tendo sido assaltada por escrúpulos, nega-se a Giovanni. Diante disso ele a mata e carrega seu coração na ponta da adaga! É bem verdade que em determinados momentos a peça se aproxima da grandeza. O crescimento da paixão incestuosa, contra a qual as personagens lutam em vão, e a mudança final dos sentimentos de Annabela são delineados com força. E uma atmosfera de fatalidade emana da sombria poesia deste dramaturgo a cujo respeito não sabemos praticamente nada, exceto o comentário de um contemporâneo segundo o qual

Deep in a dump John Ford was alone got,
With folded arms and melancholy hat *.

No entanto, faltam às peças de Ford a visão e o êxtase, os únicos elementos que poderiam justificar seu sensacionalismo. Conseqüentemente, são mais fracas que as tragédias de Webster. Também da mesma forma, estas não poderiam ser igualadas pela obra de James Shirley, cronologicamente o último dos elisabetanos, dado que morreu durante o reinado de Carlos II. Shirley construiu suas tragédias e comédias cuidadosamente mas com muita liberalidade tomou material emprestado de seus contemporâneos, bem como dos dramaturgos espanhóis, e faltava-lhe o verdadeiro fogo. O fogo de Webster vinha de um temperamento que não é dado aos homens comuns.

Webster é outro desses obscuros elisabetanos a cujo respeito pouco se sabe. Poderia ter nascido já em 1570, mas só fez sua primeira aparição no teatro no início do século seguinte. O primeiro registro que temos a seu respeito novamente nos lembra que os métodos industriais de colaboração adotados por Hollywood não estão confinados à moderna era da máquina. Em 1602 Philip Henslowe empresta cinco libras à companhia Admiral com as quais seriam pagos Anthony Munday, Thomas Middleton, Michael Drayton, John Webster "e o resto" por uma peça intitulada *Caesar's Fall* (A Queda de César). Portanto, por essa época, este filho de um membro da Corporação dos Alfaiates Mercadores deve ter abandonado seus estudos na escola de Direito Middle Temple para se engajar nas labutas literárias. Durante os doze anos subseqüentes o registro assinala sua colaboração com Dekker, Heywood e outros, tendo escrito um prólogo para o *Descontente* de Marston e composto as duas obras-primas de sua lavra, *The White Devil* (O Diabo Branco) e *The Duchess of Malfi* (A Duquesa de Malfi), respectivamente em 1611-12 e 1613-14. Nestas duas obras surge subitamente em

(*) Numa profunda tristeza John Ford se viu sozinho, / Com os braços cruzados e um chapéu melancólico.

primeiro plano um gênio vindo como que de lugar algum. Então sua estrela cai do céu e dispersa sua luz em diversas comédias indistintas e numa tragédia bem construída, mas grandemente falta de inspiração. Um ano depois de sua segunda obra maior contribui com alguns novos esboços de personagens para a sexta edição dos *Characters* (Caracteres) de Overbury. Em 1619-20 escreve a comédia *The Devil's Law Case* (O Processo do Diabo), que é seguido em 1620-21 por uma colaboração com Middleton, *Anything for a Quiet Life* (Qualquer Coisa por uma Vida Tranqüila). Por volta de 1625, colabora com Massinger e Ford em *The Fair Maid of the Inn* (A Boa Moça da Estalagem), e em *A Cure for a Cuckold* (A Cura para um Cornudo), com Rowley e possivelmente Heywood; e algum tempo antes da morte escreve a tragédia de assunto romano *Ápio e Virgínia,* na qual podemos reconhecer também a mão de Heywood.

Pouco mais é dito sobre ele a não ser que se trata de um escritor lento que se atormenta enquanto escreve suas maiores obras.

> *See how he draws his mouth awry of late,*
> *How he scrubs, wrings his wrists, scratches his pate,*
> *A midwife, help! By his brain's coitus,*
> *Some centaur strange, some huge Bucephalus,*
> *Or Pallas, sure, is engendered in his brain* *

escreve um advogado e satirista contemporâneo. Enquanto que a maior parte de seus companheiros literatos está sob a influência dos fáceis dramas heróicos e tragicomédias espanhóis, Webster permanece fiel à perspectiva trágica e demoníaca da dramaturgia elisabetana anterior. É uma pessoa facilmente incitável, e está enredado pela imputação de morosidade. Expressa desprezo pelo público e pelos próprios mecenas cujo favor está buscando, declara que não "está à procura de títulos", e tem uma desafiante consciência de seus méritos. Seus contemporâneos chamam-no de "rabugento Webstério".

Voltando-se para dois temas italianos, escreve tragédias consumadas que, a despeito de todo o desleixo do acabamento, por vezes chegam perto das grandes obras de Shakespeare. Suas personagens são dinâmicas e vivas de paixão, o *pathos* que imprime a elas nunca é sentimental, sua maldade não é convencional e atinge o sublime. Seu verso é poesia da mais alta ordem e se iguala ao melhor de Marlowe e Shakespeare, enquanto que sua prosa explode em sátira. O espírito da grandeza paira sobre as tempestuosas águas de sua invenção.

(*) Vejam como ele retorce sua boca entortada pelo atraso / Como esfrega, contorce seus pulsos, coça a cachola / Socorro, uma parteira! Pelo coito de seu cérebro, / Algum estranho centauro, algum imenso Bucéfalo, / Ou, certamente, Palas, são engendrados em seu cérebro.

É bem verdade que seu gênio é estreito, dado que nada conhece a respeito da cordial gargalhada, da ternura, da doce fantasia de Shakespeare. São apenas a angústia e a maldade do gênero humano que atraem seu interesse. É o elegista de uma era moribunda.

Outros cantaram o mesmo réquiem — Shakespeare em seu período trágico, Marston em suas sátiras, Tourneur em suas evocações do mal, o poeta Donne, e os mestres da prosa Burton, da *Anatomia da Melancolia* e Sir Thomas Browne de *O Enterro da Urna Funerária.* Mas Webster era um dramaturgo infinitamente melhor que Marston e Tourneur e, diversamente de Shakespeare, aproximou-se da grandeza apenas enquanto tragediógrafo desesperado. Sua fama repousa quase que inteiramente nos dois pilares de desespero que erigiu como epitafista do mundo. Rupert Brooke o reconheceu como "o último da Terra, descortinando um mar de sacarina", T. S. Eliot como o poeta que estava "demasiadamente possuído pela morte, e via o crânio debaixo da pele".

Entretanto, esta avaliação beira o exagero sentimental, a despeito do fato de que seus versos mortuários são os mais citáveis e de que muito o preocupa a vileza do gênero humano. Nem toda a humanidade é corrupta em suas tragédias, e sua galeria de retratos inclui personagens tão comoventes quanto a Duquesa de Malfi e o nobre criado a quem ela dedica seu amor com trágicos resultados. A Duquesa de Brachiano em *O Diabo Branco* é uma afeiçoada esposa cruelmente entregue à morte, e a mesma peça apresenta uma das mais encantadoras crianças do teatro elisabetano. Numa análise final, Webster é, assim como Shakespeare, simplesmente um mestre da piedade e do terror — em breve, um verdadeiro tragediógrafo.

Em *O Diabo Branco,* Vittoria, uma bela e inteligente mulher casada com um toleirão que é sobrinho de um cardeal de Roma, cai sob o fascínio do ousado príncipe e soldado renascentista, o Duque de Brachiano. De início seu amor é clandestino. Mas é ameaçado por todos os lados —pelo fátuo, mas suspeitoso marido, Camillo, pelo Cardeal, tio desse tolo, e pelo cunhado de Brachiano, o Duque de Florença. Uma vez acuados, os amantes, instigados e auxiliados pelo irmão de Vittoria, Flamínio, livram-se de Camillo e da Duquesa de Brachiano. Levada a julgamento pelo assassinato de Camillo, Vittoria defende-se esplendidamente e a acusação é abandonada. Não obstante, é internada num reformatório ou Casa de Penitência como sendo uma mulher imoral. O Duque de Florença, porém, não está satisfeito com essa branda punição. Dedicando-se a denunciar os amantes ilícitos e a destruir Brachiano, a quem ele teme atacar diretamente, manda uma carta de amor para Vittoria que suscita o ciúme de Brachiano. Segue-se uma furiosa briga de amantes e esta produz o efeito desejado, pois Brachiano rapta a amante da

Casa de Penitência e a leva para sua corte. Exibindo agora sua paixão para o mundo, acabam por atrair a excomunhão do Papa e dão ao Duque de Florença todas as justificativas de que precisa antes de destruí-los. Introduzindo-se disfarçados na corte de Brachiano, o Duque e seus assassinos contratados envenenam Brachiano e apunhalam Vittoria, bem como o irmão dela e seu criado mouro.

Muito barulho se fez em torno da natureza melodramática da trama, mas esta não é mais melodramática que a trama externa das maiores tragédias de Shakespeare. Os horrores apresentados por Webster serviram de excusa para severas acusações. No entanto, não há menos horror em *O Rei Lear*. A trama é complicada por inúmeras ramificações, porém, novamente, não mais do que no *Lear*. *O Diabo Branco* somente vacila um pouco quando Webster apresenta o assassinato de Camillo e da Duquesa de Brachiano em mímica, por meio da mágica de um ilusionista. Sem dúvida alguma esse é um estratagema de gosto duvidoso, mas Webster só é culpado de se apoiar com muita força no valor da interpretação dos elisabetanos, e ambas as cenas podem ser omitidas sem que a continuidade da história seja seriamente violada. Ademais, Webster nos compensa amplamente por suas deficiências.

Vittoria é uma mulher extraordinária, toda fogo e inteligência. Era inevitável que ela saísse de um morno casamento para um amor clandestino. Não é uma assassina barata, ainda que aprove a morte daqueles que lhe atravessam o caminho de sua paixão. Quando Vittoria é levada a julgamento, ela se defende com toda a amplitude de recursos de uma mulher que está lutando por seu amor e auto-respeito. Na ciumenta disputa com Brachiano ela não é uma amante passiva; certa de seu amor e de espírito insubmisso, respondelhe com a mesma força e cria talvez a mais excitante cena de disputa amorosa de toda a literatura dramática. Também morre sem acovardar-se, perturbada apenas pela reflexão de que seu amor havia sido maculado pelo crime. A seu assassino, diz ela cheia de desprezo:

'Twas manly blow;
The next thou giv'st, murder some sucking infant,
And then thou wilt be famous *.

A personalidade de Brachiano é igualmente esplêndida. Embora permita ao intrometido Flamínio livrá-lo do marido de Vittoria e da Duquesa, não é nem um tirano nem um sanguessuga, mas um homem dominado pela paixão. A corrupção não está nele, mas sim na época que o circunda, sendo muito mais evidente na diabólica trama do Duque de Flo-

(*) Foi um golpe viril; / No próximo que deres, mata algum bebê recém-nascido, / E então serás famoso.

rença contra ele e no cínico comportamento do irmão de Vittoria. Mas mesmo este não é uma personagem padronizada. É um estudioso que descobriu que a honesta inteligência e o comportamento decente deixam os homens ao relento. Destarte aplica seu intelecto a um emprego lucrativo, o de alcovitar sua irmã para o Duque. Contudo, nunca reprime a individualidade ou a sátira aguda sobre a sociedade que lhe reformou o talento. Também diz a palavra final sobre a maculada paixão de sua irmã ou a violação da moralidade criada pelo homem numa época em que o adultério tomou o lugar do divórcio:

> *Know many glorious women that are famed*
> *For masculine virtue have been vicious.*
> *Only a happier silence betide them.*
> *She hath no faults, who hath the art to hide them* *.

Os inúmeros momentos tocantes da peça, sua paixão e angústia, sua denúncia da depravação do homem e da hipocrisia da sociedade, o caráter explosivo dos diálogos e a sensação de horror à vida e ao seu fim que atinge o clímax na famosa nênia "Chamai pelo tordo e pela corruíra" e na morte dos amantes — essas qualidades pertencem aos mais altos píncaros da tragédia.

A Duquesa de Malfi, que às vezes é preferida a *O Diabo Branco,* possui a vantagem de um *pathos* maior, posto que suas personagens centrais são inocentes e passíveis de amor. A maldade do mundo encena uma dança macabra no comportamento daqueles que as perseguem até o extremo final antes de serem, por sua vez, destruídos. A Duquesa de Malfi, viúva, é proibida de se casar de novo por seus irmãos, o Duque Ferdinando e o Cardeal, porque eles cobiçam as propriedades da jovem. Mas ela se apaixona pelo criado Antônio e o corteja encantadoramente, visto que ele é muito humilde para cortejá-la por si mesmo, e eles casam-se secretamente. Vivem felizes e ela dá à luz três filhos. Mas o casamento é descoberto por Busola, espião e assassino a soldo dos irmãos, e os amantes são forçados a fugir. Ela é capturada, aprisionada, atormentada com representações de seu marido e filhos supostamente mortos, e finalmente estrangulada com os filhos e a criada. O crime é seguido, numa rápida e incrível sucessão, pela loucura de Ferdinando e pela morte do Cardeal. Antônio — a quem o compadecido Bosola tentou salvar — também é morto, assim como o próprio Bosola.

Nesta tragédia a realidade é ultrapassada, o que não acontece em *O Diabo Branco,* que é a peça superior. Julgada objetivamente, merece um pouco menos que esses altíssimos

(*) Conheci muitas mulheres gloriosas que são afamadas / Por estarem viciadas pelas virtudes masculinas. / Sucede apenas que um silêncio mais feliz as envolveu. / Não comete faltas aquela que conhece a arte de ocultá-las.

elogios que lhe foram conferidos. Entretanto, é redimida por momentos de piedade e terror dignos de Shakespeare. Ademais, ainda que vá contra o gosto moderno, *A Duquesa de Malfi* é um esplêndido pesadelo, e deve ser avaliada como tal. É um último testamento do horror e desespero que se apoderam de um espírito sensível. E em última análise, quem poderá dizer que ela exagera quando os fatos da História, mesmo de nossos próprios tempos, descortinam mostras ainda mais horríveis?

Depois dessa segunda visita ao cemitério da humanidade, Webster busca encontrar o melhor daquilo que há para viver. Cai numa obra de segunda ordem bastante agradável, e fala apenas com o cinismo impregnado de desprezo de *O Processo do Diabo* e de passagens ocasionais de suas colaborações. Ainda é capaz de rosnar alguns versos que igualam os de Flamínio em *O Diabo Branco,*

O men
That lie upon your death-beds and are haunted
With howling wives. Ne'er trust them! they'll remarry
Ere the worm pierce your winding sheet; ere the spider
*Make a thin curtain for your epitaphs**.

O resto, no entanto, é mediocridade e silêncio.

Nesse declínio a época o segue. A mediocridade engole o teatro enquanto inúmeros escritores como Glapthorne, Brome, Armin, Barnes, Markham, Day, Randolph, Field, Suckling, Davenport e D'Avenante, que gozava da reputação de ser o filho ilegítimo de Shakespeare, continuam a produzir comédias nativas, imitações de Lope de Vega e um monte de peças híbridas. De vez em quando uma tragédia como *Nero* (1633), anônima, e uma branda, mas encantadora fantasia como *Parliament of Bees* (Parlamento das Abelhas) revelam algum poder poético. De vez em quando uma comédia como *Goblins* (Os Duendes) de Suckling revela graça suficiente. Mas o brilho está desaparecendo do ar. Finalmente, em 1642, quando os Puritanos fecham os teatros, sobrevém a escuridão.

(*) Homens / Que jazem em vossos leitos de morte e são assombrados / Por ululantes esposas. Nunca confiem nelas! voltarão a se casar / Enquanto o verme corrói vosso fino lençol; enquanto a aranha / Tece uma tênue cortina para vossos epitáfios.

Algumas Peças Adicionais

Por Ben Jonson: *The Staple of News* (A Base das Notícias), 1626, sátira sobre a avareza e a credulidade; *A Tale of a Tub* (Estória de um Barril), 1633, comédia realista repleta de frescor.

Por Beaumont e Fletcher: *A King and No King* (Rei e Não Rei), 1611, romance e sátira.

Por John Fletcher: (provavelmente sozinho): *Wit Without Money* (Inteligência sem Dinheiro), c. 1614, uma boa comédia; *The Loyal Subject* (O Súdito Leal), 1618, outra boa comédia; *The Wild - Goose Chase* (A Caça ao Pato Selvagem), 1621, comédia romântica; *The Woman's Prize* (O Orgulho da Mulher), antes de 1625, uma comédia na qual Petruchio é domado; *Rule a Wife, Have a Wife* (Governe uma Mulher, Tenha uma Mulher), 1624, sua comédia mais altamente considerada.

Por Philip Massinger: *The City Madam* (A Dama da Cidade), 1632, comédia realista de costumes; *O Grão-Duque de Florença,* 1627, alegre comédia romântica.

Por John Ford: *The Chronicle History of Perkin Warbeck* (A Crônica Histórica de Perkin Werbeck), 1634, considerada a melhor peça histórica elisabetana depois de Shakespeare; *The Witch of Edmonton* (A Feiticeira de Edmonton), depois de 1621, em colaboração com Dekker e Rowley, eficiente drama doméstico.

Por James Shirley (1596-1666): *Hyde Park,* 1632, comédia sobre a Londres da moda; *The Gamester* (O Jogador), 1633, comédia realista e lasciva; *The Lady of Pleasure* (A Dama do Prazer), 1635, comédia de intriga com eficaz sátira; *The Cardinal* (O Cardeal), 1641, tragédia bem escrita.

Parte VI. OS DRAMATURGOS POLIDOS

A Europa se libertara do medievalismo por meio de uma tremenda explosão criativa durante a Renascença. O passo seguinte era consolidar as vitórias da Renascença, e isso envolvia a estabilização da cultura, especialmente na França e na Inglaterra. A literatura ficou menos arrebatada por individualidades de bucaneiros e mais interessada em personagens das quais se esperava uma acomodação aos padrões de conduta predominantes. Também a dramaturgia e o teatro exprimiram essa nova perspectiva de mundo.

De forma geral, os dramaturgos submeteram o heroísmo ou o desejo individual ao dever e subordinaram a paixão à sensibilidade. A comédia também caiu sob essa nova ordem das coisas. Dado que as comédias românticas de Shakespeare haviam celebrado a individualidade triunfante e Jonson trovejara violentamente no teatro, sua arte não pareceu suficientemente domesticada para a nova época que incensava seu formalismo chamando-o de clássico e citando a autoridade antiga em seu favor. Com poucas exceções, os escritores de comédia da nova época acomodaram-se a uma visão da vida bastante urbana, evitando exibições de ira e troçando de todas as rupturas, quer da conduta, quer da moda razoáveis. Em suma, o teatro exaltou as civilizadas qualidades do refinamento e da ordem.

Irving Babbitt tinha uma visão menos simpática do neoclassicismo e o descrevia como "uma mistura de Aristóteles e de um mestre de dança". Mas a tentativa de criar uma "tragédia da razão", para usar a frase de Francis Fergusson, foi, não obstante, uma nobre empresa, especialmente no caso de Jean Racine; e a contribuição de Molière para a arte da comédia representou uma conquista superlativa para a dramaturgia mundial. Tampouco a excitação dramática estava necessariamente ausente, a despeito do formalismo na composição trágica, pois até mesmo Racine exemplificava o conflito entre a razão e a paixão irracional.

15. Corneille e Racine: A Tragédia Polida

1. *A Dramaturgia Heróica de Corneille*

Quando Pierre Corneille, causídico e autor de algumas comédia, surpreendeu o teatro francês com sua *opera magna, O Cid,* nos fins de 1636, a Inglaterra se aproximava de uma convulsão social que iria desferir o golpe de morte na monarquia absoluta dentro da ilha de Shakespeare. Na França, ao contrário, pela primeira vez a monarquia se aproximava do apogeu. Quando, em 1593, o francês Henrique IV comprou Paris com uma missa, deu ao país a unidade de que este tanto necessitava e capacitou o sagaz ministro Sully a lançar as bases econômicas da grandeza da França. O assassinato do rei por um fanático católico, quando Corneille ainda estava na infância, não freou a vaga do progresso nacional. Sob a astuta política do Cardeal Richelieu, ministro de Luís XIII, a nobreza feudal encolheu consideravelmente, mas a classe média cresceu aos pulos e os "intendentes" do Cardeal (membros designados pertencentes à classe média) encarregaram-se do governo das províncias. O duplo processo de centralização do governo e de progresso econômico prosseguiu sob o reinado de Luís XIV e seus hábeis ministros Mazarin e Colbert. Tais fatos corriqueiros podem ser do conhecimento de todos, mas são indispensáveis para uma compreensão da natureza e da filosofia formais do neoclassicismo francês — embora, naturalmente, não expliquem a mestria pessoal de Corneille e de seu principal sucessor, Racine.

Corneille, nascido no seio da classe média em 1606, era um burguês em ascensão dedicado à Le , a profissão abraçada por seu pai que era advogado do rei em Rouen. A prática e a promoção lhe chegaram facilmente, e não sentia qualquer inclinação a diminuir o valor do dinheiro; ao contrário, gozava da reputação de ser parcimonioso. Mas também era dotado de forte pendor literário e amor pelo teatro. Uma companhia ambulante, encabeçada pelo renomado ator Mondori, apareceu em Rouen, e Corneille incluiu a comédia *Mélite* em seu repertório.

Sabia muito pouco sobre o processo de escrever para o palco, mas permitiu que o guiassem o bom senso e o teatro popular. O teatro francês começava a afastar-se da empolada dramaturgia humanista de Jodelle, Garnier e Montchrestien. Mas uma arte popular da comédia, derivada das comédias nativas e da *commedia dell'arte* italiana, e inúmeras tragédias e peças românticas frouxamente compostas, floresciam poderosamente sob a tutela de um homem de teatro pouco clássico, Alexandre Hardi. Companhias teatrais passaram a formar-se ao longo das três primeiras décadas do século XVII. Por volta de 1610 Paris possuía uma companhia permanente, os Atores do Rei, com Alexandre Hardi como seu diretor, e mais ou menos em 1629 surgiu a companhia do Príncipe de Orange, cujo quartel-general era o *Marais,* uma antiga quadra de tênis adaptada.

Foi a segunda organização que atraiu primeiro a pena de Corneille e o dramaturgo, destarte, entrou na competição com vários outros autores, dos quais Rotrou (que deixou uma inteligente versão da estória de Anfitrião) e Mairet, assim como Hardi, ainda são de certa forma lembrados. *Mélite* foi reapresentada com êxito em Paris e a ela seguiu-se *Clitandre,* escrita num espírito de bravata característico de seu pugnaz criador. Haviam-lhe dito que sua primeira peça não estava de acordo com as tão altamente seguidas regras clássicas, segundo as quais a ação de uma peça deve decorrer em vinte e quatro horas, assim como é preciso que seu texto seja vazado em estilo nobre. Ressentido com a crítica de seus colegas dramaturgos, Corneille decidiu escrever algo que estivesse de conformidade com as regras e fosse "em geral desprovido de valor". Conseguiu fazê-lo, e muito bem.

Corneille então juntou quatro novas comédias à sua obra e acabou por tornar-se um mestre reconhecido no gênero. Nem mesmo os rivais lhe pouparam elogios, e em breve o dramaturgo passou a fazer parte do grupo de escritores contratados por Richelieu para assisti-lo na composição de uma comédia. Completando a tarefa, e ao mesmo tempo escrevendo independentemente outra comédia e sua primeira tragédia, *Medéia,* imitação clássica, Corneille voltou a Rouen e retomou a atividade forense. Mas não permaneceu no afastamento por muito tempo. Estimulado por sua amizade com um ex-secretário da rainha Maria de Médici, que o instou a escrever algo digno de seu talento, Corneille aplicou-se ao estudo do teatro espanhol que já estava em seu zênite. Um de seus produtos, *Las Mocedades del Cid,* de autoria de Guillén de Castro, o atraiu pela vibrante narrativa dos feitos do mais popular herói espanhol. O resultado foi a tragicomédia *O Cid,* uma das obras-primas da dramaturgia francesa.

Como o teatro de Mondori estava ocupado naquela temporada com o drama bíblico *Marianne* escrito por um novo luminar, François Tristan, Corneille deu sua peça para a companhia do Hôtel de Bourgogne, rival do primeiro, e o fim da temporada de 1636-37 foi memorável tanto para o autor quanto para a companhia que encenara seu texto. "Bonito como *Le Cid*" tornou-se uma expressão proverbial. A corte e a cidade aclamaram a peça, o autor e a sobrinha de Richelieu, a quem a obra fora dedicada. Luís XIII e sua rainha cumprimentaram Corneille e concederam a seu pai uma patente de nobreza, aparentemente como recompensa por seus serviços mas, na realidade, como cumprimento ao filho.

Nenhuma peça traz tão claramente a marca de Corneille como *O Cid.* Para compreender inteiramente seu significado é preciso encará-la como obra de transição, pois Corneille era uma figura de transição. Embora respeitasse a nova França autocrática, era um espírito independente e não ainda o cortesão completo, que se tornara o ideal da época. *O Cid* pagou tributo aos ideais de "honra" ou dever, e nessa medida refletia a nova era que colocava a responsabilidade social acima dos impulsos pessoais. A personalidade individual glorificada pela Renascença devia agora curvar o ego à "lei", e Corneille encontrou essa lei nas estritas exigências da honra. Não obstante, a peça também celebrava as reivindicações da individualidade por meio das qualidades intensamente heróicas de suas personagens principais e da força de suas emoções. Na estrutura e no estilo a peça também não observava com rigidez as regras que agora eram impostas ao drama pelos críticos e eruditos em nome de Aristóteles. É bem verdade que ele adulava o princípio de que a ação deveria passar-se num único lugar, durante um único dia. Mas os tempestuosos acontecimentos de *O Cid* violam o espírito dessas leis, e a ação da peça é mais conveniente ao difuso teatro elisabetano. Em vinte e quatro horas, "Rodrigue declara seu amor, trava seu primeiro duelo, mata o pai da mulher a quem ama, repele em tremenda batalha uma invasão nacional, ganha um julgamento por combate e no decurso de tudo isso, perde e reconquista o favor de seu rei e da dama de seu coração" [1]. Mesmo a unidade de ação é ameaçada numa estória que abrange um tal número de eventos, embora a peça evite com êxito as tramas secundárias que, com tanta freqüência, obstruíam a obra dos elisabetanos.

(1) *Six Plays by Corneille & Racine,* editadas com uma introdução de Paul Landis, pág. IX, Modern Library.

Em versos dramáticos vigorosos e exaltados, inigualados por tudo aquilo que foi escrito desde então na língua francesa, a peça narra uma estória varrida por tempestade no qual o amor e a honra travam batalha pela vitória. Porquanto sejam dominadas pelo código de honra espanhol, as personagens devem surpreender os leitores de épocas mais recentes por serem algo bombásticas, discursivas, extravagantes. Contudo, a emoção que flui através de suas veias é genuína, e seus torvelinhos são traçados com fidelidade e com notável sensibilidade.

Rodrigue e Chimène são dois jovens apaixonados de alta linhagem e o pai da moça, o valoroso guerreiro Don Gomez, aprova o casamento. Chimène sente-se tão feliz com seu amor quanto a Infanta de Espanha, que protegeu o namoro com o fito de silenciar sua paixão por Rodrigue, politicamente impossível, sente-se infeliz. Mas no auge da alegria dos namorados, a inveja leva Don Gomez a insultar moral e fisicamente o velho pai de Rodrigue. Cabe a Rodrigue, que nunca lutou antes, vingar o pai, e no duelo resultante mata Don Gomez. Entre os jovens enamorados surge uma barreira quase insuperável, e a situação é agravada pelo código de honra ou de *vendetta* que leva a moça a pedir a morte de seu amor. Rodrigue decide morrer por suas próprias mãos, mas é persuadido pelo pai a buscar uma morte honrada no campo de batalha e, assim sendo, coloca-se à frente de um pequeno grupo que está tentando conter uma invasão moura. No entanto, os invasores são derrotados e Rodrigue retorna como herói nacional. Não obstante, Chimène continua a pedir sua morte; os rogos do rei e da Infanta e seus próprios sentimentos pelo jovem soldado — ela desmaiou ao pensar que estava morto! — não conseguem superar seu sentido de dever. É arranjado um duelo entre o jovem e o campeão e pretendente de Chimène, Don Sancho, e o sábio monarca determina que ela deverá casar-se com o vencedor. Numa cena comovente, Rodrigue a visita e a informa de que está decidido a perder a vida no duelo — "Eu vou para a punição, não para um combate... Não posso ferir o braço que luta por vós". Todo o amor que ela sente por Rodrigue e a falta de vontade que demonstra em casar com Don Sancho, caso fosse esse o vencedor, despertam na moça. Conclama Rodrigue a defender-se e conquistar sua mão. Com efeito, ela já tentara assegurar sua vitória duma forma tipicamente feminina ao escolher como seu campeão o inexperiente Don Sancho. Rodrigue naturalmente é o vencedor e ambos celebram o noivado, compreendendo-se, é claro, que ela terá antes do casamento um ano de prazo, durante o qual poderá esquecer a morte do pai.

Grande parte do brilhante cinismo de nossos tempos seria desperdiçado em relação a esta peça. Os amantes são pateticamente jovens e vivem num mundo feudal e guerreiro.

O código de honra que os domina é intensamente real na época em que se passa a ação, e se nos dias que correm nos inclinamos a desprezá-lo, não deveríamos esquecer que o coração de Chimène revolta-se contra ele. Ademais, a morte de um pai nas mãos do namorado da filha constitui uma barreira bastante válida em qualquer época. E, em última análise, tampouco o princípio de "honra" que prevalece nesta peça e em outras tragédias de Corneille é tão extravagante quanto possa parecer. Transposto para circunstâncias modernas, mostrará uma força que não perdeu nada de sua potência e de suas possibilidades trágicas. Ressurge em nosso próprio tempo, por exemplo, em *Winterset* (Cena de Inverno), de Maxwell Anderson, quando Mio tenta vingar o pai injustamente executado e descobre que está apaixonado pela irmã do homem que poderia tê-lo salvo com uma palavra no tribunal. Encontramos outro tratamento contemporâneo do dever em *Fifth Column* (A Quinta Coluna) de Hemingway.

O Cid representou o último tributo de Corneille à individualidade. Sua época pedia algo diverso. Uma cabala contra ele, inspirada por Richelieu, provocou sua retirada temporária, e quando emergiu da reclusão, apareceu com as asas algo aparadas. Sua peça seguinte aceitava uma definição mais estrita das unidades dramáticas do que seu espírito podia suportar e, diante disso, a dramaturgia de Corneille se torna progressivamente mais rígida.

Um áspero poder perpassa seu *Horace,* que dramatiza o conflito entre amor e dever patriótico. Os antigos romanos e seus vizinhos albanos acham-se em guerra. Mas Sabina, uma albana por nascimento, está casada com o romano Horácio e Camila, a irmã deste, apaixonou-se por um soldado albano, Curiácio. A rivalidade nacional, assim sendo, cruza o caminho da afeição natural e os amantes e as famílias. Advém a crise quando Horácio e seus irmãos são escolhidos para combater com Curiácio e seus dois irmãos. Horácio vence às custas da morte dos irmãos da esposa, e entre os mortos está Curiácio, o amado de sua irmã. Outra tragédia segue-se quando Camila, fora de si pela perda, incita o irmão a matá-la — uma situação bastante forçada que prejudica a peça.

Aqui, mais uma vez, Corneille não é um dramaturgo ultrapassado: seu tema renasce sempre que as nações estão em guerra; foi agudamente sentido pelos teuto-americanos durante a Segunda Grande Guerra, e representaram-no recentemente numa das mais fortes cenas do popular espetáculo da Broadway *The American Way* (O Modo Americano). A verdadeira deficiência de Corneille é a crescente rigidez técnica imposta a ele pela moda literária do classicismo francês, dado que o princípio da "ordem" em todas as coisas já invadira por essa época o terreno da construção dramática. Mostrava-se ele em sua melhor forma quando podia encher o palco de ação e emoção; e esse elisabetano de coração estava infelizmente engaiolado na era de Luís XIV.

Sua obra seguinte, *Cina,* que gira ao redor de uma conspiração contra Augusto César, mostra os tristes efeitos desse aprisionamento. Embora seu tema de generosidade e clemência real toque uma nota de ponderação e humanidade, a peça é mais exaltada como poesia do que interessante como teatro. No entanto, sua relevância no que dizia respeito às lutas internas do país — que testemunhara a revolta da "Fronda" contra a autoridade real durante a menoridade de Luís XIV — assegurou-lhe um êxito de tal forma notável que mesmo Richelieu renunciou à sua animosidade contra o autor. O Cardeal e primeiro-ministro chegou mesmo a permitir-lhe o casamento com uma dama de alto nascimento.

Corneille, por seu lado, procurou rapidamente cimentar a sua reputação com uma peça que, esperava ele, seria ainda mais comovente, *Polyeucte,* o drama de um homem convertido ao Cristianismo, casado com a filha de um governador romano, a qual está apaixonada por outro cavalheiro. Não obstante, está de tal forma imbuída dos deveres da esposa que faz todos os esforços para conquistar a liberdade do marido quando este é condenado à morte por haver derrubado os ídolos do templo. Desejando partilhar de seu destino quando Polyeucte é executado, ela também se converte ao Cristianismo, no que é seguida pelo pai. Depois de algumas vicissitudes, *Polyeucte* tornou-se outro sucesso tremendo e tomou seu lugar como obra-prima. Esse veredicto, porém, é discutível. A despeito de toda sua nobreza, é bem possível que a peça nos impressione como uma obra forçada, tristemente necessitada do senso de humor, que não era permitido aos tragediógrafos franceses quando se encontravam no âmbito da dramaturgia séria. Realmente, Corneille, que pode ter sentido pessoalmente a necessidade de um alívio, voltou-se para a comédia em sua obra seguinte, *Le Menteur* (O Mentiroso), uma divertida adaptação de *La Verdad Sosvechosa* do espanhol Alarcón, que gira ao redor da mendacidade de seu herói.

No entanto, por volta de 1642, data de *O Mentiroso,* Corneille já havia ultrapassado o auge de seu talento. Continuou a produzir inúmeras peças de qualidade mediana que obtiveram pouco sucesso. "Não continuo a ser Corneille?", lamentava-se amargamente. Embora Corneille tenha morrido mais de quarenta anos depois, em 1648, sua fama continuou a repousar em grande parte na obra produzida até uns seis anos antes de alcançar a meia-idade.

Passou a segunda metade da vida num mundo que o respeitava, mas não encontrava muito emprego para sua obra apaixonada e moralista. Sua esplêndida "explosão de som" e suas estridentes afirmações do espírito heróico pareciam enfadonhas ou uma frioleira bárbara. A época demandava um temperamento mais controlado. Sob o reinado de Luís XIV, que assumiu o pleno controle da França em 1661, os compatriotas de Corneille estavam mais interessados no refinamento e na sensibilidade do que em grandes crises e personagens cujo alcance sobrepujava a estatura do modelo real. Além das fronteiras do país, a guerra explodia incessantemente. Mas dentro da França, a sociedade entregava-se ao redemoinho social de uma classe média satisfeita e uma aristocracia afetada e combalida. Com o objetivo de jarretar a clamorosa nobreza, o rei construíra os majestosos jardins de Versailles, a uma dúzia de milhas de Paris. Lá, todos os aristocratas que aspiravam a uma promoção, muitos dos quais tinham visto suas fortalezas arrasadas até o solo, levavam uma vida de prazer, intriga e subserviência ao monarca. Os antigos guerreiros orgulhavam-se por obter a permissão de enxugar o rei depois do banho ou de assisti-lo enquanto fazia sua higiene íntima.

Quem quer que desejasse conquistar um público de acomodados burgueses e namoradores cortesãos com peças sérias teria agora que dirigir-se aos refinamentos do amor e da galanteria. Seria obrigado a lidar com emoções privadas. Deveria atingir o mais polido dos estilos literários. A grandeza de caráter, a nobreza de espírito e os conflitos de monta não estavam em consonância quer com o princípio de subserviência ao Estado, quer com o gosto escrupulosamente cultivado da corte.

A única arte que tinha alguma possibilidade de êxito era aquela que divertia a sociedade polida. Isso era conseguido pelas fábulas limpidamente torneadas de La Fontaine, pelos agradáveis esboços de caracteres de La Bruyère, pelos mundanos epigramas de La Rochefoucauld, pelas conversas preciosistas nos *salons* da moda, e pelos polidos emaranhados românticos fornecidos por novelistas como Madeleine de Scudéry em *Le Grand Cyrus* e por Mme de La Fayette em *La Princesse de Clèves*. O teatro dava seu favor a grandes espetáculos, alegorias, óperas e comédias, particularmente quando eram leves e desprovidos de crítica social. A fim de obter êxito, a tragédia devia divertir não excitando as paixões, mas emoldurando-as delicadamente *.

Ademais, a moldura deveria exibir alguns traços formais que são *prima facie* inimigos da naturalidade. A prática poética e a teoria dramática conspiraram para tornar a tragédia francesa o mais artificial possível. Em francês o verso branco é praticamente impossível e a rima virtualmente indispensá-

(*) O crítico da época, Saint-Evremond, escrevendo em 1672, sumarizou as exigências da sociedade polida ao investir contra a teoria de Aristóteles segundo a qual a tragédia deve suscitar piedade e terror. Ambas as emoções eram demasiado intensas e anárquicas para serem toleradas. Pois não haviam interferido com o ordeiro processo da sociedade ateniense! Saint-Evremond não desejava da tragédia nada além da "bem expressa grandeza de uma alma", algo para despertar na platéia, que não deveria ser indevidamente perturbada, "uma terna admiração".

vel. As peças deviam ser escritas em hexâmetros (alexandrinos) rimados, com cada quadra demonstrando uma diferença fixa entre o primeiro e o segundo dísticos. O primeiro, chamado "masculino", precisava terminar com um som pleno de vogal que é contado nas doze sílabas do verso; o segundo, chamado "feminino", concluía com um *e, es, ent* etc. mudos. O único esforço para criar a plausibilidade nas peças residia na insistência sobre as unidades de tempo, lugar e ação, que os críticos haviam buscado na teoria dramática renascentista, nos escritos dos teóricos italianos como Vida, Cinthio, Castelvetro e Vettori. Racionalizando sua adesão a essas regras, que na verdade eram aceitas porque pareciam ser clássicas e porque introduziam ordem na dramaturgia, os franceses afirmavam que elas tornavam o teatro plausível. Em outras palavras, uma peça far-se-ia mais verossímil se sua ação decorresse no prazo de um dia ou preferivelmente menos que isso, e se o local da ação permanecesse o mesmo.

Nosso próprio Samuel Johnson resolveu toda a questão com sua desenvoltura característica ao escrever que essas regras davam mais trabalho ao poeta que prazer ao ouvinte: "A verdade é que os espectadores estão sempre na posse de si mesmos e sabem, do primeiro ao último ato, que o palco é apenas um palco e os atores são apenas atores... A delícia da tragédia provém de nossa consciência da ficção; se pensássemos que os assassinatos e traições são reais, não sentiríamos mais prazer". Mas a pretensão à verossimilhança era uma evasão; os críticos franceses estavam essencialmente interessados em manter a rédeas curtas a impetuosa arte do teatro. Não desejavam que fosse abrangente ou perturbador.

O teatro e a dramaturgia deviam possuir a beleza formal de um camafeu cravejado de pedras. A peça devia mostrar o mínimo de ação possível; os acontecimentos deviam ser relatados por mensageiros; as personagens deviam revelar suas emoções conversando com essas chaturas do teatro francês, os confidentes ou *confidantes;* e o drama devia ser confinado a uma situação central. Nenhuma regra formal obstruía a escolha do conteúdo, mas estava mais ou menos entendido que o amor entre os sexos era a principal maravilha do teatro. Excluíam-se temas contemporâneos e gente de classe baixa era, claro está, energicamente proibida de pisar no palco trágico. Ademais, pretendia-se que as personagens fossem mais tipos do que indivíduos com personalidades distintas.

2. *Ordem e Sensibilidade: Racine*

Inúmeros dramaturgos incumbiram-se da tarefa e sua recompensa foi o esquecimento. Criar algo que se adapta às exigências da sociedade polida e ainda assim possui qualidades duradouras requer um gênio especial, raro entre os tragediógrafos. Por sua própria natureza, a tragédia sente antipatia pela *politesse*. No entanto, muitas vezes uma era cria seu gênio especial, e tal foi o caso quando o jovem Racine entrou para as fileiras dos muitos que são chamados e dos poucos que são escolhidos pelo teatro trágico. Homens como Quinault, o libretista do compositor Lulli, que desfrutaram de um breve triunfo, dedicavam-se a suavizar o drama para ir ao encontro das novas exigências do palco. Apenas Racine foi capaz de transformar as restrições pseudoclássicas numa vantagem. Isso em parte porque seu dom para o refinamento resultou em maravilhosa música verbal concedida apenas aos genuínos poetas, e em parte porque sua compreensão do coração feminino era extremamente natural e profunda. Ele pertence àquela espécie de gênio que assimila a feminilidade sem abandonar a masculinidade ou uma reação masculina ao sexo oposto. A bissexualidade emocional que Havelock Ellis e outros notaram no temperamento artístico visivelmente existia nele. Não é sem razão que tantas de suas tragédias tiram seus nomes de personagens femininas enquanto que o rude e apenas semipolido Corneille dava nomes masculinos às suas peças — *O Cid, Cina, Horácio, Polyeucte* e assim por diante.

No entanto, unicamente essas qualidades não são suficientes para fazer um dramaturgo importante. Racine tinha a felicidade de possuir duas qualidades indispensáveis para a tragédia: um temperamento dramático e uma estranha perturbação do espírito. Seu talento pode ser comparado a um pequeno vulcão cujas encostas estão cobertas por canteiros de flores. Seus versos polidos são mais dramáticos do que se poderia supor após uma leitura superficial, principalmente em suas inadequadas traduções inglesas (ou brasileiras). Recitadas por um artista competente, para não falar de uma Rachel ou de uma Sarah Bernhardt, as frases precisas elevam-se e tombam com emoção. Versos como o grito de Hermione em *Andromaque,* depois que ordenou o assassinato do homem a quem ama, são típicos:

> *Où suis-je? Qu'ai je fait? Que dois-je faire encore?...*
> *Errante et sans dessein, je cours dans ce palais.*
> *Ah! ne puis-je savoir si j'aime ou si je hais?* *

Versos assim não apenas abundam na obra de Racine, mas são preponderantes.

E as paixões que descreve também não são suavizadas pela razão vitoriosa ou pela moralidade, como acontece nas peças de Corneille. São muito fortes para serem refreadas mesmo quando seu perigo é patente para o próprio indivíduo, e da inabilidade de suas personagens para se libertarem de

(*) Onde estou? Que fiz? Que mais devo fazer?... / Errante e sem desígnio, corro por este palácio. / Ah! Não posso saber se amo ou odeio? (Tradução literal e inadequada.)

obsessões surgem conflitos internos que em sua agonia são pouco menos que infernais. Realmente, é habitual ver leitores ingleses condenarem Racine como não-dramático, mas essa condenação não procede de bases suficientes. Ele sustentou o teatro francês por mais de duzentos e cinqüenta anos e suas heroínas foram representadas por quase todas as atrizes francesas de importância.

Sua vida reflete seu talento. Oscila entre as atrações da sociedade polida e o sombrio apelo de uma religião calvinista. Dilacera-se entre os altos ideais e a mesquinharia; é alternadamente nobre e irascível, rancoroso e ingrato. Balança entre um coração inflamável e uma forte sensação de culpa. Ama a corte e, no entanto, não é insensível às misérias das classes mais baixas que não partilhavam da prosperidade das classes médias urbanas durante o reinado do "Rei Sol".

Nascido em 1639 no seio de uma família abastada, ficou órfão aos quatro anos, foi educado por parentes fanáticos e finalmente enviado para o mosteiro de Port Royal, a sede da seita jansenista, a qual sustentava que todos os homens, exceto alguns poucos indivíduos escolhidos ao acaso para serem beneficiados com a graça divina, estavam destinados à danação eterna. Embrenhou-se no latim e no grego por quatro anos, estudando Sófocles e particularmente Eurípides, mas também se perdeu em romances que eram totalmente condenados por seus instrutores. Quando o romance helenístico *Aethiopica* foi lançado ao fogo por seus mentores, ele simplesmente conseguiu outra cópia, decorou o texto e então o entregou ao sacristão para queimá-lo, se o quisesse. De Port Royal foi para o colégio d'Harcourt a fim de estudar filosofia e então oscilou entre direito e teologia, finalmente escolhendo a última. Mas mesmo naquela época, não podia resistir à atração de uma carreira literária. Estabeleceu-se em Paris, entregou-se aos prazeres da capital, caiu em companhia dissoluta e ridicularizou os jansenistas de Port Royal que se magoaram profundamente pelo comportamento de seu discípulo. Uma ode conquistou-lhe o patronato do crítico Chapdelaine, que o recomendou ao rei e conseguiu para Racine cem luíses de ouro do tesouro real. Depois de escrever outro poema, obteve a frutífera e duradoura amizade com o principal crítico da época, Boileau.

Amasie, sua primeira tragédia, foi comprada, mas não encenada pela companhia de Bourgogne. Entretanto a fortuna lhe sorriu quando Molière o amparou e encenou sua segunda peça, a *Thebaïde,* em 1664. Foi bem sucedida e a ela seguiu-se outra abordagem de temas gregos — um estudo sobre Alexandre da Macedônia, *Alexandre le Grand.* Demonstrando ingratidão, Racine deu a peça aos rivais de Molière, a companhia do Hôtel de Bourgogne, logo depois que foi encenada pela companhia de seu benfeitor. Sendo os atores do Bourgogne mais hábeis na interpretação de tragédias que os "Comédiens du Roi" de Molière, a comparação dos dois espetáculos foi desfavorável ao segundo. Molière, que emprestara dinheiro a Racine e continuara a apresentar *La Thebaïde* com prejuízo, ficou profundamente ferido e nunca mais voltou a dirigir a palavra ao tragediógrafo.

No entanto, Racine ficou satisfeito por encontrar a excelente companhia Bourgogne à sua disposição e logo depois, em 1667, entregou-lhe sua primeira tragédia memorável, *Andromaque*. A peça é um poderoso estudo de personagens e da paixão. Andrômaca, a viúva de Heitor, é amada por seu conquistador, Pirro, o filho de Aquiles que matara seu marido em Tróia. A memória do herói ao qual entregou seu amor é demasiado grande para que ela possa suportar a idéia de um segundo amor. Mas é obrigada a suportá-la, pois apenas através do casamento com Pirro poderá salvar seu filho Astianax da destruição pelos gregos, que estão ansiosos por aniquilar a semente de Heitor. Assim sendo, concorda em casar com Pirro depois de conseguir dele a promessa de que protegerá Astianax e decide suicidar-se depois da cerimônia do casamento. A tragédia chega ao clímax quando a princesa grega Hermione, cujo amor por Pirro é uma obsessão avassaladora, consegue convencer Orestes, que a ama, a matá-lo, apunhalando-se em seguida.

Embora o tema seja remoto no tempo, Racine consegue outorgar realidade emocional aos conflitos internos de uma mulher que é leal ao seu primeiro amor, mas deve acomodar-se às circunstâncias e de uma jovem cuja paixão a leva a destruir o homem a quem ama. As sutilezas do método dramático de Racine são exemplificadas por um detalhe como a exclamação de Hermione a respeito de Pirro:

Doutez jusqu'à sa mort d'un courroux incertain:
S'il ne meurt aujourd'hui, je puis l'aimer demain *.

Apenas o pétreo comportamento de Orestes reduz a potência desta peça. Claro está, também, que toda a situação pode facilmente chamar nossa atenção pela sua estreiteza. Isso nunca acontecia quando era tratada por Eurípides, pois este sabia como transformar suas tragédias numa crítica à vida, uma vez que possuía o dom de olhar para a humanidade de forma ampla, enquanto Racine raramente se ergue acima da situação imediata de sua peça. Mas a tragédia de Racine também tem sua validez, como drama psicológico. É uma comovente elaboração da paixão humana.

O passo seguinte de Racine foi uma incursão pela comédia, com uma divertida e feroz adaptação das *Vespas* de Aristófanes, intitulada *Les Plaideurs* (Os Demandistas). Escreveu a maior parte da peça numa hospedaria da moda,

(*) Até a morte dele, duvide de um ódio oscilante: / Se ele não morre hoje, posso amá-lo amanhã.

como um exercício de espírito, não empregando grande força na obra. Mas isso não o impediu de extrair considerável vitalidade cômica de seu juiz, que está tão enamorado de sua vocação que dorme de toga e expulsa o hiperzeloso advogado que abre sua demanda com um relato da Criação do Mundo. Ademais, após essa incursão incidental por um território estrangeiro, Racine retornou ao seu próprio campo em *Britannicus,* uma forte pintura de Nero e sua corte.

Racine não podia escrever uma crônica da vida de Nero dentro dos limites das unidades de tempo, lugar e ação. Podia apenas concentrar-se numa situação que anunciava a carreira do tirano. Agripina, a ambiciosa mãe de Nero que o levou ao trono, em breve encontra razões para encarar o futuro caminho do filho como tortuoso. Ele é inescrupuloso em suas paixões e permite apenas a opinião de Narciso, um conselheiro pleno de perversidade. Apaixonando-se por Júnia, que está prometida a Britânico, o legítimo herdeiro do trono, ele a rapta e envenena Britânico enquanto lhe protesta os mais calorosos votos de amizade. Júnia foge para o templo das vestais e dedica-se aos deuses e Narciso é assassinado pelo povo enraivecido no momento em que tenta arrancar a moça do altar. Nero é tomado de ira impotente, e sua mãe, bem como seu tutor nada podem fazer exceto esperar que esse crime seja o último do jovem príncipe. Assim, Nero é deixado num ponto crítico do desenvolvimento de seu caráter. O que para os elisabetanos seria apenas o início de uma tragédia, transforma-se aqui numa peça completa. Não obstante, Racine torna vibrante a crise que domina toda a peça e a carrega de força dramática e psicológica.

Mithridate, escrita em competição com Corneille que já ia entrando em anos, é outro drama eficaz sobre a paixão de um homem por uma mulher, ainda que lhe falte o alcance e a profundidade de *Britannicus.* Sua superioridade sobre a obra de Corneille era patente e seu êxito foi considerável. Também por volta dessa época Racine conquistou a grande honra de ser eleito para a Academia Francesa, que o escolheu ao invés de Molière quando este se recusou a abandonar a humilde profissão de ator.

Racine começara a fazer inimigos com sua língua afiada e comportamento altivo. Uma dessas cabalas literárias que deixam os franceses em ponto de fervura foi organizada contra ele, e um novo dramaturgo, Pradon, foi exibido e lançado à notoriedade. Racine, entretanto, contra-atacou com sua *Iphigénie,* uma versão do sacrifício de Ifigênia em Áulis, plena de gratificante sensibilidade. Racine triunfou novamente ainda que sua nova tragédia não fosse de molde a permanecer pelos séculos. Tampouco podia haver qualquer discussão quanto ao mérito de seu novo saque da dramaturgia euripidiana, *Phèdre.*

No *Hipólito* de Eurípides Racine encontrou um tema de amor-paixão que trouxe à tona seus maiores poderes. Quando comparado com a tragédia grega, o drama de Racine é apenas um triunfo menor. Desapareceu na tragédia francesa o provocativo conflito simbólico entre os dois instintos humanos representados respectivamente por Artemis e Afrodite. Desapareceu também o profundo simbolismo psicológico de um jovem destruído pelo instinto do amor ou a Afrodite que ele negou em si mesmo. Ao invés disso temos aqui um *obbligato* composto com perfeição, tocado numa única corda, a da destruidora paixão de uma mulher por seu enteado, Hipólito. Este foi dotado, inclusive, de uma namorada, dado que os brilhantes cortesãos da corte de Luís XIV teriam julgado o casto rapaz da estória grega um objeto de ridículo. Conseqüentemente, há muito "embelezamento" e apelo ao sentimental em *Phèdre*. Contudo, dentro dos limites do classicismo francês, a peça somente podia afigurar-se como um tremendo *tour de force,* pois que é extraordinária por sua exploração das profundezas de uma mente obcecada pela paixão.

O crescimento da paixão de Fedra pelo filho do marido e sua luta contra esse amor, esforço que a vem consumindo, são apresentados de forma muito viva. Ela vem rejeitando alimentos já há três dias. Finalmente Oenone, sua ama, descobre a fonte da doença e devotadamente decide-se a curá-la. Uma vez que, à boca pequena, se diz que Teseu foi morto durante suas viagens, ela argumenta que a paixão de Fedra não é mais criminosa. Numa cena angustiada Fedra revela, portanto, sua paixão a Hipólito. Mas é rejeitada por ele e, esmagada de vergonha, foge apressadamente. De repente Teseu retorna e, temendo que Hipólito acuse sua ama ao pai, a devotada Oenone resolve acusá-lo antes. Hipólito, por demais honrado para lançar a vergonha sobre a madrasta justificando-se, deixa-se amaldiçoar pelo pai. A maldição o destrói e Fedra, esmagada pela dor, mata-se.

A elaborada e sensível apresentação da paixão, vergonha e dor de Fedra exigem uma análise mais extensa do que a passível de ser oferecida numa sinopse. Ninguém pode questionar sua efetividade, e o papel de Fedra é tão magnificente que se tornou a *pièce de resistance* de todas as atrizes trágicas francesas. A famosa Rachel e Sarah Bernhardt não conquistaram lauréis mais honoráveis que seus triunfos nesse papel.

A esta altura, no entanto, a cabala contra Racine já estava em pé de guerra e recorreu ao expediente de conseguir fazer encenar outra *Phèdre,* escrita por Pradon, dois dias depois da apresentação da primeira. Comprando poltronas para a estréia de Racine, deixaram-nas desocupadas, lançando um gelo sobre a apresentação. Por outro lado, compareceram à peça de Pradon, transformando-a num insigne sucesso. O *affaire Phèdre* foi um exemplo tão conspícuo de perversidade e Racine ficou tão profundamente ferido por ele que se retirou do teatro. Desgostoso voltou no fim de 1677 para Port Royal que recebeu vivamente o filho pródigo sob seu manto. Do ponto de vista teológico, podiam argumentar, sua última peça era puro jansenismo; pois não era a tragédia de uma mulher que possuía todas as qualidades com exceção da graça de Deus, sem a qual não há salvação possível! Dominada por sua *flamme funeste* e agudamente cônscia de sua culpa e danação, Fedra era uma heroína decididamente aceitável para os jansenistas. Port Royal reconquistou seu autor por completo, e deu ao antigo amante de uma atriz popular uma piedosa esposa que jamais lia uma linha de suas peças. O próprio Racine começou a considerá-las um crime contra a verdadeira religião.

É bem verdade que Racine jamais abandonou o mundo inteiramente e permaneceu um cortesão até o fim. Voltou a residir em Paris e continuou seus trabalhos literários como historiador do rei, posição que devia à proteção de Madame de Montespan, a amante do rei. Mas voltou a produzir para teatro apenas em duas ocasiões, ambas com objetivos religiosos, quando o novo amor do rei, a beata Madame de Maintenon, pediu-lhe que escrevesse duas peças bíblicas para a escola de meninas que mantinha em Saint Cyr. *Esther,* a primeira delas, narrava novamente a conhecida estória de Haman e da rainha judia que salvaram seu povo de um pogrom. Escrita em excelentes versos e enriquecida com coros de grande beleza, a peça foi recebida entusiasticamente ao ser apresentada em 1689, perante uma platéia que incluía o rei e Mme de Maintenon. Foi particularmente apreciada por seu caráter alusivo; Ahasuerus era Luís XIV, Mme de Maintenon era a piedosa Esther e a rejeitada rainha Vashti não era outra senão Mme de Montespan que recentemente sofrera queda semelhante. A analogia entre a rainha Esther e Mme de Maintenon, que pertencera à seita protestante dos huguenotes, a qual vinha sendo oprimida por Luís, que revogara o Edito de Nantes, era uma distorção da verdade, pois que a nova rainha francesa mostrara-se demasiado discreta na intervenção em favor de seus antigos correligionários. Mas a discrepância entre Esther e Mme de Maintenon não foi considerada uma crítica a esta última. Do mesmo modo, a sugestão incluída na peça, de que um rei podia ser erroneamente levado a assinar um decreto prejudicial à liberdade religiosa, não foi considerada uma alusão a Luís XIV, que assinara o Edito de Nantes apenas quatro anos antes. A incansável escritora de cartas, Madame de Sévigné, refletiu a opinião dos literatos a respeito de Racine: "Ele agora ama Deus como costumava amar suas amantes". *Esther,* que dá ao leitor a impressão de estar apenas um ponto acima de um exercício acadêmico belamente escrito, conquistou a admiração da corte.

Embora Racine tenha recusado a permissão para sua apresentação num teatro público, voltou para a dramaturgia com entusiasmo renovado e, um ano depois, produzia a segunda tragédia de Saint Cyr, *Athalie,* que muitos consideram sua maior obra. A tragédia atendia com perfeição ao pedido de Mme de Maintenon, que desejava um texto sem amor, e que nenhuma das ternas criaturas sob sua custódia tivesse a inocência tentada por uma palavra que fosse. Não obstante, *Athalie* é uma obra emocionante. Em parte alguma é tão grande o poder lírico de Racine e em parte alguma encheu ele o seu palco rigidamente limitado com tanta ação e arrebatamento. A idólatra rainha Atália, que assumiu o poder assassinando a família real (que era sua própria família) é perturbada por um sonho onde é avisada que ainda vive um herdeiro do trono. E isso é verdade. Trata-se do jovem Joas, que fora salvo pelo sumo-sacerdote e educado no templo. Atália entra no templo, conversa com Joas sem saber de quem se trata e sente-se singularmente tocada de afeto por ele. Mas chegou o momento de colocar no trono o jovem príncipe, que observará fielmente a verdadeira religião hebraica. Em conseqüência, o sumo-sacerdote Joad arma os Levitas, separa Atália de sua guarda e consegue que a matem. A peça se encerra por um rapsódico hino de triunfo.

As poderosas caracterizações da rainha carregada de culpas e do jovem de doce temperamento, o diálogo eficaz, os magnificentes versos líricos desta tragédia criam uma impressão de rara majestade. Se precisamos considerar seus esforços acadêmicos, é difícil refrear a admiração pela virtuosidade de Racine ou negar a esta obra o direito de ser considerada a maior de todas as peças bíblicas.

Embora mais uma vez negada ao teatro público, *Athalie* foi encenada com retumbante êxito tanto em Saint Cyr quanto em Versailles no ano de 1691. Não obstante, os últimos dias de Racine foram toldados pelo desfavor na corte. Aventurara-se a esboçar um plano para a melhoria da condição em que viviam os pobres, cujo número crescia cada vez mais enquanto Luís XIV sugava o povo com sua extravagância e suas guerras imperialistas. O autocrático governante ficou irado ao encontrar Mme de Maintenon lendo a proposta de Racine. "Racine não deve imaginar que, por ser um grande poeta, deveria ser ministro do Estado", declarou o rei. Virtualmente expulso da corte, Racine adoeceu com a humilhação. Sua piedosa tia rogava diariamente que Deus o submetesse a vexames para o bem de sua alma. Mas Racine não era uma pessoa capaz de aceitar despreocupadamente o declínio da fortuna. Angustiou-se a ponto de enfermar e morreu aos 21 de abril de 1699, em meio a grandes dores.

Em suas obras completas Racine deixou uma herança que deu expressão a alguns dos mais típicos elementos do temperamento francês. Sua sensibilidade e relacionamento com a paixão do amor vive esplendidamente em suas peças, mas o talento nacional para a ordem, cerebralismo e análise acham-se igualmente presentes nelas. O famoso crítico Jules Lemaître formulou a questão de maneira mais precisa ao declarar que Racine expressava *le génie de notre race — ordre, raison, sentiment mesuré, et force sous la grâce —* ordem, razão, sentimento medido e força sob a graça. Racine pôs a análise das personagens e a emotividade no lugar dos grandes motivos cornellianos de moralização e "admiração" — essa idealização do comportamento humano que deve provocar, supõe-se, admiração pelos protagonistas. A não ser indiretamente em suas peças bíblicas, Racine somente escreveu uma tragédia de "admiração" em *Berenice*, na qual Tito recusa seu amor em deferência ao costume romano que impedia um imperador de casar-se com a realeza estrangeira.

A paixão era o domínio próprio do dramaturgo de quem se disse que suas personagens femininas eram "belas mulheres cheias da graça da Ática, mas às quais faltava a graça de Deus". Enquanto Corneille celebrava a força do homem, Racine, sempre em parte um calvinista, dramatizava a fraqueza do homem, e a falha trágica de suas personagens na maioria das peças é representada pela vitória da paixão sobre a razão. Foi desta forma que Racine pagou um duplo tributo à "sensibilidade" que predominava na vida cortesã de sua época e ao racionalismo que dominava tanto a teoria política quanto a filosofia. E o mesmo dualismo aparece em sua técnica, que é mais ordeira que a de Corneille. A concentração no momento crucial da vida das personagens e não na evolução que conduz à crise cria uma forma dramática compacta, racionalmente ordenada. Ademais, a ação é relegada a eventos fora do palco, narrados por mensageiros e se torna secundária na análise de obras dessa ordem; "o que acontece tem menos importância que as reações mentais das personagens... a ação está praticamente confinada ao cérebro" [2]. Não obstante, sua compressão de toda a paixão numa única crise principal proporcionava em geral na máxima intensificação do sentimento.

Para o leitor anglo-saxão uma tal compacidade parece o acme da constipação literária, e a abordagem analítica de emoções acaba por lhe parecer uma forma de anemia perniciosa ou atrofia da emoção. Com efeito há pouca dúvida de que Corneille e especialmente Racine fizeram uma contribuição à dramaturgia e às letras humanas que não vem ao encontro das modernas exigências de ação. Ainda assim, sua verdadeira limitação não é estrutural. Se podemos ficar irritados com Corneille, é por ser ele tão sentencioso e bombasticamente pretensioso. Se podemos desgostar de Racine é porque podemos enjoar das paixões, dos *soupirs et flammes* de suas heroínas; podemos cansar facilmente de uma femini-

(2) V. Introdução a *Six Plays by Corneille & Racine*, pág. IX.

lidade tão tórrida. Ao introduzir ordem na dramaturgia, Racine, com efeito, deu um grande passo que em muito iria servir ao ulterior drama realista. Este drama em prosa e da vida quotidiana não podia comportar o derramamento dos elisabetanos ou das tragédias românticas posteriores. Peças como *Os Espectros* e *Hedda Gabler,* não importa o quão longe estejam do gosto Luís XIV em outros aspectos, possuem uma compacidade de estrutura sem a qual perderiam a maior parte de seu poder.

3. *A Segunda Florada*

No entanto os perigos do formalismo de Racine eram grandes e a frigidez tornou-se a maldição de seus contemporâneos e sucessores. Pradon, Thomas Corneille (irmão de Pierre), Campistron, La Fosse e outros são agora simples nomes. Paul Scarron é lembrado por suas brincadeiras, nada condizentes com a posição de um abade, ou por sua bela esposa que se tornou depois a Madame de Maintenon, e não por sua tragédia em prosa. *Zénobie* ou mesmo por sua ampla comédia *Jodelet,* que antecipava o espirituoso diálogo de Molière.* Apenas Crebillon, o Velho e Lamotte-Houdart, no início do século XVIII, ainda conservam o direito a uma pequena parcela de atenção — o primeiro com *Rhadamiste e Zénobie,* o segundo com *Inês de Castro.*

A fama de Voltaire como ensaísta e figura pública nos faz lembrar as tragédias do século XVIII *Oedipe, Brutus, La Mort de César, Zaïre, Mahomet* e *Mérope*. Essas tragédias escritas entre 1718 e 1732 revelam considerável sentido teatral, e algumas delas contêm desafiantes pitadas de livre pensamento e sátira características de Voltaire, o filósofo liberal, bem como do fermento geral que culminaria com a Revolução Francesa. "Os padres são apenas o que o estúpido povo faz deles; nossa credulidade fornece toda a sua ciência *(notre crédulité fait tout leur science)",* de *Oedipe,* é um típico verso "filosófico" do século XVIII. O *Brutus* de Voltaire glorifica um herói republicano e seu *Mahomet* é um ataque tão vigoroso à intolerância religiosa que uma de suas personagens, Séide, passou para a língua francesa como sinônimo da palavra fanático. Mas a dramaturgia de Voltaire, em sua maior parte, permanece forçada e fria. Aquele que chamara Shakespeare de um esplêndido bárbaro poderia ter usado algo da barbárie elisabetana em si mesmo.

Os próprios franceses começavam a mostrar-se insatisfeitos com suas convenções dramáticas. Voltaire lançou um olhar saudoso para Shakespeare e mais tarde o dramaturgo

(*) Scarron (1610-60) deixou também um romance, *Le Roman Comique,* de mérito reconhecido. Inspirando-se nos romances picarescos espanhóis, narra as aventuras de uma companhia de atores ambulantes. A obra fixa as condições de trabalho da gente de teatro no século XVII. Sua influência pode ser mesmo traçada em 1904, no Brasil, quando Arthur Azevedo a cita como uma das fontes de inspiração para seu *Mambembe.* (N. dos T.)

Ducis, nascido em 1733 e falecido em 1816, chegou mesmo ao ponto de adaptar as tragédias inglesas. É uma infelicidade apenas que, ao torná-las mais cerradas, não resistisse à pobre tentação de fazer de Ofélia a filha do tio de Hamlet, e ao moralizá-las houvesse saído na inevitável banalidade. Mesmo antes, Lamotte-Houdart protestara contra as "unidades" e, sem qualquer resultado, provocara uma agitação em favor do drama em prosa, enquanto o prolífico dramaturgo e novelista Marivaux (1688-1763) lutava contra o formalismo com todos os recursos do romantismo e do sentimentalismo.

Um importante avanço teórico na dramaturgia francesa veio principalmente de um pensador progressista, o enciclopedista Denis Diderot que clamava por uma nova forma de tragédia; pelo *drame bourgeois* ou uma tragédia da classe média que trataria de gente simples e levaria em consideração a influência de sua atividade econômica ou posição social na composição de suas personalidades. Com efeito, tornou-se ele o filósofo do moderno realismo e do drama social, e seus princípios, que aplicou sem sucesso em suas próprias peças *O Filho Natural* e *O Pai de Família* (1757-58), são hoje comumente postos em prática.

Todavia, muito tempo se passou antes que seu sonho pudesse ser efetivamente aplicado ao teatro francês. O idealismo revolucionário ateava fogo ao conteúdo de peças como *Spartacus* de Saurin e *Guilherme Tell,* de Lemièrre, dedicadas a campeões da liberdade, mas o tratamento continuava a ser formal e pretensioso. O teatro da Revolução Francesa e do período napoleônico, embora haja assegurado o triunfo da classe média, ainda era favorável apenas à pomposa oratória. Quando muito, um poeta capaz como Marie Joseph Chenier lançava um grito de protesto contra o fanatismo religioso do Massacre do Dia de São Bartolomeu em *Carlos IX* nas vésperas da Revolução de 1789. Seus sentimentos democráticos suscitaram uma tempestade de entusiasmo a despeito do tedioso formalismo da obra. Não se pode falar em escassez de atividade teatral num período que deu origem ao grande ator Talma. Mas a dramaturgia estava em declínio, e as novas forças sociais não chegavam a marcá-la de forma significativa; "os revolucionários que lutaram pela grande Revolução Francesa permaneceram literariamente conservadores" [3]. Esse fenômeno se viu duplicado na arte da pintura, que foi afetada pelo mesmo fator de classicismo continuado, agora santificado pelo fato de os classicistas originais serem os republicanos de Atenas e Roma.

No resto da Europa o período da Segunda Florada foi igualmente pouco marcante. O classicismo francês pairava como um peso morto sobre o teatro alemão, que não possuía energias criativas próprias, e da mesma forma perverteu o teatro inglês. É bem verdade que John Milton, que já escre-

(3) V. *Art & Society* de Plekhanov, pág. 20.

vera *Comus,* a maior mascarada de todos os tempos, produziu uma magnífica tragédia bíblica, *Samson Agonistes,* durante o zênite do período da Restauração. Se não é particularmente representável, é, não obstante, um monumento ao espírito da humanidade combativa, tanto mais excitante quanto Milton, o incansável republicano cego entre inimigos aristocráticos, viu a si mesmo na figura de Sansão cego entre os exultantes filisteus. O culto poeta, entretanto, voltou ao drama ateniense, enquanto que os dramaturgos da Restauração moldavam suas obras segundo as regras do classicismo francês quando desejavam escrever tragédias. A Inglaterra tomou-lhe de empréstimo os piores traços ao combinar o exemplo de Corneille com a tradição romântica de Beaumont e Fletcher na forma especial da assim chamada "tragédia heróica" escrita em coplas rimadas. A artificial sociedade cortesã que retornara ao poder quando Carlos II foi restaurado no trono inglês irrompeu numa rajada de bombástico heroísmo com o grande ensaísta e hábil poeta John Dryden como seu teórico e principal executante.

Por volta de 1656 os puritanos já haviam relaxado o suficiente sua severidade em relação à dramaturgia para permitir a William D'Avenant deliciar o público com "um alegórico entretenimento composto de declamação e música". Seguiu-se no mesmo ano o seu *Siege of Rhodes* (Sítio de Rodes), baseada nos romances franceses e na concepção corneliana de amor e honra — uma obra sem importância a não ser por sua qualidade lírica, mas merecedora de destaque por ser o germe tanto da ópera quanto da "tragédia heróica" inglesas. Com o retorno de Carlos II, os teatros entraram em febril atividade. Dois teatros — o do Rei e o do Duque de York — receberam cartas de patente. D'Avenant e o famoso Thomas Killigrew tornaram-se ativos produtores. Atores talentosos com Betterton à frente conquistaram popularidade, e atrizes como a notória Nell Gwyn, pela primeira vez admitidas no palco, ganharam o gosto do público com suas aventuras galantes. O palco foi tomado por obras como *Love and Honor* (Amor e Honra), escrita por D'Avenant em 1642 (o título fornece toda a descrição necessária), *The Prisioner* (O Prisioneiro) e *The Princess* (A Princesa), escritas por Killigrew, reapresentações, imitações do drama de Beaumont e Fletcher e deturpações de Shakespeare *.

Então o enclausurado romantismo dos cavaleiros explodiu na mais furiosa conflagração da "tragédia heróica" de

(*) Embora Shakespeare não recebesse todo o reconhecimento a que fazia jus durante os primeiros anos da Restauração, é um engano pensar que tenha chegado a ser inteiramente negligenciado. Um dos grandes papéis de Thomas Betterton, ator corpulento e de voz grave que brilhou em peças de seus contemporâneos, foi Falstaff. Também interpretou Hamlet, Otelo e Mercúcio nas remendadas versões que então eram populares. Por falar nisso, os filmes não são os únicos réus quando se trata de impor às tragédias um final feliz (vejam-se as versões cinematográficas de *Cena de Inverno* e de *O Arado e as Estrelas,* de Sean O'Casey). O *Romeu e Julieta* no qual Betterton interpretava Mercúcio terminava roseamente para os predestinados amantes de Shakespeare.

curta vida, e Dryden produziu suas ferventes *The Indian Empress* (A Imperatriz Indiana), *The Conquest of Granada* (A Conquista de Granada) e *Aureng-Zebe,* todas repletas de personagens cujo sangue foi descrito como sendo simples "serragem elétrica". Representante típica de todo o grupo é *A Conquista de Granada,* cujos dez atos contém três tramas de amor, um sítio, uma guerra civil, um herói, Almanzor, tão valoroso que a sorte de toda uma nação depende dele, e uma heroína, Almahide, tão pura que só pode ser conquistada por esse herói. Não é de espantar que a "tragédia heróica" tenha morrido de pura exaustão e que *The Rehearsal* (O Ensaio), inteligente obra burlesca do Duque de Buckingham, haja conferido ao estilo o golpe de misericórdia de que tanto necessitava com tal rapidez em 1671.

O próprio Dryden chegou a reconhecer sua falta de valor, pagou tributo a Shakespeare no *Ensaio sobre Poesia Dramática,* e retornou para a dramaturgia shakespeariana no conhecido *All for Love* (Tudo por Amor), uma versão classicista de *Antônio e Cleópatra.* Na verdade, nada ilustra melhor a diferença entre a dramaturgia elisabetana e a pseudoclássica que a compacta tragédia de Dryden, que reduz a luta mundial entre Antônio e Otávio a um simples caso de amor, tendo por palco um único lugar e transcorrendo durante um único dia. No entanto, a conversão de Dryden ao verso branco resultou num drama nobre e respeitável de origem clássica, e a qualidade considerável aparecia novamente em seus *Don Sebastian* e *Cleomenes,* peças sérias que não eram mais subservientes ao princípio da magniloqüência. Mas essas obras são mais respeitáveis que emocionantes, e sobre suas personagens Saintsbury declara sabiamente que "como deve ser, deixamos para eles nossos cartões de solidariedade da maneira a mais correta possível" [5].

Na realidade, agora é apenas nas reversões à tragédia elisabetana, nunca posta de lado inteiramente, que o pulso do drama bate de forma audível. Um despertar da consciência nacional e um cansaço de modelos cortesãos e estrangeiros provoca um breve retorno à dramaturgia elisabetana durante o último quartel do século. A curta carreira de Nathaniel Lee, ator mentalmente perturbado, produz peças frenéticas como *The Rival Queens* (As Rainhas Rivais) e *Mithridates,* escritas à maneira elisabetana, recordando a sensualidade e a intensidade verbal da grande era. Embora essas peças tenham sido bastante bem sucedidas ao serem apresentadas, agora são mais adequadas para psicanalistas do que para os simples leigos que compõem o público leitor e freqüentador dos teatros.

Finalmente, outro talento infeliz cria algo de muito memorável em *Venice Preserved* (Veneza Preservada). Seu

(4) Escrita com diversos colaboradores.

(5) V. sua introdução à edição das obras de Dryden da Mermaid Series.

autor, Thomas Otway, outro ator amaldiçoado não apenas pela pobreza, mas por sua paixão pela popular atriz Mrs. Barry, saiu da tragédia heróica como *Don Carlos* para o drama de versos brancos em *The Orphan* (A Órfã), escrito em 1680. Das febris complicações resultantes da paixão de dois irmãos pela pupila órfã do pai de ambcs, Otway criou uma peça de considerável paixão e *pathos,* embora hoje devamos encará-la como um trabalho exagerado e de segunda ordem. Ademais, a peça serviu de exercício técnico para sua irregular, mas poderosa *Veneza Preservada,* escrita dois anos depois. Um enamorado de vontade fraca, Jaffier, entra para uma conspiração contra o Estado quando um senador veneziano lhe recusa sua filha, Belvidera. Esta, no entanto, o persuade a renunciar e a denunciar a trama, que é encabeçada por seu amigo íntimo Pierre; e tanto seu amor por ela quanto sua compreensão do morticínio que deve seguir-se à revolta convertem-no em traidor. É confrontado com os conspiradores numa cena comovente e percebe a enormidade de seu feito quando o Senado se recusa a perdoá-los e eles se recusam a aceitar a vida no cativeiro. Jaffier apunhala o amigo a pedido deste, a fim de salvá-lo de uma execução ignominiosa, e então suicida-se, enquanto Belvidera enlouquece.

Por mais de um século nada surgiu na dramaturgia inglesa que estivesse a uma distância marcante da perturbada e amarga tragédia de Otway. As peças de Rowe, *The Fair Penitent* (O Penitente Honesto) e *Jane Shore,* de 1703 e 1714, eram pálidas sombras do estilo elisabetano, e seu autor é agora melhor lembrado pela compilação de inverificáveis anedotas respeitantes à vida de Shakespeare. As tragédias de Edward Young eram puro empolamento, e um frígido recitativo de Addison, *Cato,* peça das mais apreciadas em sua época, não passava de um impossível exercício clássico. A classe média expressou-se várias décadas mais tarde na obra de George Lillo, cuja tragédia moral *The Merchant of London or The History of George Barnwell* (O Mercador de Londres ou a História de George Barnwell), escrita em 1731, dramatiza a sorte de um aprendiz levado ao crime por seu caprichoso caso com uma prostituta. A despeito de toda sua influência na dramaturgia européia, principalmente alemã, a peça é pura parlapatice. Sua sucessora, *The Gamester* (O Jogador), escrita um quarto de século mais tarde pelo mercador de tecidos Edward Cloth, é apenas ligeiramente melhor.

No que toca à tragédia genuína, a Inglaterra do século XVIII tinha de depender inteiramente de versões mutiladas da obra de Shakespeare, intensificadas pelas interpretações do grande Garrick cuja arte de representar marcava um progresso fundamental em relação ao tenso estilo de seus predecessores *. De fato, todo o período passou para a história como a era dourada da arte de representar inglesa. A linha de extraordinários atores de Betterton a Garrick incluía os notáveis Mrs. Barry, Anne Oldfield, Peg Woffington, Colley Cibber, James Quin e Charles Macklin. Superaram em brilho a magra constelação de dramaturgos e tornaram ainda mais evidente o truísmo segundo o qual o teatro não entra necessariamente em falência quando falha a dramaturgia.

Essa situação pouco edificante não era apreciavelmente diversa em qualquer outra parte da Europa até que a tragédia encontrou um novo embasamento numa nação por longo tempo privada de uma genuína dramaturgia. Isso ocorreu na Alemanha, por volta do fim do século.

(*) A reverência de Garrick por Shakespeare parece ter sido tão grande que usava um volume de suas peças ao invés de uma Bíblia sempre que fazia um juramento a um amigo. Entretanto, isso não impediu o ator de cometer lesões no texto do autor. Omitiu os coveiros no *Hamlet* e o Bufão em *Rei Lear* — sem dúvida para assegurar a unidade de ação e de estado de espírito. Deu a *Romeu e Julieta* uma cena na tumba. Mudava e acrescentava versos livremente. Garrick pessoalmente escreveu 21 peças entre 1740 e 1745. Uma destas, *The Clandestine Marriage* (O Casamento Clandestino) de 1766, era uma vivaz colaboração com George Colman, o Velho (1732-94). David Garrick (1717-79) foi uma das maiores figuras da época.

16. Molière e a Comédia de Sociedade

É uma curiosa indicação da complexidade do homem e seu mundo que a era de Corneille e Racine tenha sido também a era de Molière. Pois enquanto a tragédia estava erigindo uma torre de poderosa dignidade, a comédia estava ocupada em demoli-la. Enquanto a tragédia investia a sociedade aristocrática e da alta classe média com vestes cravejadas de jóias, a comédia as arrancava até pôr a nu a truanesca roupa de baixo — e qual a sociedade que não usa por baixo uma roupa de truão? Aqui, novamente, a França do século XVII assumiu a liderança. Da conjunção de uma era e de um temperamento surgiu uma grande figura que lança sua ampla sombra sobre todo o teatro europeu, e não é necessária grande sagacidade para reconhecer nesta descrição Molière, o mestre cômico da dramaturgia moderna até o advento de Shaw.

1. *O Temperamento Cômico de Molière*

Sobre a comédia, seu perito praticante George Meredith escreveu: "Seu aspecto comum é o de uma observação desinteressada, como se estivesse vigiando um movimentado campo e tendo o lazer de dardejar as partes escolhidas sem qualquer ansiedade agitada. O futuro do homem na terra não a atrai, sua honestidade e harmonia no presente sim; e sempre que eles crescem desproporcionalmente, inflados de orgulho, afetados, pretensiosos, bombásticos, hipócritas, pedantes, fantasticamente delicados; sempre que ela os vê auto-iludidos ou logrados, aderindo enlouquecidos a idolatrias, escorregando em vaidades, congregando-se em absurdos, planejando sem visão ou perspectiva, tramando demencialmente; sempre que eles estão em desconformidade com suas profissões e violam as não-escritas, mas perceptíveis leis que os unem em consideração um ao outro; sempre que ofendem a saudável razão, a honesta justiça; são falsos em sua humildade ou minados de preconceitos, individualmente ou em massa; o Espírito superior parecerá humanamente maligno, e lança sobre eles uma luz oblíqua, seguida por cascatas de risadas cristalinas. Esse é o Espírito Cômico" [1]. Nenhuma descrição da sociedade francesa do século XVII é mais adequada. Quando a aristocracia começou a cultivar as graças ao invés da arte da guerra, e quando a alta classe média começou a macaquear seus superiores, estava maduro o tempo para o completo desabrochar do Espírito Cômico, com o qual nenhuma nação foi tão ricamente dotada quanto a França.

Essa foi a época do "desperdício patente", com os cavalheiros e damas da corte transformando numa virtude a extravagância no vestir, falar e agir, com os *salons* fervilhando devido a uma arte de amar artificial e uma linguagem ainda mais artificial. Foi esse o apogeu dos namoros ou de encontros menos inocentes entre damas e cavalheiros, e o ponto alto da idealização dos sexos cobria uma multidão de pecados. O campesinato estava faminto e oprimido, guerras estrangeiras exauriam as finanças da nação, a autocracia impunha seu tacão de ferro sobre o povo, e os Jesuítas obtinham um tal controle sobre a pesquisa intelectual que forçavam o exílio de um pensador como Descartes. Mas a nobreza não prestava atenção a essa situação, enquanto os nababos da classe média engordavam com lucros de operações corruptas e transformavam o instinto aquisitivo numa paixão.

Molière não era um reformista do gênero militante; embora fosse intelectualmente superior à maioria dos homens de sua geração, era um verdadeiro filho da época. A indignação não se constituía numa prova de bom gosto quando o ideal predominante da sociedade francesa era o equilíbrio da razão. Ademais, uma demonstração de ira no teatro não estaria em consonância com os pontos de vista de um homem que fazia da irracionalidade e do excesso os objetivos, os alvos de sua inteligência. Nunca trovejava como Jonson; simplesmente ria.

Conseqüentemente seu método cômico era seguro e límpido. A maior parte de suas peças foi escrita nos formais versos alexandrinos, com uma adesão geral às unidades de tempo, lugar e ação. Mesmo quando tinha mais de uma trama nas mãos, sua estória permanecia lúcida e os acontecimentos eram escrupulosamente equilibrados. Seu estilo era lúdico mesmo nos momentos mais tensos, e contido mesmo nos momentos mais lúdicos, pois sua risada estava, no melhor dos casos, sem deixar de ser uma risada, "mais próxima de um

(1) Meredith, George — *On the Idea of Comedy and of the Uses of the Comic Spirit* (1877).

sorriso"; era, em suma, "o humor do cérebro" [2]. Um talento único para a graça e a flexibilidade, para o uso hábil do florete do esgrimista, é um pré-requisito para esse tipo de humor, e não é de admirar que Molière pareça antes vulgar, e oco quando seus versos brilhantes são moldados em traduções inglesas. Como Joseph Wood Krutch observou astutamente, "Ponham qualquer de seus versos na pesada prosa dos pedantes e pouco sobra com exceção do substrato de um agora fastidioso *bon sens*". Raras vezes seu estilo flexível e cabriolante, e no entanto direto e viril, foi captado em inglês, como aconteceu até certo ponto na adaptação de Arthur Guiterman e Lawrence Langer de *A Escola de Maridos*. Subjacente a esse estilo há uma cultura ou um refinamento de modos que não é dispensado igualmente a todas as criaturas, e uma "alegria de disposição" que Voltaire atribuiu corretamente a todos os mestres do riso. (Ainda que, sendo humanos, eles também devem, em certas ocasiões, experimentar a ira e o desespero.) Há algo de raro nessa disposição, a despeito da crença de que qualquer tolo pode rir. Na verdade, os tolos não podem; ele apenas gargalham.

É um engano acreditar que tal estilo seja conquistável sem trabalho; na verdade, no caso de Molière, foi o produto de um processo de refinamento e atingido apenas depois de muitos ensaios na mais facilmente adquirível arte do gracejo pesado. É também um engano imaginar que se trata de um sinônimo de superficialidade. Na verdade o sorriso do artista verdadeiramente civilizado representa "algo a ser vencido" — um triunfo do espírito sobre o erro ou o fracasso. E isso é particularmente verdadeiro no que diz respeito a Molière cuja vida particular era infeliz e cujo ponto de vista pessoal era nitidamente crítico. Seu sorriso também não é uma reminiscência da congelada expressão de alguma estátua pré-atica. Era uma ternura instintiva para com as pessoas naturais, jovens amantes e gente sensível de todas as classes. Tinha o verdadeiro humanismo — emoções sem sentimentalismo. Molière venceu, tanto como dramaturgo quanto como homem de teatro, por intermédio de uma astuta combinação de espírito, inteligência e empolgantes criações de personagens.

Somente por nunca sentimentalizar as últimas e por conservar sua equanimidade quando as personagens são calculadoras ou estúpidas é que Molière conseguiu manter aquele sabor intelectual que confere à alta comédia sua límpida agudeza. Era dotado de uma dose fundamental de humanidade, mas a expressava melhor na comédia que é tão "pura" ou "alta" quanto se pode fazê-la sem chegar à desumanidade. Raramente colocava-se em terreno neutro nos casos que envolviam hipocrisia, ilogicidade ou negação do instinto sadio; não é neutro em suas comédias quando Tartufo está triunfando e quando velhotes fátuos lutam para frustrar o amor juvenil.

(2) *Ibid.*

Tal é a base de um juízo tão límpido quanto o de John Palmer que afirma: "Nas comédias de Molière a Justiça é sempre feita. Não há intrusão do homem de sentimentos ou preconceitos para prejudicar o tom equilibrado de sua forma cômica" [3]. Apenas no que diz respeito a essa balanceada abordagem da humanidade é que as palavras de Bergson, "o riso é incompatível com a emoção" são verdadeiras no caso de Molière.

A definição de Horace Walpole, "A vida é uma comédia para o homem que pensa e uma tragédia para o homem que sente", constitui um brilhante epigrama sobre o efeito cômico mais que uma verdade completa sobre a vida de qualquer escritor cômico importante. É fato sabido que muitos grandes homens arrancaram a risada do sofrimento e da emoção. Faltariam sentimentos a Jonatham Swift, a Aristófanes, a qualquer comediógrafo de real magnitude? Por mais desconcertante que possa ser para aqueles a quem agradam as definições engatilhadas, o certo é que longe de se comprazer com a contemplação fria, Molière tentou a tragédia e a interpretação trágica e teria gostado de alcançar êxito nesses terrenos. Sua vida e carreira revelam uma personalidade acabada e não um intelecto desengonçado. Certamente, o segundo gênio universal do teatro moderno não é o indivíduo cerebral que alguns de seus admiradores descobrem em suas elegias. Ele simplesmente permitiu à inteligência dominar as emoções.

2. *A "Comédia Humana" de Molière*

A meio caminho da era absolutista, catorze anos depois de Corneille mas dezessete antes de Racine, aos 15 de janeiro de 1622, nasceu Jean-Baptiste Poquelin (Molière). Educado na casa de seu pai, um próspero tapeceiro, o rapaz recebeu todos os confortos sem ser estragado pelos excessos. Ademais, em breve o pai viu-se ligado à corte como um dos oito *valets de chambre tapissiers* do rei, homens que estavam encarregados das tapeçarias e das mobílias reais. O título deu ao velho Poquelin alguma posição social; afora isso, a obrigação de freqüentar os palácios do rei durante três meses por ano representavam uma abertura suficiente para o círculo fechado que seu filho, o qual o acompanhava mais tarde na execução de seus deveres, viria a satirizar de forma tão íntima. O rapaz logo começou a demonstrar dotes para a mímica, para grande desespero da pia mãe que o viu mimar o sacerdote que a atendia. Era uma mulher persistente e poderia tê-lo curado de seu perturbador talento. Mas morreu quando ele tinha onze anos, e qualquer freio que sua madrasta quisesse talvez impor-lhe foi cortado quando ela também morreu perto de quatro anos depois. Aos quinze anos ficou com o pai, cujo ofício já devia ter aprendido a essa altura, embora sem grande apli-

(3) V. *Comedy* de John Palmer, pág. 14.

cação. Em 1636, o ano de *O Cid* e do famoso ensaio de Descartes sobre os processos da razão, *O Discurso do Método,* entrou na melhor escola de Paris, o Collège de Clermont.

Instruído pelos Jesuítas, que produziram tantos livres-pensadores com seu excelente currículo, Molière adquiriu o firme domínio da lógica e da retórica. Aí também se familiarizou com a comédia romana e seus dotes histriônicos foram estimulados pelos mestres, que não apenas incentivavam a declamação pública como pediam aos alunos para representar peças latinas escritas pelos professores de poesia e retórica. Além disso, travou lá uma valiosa amizade com o jovem príncipe de Condé et Chapelle, filho ilegítimo do financista Lullier que encorajou seu hóspede, o famoso Gassendi, a dar aulas particulares aos rapazes sobre o moderno pensamento científico. Molière, o futuro cético, provavelmente deveu muito à instrução formal que recebeu desse homem brilhante que conhecia todos os ramos da ciência, correspondia-se com Kepler e Galileu e era um admirador de Lucrécio. Não deixa de ser significativo o fato de que o primeiro esforço literário de Molière tenha sido uma tradução do tratado poético de Lucrécio sobre o epicurismo e a teoria atômica, *De Rerum Natura.*

Breve se tornou necessário ao rapaz escolher uma carreira. Podia seguir o ofício do pai ou enveredar pelo Direito. Escolheu o último. Mas o teatro exercia um fascínio muito grande sobre alguém que era um ator por natureza e de há muito sentia-se atraído pelos comediantes italianos que representavam em Paris. Em julho de 1643 entrou para uma companhia amadora que trabalhava numa quadra de jogo de péla e ostentava o grandiloqüente nome de *L'Illustre Théâtre.* Temerariamente, o grupo mudou-se para uma quadra de tênis mais ampla e começou a cobrar ingressos mas os resultados foram desastrosos. No entanto, a companhia, na qual ele começava a se tornar uma figura de proa, recusou-se a pensar numa dissolução. Reorganizada, contava agora com o bufão Dupare, conhecido por Gros-René e a ruiva e perfeita Madeleine Béjart, que conquistou o coração de Molière. Provavelmente com o fito de poupar ao pai o embaraço de ter um ator na família, o jovem Poquelin mudou o nome para Molière e rapidamente se devotou à empresa. Em 1644, cheia de grandes esperanças, a companhia fez uma estréia formal num bom teatro. Mas os resultados teimavam em não aparecer e Molière não apenas se endividou pesadamente como acabou sendo encarcerado durante uma semana por seus credores.

Contudo, intimorata, a pequena companhia partiu para a província e, amadurecido por três anos de luta em Paris, aos vinte e cinco anos de idade, Molière estabeleceu-se no difícil negócio de criar uma bem-sucedida companhia ambulante. Tornou-se um astuto empresário cujo gume foi naturalmente afiado por doze anos de perambulações. Desde que havia de doze a quinze companhias nas mesmas condições, a competição era forte; e as privações e humilhações eram muitas pois que os atores não possuíam *status* social e eram forçados a enfrentar um grande número de leis puritanas. Mas a experiência era inapreciável e a companhia converteu-se no mais perfeito grupo de comediantes do reino.

Foi crucial sua estada em Lyon, onde permaneceram durante algum tempo. Os habitantes sentiam um prazer tipicamente meridional pelo teatro. Haviam desfrutado as cabriolas da *commedia dell'arte* com seus estereótipos mascarados, os criados cômicos, os pedantes, os jovens doentes de amor e as mocinhas impressionáveis que usavam os nomes tradicionais de Sganarelle, Mascarille, Lélie e Arlequim. O povo do Midi esperava diversão similar dos comediantes de Molière. Ali Molière, com seus olhos arregalados, suas longas pernas penduradas num tronco curto e sua compleição trigueira, fez-se um ator rematado. Seus gestos eram ligeiros, seu poder de sugestão, profundo; ademais, era um excelente orador informal, notavelmente bem-sucedido quando se tratava de desarmar a platéia com seus pequenos discursos preliminares. Ali também dominou a arte de escrever para teatro, combinando os truques e tipos característicos da comédia italiana com sagaz observação da vida francesa.

Foi em Lyon que produziu, de enfiada com uma dúzia de peças, sua primeira obra importante, *L'Etourdi* (O Aturdido). Peça de cinco atos em alexandrinos rimados, seguia as escapadas do astuto criado Mascarille que planeja inúmeros artifícios para auxiliar o caso de amor de seu amo Lélie, apenas para vê-los arruinados pelo amante com sua atabalhoada interferência. A peça obteve um êxito notável e a companhia ganhou novos membros, entre os quais o excelente Lagrange e Mademoiselle Debrie que suplantou Madeleine Béjart nas afeições de Molière, visto que aquela parecia receber com indiferença os protestos do dramaturgo.

Surgiram dificuldades quando a guerra civil da Fronda devastou a província. No entanto, Molière aproveitou esses tempos de experiência, sua saúde incerta melhorou no clima quente e sua carreira de autor ganhou pleno impulso. A *L'Etourdi* seguiu-se outra obra divertida, *Le Dépit Amoureux* (O Despeito Amoroso) que manteve a popularidade por muito tempo depois da morte do autor e foi tema de inúmeras imitações, como a peça de mesmo nome escrita por Dryden e *Mistake* (O Engano) de Vanbrugh.

Aconselhados por amigos a instalar a bem-sucedida companhia nas imediações de Paris, Molière levou seus atores a Rouen. Lá o irmão mais moço de Luís XIV, o Duque d'Anjou, os tomou sob seu patronato e aos 24 de outubro de 1658 fizeram finalmente a reverência ao rei no salão da guarda do antigo Louvre. Inconscientes de suas limitações no campo trágico, cometeram o erro de apresentar uma obra de segunda ordem de Corneille, *Nicomède*. Mas percebendo o perigo quase no último momento, Molière adiantou-se após a conclusão da tragédia e pediu permissão ao rei para apresentar um de seus sazonados interlúdios. Sua oferenda era apenas a farsa ligeira *Le Docteur Amoureux* (O Doutor Enamorado), mas foi tal o favor obtido que a companhia recebeu permissão para usar o teatro do Petit-Bourbon durante alguns dias da semana. Assim o teatro era dividido alternadamente entre os atores franceses e uma companhia de comediantes italianos.

Lá, numa plataforma rasa de uns cem pés por quarenta, frente a uma platéia ocupada por plebeus que permaneciam em pé e circundada por galerias divididas em camarotes para as damas, Molière dispunha quase de um teatro elisabetano. O cenário não era amplo, o palco da casa totalmente fechada onde as peças eram encenadas no fim da tarde apresentava-se parcamente iluminado por velas, e os atores esbarravam nos janotas sentados na plataforma. A não ser quando encenava na corte uma comédia-balé teatralmente engenhosa, Molière via-se às voltas com condições físicas inadequadas e difíceis. Precisava de um humor contínuo e vigoroso se desejava superar tais limitações. Ademais, em Paris tinha um público que aprendera a não esperar apenas as travessas maquinações da farsa italiana mas sim uma diversão mais refinada oferecida por peças como *O Mentiroso* de Corneille. A obra de Molière precisava combinar a polidez com a vivacidade, a *commedia dell'arte* com a alta comédia.

Continuou a representar tragédias ou peças heróicas de Corneille e chegou mesmo a tentar escrever uma pessoalmente, a lamentável *Don Garcie de Navarre*. Mas se evidenciou cada vez mais que a companhia deveria apoiar-se principalmente na farsa e na comédia. Molière começou a conquistar a cidade com aquelas primeiras *pièces de resistance* de seus dias nômades, *O Aturdido* e *O Despeito Amoroso,* e deu-lhes continuidade com a brilhante sátira aos costumes da capital *Les Précieuses Ridicules*. (As Preciosas Ridículas). A moda da fala preciosa e do namoro romântico patrocinados por sabichonas como a famosa Madame de Rambouillet e encorajados por romances populares como *Cyrus* chegara a extremos ridículos. Suas defensoras eram as *précieuses* que chamavam uma cadeira de "uma comodidade de conversação" e esperavam que o amor se movimentasse por etapas da Indiferença ao Prazer Desinteressado, Respeito, Assiduidade, Inclinação, a Cidade da Ternura e o Mar Perigoso.

Ridicularizando as *précieuses,* Molière inventou a estória de duas moças burguesas, Madelon e Cathos que, macaqueando as freqüentadoras dos *salons,* socialmente superiores, chamam-se a si mesmas de Polixene e Aminte, intitulam seu criado de Almanzor, e esperam os mais rebuscados refinamentos de linguajar e galanteria de quem quer que pretenda conquistá-las. Por isso, seus namorados decidem aplicar-lhes uma vigorosa lição vestindo seus criados Mascarille e Jodelet como nobres e mandando-os cortejar as afetadas senhoritas. Consultando o espelho ou "o Conselheiro das Graças", as moças preparam-se para encontrar seus novos pretendentes, que aparecem com o devido esplendor quando Mascarille insiste em ser carregado para dentro da casa a fim de não sujar os sapatos. A corte que fazem às moças possui o *bon ton* exigido e isso é mostrado quando, após encontrar Cathos, Mascarille afirma temer "Algum roubo de meu coração, algum assassinato de minha liberdade" por parte dos olhos dela. Cathos, usando sua melhor polidez, pede-lhe para se sentar: "Mas eu vos rogo, *monsieur,* não sejais inexorável com esta poltrona que vos estende os braços há um quarto de hora; contenteis um pouco o desejo que ela sente de vos abraçar". Mascarille recita um execrável poema em honra às moças e estas ficam especialmente encantadas com a exclamação inicial "Oh! Oh!" que fora gabada pelo autor. Este chega mesmo a cantar os versos; claro está que não estudou música, mas, afirma para as jovens, "As pessoas de posição sabem tudo sem nunca ter estudado qualquer coisa". No devido tempo, chegam os pretendentes originais, desmascaram os servos e exultam com o resultado.

Esta comédia desfechou o golpe de morte no culto mais em voga na corte. Suas defensoras ainda eram suficientemente poderosas para fazerem sentir sua ira, e Molière as aplacou de alguma forma declarando que não eram elas seus alvos e sim suas imitadoras burguesas. Não obstante, as seguidoras de Madame de Rambouillet começaram a retomar seus nomes de batismo e a falar inteligivelmente. A peça se tornou tão popular que Molière dobrou o preço dos ingressos e foi convidado a dar uma apresentação perante o rei. Molière não tinha, pois, razões para renunciar à sua censura da sociedade.

Na peça seguinte, *Sganarelle ou o Cornudo Imaginário,* em um ato, sua atenção volta-se para a classe média com o retrato de um cidadão vulgar que julga ser traído pela esposa. Representado pelo próprio Molière, Sganarelle era uma figura comparativamente nova no teatro francês — um burguês realisticamente desenhado combinando o auto-engano com a astúcia. A obra ligeira foi seguida por um fracasso na tragédia, por representações encomendadas das primeiras farsas que lhe conquistaram o favor do poderoso primeiro-ministro Mazarin e, finalmente, por sua primeira composição de grande porte escrita em Paris, *A Escola de Maridos.* Baseada nos *Adelfos* de Plauto e numa comédia de Lope de Vega, essa peça em três atos gira ao redor de dois irmãos que desejam casar com as respectivas pupilas. Ariste, que tem confiança em sua pupila, Leonor, deixa-a em total liberdade, enquanto que Sganarelle, roído pelo ciúme e tirânico por natureza, conserva Isabelle, irmã de Leonor, em reclusão. Mas a jovem tem a natural esperteza de Eva e faz dele um tolo a ponto de usá-lo como garoto de recados para as mensagens que envia e recebe do namorado. Uma comédia mordente, cheia de bom senso e bom humor, *A Escola de Maridos* foi um triunfo na capital e obteve o efeito desejável de cimentar o favor do rei.

O trabalho seguinte de Molière foi bem menos inocente, ainda que mesmo *A Escola de Maridos* não pudesse soar agradavelmente ao ouvido de alguns moralistas. Fouquet, o financista que desejava conquistar o favor real, encarregou-o de escrever um espetáculo a ser montado nos jardins de Vaux e que pudesse ser enriquecido com fausto. Molière desincumbiu-se da encomenda com *Les Fâcheux* (Os Inoportunos) que caricaturava vários cortesãos, os quais só conseguiam contorcer-se enquanto o pincel do satirista desenhava seus rostos. O namorado La Grange (era costumeiro dar às personagens os nomes de atores bem conhecidos como é aqui o caso do popular associado de Molière) deseja fazer uma declaração de amor a uma dama de grande educação. Mas a cada vez seus esforços são interrompidos pela aparição de um maçante cortesão que fala durante muito tempo. Um janota que se julga compositor insiste em cantar sua canção, um cortesão jogador irrompe numa paixonada descrição do *piquet* (jogo dos centos). *Précieuses* é uma peça que debate a questão de saber se o ciúme é ou não permitido no amor; um duelista demonstra a perícia defendendo seus amigos de assaltantes imaginários; e um chato coroa a agonia narrando a forma pela qual alguém o chateou... No entanto, a indignação dos nobres satirizados não foi maior que o prazer do rei, a quem agradava ver os outros aborrecidos. Luís XIV chegou mesmo a sugerir a inclusão de um inoportuno caçador, rapidamente atendido por Molière que agora tinha a dupla satisfação de haver produzido mais um sucesso e haver ampliado as fronteiras de sua arte cômica. Em *Os Inoportunos* ele criou virtualmente uma *comédie-ballet* de crítica social.

Molière tinha agora quarenta anos, idade perigosa para um solteirão inflamável, e o mesmo ano de 1662 marcou o início de seus infortúnios privados. Madeleine Béjart possuía uma irmã mais jovem, Armande, que atingira a maturidade sob seus próprios olhos. Ele dera-lhe um papel central em *Escola de Maridos* e a jovem mostrara-se eficaz para a coqueteria no palco. Molière encontrara no teatro um negócio lucrativo, mantinha excelentes relações e possuía amigos de influência, afora isso, recebia suas visitas com demonstrações de prodigalidade. Estava pronto para o deleite de um novo romance. Por outro lado, Mademoiselle Debrie, sua amante e leal amiga, estava mais próxima de sua própria idade que a jovem e fascinante atriz. Contra todo seu melhor discernimento, Molière cortejou Armande e — infelizmente — foi aceito.

Sob a supervisão do esposo ela se transformou numa atriz consumada que era igualmente eficaz em papéis delicados e indelicados, e assim sendo, daí em diante Molière escreveu suas peças com o objetivo de mostrar o talento da jovem Armande. Esta também lhe deu três filhos, dos quais apenas um sobreviveu ao pai. Mas, afinal de contas, era vinte anos mais velho que ela e destarte o supremo satirista dos maridos ciumentos e traídos tornou-se, assaz ironicamente, um tema adequado para suas próprias peças. Ela era uma oportunista, fátua, frívola e calculista que tornou seu curiosamente apaixonado marido tão miserável na vida particular quanto se mostrava alegre em público. A partir de então seu riso tornou-se realmente "algo vencido", e é desse tempo infeliz que seu gênio marca o aprofundamento da observação e do pensamento.

A primeira peça apresentada depois do casamento, *Escola de Mulheres,* escrita em 1662, ainda ostenta uma aura de felicidade. Cheia de simpatia pelo amor jovem e pela alegria natural, a obra é um dos mais deliciosos e descontraídos exercícios de Molière. Mais uma vez um ciumento guardião, Arnolfe, é o objetivo da galhofa. Horace, um rapaz, tomando-o por amigo, confia-lhe estar apaixonado por uma jovem cuidadosamente guardada por um velho tirano. Arnolfe, reconhecendo-se a si mesmo e à pupila na descrição, põe em prática todos os esforços para afastá-lo da inocente Agnes cuja inteligência natural principia a desabrochar ao mesmo tempo que seu amor. Quando Arnolfe lhe ordena para atirar uma pedra no namorado da próxima vez que ele aparecer debaixo de sua janela, a moça obedece a ordem literalmente, mas amarra uma carta ao projétil. Horace, ainda tomando Arnolfe por alguém outro que não o guardião de Agnes, conta-lhe sobre os progressos que vem fazendo com Agnes, e as complicações tornam-se aceleradas e furiosas quando Arnolfe resolve casar com a moça imediatamente e Horace, raptando-a de casa, a confia aos cuidados do próprio guardião. Por fim aparece o pai de Horace e põe termo às complicações dando-lhe condições de casar com a moça.

Grande dose de humanidade permeia essa comédia despretensiosa. Agnes é uma encantadora ingênua, e mesmo Arnolfe é uma figura simpática cuja queda advém quando deseja algo contrário à natureza e ao bom senso. É bastante curioso que essa deliciosa peça fosse denunciada como imoral porque Molière pusera em dúvida a lei segundo a qual os guardiões ou tutores de menores tinham absoluta autoridade sobre estes. Mas o dramaturgo urbano dispersou seus críticos com uma brilhante sátira literária, a breve *Critique de l'École des Femmes* (Crítica da Escola de Mulheres) e o favor real se fez mais liberal do que nunca. Concederam-lhe uma pensão de mil libras e a companhia foi convidada a apresentar-se na corte com mais freqüência que antes.

Luís, ávido por divertimento, considerava Molière um simples provisor de alegria e ficou surpreso quando Boileau lhe disse que o comediógrafo era um grande homem. Mas, ainda que Molière continuasse perceptivelmente a considerar a diversão como seu principal negócio, sua arte estava se desenvolvendo em escopo e seriedade. É significativo que sua contribuição para os festivos *Prazeres da Ilha Encantada* em Versailles em 1664 não fosse a costumeira bagatela mas sim uma versão em três atos de sua grande sátira contra a hipocrisia religiosa *Tartuffe* (Tartufo). E mesmo Luís foi obrigado a reconhecer que seu bobo da corte havia ultrapassado as medidas. O rei o proibiu de apresentar a peça em público, e cinco anos iriam passar-se até que o público da cidade pudesse ver a peça no palco em sua forma reelaborada e final.

A França era varrida por uma reação contra a crescente vaga de ceticismo religioso e científico. O pensamento liberal era denunciado pelas seitas religiosas, entre as quais as mais ativas eram os Jesuítas e os Jansenistas [4]. A devoção se transformava em moda e nem todas as suas manifestações eram desinteressadas e sinceras. Tartufo era a encarnação da devoção egoísta e desonesta, e o drama que o mostrava insinuando-se em um honrado lar e virando-o de cabeça para baixo com suas intrigas resultou em poderosíssima sátira. Custou ao autor ser acusado de ateu por aqueles cujas sensibilidades haviam sido ofendidas. Molière, no entanto, limitou-se a lançar um sorriso escarninho para seus detratores e referiu-se sardonicamente aos egotistas que consideravam um insulto a si mesmos como um insulto a Deus. Em seu prefácio à peça publicada escreveu *Suivant leur louable coutume, ils ont couvert leurs intérêts de la cause de Dieu* (Segundo seu louvável costume, eles cobriram seus interesses com a causa de Deus). Insistiu que não havia atacado a religião e sim a forma pela qual podia ser usada para disfarçar o interesse próprio.

Ademais, Molière teve a sabedoria de lembrar que o objeto da comédia é o riso e a diversão. Tartufo é uma força tanto ridícula quanto sinistra. O domínio que exerce sobre seu crédulo anfitrião, Orgon, torna-se tão tenaz que apenas a intervenção do próprio rei é capaz de romper os elos; no entanto Tartufo encontra um rival à altura na segunda jovem esposa de Orgon, em sua enteada e na petulante criadinha de ambas. Orgon pode ser um otário, mas os membros femininos da família são demasiado inteligentes e espirituosos para se deixarem engazopar. A forma pela qual desmascaram Tartufo, pela qual o induzem a fazer uma declaração de amor à esposa de Orgon enquanto o marido está espiando e denunciam toda sua falsidade produz uma série de complicações tão divertida quanto qualquer outra que Molière tenha tramado em suas peças anteriores e mais despreocupadas. Apenas a desumanidade de seu hipócrita e a sugestão de que

(4) V. capítulo sobre Racine.

a devoção pode converter-se em perigoso instrumento quando utilizado inescrupulosamente contra os crédulos podem amortecer um tanto a exuberância do trabalho.

Tartufo é o supremo exemplo do "riso pensativo" de Molière. Ao lado disso, há uma crítica fundamental na peça na medida em que se refere à contradição entre as declarações e os atos das pessoas. Destarte não é de surpreender que variações do *motif* Tartufo surgissem num sem-número de peças. Dentre elas, uma das mais recentes, *End of Summer* (Fim de Verão) de S. N. Behrman, na qual um intrigante psicanalista toma o lugar do hipócrita religioso, ilustra a amplitude com que o tema pode ser tratado.

Sem perder a coragem ante as dificuldades encontradas com seu *chef d'oeuvre,* Molière lançou mão de sua artilharia pesada em *Don Juan,* composta em 1661, enquanto *Tartufo* ainda estava proibido. Molière achava-se dominado por um ânimo combativo durante esse período e a nova comédia, escrita em prosa e de estrutura menos rígida que a maioria de suas obras, transformava o convencional tratamento moralista dado à lenda de Don Juan no brilhante retrato de um cético e epicurista. Numa cena cômica, Don Juan é arrastado para o mundo inferior com os devidos fogos de artifício enquanto seu criado Sganarelle clama: "Ah, meus salários, meus salários! Aí está, com a morte dele todo mundo fica satisfeito! O céu ofendido, as leis violadas, as moças seduzidas, as famílias desonradas, os pais ultrajados, as mulheres transviadas, os maridos levados ao desespero, todo mundo está contente; só eu estou a me lamentar... Meus salários, meus salários, meus salários!" Se as exigências da moralidade são formalmente satisfeitas com essa cena, certamente é difícil tomar a conclusão a sério.

Molière encontrou uma ocasião de satirizar a arrogância da nobreza no desinibido comportamento de Don Juan em relação a homens e mulheres. Os aristocratas da época e do século seguinte seriam culpados de muitas atrocidades e não estavam acima de mandar atocaiar, espancar ou mesmo assassinar um plebeu — como, por exemplo, Voltaire aprenderia no século seguinte através de triste experiência própria depois de ofender um aristocrata. Mas o dramaturgo, se sentia agradado por ser capaz de marcar esse ponto contra os cortesãos, não parece ter sofrido transtorno pelas ofensas de sua personagem à convenção. O cinismo de Don Juan era iluminado por brilhantes lampejos de espírito. Em comparação com seus sagazes ditos, os corriqueiros preceitos de Sganarelle soam como paródias da moralidade convencional. Molière também não poderia perder a oportunidade de, subrepticiamente, incluir na nova obra a mensagem de *Tartufo.* Seu Don Juan resolve representar o papel de um libertino reformado e, nessa qualidade, chega a uma carolice tão nauseante que mesmo Sganarelle fica enojado. Inclusive o criado prefere o franco cinismo à untuosa devoção.

Ademais, não é difícil ver no imoral *hidalgo* um idealista pervertido que investe contra os moinhos de vento da convenção e não tem a habilidade de se ajustar a uma vida prosaica. No coração de todas as suas depredações da virtude feminina há um desejo de êxtase perfeito, e isso ele só consegue achar na excitação da caça. "Uma vez tendo conseguido o que desejamos", declara, "nada mais resta a desejar. Todo atrativo do amor acaba, e poderíamos adormecer na mansuetude de uma tal paixão".

Não é de espantar que *Don Juan,* obra que ocupa seu lugar ao lado das maiores concebidas por Molière, também fosse violentamente denunciada como licenciosa e atéia. No entanto, mais uma vez o dramaturgo em desenvolvimento recusou-se a ser desviado de seus objetivos. Embora seu trabalho seguinte, a comédia-balé *L'Amour Médecin* (O Amor Médico), escrita em 1665, fosse uma peça menor destinada a divertir o rei, desferia alguns dardos afiados aos pretensiosos médicos profissionais da época. Os médicos formavam uma guilda poderosa e ciosa que nada podia fazer exceto ranger os dentes de raiva enquanto Molière denunciava seu jargão pseudocientífico e sua incompetência cuidadosamente oculta. Uma jovem totalmente apaixonada finge estar doente e Sganarelle, seu criado, chama quatro médicos que discordam violentamente. Um pouco depois o namorado aparece disfarçado de médico e cura a paciente casando-se com ela sob o nariz do próprio pai. *O Amor Médico* foi rapidamente seguido por uma soberba sátira social, *Misanthrope* (O Misantropo), que muitos dos admiradores de Molière colocam acertadamente acima de todas as outras peças de sua autoria.

Apresentado no teatro do Palais-Royal em 1666, *O Misantropo* não logrou rápida popularidade. Prescindia da ação vigorosa ou espetacular e apelava para a inteligência. Na verdade, é a mais fria e olímpica de suas comédias. Trata-se de uma exposição pura e simples; a ação permanece escrupulosamente sem solução ao final e as personagens continuam a ser em grande parte aquilo que já eram no início. A peça simplesmente gira ao redor de Alceste, um homem reto cujo desgosto para com as loucuras, afetações e corrupção da época chega às raias da obsessão. O mundo social que adeja à sua volta é uma coleção de almofadinhas, bajuladores, intrigantes e namoradores. Julga impossível conviver com eles, ainda que seu leal amigo Philinte lhe aconselhe cautela. Prefere perder seu processo a subornar a corte e transformar os cortesões em inimigos a lisonjear sua estupidez. O ponto fraco em sua couraça é o amor que sente por uma mulher incuravelmente flertadora, à qual — como acontecia com o próprio Molière — ama em oposição ao que lhe diz o melhor discernimento. Mas, a despeito da paixão que sente por ela, não consegue violentar-se a ponto de aceitar o mundo de intriga que é o *habitat* natural da moça. Quando esta recusa a abandonar este ambiente para viver uma vida de retiro em companhia de Alceste, o misantropo renuncia também a ela.

Afirmou-se que Molière mantém igual objetividade em relação a Alceste e às borboletas do mundo pelas quais aquele sente tanto desprezo; e está fora de discussão que concebeu Alceste como uma personagem cômica. Investir de cabeça contra o inerte muro da sociedade só podia parecer risível na era aparentemente estável de Luís XIV. Alceste é culpado perante a imutável lei do espírito cômico que considera todos os excessos risíveis. Perseguir a integridade sem levar em consideração as realidades sociais e exigir o impossível de uma mulher superficial só podiam conduzir a um desastre pessoal. E uma vez que Alceste não pode esperar transformar a sociedade, seu comportamento só poderia ser irritante e excessivo. Sua honestidade, embora admirável, é um heroísmo mal-empregado.

Não obstante, a despeito da fácil interpretação dada a Alceste em sua própria época, não há nada de basicamente confortador em *O Misantropo*. Não apenas é impiedosa a sátira à "alta sociedade" como também é permeada de uma misantropia que se torna particularmente poderosa devido ao fato de ser apresentada como a única atitude a ser tomada por uma pessoa razoável. A sociedade, como ele a descreve, não pode ser reformada porque o gênero humano é fundamentalmente corrupto. Molière, cabe lembrar, viveu antes do apogeu do movimento filosófico oitocentista que proclamou a doutrina da perfectibilidade do homem e olhava para seu futuro com otimismo. Não sentia particular agrado pela vida de sua época, mas não podia imaginar uma nova sociedade que a suplantaria com algo mais tolerável. Também não conseguia enxergar o cimento que ruía por detrás da fachada da sociedade Luís XIV.

Quando o "razoável" amigo de Alceste, Philinte, declara: "Minha mente não fica mais chocada ao ver um homem que seja crápula, injusto ou egoísta de que ao ver abutres ansiando pela presa, macacos cheios de perversidade ou lobos enlouquecidos de fúria", anuncia uma filosofia de pessimismo que é apoiada por quase todos os acontecimentos da peça. A Alceste só é dada a satisfação de ver seus piores temores confirmados. "Por meio desse julgamento", declara, "verei se os homens têm impudência suficiente. . . para cometer comigo tamanha injustiça à face do mundo inteiro". E é óbvio que eles têm. Apenas uma convicção geral, apoiada algo nebulosamente pelos dados da peça, reafirma a racionalidade e o sentido de equilíbrio costumeiros em Molière. Philinte pede paciência e comiseração pela natureza humana; os homens devem ser "silenciosamente aceitos como são". E no entanto não há alegria nesse pensamento. Em nenhuma peça Molière se aproxima tanto do riso amargo de Ben Jonson. Em nenhum outro lugar apóia tanto a teoria de Ludovici, segundo a qual o riso é um ranger de dentes. Encontrar uma filosofia da comédia na falta de esperança para a espécie humana é um pobre consolo. E se, a despeito disso, o efeito é nitidamente cômico, é porque se trata de uma soberba realização do espírito e da sutileza.

Com esta comédia, escrita com grande beleza e construída magnificamente, Molière atingiu os limites a que podia chegar um homem de teatro na era de Luís XIV. A peça deve ter tido para Molière o efeito de uma catarse, e, ao mesmo tempo, recordou-lhe que enveredara por um caminho que não o levaria a lugar algum com respeito aos seus contemporâneos. Retornou ao teatralismo e a uma censura mais inócua de sua época.

O teatralismo puro e simples voltou a aparecer em seu *Médecin Malgré Lui* (Médico à Força), apresentada dois meses depois de *O Misantropo*. Quando Sganarelle, anteriormente empregado como criado de um médico, se torna dissipado e espanca a esposa, esta vinga-se dele anunciando-o como médico. Nesse papel compulsório, acaba por transformar-se no intermediário entre uma moça e o namorado desta, oferecendo-lhe as condições para burlar um pai obstinado. Ademais, Sganarelle descobre que sua charlatanice médica é tão proveitosa que decide entregar-se a essa profissão daí por diante. Esta comédia cheia de alegria, que é satírica apenas em suas erráticas investidas contra a profissão médica, foi recompensada com um sucesso imediato. Seguiram-se-lhe por diversos esforços de menor importância, por sua polida reelaboração de *Amphitryon* (Anfitrião), a comédia de Plauto sobre o divino leito conjugal, e pela obra mais acerba, *Georges Dandin,* que gira ao redor do casamento de um rico camponês com uma arruinada filha da aristocracia que o ilude e engana. Não há dúvida de que o público viu nesta comédia apenas mais uma brincadeira às expensas de um marido cornudo e um estúpido burguês. Mas a aristocracia acaba saindo quase tão ridicularizada quanto a burguesia no retrato molieresco de uma nobreza empobrecida e inescrupulosa.

A peça marcou, de fato, um retorno à sátira, e sua obra seguinte, *L'Avare* (O Avarento), baseado na *Aululária* de Plauto, é uma caricatura da avareza e da cobiça, tendo algum parentesco com o *Volpone* de Ben Jonson. O repelente avarento Harpagon acaba por ser derrotado quando a moça por ele desejada vem a casar-se com o filho a quem injuriou, embora sua dor seja levemente atenuada pelo pensamento de que sua filha, que estava prestes a fugir de casa com o namorado, vai casar-se "sem dote". Harpagon não é, a rigor, uma figura sinistra como o Volpone de Jonson; é derrotado com muita facilidade pelos amoráveis enamorados e torna-se genuinamente engraçado quando rouba aveia de seus cavalos ou quando sua aversão constitucional à palavra "dar" obriga-o a usar a saudação "Eu lhe empresto um bom dia". Alguns meses mais tarde *Tartufo* recebeu a tão longamente esperada permissão para as apresentações regulares, de forma que os anos de 1668-69 devem ser considerados como um engajamento retroativo do pesado bombardeio de Molière.

Chegara por essa época aos quarenta e sete e tinha apenas mais quatro anos de vida. Sua saúde era fraca e sua vida doméstica ainda deixava muito a desejar. Mas os anos finais não representaram o declínio de seu talento. A comédia-balé *Monsieur de Pourceaugnac,* que deixa em petição de miséria um senhor da província perdido como um náufrago na capital, demonstrou ser uma de suas farsas mais amplas e coroou suas experiências no que hoje seria chamado de "comédia musical". Sua agradável comédia *Le Bourgeois Gentilhomme* (O Burguês Fidalgo) disfarçava as ambições da enriquecida classe média na figura do inimitável Monsieur Jourdain que descobre ter falado em prosa durante toda a vida e experimenta as graças sociais com a agilidade de um elefante dançando a rumba. Então, depois de algumas piruetas perfunctórias, das quais *Les Fourberies de Scapin* (As Artimanhas de Scapin) é a melhor, ainda que volte aos métodos farsescos de seu primeiro período, Molière criou uma obra-prima final com *Les Femmes Savantes* (As Sabichonas).

Acabara finalmente por se reconciliar com a esposa, que estivera gravemente doente, e uma aura de felicidade permeava essa nova obra. Em *As Sabichonas* escreveu uma de suas mais serenas altas comédias. Voltando à sátira anterior das preciosas, Molière criou uma casa de mulheres que buscam o saber com o agitado ardor de um bando de grasnantes gansas. A moda do preciosismo entre as damas literatas vinha crescendo novamente sob a forma de um cultivo pretensioso e superficial dos clássicos e das ciências, e já era tempo de extirpá-la mais uma vez. A maneira pela qual as novas preciosas são derrotadas por uma cativante filha da casa cuja cuja felicidade é ameaçada pelo pedantismo das outras se constitui no eixo desta comédia de caracteres finamente cinzelada. Mais uma vez, indignaram-se a pedante e esnobe Madame de Rambouillet e sua corte. Mas Trissotin, o bombástico xodó dos *salons,* foi totalmente afastado de Paris depois que Molière o caricaturou na figura de Tricotin. Tornou-se o objeto de ridículo de toda a capital e abandonou o púlpito que ornamentara com sua presença.

A saúde de Molière, porém, começava a falhar; durante quase toda a vida sofrera de tuberculose e agora a doença ganhava terreno com rapidez. Teve tempo de escrever apenas mais uma peça; bastante apropriadamente, uma sátira à classe médica de sua época que nada podia fazer para ajudá-lo. *Le Malade Imaginaire* (O Doente Imaginário), do início de 1673, mostrou ser uma jovial *extravaganza*. Um hipocondríaco torna-se presa de charlatões que lhe ministram drogas e purgações quando precisa, na verdade, de uma cura mental. Fica deliciado com a excessiva atenção que recebe, pois mesmo as contas são calculadas para açular seu ego. O farmacêutico, por exemplo, cobra dele trinta *sous* para "refrescar seus intestinos" — *pour rafraîchir les entrailles de Monsieur*. No entanto, Monsieur Argan, ao mesmo tempo que adora as curas, alimenta uma paixão pela frugalidade. Destarte, faz um grande esforço para incluir um médico na família casando a filha com um charlatão e finalmente resolve unir-se à irmandade médica pessoalmente quando o irmão lhe afirma que dificilmente pode ser mais ignorante que os membros da profissão. Numa burlesca cerimônia oficiada em latim macarrônico ele é feito doutor — isto é, recebe o direito de purgar, sangrar e matar as pessoas à vontade.

Molière interpretou Argan pessoalmente, e sua aparência física só podia realçar o realismo da interpretação. Não desejando causar qualquer perda financeira à sua fiel companhia, não levou em consideração o conselho de amigos e compareceu à quarta apresentação da peça numa situação crítica. Foi tomado por convulsões e morreu algumas horas mais tarde, aos 17 de fevereiro de 1673, nos braços de uma irmã de caridade enquanto dois padres se recusavam a ministrar-lhe a extrema unção porque fora um ator. A Igreja aprovou a conduta de seus ministros e negou ao corpo o sepultamento no cemitério paroquial. O funeral foi adiado por quatro dias e se tornou necessária a intervenção do rei para que o maior homem de sua época pudesse ser enterrado com uma cerimônia simples da qual foi omitido o serviço solene.

3. *Depois de Molière: Beaumarchais*

A ópera sob a direção de Lulli se tornou uma poderosa rival mesmo durante os últimos anos de vida de Molière. A companhia de Molière, encabeçada depois de sua morte pelo ator La Grange, manteve a posição durante algum tempo, apoiando-se grandemente nas peças de Molière. Sete anos mais tarde o grupo fundiu-se com os atores do Hôtel de Bourgogne e transformou-se (por determinação do governo) num teatro oficialmente sustentado e ainda florescente, a *Comédie Française*. Conhecida a princípio sob o nome de *Théâtre Français,* a companhia encenou tanto comédias quanto tragédias, e seu maior triunfo artístico no século XVIII foi, a rigor, constituído pelas interpretações da famosa atriz Adrienne Lecouvreur, cuja trágica paixão por um nobre era conhecida de toda Paris e tornou-se o tema da bem-sucedida peça escrita por Eugène Scribe no século XIX e que traz seu nome por título.

O manto de Molière caiu primeiro sobre Regnard, cujo *Legatário Residual* (1708) satirizava a avareza e cujo *Démocrite* (Demócrito) se assemelhava ao *Misantropo*. Depois passou com maior razão de ser para o brilhante romancista Alain René Le Sage cujo romance picaresco *Gil Blas* é um clássico e cujo *Le Diable Boiteux* (O Diabo Coxo) é quase tão memorável quanto a primeira. Quando Le Sage se voltou para o teatro, levou para ele boa parte do poder satírico e da engenhosidade de Molière. Sua farsa *Crispin* continuava a tradição da *commedia dell'arte* com as intrigas do malandro criado Crispin, que tenta casar-se com a dama do coração de seu amo. A excelente comédia *Turcaret*, apresentada em 1709, introduzia um tipo direto de sátira social no teatro do século XVIII. Aqui Le Sage dirige seus dardos contra o persistente abuso de arrendar as províncias a financistas que coletavam, com grandes lucros pessoais, impostos para o governo. *Turcaret* é o retrato satírico de um desses *traitants* ou "contratadores de impostos" cordialmente detestados, que enriqueciam às custas do Estado e do povo. A justiça poética se encarrega dele quando é logrado pelo criado, que é um malandro ainda maior que o patrão e acaba por ficar com sua riqueza e seu poder. O reino de Monsieur Turcaret terminou, exulta ele, e o seu está começando agora.

Durante a regência subseqüente à morte de Luís XIV, os comediantes italianos, que contavam com excelentes atores em seu meio, ganharam ascendência depois de abandonarem sua própria língua e apresentarem comédias francesas fornecidas com abundância pelo sentimental Marivaux, cujo preciosismo e falta de poder satírico anunciaram uma reação contra a alta comédia de seu grande predecessor. O reino do sentimento na França do século XVIII, tal como posto em prática por Marivaux, Destouches, La Chaussée e outros, chegou de fato a quase eclipsar a penetrante arte de Molière. Mas a alta comédia é, em última análise, imperecível, já porque a sociedade mais cedo ou mais tarde cria suas próprias purgações, já porque essa arte é a mais elevada no que diz respeito ao riso civilizado e não se pode resistir-lhe por muito tempo. A despeito da popularidade da ópera de segunda categoria, do *vaudeville* que começou na França por essa época, e da "comédia sentimental" que os franceses adequadamente denominaram de *comédie larmoyante*, comédia lacrimosa, o espírito de Molière reencarnou-se, às vésperas da Revolução Francesa, em Pierre-Augustin Beaumarchais, extraordinário aventureiro da nação francesa.

Começou com uma comédia romântica. *Eugénie*, que pretendia ser um *drame bourgeois* à maneira de Diderot, sem alcançar seu propósito. Seu segundo trabalho, *Os Dois Ami-*

gos trata de negócios e do mundo de trabalho cotidiano; foi escrito, declarou ele, "em honra ao Terceiro Estado". Beaumarchais, que saíra da classe média para obter considerável favor junto aos círculos aristocráticos, era na verdade um burguês militante e bem depressa começou a sustentar com sua pena aquelas reivindicações de poder que as classes baixas em breve sustentariam com a pólvora e a igualmente eficaz guilhotina. No entanto, a inconsciente fermentação revolucionária de seu cérebro ainda não podia produzir em *Os Dois Amigos* nada melhor que um tépido tributo aos honestos homens de negócios.

Foi na comédia livre de inibições que Beaumarchais imprimiu sua marca. Não tinha noção de que iria conquistar a imortalidade quando garatujou às pressas *O Barbeiro de Sevilha* para escapar à dor que o envolvera quando sua adorada Geneviève faleceu em conseqüência de um parto. Todas as divertidas complicações de identidades trocadas e intrigas amorosas entraram nessa comédia. Que o aristocrático namorado, o conde de Almaviva tire Rosina das mãos de seu ciumento guardião, o Dr. Bartholo, com a ajuda do barbeiro sevilhano de infinitos recursos não é *prima facie* uma trama extraordinária. Mas as robustas intrigas e composições de personagens seriam suficientes para transformar o mais cediço dos temas num *tour de force,* e Fígaro, sem dinheiro, mas cheio de uma avassaladora auto-segurança, é o epítome dos plebeus confiantes em si. Exprime sua filosofia de forma cortante quando pergunta ao Conde: "Em comparação com as virtudes exigidas de um doméstico, conhece Vossa Excelência muitos patrões dignos de serem criados?" Quando o Conde, que pede sua assistência para adiantar seu namoro, o trata com civilidade, Fígaro exclama: "Maldição! Com que rapidez minha utilidade encurtou a distância entre nós!"

Os encontros subseqüentes de Beaumarchais com a alta aristocracia, que resultaram em seu exílio e prisão, só aguçaram o fio de sua sátira. Na cintilante continuação do *Barbeiro de Sevilha, O Casamento de Fígaro,* ele "contribuiu mais para a Revolução Francesa do que o teria feito caso houvesse organizado uma revolta em 1784" [5]. Na estória absolutamente impagável de como o conde espanhol tenta seduzir uma camareira que está noiva de seu lacaio Fígaro, Beaumarchais derramou todo o desprezo pela arrogante nobreza dos agonizantes anos da monarquia dos Bourbon. O temível servo, engenhoso e autoconfiante, ergue um espelho diante da aristocracia em termos bastante nítidos ao declarar: "Porque és um fino cavalheiro pensas que és um gênio?... Que fizeste para merecer todo esse esplendor? Fizeste o esforço de nascer, e isso é tudo. És um indivíduo muito comum enquanto que eu, um obscuro homem na multidão, precisei de mais inteligência e sabedoria para subir no mundo que aque-

(5) *Beaumarchais* de Paul Frischauer, pág. 163.

las que têm sido aplicadas durante os últimos anos para o governo de todas as províncias espanholas".

Não é de espantar que a peça tenha sido proibida por Luís XVI e que sua estréia pública no Théâtre Français em 1784 resultasse num tumulto provocado pelo Terceiro Estado absolutamente deliciado. Beaumarchais viveu para ver a monarquia derrubada apenas cinco anos depois. Aquele que durante a monarquia fornecera armas a Washington no período da Revolução Americana tornava-se agora um comprador de armas para a República de seu próprio país. Dado que as revoluções possuem uma forma saturnina de devorar seus próprios filhos, o próprio Beaumarchais caiu presa dos revolucionários e esperou pela guilhotina em companhia dos nobres a quem combatera durante a maior parte de sua vida. Mas o autor do *Casamento de Fígaro* não estava inteiramente esquecido pela República. Enquanto seus companheiros de prisão eram levados nas carretas para a última aparição pública, Beaumarchais era solto. Esteve novamente em perigo ao ser incluído na lista de exilados enquanto estava na fronteira tentando comprar fuzis para a nação em nome do Comitê de Segurança Pública. Retornou a Paris para lá morrer em maio de 1799, depois de uma inútil tentativa de convencer Talleyrand a enviá-lo como embaixador aos Estados Unidos que, pelos armamentos, lhe deviam milhões que não haviam sido cobrados. Foi nitidamente mais afortunado como dramaturgo que como homem de negócios. Suas duas obras-primas não perderam nada de seu brilho, e surgem nos palcos internacionais com mais freqüência que as peças de Molière — ao menos sob a forma das óperas de Rossini e Mozart.

Foi ampla a influência de Molière sobre a comédia européia. Atingiu mesmo os distantes países do Norte como a Escandinávia onde Ludwig Holberg, seu discípulo dinamarquês, nascido na Noruega em 1684, esteve em atividade até 1754, quando morreu. Homem grandemente viajado que partiu da prática escandinava de escrever estudos eruditos em latim, deixou importantes obras históricas em língua dinamarquesa. Então, sendo nomeado administrador de um novo teatro em Copenhague, voltou-se para a dramaturgia com o fito de oferecer ao seu público peças em dinamarquês. Conseqüentemente, o teatro foi responsável, em grande parte, pelo nascimento de ao menos uma literatura européia moderna.

Trinta e três peças, comédias em sua maioria, fizeram dele o Molière do Norte, e embora tenham deixado apenas um leve sinal de sua presença no resto do mundo, uma delas pelo menos, *Rasmus Montanus,* possui um grau de humor incisivo que nos obriga a respeitá-la. Embora seja um tanto elaborada demais, é uma inteligente sátira da pedanteria, bem como do conservantismo rústico. Os habitantes da província ficam estarrecidos com Montanus que trombeteia sua cultura aos ouvidos deles e esguicha frases latinas à menor provocação. Na vida real demonstra ser um rematado pateta e todos ficam aliviados quando é obrigado a entrar no exército. A disciplina militar o cura da mania de filosofar e ele até mesmo demonstra boa vontade em voltar à geografia pré-colombiana. "Sr. Tenente", insiste o sogro do herói, "faça com que ele volte a ser um soldado até que a terra torne a ser plana". Montanus, que antes se fizera extremamente incômodo ao proclamar a circularidade da terra aos camponeses, finalmente marca um ponto: "Meu querido sogro, a terra é tão plana quanto uma panqueca. Agora o senhor está satisfeito?" Não é difícil encontrar na peça ecos das sátiras de Molière ao preciosismo e à pedanteria.

Na outra extremidade da Europa, Carlo Goldoni tornou-se o Molière italiano após um estágio com atores ambulantes. Incrivelmente prolífico, tornou-se o provisor de inúmeras comédias, bem como de algumas tragédias, para o teatro veneziano. Trabalhou poderosamente para criar a comédia da vida e da linguagem comuns na Itália, e acabou por ser bem sucedido, durante certo tempo, ainda que a ferrenha oposição do crítico Gozzi lhe tenha causado consideráveis dificuldades.

A capacidade molieresca para satirizar a sociedade foi concedida a Goldoni apenas de forma superficial. Ele era mais fácil que incisivo, e talvez seja em grande parte a relativa pobreza da dramaturgia italiana que lhe granjeou a grande consideração por vezes a ele tributada. William Dean Howells converteu-se em seu paladino americano, mas como observou certa vez Lee Simonsen, essa inteligência do teatro, estamos agora longe dos padrões goldonianos. No entanto, a vivacidade e a naturalidade de *La Locandiera* (Mirandolina), onde quatro homens de diferentes classes são astutamente manobrados por uma esperta mulher, produzem uma pequena peça radiante. Se ninguém dotado de algum senso de proporção a colocaria ao lado das obras-primas da dramaturgia, ainda está suficientemente permeada pela molieresca compreensão da humanidade para ser apreciada. Há também bom humor ligeiro em outras obras de Goldoni: *O Curioso Incidente* gira ao redor de uma esperta moça que burla o pai fingindo que seu namorado está interessado numa vizinha e *O Avarento Exibicionista* transforma um avaro nobre em um perdulário no decurso de uma corte mal sucedida. Outra obra cômica, *O Leque,* tece finas complicações a partir da perda de um leque e da corte feita a uma jovem cheia de espírito.

No entanto, os toques realistas de Goldoni, por mais leves que fossem, tiveram de retirar-se para o segundo plano quando seu inimigo Gozzi deixou a crítica para dedicar-se à dramaturgia. Com seus contos de fadas, dentre os quais *L'Amore Delle Tre Melarancie* (O Amor das Três Laranjas) e

Zobeide são os mais renomados, expulsou Goldoni do palco. Goldoni foi para a França, recebeu uma pensão do rei, escreveu inúmeras peças em francês e morreu na pobreza, em 1793, depois que a Revolução pôs fim à ajuda real. Gozzi, que ao lado de suas fantasias produziu uma branda mas encantadora comédia feminista, *Turandot,* e muitos outros dramaturgos que não passam de nomes para o leitor inglês, complementaram as contribuições de Goldoni para o teatro italiano. No entanto, nada de importante pode ser tirado daí. É principalmente na Inglaterra que a comédia de costumes mostra não ser indigna de Molière, que foi uma das fontes de sua inspiração.

4. *De Etherege a Sheridan*

Antes da Revolução Puritana a Inglaterra possuíra pinturas realistas da vida popular e pinturas românticas das classes mais elevadas. Quando a aristocracia retornou em 1660 do exílio na França, enlouqueceu. O redemoinho social começou resolutamente e raivavam o cinismo e o deboche. Durante esta reação ao puritanismo e às decências da classe média numa época em que a burguesia republicana parecia esmagada, o anticonvencionalismo tornou-se convencional e apenas a conduta desrespeitosa parecia respeitável. O lado mais inocente do quadro é ilustrado pela anedota na qual certo pregador da moda implorava a um nobre que não roncasse tão sonoramente na capela pois, caso contrário, corria o risco de acordar o rei. Entraram em voga a afetação, a libertinagem e uma liberal interpretação do casamento; na verdade, o casamento era considerado uma servidão que podia fazer um homem perder sua reputação de inteligente. Quando uma personagem de *A Esposa Provocada* de Vanbrugh declara: "Eu poderia amá-la até para o matrimônio mesmo, quase, por Deus!", está realmente indo longe demais.

Dado que os honestos burgueses se mantiveram escrupulosamente distantes do teatro, que haviam conservado trancado enquanto puderam, a arte cênica se tornou uma instituição da classe ociosa. Confinou-se unicamente à vida da pequena nobreza bebericadora e namoradora. Se a maior parte das peças são medíocres e algumas definitivamente lamentáveis, deve-se reconhecer que as melhores obras da Restauração possuem ao menos uma virtude que nem sempre é observável em grande parcela da literatura mais moralizante que passa por comédia: são genuinamente divertidas. A generalização de George Jean Nathan vem a calhar neste caso: "O sentimento sadio e encantador é impossível a um dramaturgo que não encara o sexo constitucional e filosoficamente como uma coisa ou cheia de humor ou efêmera". Os verdadeiros restauracionistas não podiam conceber qualquer outra atitude para um *civilisé* [6]. A acusação válida que se pode levantar contra esses dramaturgos é o fato de que se repetem e em alguns casos são obscenos com tanta persistência que se tornam cansativos, pois o adágio segundo o qual a brevidade é a alma do espírito em nenhum caso é tão pertinente quanto no tocante à pornografia. Os dramaturgos da Restauração, em sua maior parte, são patentemente inferiores a Molière como figuras do mundo; Molière, afinal de contas, via o mundo como algo mais que uma imensa zona erógena.

Porém há algo de irresistível mesmo na elementar anedota grosseira — talvez, se quisermos dizê-lo em termos solenes, porque descarrega um instinto básico que mantém o homem bastante ocupado. E os dramaturgos da monarquia restaurada possuíam muitos recursos para provocar estridentes mudanças no batido tema, ao mesmo tempo em que preservavam a mais absoluta unidade de estrutura de acordo com as mais estritas comédias clássicas. A comédia bem *risqué* exige tanta habilidade para sua construção quanto a mais solene tragédia — quiçá ainda mais. A lascividade da comédia da Restauração torna-se muitas vezes uma experiência verbal ou "absoluta" como a prosa de primeira ordem escrita sobre um objeto inconseqüente. Charles Lamb viu nas peças do período uma caçoada realizada em consideração a ela mesma.

Contudo, Lamb foi ainda além em sua freqüentemente citada defesa da comédia da Restauração. Não era capaz "de ligar jamais esses divertimentos de uma imaginação espirituosa sob qualquer forma com qualquer resultado a ser tirado delas para imitação na vida real". Acrescentava, "São um mundo por si mesmas, quase como o país das fadas". As personagens, de acordo com ele, vivem numa "Utopia da vida galante", num "palco especulativo que não tem qualquer referência ao mundo existente". Essa explicação é engenhosa, ainda que dificilmente pudesse apaziguar as suscetibilidades morais da nascente era vitoriana. Mas é ousado afirmar que a comédia da Restauração não fazia qualquer referência à realidade. Os dramaturgos da Restauração descreviam um mundo real, ainda que estreito, e uma das razões pelas quais merecem atenção é o fato de haverem retratado com viveza a sociedade sofisticada. Seus autores, que eram verdadeiros "filhos de Belial", como Milton, então ocupado com seu *Paradise Lost* (Paraíso Perdido), rabugentamente os chamava, sabiam onde estavam escrevendo, e um deles, Wycherley, aventurou-se mesmo a criticar sua época.

A alta sociedade se transformara em tema da comédia de costumes mesmo antes da Restauração, particularmente nas peças de Shirley como *Hyde Park* e *O Jogador*. Mas ainda se apresentam nestas algumas pretensões à virtude. Ao con-

(6) *The World in Falseface.*

trário, as peças que surgem logo após a reabertura dos teatros arrasam com a moralidade. Em 1662, *The Cheats* (Os Embusteiros) de John Wilson mofa impiedosamente dos puritanos derrotados, e um ano mais tarde, *The Wild Gallant* (O Namorador Selvagem) de Dryden capta inteiramente o espírito da irreverência. Sua personagem, Lovely (Encantador), é um galanteador típico e a perseguição às mulheres se torna uma ocupação primordial dos cavalheiros de sua extração.

A temporada seguinte marca a estréia do primeiro vulto de importância da nova arte, George Etherege, de curta vida, que cativou a cidade no verão de 1664 com a *Comic Revenge or Love in a Tub* (Vingança Cômica ou Amor numa Tina). A personagem da peça, Sir Frederick Frolick, é o primeiro galã bem realizado do teatro da Restauração. Quatro anos mais tarde aparece *She Would if She Could* (Ela Faria se Pudesse) do mesmo autor, divertido quadro de alegres estouvadas e igualmente levianas ingênuas que são corretamente descritas por outra personagem da peça, um admirador cavaleiro, como "potrancas do campo que sentiram o cheiro de uma corrida". Em 1676, quando a moda estava no apogeu, Etherege produz sua obra mais feliz, *The Man of Mode or Sir Fopling Flutter* (O Homem da Moda ou Sir Fopling Flutter), um verdadeiro monumento à frivolidade. Seu herói, Dorimant, é um lascivo que tem tanto de inteligente quanto de inescrupuloso; Sir Fopling Flutter, recém-chegado da França, é o *dernier cri* da moda; e as mulheres não representam qualquer obstáculo à modéstia. Mesmo a encantadora Harriet, que dobra a resistência de Dorimant a ponto de levá-lo ao casamento, é uma heroína anticonvencional.

Etherege, contudo, que se retirou para Paris e morreu nesse paraíso dos membros da geração de Belial em 1691, é um galanteador bem-comportado em relação aos seus sucessores. Em 1671 William Wycherley, educado na França e um espírito que brilhou no *salon* da filha de Madame de Rambouillet antes de regressar à Inglaterra, seguiu as primeiras comédias de Etherege com *Love in a Wood* (Amor num Bosque). A peça conquistou-lhe o favor da amante de Carlos II, a duquesa de Cleveland, que se inclina para fora de sua carruagem carinhosamente e o chama por um nome que, segundo Macaulay, poderia "ter sido aplicado com maior justiça aos próprios filhos da dama". Das pantomimas de seus Addlepot, Dapperwit, Lady Flippant, Ranger e sua amante Lydia, uma única moral poderia emergir:

The end of marriage now is liberty.
And two are bound — to set each other free *.

(*) O objetivo do casamento é agora a liberdade. / E os dois estão destinados — a livrar um ao outro.

Um ano mais tarde aparece *The Gentleman Dancing Master* (O Cavalheiro Mestre de Danças), a espirituosa peça na qual um namorador se disfarça de mestre de danças com o fito de levar a cabo um namoro secreto.

Depois desse aprendizado vieram *The Country Wife* (A Esposa do Campo) e *The Plain Dealer* (O Homem Franco), duas obras verdadeiramente importantes dentro das limitações do *genre*. A primeira pinta um vivo quadro do mundo de namoros, satiriza o ciúme de uma forma digna de Molière e traz à luz uma das mais divertidas personagens do mestre — o da ingênua que desperta — Mrs. Margery Pinchwife, um feixe de "autodeterminação, curiosidade, esperteza e ignorância", para usar a descrição de Hazlitt. Transplantada do campo, rapidamente deita raízes no mundo de afetação e torna-se uma de suas mais animosas personalidades — isto é, trai o marido de acordo com a mais avançada moda urbana. No indelicado artifício tomado de *O Eunuco* de Terêncio, qual Horner finge ser impotente a fim de satisfazer seus apetites, Wycherley transforma a indelicadeza em virtude. Mas não se pode negar que *A Esposa do Campo* é uma bufonaria bem-acabada e aguda, ainda que possa tornar-se um tanto cansativa caso não seja apresentada de forma criativa e bem trabalhada.

O Homem Franco, a última obra de Wycherley antes que se retirasse para o casamento, processos e sete magros anos de prisão por dívidas, é um monumento ao seu estilo contundente. Tomando de empréstimo mais de uma idéia ao *Misantropo,* de Molière, sem, no entanto, assimilar o urbanismo de seu modelo, escreveu em *O Homem Franco* um discurso de adeus rabugento e assaz brilhante. Traça aqui uma pintura impiedosa do mundo que conheceu. Manly, seu herói ácido mas justo, é quase levado à loucura pela frivolidade e desonestidade da cidade. Não é apenas a alta roda que é fustigado pelo látego; a respeito de advogados, por exemplo, o tenente observa que "um homem sem dinheiro não precisa temer mais um bando de advogados que um bando de batedores de carteiras". A Viúva Blackacre, demandista crônica, é um retrato saído da pena de um mestre. No que diz respeito à amizade, Manly afirma saber que "geralmente nenhum homem pode ser um grande inimigo a não ser sob o nome de amigo". A peça se encerra com o desiludido e traído Manly reconquistando algo de seu respeito pela humanidade através do amor de Fidélia que o seguiu disfarçada de rapaz, dentro da já experimentada maneira de *A Décima Segunda Noite*. Mas o azedume do humor de Wycherley não é consideravelmente diminuído por tal conclusão. Em grande parte devido à força de *O Homem Franco* Wycherley mantém importante posição no curso evolutivo da comédia do período da Restauração, porquanto mostrou "de que forma os temas conhecidos poderiam ser tratados com desprezo fulminante em lugar da cínica indiferença ou aprovação" [7]. Depois dele somente um passo a mais poderia ser dado nesse terreno sem perigo de regressão. O passo foi dado por William Congreve, o supremo gênio do diálogo cômico inglês que acrescentou o alambique da caracterização sutil e do poder verbal à pintura dos costumes da alta sociedade.

Outros autores simplesmente entulharam o palco com cópias duplicadas da comédia da Restauração. A Sra. Aphra Behn, a primeira autora profissional do teatro inglês, contribuiu com algumas modificações ao namoro de forma bastante vivaz mas sem distinção manifesta; Dryden seguiu a moda com sua costumeira flexibilidade; Charles Sedley, o devasso número um de sua época, John Crowne, divertido e interessado em política e Shadwell, que foi injustamente designado por Dryden como o prodígio que nunca chegou à maturidade, aumentaram o estoque com obras medíocres. Sir John Vanbrugh, o arquiteto de Blenheim e outras "mansões brobdingnaguianas *", escreveu diversas peças, entre as quais *The Relapse* (O Relapso) e *The Provoked Wife* (A Esposa Provocada) contêm criações de personagens cheias de vitalidade e situações bastante vívidas. Lord e Lady Brute, na segunda peça, formam um casal engraçado a brigar entre si. O diálogo de Vanbrugh demonstra um expansivo vigor que pode ser bastante divertido, como acontece quando a negligenciada esposa de Lord Brute filosofa "Talvez uma boa parte do que sofro com meu marido possa ser um castigo para mim pela crueldade que demonstro para com meu amante". Quando Lady Brute declara "Eu desejaria saber apenas como agradá-lo", seu marido, que se tornou um papel favorito de Garrick, responde "Sim, mas esse tipo de conhecimento não faz parte dos talentos de esposa". Contudo a grosseria dos efeitos vicia o humor de Vanbrugh.

Ao contrário, na obra madura de Congreve, tudo é leve como uma pluma e polido como uma jóia. Esse "Febo Apolo do Mall" nasceu no auge da comédia artificial, em 1670, e foi praticamente educado sob suas graças. Depois de adquirir excelente educação e tornar-se protegido de Dryden, Congreve obteve encorajante êxito em 1693 com sua primeira peça, *The Old Bachelor* (O Velho Solteirão). Sua segunda comédia, *The Double Dealer* (O Hipócrita), apresentada no mesmo ano, foi, ao invés, recebida friamente, e Congreve, irritado com a falta de inteligência do público, escreveu apenas três peças mais.

Possuía o indispensável talento para a alegria, não se deixando inibir por quaisquer receios no tocante à sociedade de galanteadores, tolos, maledicentes e mulheres namoradoras

(7) *Comedy and Conscience After the Restoration* por Joseph Wood Krutch, pág. 22.

(*) *Brobdingnag* — o país gigantesco que se opõe a Lilliput em "As Viagens de Gulliver" de Jonathan Swift.

que descrevia. Thackeray [8], o elogiou mais que a todos os outros Restauracionistas ao escrever, com algum exagero no que tange à influência francesa, que "Era uma desavergonhada, temerária, gargalhante e pintada mocinha francesa, aquela Musa Cômica... uma Laís selvagem, desgrenhada, com os olhos brilhantes de inteligência e vinho". E no entanto, pundonorosa em seus melhores momentos, poderia ter acrescentado Thackeray; isto é, decorosa em sua insistência quanto a um estilo escrupulosamente trabalhado e quanto à graça na má conduta.

Congreve, que não nutria o mais leve interesse em modificar o que via, que era totalmente despido do "espírito do melhorismo" que procura converter aquilo que ridiculariza, contentava-se em ser um anjo ridente e registrador. Se algumas de suas observações podem ser compreendidas como um libelo contra a época de Carlos II, e mesmo contra outros períodos nos quais a alta sociedade enlouquece, é em seu riso que está o objetivo e o interesse primário. E esse riso é tão ligeiro quanto observador, tão ousado quanto, por vezes, sensível.

Essas qualidades, que já aparecem em *O Hipócrita,* dominam suas peças mais maduras *Love for Love* (Amor por Amor) e *The Way of The World* (Assim Vai o Mundo) antes que ele deixasse o teatro para levar uma vida de ócio permitida por gordas sinecuras e gozar da amizade de luminares como Pope, Swift, Gay, Addison, Steele e Arbuthnot; antes que se passasse a ser, como insistia para grande irritação de seu hóspede Voltaire, um "cavalheiro" mais que um literato. Durante vinte e nove anos vive da reputação que a dedicatória da *Ilíada* de Pope lhe forjara e pela qual muitos pares do reino teriam dado a pupila dos olhos. Morreu no ápice da grande era do espírito, aos 29 de janeiro de 1729, com suas glórias ainda intactas e a perda de seu encanto social profundamente lamentada. Está enterrado na Abadia de Westminster e a Duquesa de Marlborough mandou erigir um monumento sobre o túmulo.

O avanço na técnica de Congreve é marcado por uma simplificação e unificação de suas tramas. Em *O Velho Solteirão* apresentava diversas linhas turbilhonantes de ação, todas a respeito da credulidade; em *O Hipócrita* emaranhava as intrigas de Maskwell, um amigo falso que engana a todos usando o simples estratagema de contar sempre a pura verdade. Mas em *Amor por Amor* Congreve mantém o humor girando ao redor de alguns temas relacionados de forma mais ou menos simples. Valentine é um filho tão pródigo que seu pai o repudia e chama de volta para casa Ben, o filho marinheiro, nutrindo a intenção de casar o promissor jovem com Prue, a ingênua filha de um amigo. Contudo, o caso de Ben não progride; é demasiado reto para suportar as mesquinha-

(8) V. *The English Humorists* de Thackeray.

rias e as intrigas da sociedade polida e, ao mesmo tempo, a inocência de Prue é tão sublime que logo vem a ser perdida para um galanteador. Valentine finge loucura com o fito de anular os esforços paternos para deserdá-lo e despede seu advogado; tudo termina bem quando a inteligente Angélica, que aparentemente consentiu em desposar o pai do rapaz, casa-se com este depois de receber uma prova de verdadeira afeição por parte dessa inteligência incansável.

O estranho conjunto que segue a moda, o franco marinheiro Ben com seu saboroso linguajar, a inteligente Angélica e o pródigo e flamejante Valentine formam uma deliciosa galeria de retratos. E ainda mais encantador é o vibrante fogo de espírito que explode através do diálogo e ao qual apenas um grande número de citações poderia fazer justiça. Valentine, fingindo loucura e chamando-se a si mesmo de Verdade, faz profecias ao velho Foresight, que tem paixão por horóscopos. Conta-lhe o que acontecerá amanhã: "Amanhã os canalhas vão prosperar por sua habilidade e os tolos por sua sorte; a honestidade, como já está acontecendo, vai andar morta de frio numa roupa de verão... Oh, dir-se-ão orações em igrejas vazias nas horas costumeiras... Maridos e esposas trilharão caminhos diferentes... Duas coisas muito estranhas hás de ver: licenciosas esposas com as pernas em liberdade e cornos domados com correntes no pescoço". Ben, o marinheiro, não gosta do casamento. "Jamais suportaria estar preso a um porto", diz ele e, em sua opinião, o homem casado semelha a um escravo de galé — "está acorrentado a um remo por toda sua vida; e talvez seja forçado a arrastar um navio que está fazendo água, por cima".

Porém, nem mesmo *Amor por Amor* possui tanta abundância de fogos de artifício verbais quanto a obra de adeus de Congreve, *Assim Vai o Mundo,* que gira ao redor da minguada trama de uma intriga de namorados que acaba por lhes permitir o casamento a despeito de Lady Wishfort, tia de Millamant, que está ressentida, e com razão, porque Mirabell, o namorado, fingiu estar apaixonado por ela. A perseguição e rendição de Millamant, a heroína, é talvez o romance mais brilhantemente sofisticado da dramaturgia. Trata-se de genuína alta comédia, pois que o humor brota de personagens irresistivelmente cintilantes. Não é difícil ser tomado de afeição pelos namorados quando o dissoluto Mirabell, depois de observar sua Millamant cercada por dois fátuos admiradores, observa: "Aí vem ela, realmente, com as velas enfunadas, o leque aberto, os laços e bandeirolas esvoaçantes, e um bando de tolos como seus zeladores"; ou quando Millamant desculpa seu atraso a Mrs. Fainall: "Por Deus, eu me apressei desesperadamente: perguntei pela senhora a todas as coisas vivas que encontrei; corri atrás da senhora como se corre atrás de uma nova moda". Quando Witwoud indaga dela a razão pela qual não perguntou ao marido de Mrs. Fainall por sua esposa, Millamant fica estupefata! "Mas pelos santos, Witwoud, isso seria como perguntar por uma moda *em desuso;* perguntar a um marido por sua esposa!"

Mirabell e Millamant são descendentes diretos de Benedick e Beatrice. Mesmo quando estão verdadeiramente apaixonados, esses mestres do virtuosismo verbal sabem como usar adequadamente a protetora armadura do humor. Como já foi dito, sua estória é um caso de amor no qual superam o obstáculo de uma reprovadora tia que segura os cordões da bolsa. Mas longe de se transformar — como facilmente poderia acontecer — um luxuriante romance, a peça continua a ser uma pequena refeição para o espírito e uma festa de picante ociosidade. Em sua cena de amor, as caçoadas de Millamant não toleram bobagens românticas e afirmam a liberdade de ação da mulher no mesmo fôlego com que sugerem algumas bases sólidas, ainda que envoltas de comicidade, para o casamento feliz. A jovem não deseja ser chamada por meio de tolos nomes afetivos, esse "hediondo cântico com o qual os maridos e suas esposas estão nauseantemente familiarizados". Não pedirá a ele que a beije diante de terceiros, "nem para irem juntos a Hyde Park no primeiro domingo numa nova caleça, a fim de provocarem olhares cobiçosos e comentários dos transeuntes e depois nunca mais serem vistos juntos". É preciso que conservem alguma distância entre si: "que sejamos tão estranhos como se já estivéssemos casados há muito tempo; tão bem comportados como se não fôssemos casados de modo algum". Ela precisa de liberdade para fazer e receber visitas e escrever cartas quando bem entender, e ele sempre deve bater à porta antes de entrar no quarto da esposa". Obedecidos esses artigos ela, gradualmente, irá "reduzir-se a uma esposa". Mirabell concorda, contanto que ela, por sua vez, respeite sua liberdade e sensibilidade, pois quando Millamant reduzir-se a uma esposa ele não deseja ser "desmesuradamente alargado em um marido".

Congreve, entretanto, foi único em sua época. Ademais, a personalidade da época se transformava. A revolução incruenta de 1688, que pôs em evidência a monarquia constitucional, representou a retomada do poder pela classe média, e os excessos da Restauração provocaram uma reação aguda que culminou com uma Sociedade para a Reforma dos Costumes e com os ataques fulminantes do Alto Clérigo Jeremy Collier contra a comédia. A polêmica deste, *Um Rápido Ponto de Vista sobre a Imoralidade e o Abuso do Teatro Inglês,* que apareceu em 1698, dois anos antes da encenação da última peça de Congreve, repercutiu fundamente. Em vão Congreve, Vanbrugh e as demais inteligências redigiram réplicas. As folhas de parreira que colavam às suas comédias não ficavam presas. As inteligências do teatro da Restauração foram silenciadas e o líder literário da época, John Dryden, chegou mesmo a beijar o báculo do Reverendo Collier numa orgia de auto-humilhação.

George Farquhar, a última das celebridades da Restauração cujas primeiras peças foram bastante licenciosas, tornou-se moderado e relativamente puro de espírito. Seu mérito está na introdução de alguns novos tipos de personagens em *The Recruiting Officer* (O Oficial Recrutador) e em *The Beaux' Stratagem* (O Estratagema do Galanteador), abandonando o pano de fundo londrino em favor do campo, e na evolução fluente de seus temas cômicos. Além disso, em pouco tempo o teatro ficou coalhado de peças sentimentais e moralistas. A transição já tivera início em 1696 com o ator-dramaturgo Colley Cibber em *Love's Last Shift* (O Último Ardil do Amor), comédia que tratava da recuperação de um marido vagabundo o qual lembrava o realista *Relapso* de Vanbrugh, e que teve continuação no século seguinte. Então o cativante ensaísta Richard Steele achou por bem proteger seu próprio comportamento irregular com uma série de comédias absolutamente sentimentais como *The Tender Husband* (O Terno Marido) e *The Conscious Lovers* (Os Amantes Culpados) que são quase tão divertidas quanto um sermão da Sexta-Feira Santa. Recomendam-se principalmente ao historiador que encontra nelas mais provas de que a classe média estava moldando o gosto público na era da Revolução Industrial iniciada na Inglaterra. O novo estilo provocou uma controvérsia literária, na qual o crítico Dennis afirmou em vão que uma comédia sem ridículo é impensável e que obviamente a comédia deve tratar de tolices e vícios se deseja ser engraçada.

Apenas o irrefreável John Gay conseguiu escapar da camisa-de-força moral da nova moda durante a primeira parte do novo século. Trabalhando a partir de uma sugestão feita por Dean Swift para que escrevesse uma "Pastoral (da Prisão) de Newgate", Gay enriqueceu o mundo com sua *Beggar's Opera* (Ópera dos Mendigos) em 1728, e com a seqüência desta, *Polly,* da mesma forma que com algumas obras menores como *Achilles* (Aquiles) e *The Distressed Wife* (A Esposa Desesperada). Na jovial ópera-balada *A Ópera dos Mendigos,* composta com base nos julgamentos do polígamo e bandido Macheath, Gay escreveu uma sátira ao submundo a qual era mais que aplicável à corrupta administração do primeiro ministro da Inglaterra, Robert Walpole. A maior parte das complicações surge do fato de que Peachum, que tem a dupla profissão de "dedo-duro" e receptador de mercadorias roubadas, fica ofendido pelo casamento de sua filha com Macheath. Isto é desvantajoso, pois um tal genro pode facilmente denunciá-lo; sem dúvida um casamento não é aconselhável. Um caso amoroso com Macheath estaria totalmente dentro das regras; é o casamento "que estraga tudo". Destarte, Peachum tenta fazer com que enforquem o marido de Polly e quase consegue. Em *Polly* a heroína aventura-se no mundo distante por seu marido, que agora virou pirata, e suas aventuras na nova profissão mais uma vez comportam paralelos com as depredações ainda maiores levadas a cabo pelo alto gabinete. Condimentadas com encantadores versos escritos para velhas canções, as óperas de Gay constituíam um bem-vindo alívio em face das solenes pompas de Steele e sua escola.

Mas Gay não operava nos canais regulares da comédia de costumes. Tampouco o fazia o mestre novelista da Inglaterra, Henry Fielding quando escreveu obras tão tumultuadas quanto sua burlesca ou heroína tragédia *Tom Thumb the Great* (Pequeno Polegar, o Grande) uma gloriosa brincadeira com versos herói-cômicos como a fala de abertura de Doodle:

Sure such a day as this was never seen!
The sun himself, on this auspicious day,
Shines like a beau in a new birth-day suit...
All nature wears one universal grin *.

Apenas algumas obras medíocres e suas inteligentes adaptações das comédias de Molière *O Avarento* e o *Médico à Força* mantinham a tradição da comédia tradicional, a não ser que acrescentemos à lista a competente peça de Garrick e Colman, *The Clandestine Marriage* (O Casamento Clandestino), que está a meio caminho.

Somente no último quartel do século a comédia de costumes recuperou algo de seu vigor. Em 1773, no mesmo ano em que Foote apresentou uma oportuna obra burlesca sobre a comédia sentimental, *The Handsome Housemaid* (A Maravilhosa Criada), surgiu *She Stoops to Conquer* (Ela se Humilha para Conquistar), de Goldsmith, que não precisa de apresentação para nenhum leitor de língua inglesa que haja passado pela escola primária. A primeira peça de Goldsmith, obra mais fraca intitulada *The Good-Natured Man* (O Homem Cordial), já em 1768 abandonava os padrões da comédia refinada e moralista, desesperando os espectadores que saudaram sua divertida cena do mordomo aos gritos de "Baixo! Baixo!", até que o pobre autor se sentiu compelido a queixar-se de que "o humor parece estar desaparecendo do teatro". A despeito da autoridade dos mestres-escola, *Ela se Humilha para Conquistar,* com sua mixórdia de agradável ilogicidade decorrente da ilusão do jovem Marlowe de estar detendo-se numa estalagem quando, na verdade, está na casa da noiva, não é senão uma suave farsa. Exerce pressão sobre os elos de plausibilidade e chega a desgastá-los levemente.

(*) Claro que um dia como este nunca foi visto! / O próprio sol, neste auspicioso dia, / Brilha como um galã numa nova roupa de aniversário... / Toda natureza ostenta um universal sorriso alvar.

Mas é ao menos moderadamente divertida numa época de comédias paradoxalmente solenes.

Ademais, os anos imediatamente seguintes foram avivados com o último lampejo de espírito cômico da Restauração no teatro inglês. Richard Brinsley Sheridan, responsável pelo fenômeno, não pode ser considerado como completamente livre do estilo sentimental, ainda que tenha troçado dele com notável vivacidade em sua curta sátira literária *The Critic* (O Crítico). Mas suas duas maiores comédias, *The Rivals* (Os Rivais) e *School for Scandal* (Escola de Escândalos), apresentadas em 1775 e 1777 respectivamente, tornavam a captar boa parte do humor da Restauração sem sua obscenidade. Sheridan, que possuía decidido talento para situações e diálogos cômicos, sabia como tirar proveito de sua íntima observação da sociedade polida de Bath e de Londres.

Os Rivais gira substancialmente em torno das tentativas do herói para se casar com a heroína sem perder o dinheiro a que ela não terá mais direito se não obtiver o consentimento da tia. É bem verdade que a peça não está isenta de sentimentos altissonantes. No entanto, seus Bob Acres, Lucius O'Trigger e a inimitável Mrs. Malaprop que comete graves atentados contra a língua inglesa, tornaram-se figuras familiares e Sheridan, nesta obra como em todas as demais, demonstra uma rica capacidade para o epigrama e a vivacidade. *Escola de Escândalos*, obra superior, também expia com abundante humor a sentimental defesa do pródigo Charles Surface que conquista o coração do tio demonstrando amor pelos quadros de família. O irmão hipócrita Joseph, é desmascarado e o generoso Charles é recompensado com a dama de seu coração. Se a fórmula cheira a xarope, a peça possui um travo bem-vindo. A sátira à hipocrisia santarrona e à maledicência transformou a peça num clássico menor do teatro inglês. Seus Joseph Surface, Sir Peter e Lady Teazle, Backbite, Snake e Lady Sneerwell conservaram-se extraordinariamente bem e atravessam os anos já há um século e meio.

Embora tivesse interesses comerciais no teatro, como acionista do Drury Lane, Sheridan escreveu apenas algumas peças a mais, em sua maioria desprovidas de importância. Sua *Trip to Scarborough* (Viagem para Scarborough) é uma divertida adaptação do *Relapso* de Vanbrugh, e *O Crítico,* uma pequena e encantadora sátira literária. Mas *St. Patrick's Day or The Scheming Lieutenant* (O Dia de São Patrício ou O Tenente Maquinador) não passa de uma bobagem, *The Duenna* (A Dueña) é uma opereta sem qualquer valor e *Pizarro,* a adaptação de um melodrama alemão. A atenção de Sheridan para o teatro foi desviada pelo Parlamento, onde proferiu brilhantes discursos superados apenas pelos de Edmund Burke.

A obra de Sheridan não inaugurou um novo reinado da alta comédia. Quando morreu, em 1816, não deixava descendentes no teatro, e nem os teria antes que se passassem muitas décadas. Não foi um inovador mas um epígono. A época era desfavorável aos frios esplendores da mais intelectual das artes.

A comédia sentimental continuou a gratificar os complacentes homens de negócios nas décadas seguintes. Mesmo os revolucionários, cuja voz se elevou com a derrubada da monarquia na França, não tinham razão para desprezar o consolo das peças que abandonavam uma atitude irônica ou negativa em relação à humanidade. Amigos da reforma social como Miss Hannah More e Mrs. Inchbald escreveram idealistas peças de tese. A comédia lacrimosa — uma contradição de termos, fato que não estava aparente aos seus proponentes! — ganhou aceitação por sua otimista visão da humanidade numa era que jurava pelo princípio da "perfectibilidade do homem". Aos homens de negócio isso significa um aumento de prosperidade material, aos idealistas a perfeição da sociedade e do intelecto do homem. Nenhum dos dois grupos tinha condições de encorajar a ironia no teatro.

Seria preciso que um século decorresse para que declinasse o gosto pelo drama sentimental. O favor da classe média e o estímulo do humanismo, intensificado pela influência de Rousseau, simplesmente acabaram por reforçar uma tendência que se iniciara no princípio do século. Na verdade não foi um dramaturgo inglês mas francês que realizou os maiores progressos e deixou os melhores exemplos da comédia sentimental. Foi Pierre Marivaux (1688-1763), mestre do estilo do paradoxo e do preciosismo que se tornou conhecido na França sob o nome de *marivaudage*. Escrevendo principalmente para a Comédie-Italienne em Paris mas também para a Comédie-Française, adquiriu fama com suas pinturas da sociedade refinada, com os saborosos estudos dos sentimentos, com a atenção aos sentimentos e interesses das mulheres. Reduziu a intriga e a ação em favor das emoções e da "psicologia" de suas personagens, embora não houvesse falta do simples espírito polido e refinado em suas obras. A mais encantadora de suas comédias *Le Jeu de l'Amour et du Hasard,* (O Jogo do Amor e do Acaso), de 1730, ainda pode deliciar as platéias francesas. Grande dose de percepção e humor emanam aqui dos disfarces e conseqüentes enganos que surgem entre um jovem nobre que finge ser o criado de seu criado e uma moça que se disfarça como aia de sua serva com o objetivo de porem à prova um ao outro antes de concordarem com um casamento arranjado pelos pais.

Significativamente, o termo *marivaudage,* inicialmente empregado de forma pejorativa, converteu-se depois em expressão elogiosa. Na França a influência de Marivaux aumentou ao invés de diminuir enquanto o teatro do século continuou a refletir o gosto tanto da aristocracia como da classe média antes que as massas de Paris começassem a dançar sua *camargnole* revolucionária e decapitassem Maria Antonieta e Luís XVI. Na Alemanha, mesmo o incisivo intelectual e racionalista Gotthold Ephraim Lessing (1729-81) escreveu uma comédia sentimental, ainda que bastante refrescante quando compôs sua peça mais bem sucedida *Minna von Barnhelm,* um duelo de sentimentos entre um oficial prussiano e uma jovem dama bávara, em 1767. Na Itália, Carlo Gozzi (1720-1805) alternou suas peças venezianas improvisadas ao estilo da *commedia dell'arte* como *O Amor das Três Laranjas* (1761) com *fiabe* ou contos de fadas como *Turandot* (1762) e derrotou Carlo Goldoni (1707-93), o Molière Italiano.

Parte VII. A DRAMATURGIA "MODERNA"

O corpo central da "dramaturgia moderna" começa como uma reação às especulações e impulsos revolucionários da segunda metade do século XVIII. Surge uma escola idealista que aclama as aspirações, o princípio de liberdade, e os ideais a elas associados. É conhecida sob o nome de "romantismo", e seus impulsos essenciais continuam a prevalecer no teatro hoje, muito depois que a técnica e o estilo especificamente românticos mudaram substancialmente. Contudo, à medida que a Europa Ocidental se torna um mundo dominado essencialmente pela classe média que se ocupa de temas práticos e interesses cotidianos, seus dramaturgos começam a lutar com as realidades ao invés de favorecer sonhos românticos. Não apenas aceitam o meio ambiente como objeto de estudo e melhoria, mas tiram dele um estilo e uma abordagem novos, comparativamente liberais.

O resultado é o realismo — quer em forma de reportagem ou de crítica — que distingue larga parcela da dramaturgia do começo de 1880 até hoje. Uma abordagem multifacetadamente modificada surge das condições da vida moderna e uma variedade de concepções geralmente novas do homem e da sociedade aparecem no teatro. Uma vida vasta e conturbada, inseparável das lidas e aspirações da modernidade, desdobra-se ante os dramaturgos da Europa e da América. Muitos deles tentam enfrentá-la brava e inteligentemente. Ademais, tentando projetá-la efetivamente a partir do palco, os dramaturgos experimentam estilos que também os levam mu to além do realismo.

O teatro moderno, do qual o Romantismo é a sementeira, se converte assim num empreendimento ricamente variado de realismo, por um lado, e de inúmeras derivações dele por outro. Converte-se num teatro para o dramaturgo com o microscópio e a pasta do histórico dos casos, para o dramaturgo com o escalpelo e para o dramaturgo com a trombeta que encabeça assaltos contra as cidades muradas dos interesses paramentados. E ao fim da procissão caminham os poetas e pseudopoetas da arte teatral que abrem seu caminho para a vanguarda. Alguns tentam mesmo voar acima do teatro convencional — muitas vezes, mas afortunadamente nem sempre, com "ineptas asas de Ícaro".

17. Goethe e o Espírito Romântico

1. *Um Poeta Lírico no Teatro*

O beco sem saída do teatro europeu, produzido por uma decrépita tragédia clássica e uma comédia decadente, foi rompido primeiro na Alemanha. Isso não foi conseguido por um só movimento, mas o principal mestre literário associado à vitória é Johann Wolfgang von Goethe. No maior escritor da Alemanha estavam combinados todos os impulsos da época. Sua carreira alongou-se pelos séculos XVIII e XIX, e seu raro talento para evoluir capacitou-o a absorver e depois refletir as sucessivas radiações de um mundo em mudança. Sua inteligência era suficientemente ampla para compreender o mundo moderno e sua faculdade poética intuitiva o suficiente para transmitir as tensões desse mundo.

O que devia ser expresso era um fermento ou uma aspiração. Fórmulas simplificadas, como as favorecidas pelos economistas, no campo da crítica não podem transmitir o espírito vivo da época e do teatro românticos. Sem dúvida os anos de 1780 a 1830 assinalaram a destruição dos últimos vestígios importantes do feudalismo na Europa Ocidental, a classe média conquistou uma vitória final e o capitalismo forçou seu caminho até os tronos dos poderosos. Mas o processo que derrubou violentamente os governos monárquicos tanto na América quanto na França e abalou as reais cadeiras do absolutismo por toda parte obviamente não era uma simples transação comercial. Foi uma poderosa experiência humana, plena de exaltação, desapontamento e renovada esperança. Também no reino das idéias houve considerável transformação de feitio econômico. Cada época carrega uma bolsa cheia de ideais para o alimento espiritual. É possível que as classes médias desejassem apenas fazer negócios no velho balcão sem serem aborrecidas por regulamentos monárquicos, ter voz na elaboração das leis que afetavam seus interesses e gozar da posição social que sua riqueza lhes permitia. Mas quando os homens se erguem, as idéias e paixões encontram terreno para dar largas ao seu próprio ímpeto.

A segunda metade do século XVIII, recordando os sonhos da Renascença, foi uma época de *filósofos* e ideais revolucionários sem respeito pelas meras considerações comerciais. Foi a época de Rousseau e seus seguidores que, opondo as exigências da natureza a uma sociedade congelada, polida, aclamavam a igualdade do homem e sua essencial bondade e perfectibilidade. Foi a época de Voltaire que aplicou a dinamite do racionalismo ao concreto da religião e do governo estabelecidos, e de Montesquieu, Diderot, Condorcet, Jefferson e Washington. Foi uma época de ousados sonhadores que acreditavam na iminência do milênio, contanto que os homens lutassem por ele com boa vontade e justa razão. Na Revolução Americana e na Revolução Francesa de 1789 o povo simples viu o início de uma disposição democrática. As massas estavam tomadas pelos ideais de "liberdade, igualdade e fraternidade", e havia mesmo em seu meio líderes como Babeuf que desejavam estender a revolução às relações sobre a propriedade básica. Os revolucionários, cabe lembrar, também tentaram entronizar a Deusa da Razão em lugar do velho deus do Cristianismo e rebatizaram os meses do ano num esforço para deixar nítido o rompimento com o passado.

Os excessos da convulsão social, as depredações de especuladores corruptos e o triunfo de Napoleão, que transformou a república em monarquia, substituíram os altos ideais por fatos desagradáveis. Mas o sonho europeu de um mundo nobre e progressista jamais foi inteiramente abandonado. Movia-se sob muitas formas, mesmo nas mais obscuras prisões das reações pós-napoleônicas, assim como viveu nos campos de concentração de nosso próprio tempo.

Foi esse o sonho que pairou nas asas do drama romântico e movimentou-se pelas pranchas de seu teatro; por vezes visível, por vezes invisível e por vezes em formas destorcidas quase irreconhecíveis. Em sua melhor forma a dramaturgia romântica é a corporificação da aspiração. Destarte, é essencialmente um vôo poético; e seu maior dramaturgo, por mais insatisfatório que possa ser como dramaturgo puramente, é, com muita propriedade, o poeta lírico Goethe.

2. *Lessing e a Religião da Razão*

A vida de Goethe foi uma oscilação constante entre a emoção anárquica e o pensamento racional, ainda que ambos brotassem do mesmo estro. Aplicou-se com igual ímpeto às dores adolescentes do jovem Werther que morreu de *Weltschmerz* e ao significado evolucionista do osso intermaxilar no homem. O mesmo poeta que fez de Fausto um símbolo das aspirações do homem pelo infinito também lhe permitiu ao fim contentar-se com a melhora do gênero humano por meio de medidas corriqueiras.

As mais simples manifestações das correntes paralelas de racionalismo e romantismo serão encontradas em dois outros dramaturgos: em Gotthold Ephraim Lessing, o racionalista, que precedeu Goethe no teatro, e em Friedrich von Schiller, o romântico, que veio depois de Goethe, embora tenha morrido mais de um quarto de século antes do grande mestre.

Lessing, ademais, tornou possível o vôo dos dramaturgos românticos destruindo os grilhões do classicismo francês e colocando o drama como um elevado alvo de liberdade e idealismo liberais. Embora sua própria estatura como dramaturgo seja modesta, é uma figura fundamental na dramaturgia em virtude de sua atividade polêmica e pelo exemplo que legou aos que criativamente lhe foram superiores.

O teatro que esse filho de um clérigo, nascido em 1729, conheceu em seus dias de estudante em Leipzig, era o resultado da decadente dramaturgia francesa, um rígido e anêmico exercício elaborado a partir do heroísmo e da recitação dos clássicos. E na verdade, mesmo isso era um progresso, se encarado a partir de um ponto de vista *literário,* sobre o longo reino de farsas sem qualquer valor que mantinham a populaça edificada com as palhaçadas do Arlequim, germanizado como Pickelherring. A Alemanha chegara a um tal ponto devido às devastações da Guerra dos Trinta Anos. É verdade que escritores nativos do século XVII como Gryphius, Rist e Lohenstein escreveram obras históricas, clássicas, moralizantes, e comédias de certo tipo. Mas não passavam de toscos exercícios e o ditador literário da Alemanha, Gottsched, viu apenas uma solução para o baixo nível do teatro, ou seja, importar tragédias francesas como o *Regulus* de Pradon, adaptar outros itens do repertório de Luís XIV e lançar imitações como sua própria *Agonia de Catão*. Apenas no terreno da interpretação o teatro despertou para uma certa semelhança de modernidade devido aos esforços da nobre Caroline Neuber e sua companhia.

As batalhas de Lessing com o pontífice do classicismo alemão de início se travaram em caráter informal e experimental. No começo, não foi como crítico e reformador do teatro que tentou brilhar. Ao invés disso, sonhava em tornar-se ator e dramaturgo, qual Molière; tomou lições de dicção com um ator e progrediu rapidamente. Contudo, suas ambições de dramaturgo despertaram já em 1748 pelo sucesso de sua primeira peça, *O Jovem Sábio,* sátira sobre um pretensioso estudante, escrita por Lessing para provar que era capaz de superar a escola francesa. Seis peças ligeiras seguiram-se a essa obra inicial sem assinalar qualquer progresso no conteúdo ou no tratamento. Mas quando completava vinte e seis anos apresentou *Miss Sarah Sampson* que, a despeito de todos os seus defeitos, é superior aos modelos de "tragédia burguesa" saídos da pena de Diderot e Lillo. Essa tragédia de uma heroína da classe média foi o primeiro drama alemão a ser tirado da vida real e a ser escrito em linguagem simples.

A crítica literária, que foi por ele enriquecida com suas excelentes *Cartas Literárias,* o afastou do teatro por algum tempo. Depois vieram os anos de trabalho como secretário a serviço do governador de Breslau, o general Tauentzien, que o obrigou a se retirar inteiramente da frente de batalhas literária entre 1760 e 1765. Mas em 1766 Lessing estava novamente preso aos arreios com a publicação de seu brilhante estudo *Laocoonte,* limitando os campos da poesia e da pintura; e um ano depois deu ao teatro alemão a melhor comédia que este conheceria por muitas décadas, *Minna von Barnhelm.*

Se Lessing ainda demonstrava a esperança de se tornar um Molière alemão, a honestidade nos obriga a admitir que ainda tinha muito a caminhar. Muita sacarina entrou na composição dessa peça e, como Brander Matthews observou, "*Minna* é menos cômica que as obras ligeiras de Molière e menos pesada que as principais peças de Molière". No entanto, o produto do trabalho de Lessing não é negligenciável. Além de ser historicamente importante como uma das primeiras peças em qualquer língua a exigir mudanças de cenários a cada ato, *Minna* apresenta um tocante romance no comportamento da vivaz heroína que corteja seu namorado quando a perda de posição deste e sua falta de meios o impedem de tomar a iniciativa. Além disso, a comédia pretendia curar as feridas da guerra dos Sete Anos com sua exaltação do humanismo do herói. Tellheim, oficial de Frederico o Grande, tendo recebido ordens de cobrar uma multa dos turíngios derrotados, adiantou pessoalmente o montante do pagamento e foi demitido do serviço sob suspeita de haver entrado em acordo com o inimigo. Vivendo em extrema pobreza, ajudado apenas pelo fiel servo cômico, Tellheim acalenta sua honra ferida numa taverna. Mas Minna, a moça turíngia que aprendeu a amá-lo por seu generoso comportamento em relação ao povo vencido, não tem dificuldades em encontrá-lo e fazê-lo vencer os escrúpulos. A excelente composição das personagens como Tellheim, Minna e seus criados resultam numa agradável comédia. Durante muito tempo dominou o teatro alemão à falta de algo melhor — o que os alemães, que não se têm sobressaído pelo senso de humor, não forneceram com muita freqüência.

Ainda investido de suas duplas funções de crítico e dramaturgo, Lessing em breve se instalou em Hamburgo para assumir a posição de "crítico de peças e atores" ou conselheiro (a palavra alemã para esse tipo de atividade é *dramaturg*) no recém-fundado e primeiro Teatro Nacional Alemão. A nobre empresa fracassou ignominiosamente. No entanto, as críticas que Lessing escreveu para ele entre abril de 1767 e novembro de 1768, coligidas sob o título de *Hamburgische Dramaturgie* (Dramaturgia de Hamburgo), fizeram época. Com essa obra, tornou-se o segundo grande crítico da dramaturgia, se é que Aristóteles deve ser considerado o primeiro. Não apenas demoliu a empolada escola francesa na Alemanha, mas estabeleceu as bases críticas de toda a revolta romântica, por exaltar Shakespeare como o rei dos dramaturgos e por sua insistência sobre o direito do dramaturgo criar como bem o desejar sem ser obrigado ao uso da camisa-de-força das "unidades" que ainda estavam em moda. Sua declaração de que "o único defeito imperdoável de um poeta trágico é este: o de nos deixar frios; se consegue nos interessar pode fazer o que desejar com as regrinhas mecânicas" é agora um dos lugares-comuns da crítica teatral.

Lessing esteve perto de voltar-se contra o teatro devido às infelizes complicações que arruinaram a experiência de Hamburgo. Viu-se afligido por dívidas contraídas em conexão com esta tentativa, sua saúde começou a fraquejar e a esposa morreu ao dar à luz apenas um ano depois do casamento. Apenas seu posto como bibliotecário do Duque de Brunswick em Wolfenbüttel tornou-lhe a vida tolerável. Não obstante, seu cérebro combativo nada perdeu da resolução que o caracterizava. A controvérsia "Reimarus" que travou contra teólogos ortodoxos foi uma das mais excitantes batalhas dos "racionalistas", e suas duas últimas peças, *Emília Galotti* e *Natã o Sábio*, representaram suas mais ambiciosas obras teatrais. Ambas estavam carregadas de trovões contra o estado das coisas predominante. *Emília Galotti*, publicada em 1772, denunciava os mesquinhos despotismos da Alemanha; *Natã o Sábio*, publicada em 1779, enquanto as colônias americanas lutavam bravamente para erigir um Estado que não discriminasse qualquer credo, celebrava a tolerância religiosa.

Em *Emília Galotti* Lessing adaptou a clássica estória de Virgínia, a donzela romana que foi morta pelo pai ao ter sua castidade ameaçada por um tirano. A Virgínia clássica transformou-se na burguesa Emília (uma *bürgerliche Virginia* como o autor a chamou), e o sedutor romano é apresentado como um principete italiano. Evitando os partidarismos melodramáticos, Lessing criou uma Emília capaz de sentir a atração do príncipe encantador, mas dissoluto. Só quando percebe o caráter desesperado da situação que a obrigará a se tornar amante do déspota, quando seu noivo já foi assassinado e ela violada é que Emília convence o honrado pai a matá-la. Há algo de desagradável no tema, a despeito da cuidadosa motivação com que Lessing cercou o comportamento das personagens principais, e faltam a *Emília Galotti* amplitude e simpatia. Não obstante, essa "tragédia burguesa" é um drama moderno, e para as condições da Alemanha foi relevante o suficiente para acertar o alvo. O ano de sua publicação ouviu o ribombar do primeiro canhão da revolta romântica com o *Goetz von Berlichingen* de Goethe. Mas o crédito de antecipar a barragem cabe a Lessing que concebeu *Emília Galotti* doze anos antes.

Uma manifestação ainda mais explícita do "Iluminismo" do século XVIII será encontrada em *Natã o Sábio.* Esta peça deve ser considerada como o testamento de Lessing, não apenas porque morreu dois anos depois sem escrever qualquer outra peça salvo um excitante fragmento de um projetado drama sobre Fausto, como também por ser a mais vigorosa e nobre de todas as suas obras. Voltou-se para ela depois de haver encerrado uma acerba batalha teológica a favor da religião racional, e talvez seja mesmo possível que *Natã* nunca fosse escrita caso as autoridades não houvessem proibido a publicação de mais panfletos sobre seu "caso Reimarus". Nenhuma peça européia apresentou uma expressão tão direta e elevada dos ideais da tolerância religiosa.

Em Natã, inspirado na figura de seu amigo judeu, o filósofo e reformador Moisés Mendelssohn, Lessing não apenas desafiava o preconceito racial retratando uma das mais nobres personagens da literatura como apresentava o exemplo de um homem que vive dentro da "religião natural". A personagem não é um judeu ortodoxo com mais força do que é um cristão ou maometano. Em oposição às estrídulas pretensões de cada religião, cada uma das quais insiste que apenas ela tem o monopólio da verdadeira fé, Lessing apresentava Natã levando uma vida de impecável moralidade sem filiar-se a qualquer credo, ainda que conserve a religião de seus pais simplesmente por ter nascido nela. Na peça, Natã é mais cristão que os seguidores de Jesus. Tendo perdido a esposa e filhos num *pogrom* dos Cruzados, Natã segue os preceitos de Cristo salvando e educando a órfã Rebeca, filha de um cruzado.

A estória adquire um tom romântico quando Rebeca e o Templário se apaixonam apenas para descobrir mais tarde que são irmãos; descobre-se que se trata dos filhos do falecido irmão do Sultão Saladino, o qual abraçou o Cristianismo antes de morrer. A idealização de Natã também chega a extremos românticos. Mas a peça toma de empréstimo sua tese e seu espírito essencial, que é frio e racional, do liberalismo racionalista de Voltaire e dos Enciclopedistas. Indubitavelmente seu ponto alto é a grande fala de Natã quando Saladino procura encurralá-lo para que abandone seus deuses ao lhe perguntar qual é a verdadeira fé.

Natã retruca com a famosa Parábola dos Anéis, adaptada do *Decameron* e da obra anterior, *Gesta Romanorum*. Um pai possuía um anel que tinha a virtude de fazer seu proprietário amado por Deus e pelos homens, bem como o tornava senhor do lar. Como o pai ama igualmente aos seus três filhos (Judaísmo, Cristianismo, Maometanismo), promete o anel a cada um deles. Não desejando desapontar qualquer dos filhos, o pai, destarte, manda fazer dois outros anéis idênticos. Então concede "sua bênção e seu anel a cada um deles — e morre". Imediatamente, cada um dos filhos, sem saber que os outros também possuem um anel, reclama a primazia sobre a casa. Surge daí uma disputa e um juiz é consultado.

Saladino reprova Natã por fugir à questão, mas Natã replica que as três religiões, por mais diferentes que possam parecer agora, "não divergem em seus fundamentos". O juiz não é capaz de pronunciar um veredicto. O possuidor do verdadeiro anel deveria ser amado por todos, o que obviamente não acontece pois que os jovens levam uns aos outros ao tribunal ao invés de saudar alegremente a um deles. "Então, a quem dois de vocês amam mais?", pergunta o juiz.

Cada um de vocês só ama a si mesmo? Vamos, digam!
Continuam em silêncio? Só amam a si mesmos?
Ah, então todos os três são traidores traídos.
Todos os três anéis são falsos.
Talvez o anel verdadeiro esteja perdido.

Conseqüentemente, sua sentença é que cada um deles conceda ao seu anel uma longa experiência. Aquele que conseguir se tornar mais digno de amor será o verdadeiro herdeiro. A religião que fizer o maior bem ou ceifar a maior colheita de amor através das idades por meio de seu humanismo ativo mostrará ser a verdadeira fé. Aqui está a essência do liberalismo do século XVIII, se não de todo o liberalismo em questões religiosas. Além disso, a ele é acrescentada uma filosofia de liberdade:

> *Se cada um de vocês tem um anel de seu pai, cada um deve acreditar que o seu é o verdadeiro. É possível que seu pai não quisesse mais a tirania de um anel em casa dele. Amou a todos vocês da mesma forma: não sentia no imo nenhum desejo de desprezar dois para favorecer um. Cada um deve seguir o seu amor, livre de preconceitos* *.

(*) Trad. de Ingrid Dormien e Miroel Silveira.

Se os poderes poéticos de Lessing estivessem à altura de seu material, *Natã o Sábio* provavelmente seria colocado ao lado das grandes peças do mundo, ao invés de ser uma obra relativamente pobre. Contudo, seu fogo intelectual e apaixonado idealismo moderno arrebentam a fria concha do didatismo de Lessing. A despeito de todos os defeitos que apresenta, *Natã o Sábio* é, depois de *Fausto,* talvez a mais nobre expressão do idealismo ocidental.

Todos os homens que causaram maiores motivos de orgulho para a Alemanha civilizada prestaram suas homenagens a Lessing livre e generosamente. Talvez Heine tenha formulado o tributo de forma mais eloqüente quando escreveu que em todas as obras de Lessing "respira-se a mesma e gigantesca idéia social, o mesmo humanismo progressista, a mesma *religião da razão,* da qual ele foi o São João Batista e cujo Messias ainda está por vir". E foram Goethe e Schiller, em 1801, que deram a *Natã o Sábio,* sua primeira encenação de sucesso, numa versão algo modificada, preparada pelo segundo. Lessing morreu sem ver seu último testamento no palco alemão; notara pessoalmente que nenhum lugar era suficientemente esclarecido para receber *Natã,* acrescentando "Mas todas as saudações para o local no qual seja apresentado pela primeira vez!". Dois anos depois de sua morte, em 1783, a peça foi encenada em Berlim e, compreensivelmente, com muito pouco êxito. Restou à pequena Atenas alemã, a Weimar de Goethe, atribuir a *Natã* a devida honra. A partir de então foi traduzido para quase todas as línguas européias e sua voga na Alemanha, ainda que dependendo claramente das condições climáticas locais, até bem pouco tempo era notável. Assim, a temporada de 1900-01 registrou quarenta e cinco encenações; a temporada de 1938-39, nenhuma, é claro.

3. *Schiller e o Estro Romântico*

Lessing provavelmente teria desdenhado traduzir seu humanismo para a linguagem do jovem Schiller, e sabemos que ficou perturbado pela pirotecnia emocional da geração mais jovem. Mas a moderação não era o caminho para popularizar a dramaturgia do "Iluminismo" europeu. Essa popularização foi obtida por um dramaturgo diametralmente diverso: Schiller. Esse arrebatado lírico pegou fogo nas chamas do jovem Goethe em companhia de outros jovens como Friedrich Maximilian Klinger, cuja extravagante peça *Sturm und Drang* (Tempestade e Ímpeto), apresentada no ano em que os Estados Unidos firmavam sua Declaração de Independência, deu o seu nome a todo o primeiro estágio do movimento romântico alemão.

O liberalismo emocional de Schiller foi realçado por suas primeiras experiências. Nascido em 1759 no pequeno ducado de Würtenberg, experimentou a rigidez da disciplina familial por parte de um pai que servia como capitão no minúsculo exército do Duque. Como herdou a sensibilidade materna junto com seus olhos azuis e cabelo louro, foi inicialmente destinado ao sacerdócio. Não obstante, logo entrou numa academia militar de moldes prussianos sob o comando do Duque. Aos dezesseis anos permitiram-lhe substituir a ciência militar pela medicina, no entanto isso lhe serviu somente para ser nomeado cirurgião de regimento em Stuttgart, em 1780.

O engaiolado jovem começou a bater as asas com poemas morbidamente sentimentais e pessimistas e um ano após a sua nomeação surgiu a primeira peça de sua autoria, *Os Salteadores*. Cheia de rebelião e melancolia românticas, contrastava a extrema nobreza do injustiçado Karl Moor com a suprema vileza de seu maquinador irmão que comete crime após crime num mundo que protege a hipocrisia. O ultrajado herói dessa enérgica, mas adolescente tragédia parte para a floresta onde assume o papel de Robin Hood para um bando de foras-da-lei cuja moral é superior à dos filisteus que abraçam sua dinheirama sob a proteção da lei. Quando a peça foi apresentada em Mannheim em janeiro de 1782, o efeito foi eletrizante. Anos mais tarde a República Francesa conferiu ao autor o título de cidadão honorário em reconhecimento aos seus serviços a favor da causa revolucionária, ainda que seu próprio ardor já estivesse bem mais frio por essa época.

Desafiando a ordem do Duque para que não mais escrevesse sem a permissão ducal e se abstivesse de manter correspondência com pessoas no exterior, Schiller fugiu de Würtenberg numa carruagem fechada, passou algum tempo em Mannheim sob um nome falso e encontrou-se sem meios de vida quando o intimidado diretor do teatro da cidade rejeitou sua nova obra, *Fiesco*. Esta peça, outro peã à rebelião, um tanto melhor construída, com a ação situada na Itália, foi publicada por um corajoso editor. Uma nobre dama, Frau von Wolzogen, abrigou o refugiado em sua casa de campo, próxima a Meiningen, onde Schiller passou meio ano até a metade de 1783. Lá preparou sua bomba seguinte, *Kabale und Liebe* (Intriga e Amor), tragédia burguesa modelada segundo *Emília Galotti*. Como a peça de Lessing, *Intriga e Amor* denunciava a corrupção nas cortes das mesquinhas autocracias alemãs e descrevia a destruição de uma heroína do povo que é amada por um rebento da nobreza, o qual desafia a autoridade paterna.

Felizmente Schiller foi capaz de superar em breve os escrúpulos de Dalberg, o diretor teatral de Mannheim, e tornou-se o seu "poeta teatral". *Fiesco* foi apresentada no ano seguinte e *Intriga e Amor* veio logo a seguir. Schiller também fundou lá um jornal literário, escreveu críticas e publicou o primeiro ato de sua peça seguinte, *Don Carlos*, com a qual obteve o favor do "Mecenas da Alemanha" o Duque Karl August de Weimar.

Mudando-se para Leipzig e vivendo feliz entre generosos amigos literatos, Schiller tornou-se um espírito mais calmo. Nessa época escreveu obras líricas como o famoso *Hino à Alegria*, empreendeu estudos históricos e completou a peça *Don Carlos* que se baseava neles. Foi seu primeiro drama em versos, e a despeito do zeloso liberalismo que transparece na obra, revelava um poeta que se voltava da revolução para a evolução. Do lado negativo, descrevia a corrupção da corte espanhola de Filipe II e honrava o idealismo revolucionário do malfadado Don Carlos. Mas a ênfase moral recaía na nobre figura do amigo do herói, Posa, o qual sustentava que o homem podia ser redimido por meio da terna racionalidade e o demonstrava convertendo Filipe, embora não a tempo de salvar Don Carlos. Esta peça, que a despeito de toda sua propensão ao esparramamento, foi uma favorita na terra natal de Schiller, é de fato um epítome de todo o romantismo schilleriano. Também por essa época Schiller realizou um feliz casamento com sua devotada Charlotte, em cuja casa encontrara Goethe.

Por meio da influência oficial deste, recebeu logo o cargo de professor de História na famosa Universidade de Iena, e foi em conexão com esse cargo que completou o livro *A Revolta dos Países-Baixos* e escreveu a popular *História da Guerra dos Trinta Anos,* que lhe forneceu material para a peça seguinte, a trilogia de *Wallenstein.* Depois de viajar por problemas de saúde, acabou por se estabelecer em Weimar, refestelou-se na amizade com Goethe e recebeu dele ainda mais serviços. Lá escreveu o capítulo final de sua contribuição ao teatro alemão, juntamente com seus melhores poemas.

Lager (O Acampamento de Wallenstein), vivaz pintura da vida militar, apareceu em 1788, e onze anos mais tarde vieram suas seqüências *Os Piccolimini* e *A Morte de Wallenstein,* geralmente considerada sua melhor obra, tendo recebido o prêmio de uma tradução marcante assinada por Coleridge. A trilogia dramatiza em termos humanos a tragédia do generalíssimo católico da Guerra dos Trinta Anos que, depois de perder o favor do Imperador e acalentar dúvidas sobre a justeza da guerra, planeja fazer a paz com os protestantes e fundar um reino independente na Boêmia. É assassinado antes que possa fazê-lo, traído por seu mais chegado amigo, Piccolimini, cujo filho, um idealista, está noivo da filha de Wallenstein. *Os Piccolimini* é cansativa mas *A Morte de Wallenstein,* a não ser por sua característica superidealização dos namorados, é uma dolorosa tragédia de nobres proporções.

Schiller, porém, caiu na pieguice intelectual nos trabalhos que se seguiram. Escolheu temas sentimentais, idealizou as personagens e substituiu o pensamento pelo calor. *Maria*

Stuart, de 1800, ainda demonstrava algum domínio da realidade, apresentando Maria como uma heroína manchada pelo crime, ainda que exaltada; afora isso, a rainha dos escoceses perde a calma na cena crucial com Elizabeth. Leicester, o amante vacilante, e a rainha Elizabeth também possuem alguma substância. Apenas a rapidez com que Schiller perdoa Maria, falha característica do autor, mantém a bem construída tragédia em areia movediça romântica. Mas *Die Jungfrau von Orleans* (A Donzela de Orléans), de 1801, a despeito de todos os seus nobres sentimentos que lhe valeram grande popularidade, muitas vezes chafurda num lamaçal. Joana D'Arc foge da prisão miraculosamente, e tudo é belo e flamejante. Posta ao lado da *Santa Joana* de Shaw, levanta a suspeita de que Schiller, em que pesem todos os seus estudos diletantes de história, filosofia e teoria estética, possuía um intelecto diluído.

Na pseudoclássica *Die Braut von Messina* (A Noiva de Messina), que apresenta coros e diálogos rimados escritos com grande beleza, o autor procurou voltar à sua melhor forma. Mas a rivalidade de dois irmãos por uma garota que segundo descobrem mais tarde é sua irmã resulta num remoto drama de "destino" e a costumeira romantização da vida, permanente em Schiller, mais uma vez está presente por trás da fachada clássica. A última peça de Schiller, o conhecido *Wilhelm Tell* (Guilherme Tell), escrita em 1804, é um epítome das qualidades e defeitos do autor. Trata-se de uma fulgurante evocação do herói suíço amante da liberdade que se revolta contra o opressor, e a obra se banqueteia num esplendor lírico onde nada é forçado. Contudo, a divisão elementar de bodes e ovelhas, do perfeito Tell e Gessler, o melodramático tirano austríaco, resultam nos conhecidos defeitos de Schiller.

Aos nove de maio de 1805 Schiller sucumbiu à tuberculose em seu quadragésimo-sexto ano de vida. Correndo contra o tempo, escrevia à noite, imergindo os pés em água fria a fim de permanecer acordado. Morreu lamentado por todos que o conheciam, pois era um desses encantadores poetas que conquistam todos os corações com sua etérea espiritualidade. A impressão guardada por Madame de Staël, quando de sua visita a Weimar, de sua "doce e gentil personalidade", sua figura alta, esguia, sua boca "magnificamente cinzelada" e seu nariz romano formam um retrato que nos lembra um ídolo das matinês e acaba por compor um adequado símbolo romântico. Sua imaginação idealizante e o sonho do bom e do belo, combinados com o instintivo pendor de um homem de espetáculos pelo teatro, conservaram-no como o dramaturgo favorito do povo alemão por mais de um século.

4. *Goethe, a Última das Mentes Universais*

Se Schiller, a despeito de todas as suas experiências com a filosofia, permaneceu un poeta simples e ingênuo até o fim de seus dias, as explorações de Goethe formam a história de uma mente em aprofundamento constante. Além disso, essa mente se detém continuamente para examinar a si mesma, como se fosse o centro do universo.

Uma das características do Romantismo é a de ter transformado a auto-expressão num fetiche. A revolta contra uma sociedade regida por convenções levou à idealização do homem como um ser cujo direito primordial era expandir suas emoções e realizar sua individualidade de modo privado. Santayana notou que "o ímpeto do Romantismo consiste em tomar aquilo que sabemos ser um mundo velho e independente como se fosse material adequado para as emoções particulares". Goethe é um exemplo ideal; viveu e escreveu como se criasse "um novo paraíso e uma nova terra a cada rotação de seus estados de ânimo ou de seus propósitos" [1]. Sendo assim, é uma sorte que seus estados de ânimo e seus propósitos fossem tão abrangentes. Em conseqüência disso transformou-se num epítome respirante e realizador do século XIX para o qual nada parecia impossível.

Vemo-lo primeiro como o filho de um abastado advogado de Frankfurt, extremamente bem-educado, cheio de sensibilidade e passando de universidade para universidade. Desaponta o pai por falhar em dedicar-se a uma profissão e apaixonar-se quase cronicamente. O pai decide que Goethe deve estudar Direito e o rapaz é devidamente enviado para Leipzig em 1765, quando contava dezesseis anos. De início freqüenta as aulas com assiduidade, mas logo cai num estado depressivo, devota-se ao estudo das artes, estuda a obra crítica de Lessing e participa de espetáculos teatrais particulares. Volta a se apaixonar, é desiludido, leva uma vida irregular, sofre de uma forte hemorragia e é forçado a retornar a Frankfurt. Sua convalescença é interrompida por novas doenças, cai sob o encanto do misticismo promovido pela amiga de sua mãe, Susanna von Klettenberg, imagina um elaborado sistema teológico e adeja pela alquimia. Tal como sua personagem, Fausto, o jovem Goethe acha-se inteiramente em pendência com o mundo.

Assim que a saúde melhora um pouco, o poeta de vinte e um anos de idade obedece o desejo do pai e parte para Estrasburgo a fim de retomar os estudos de Direito. Lá, no entanto, cai sob o fascínio do crítico e filósofo Herder que desperta nele o interesse pela poesia popular, pela natureza, por Rousseau, por Shakespeare e pelos sentimentalistas Laurence Sterne e Goldsmith. Todo o campo da poesia romântica é transformado em seu mundo. E mais uma vez é apa-

(1) *Three Philosophical Poets.*

nhado pelas garras de um caso de amor. Seu objeto é a simples filha de um pastor protestante. Friederika Brion, a Gretchen do *Fausto* e a inspiração de inúmeras de suas incomparáveis poesias líricas.

A idéia do casamento repugnava a Goethe que não conseguia imaginar-se vivendo satisfeito no estreito âmbito de uma família clerical e que sentia o quanto ainda lhe faltava para aprender e experimentar. Ao preço de muito sofrimento e de inúmeras angústias de consciência, abandonou Friederika e a partir de então passou grande parte da vida oferecendo-lhe reparações literárias enquanto a moça permaneceu fiel à memória do amor juvenil e jamais se casou. Embora tenha começado a exercer a advocacia em Frankfurt no outono de 1771, sua experiência fez dele um poeta e dramaturgo. A tragédia medieval *Goetz von Berlichingen* foi o primeiro fruto de seu noviciado, que também englobava alguns notáveis versos líricos. Obra que de forma alguma estava isenta de erros, lamentavelmente difusa e erroneamente focada, *Goetz* tornou-se a ponta de lança dos inícios da revolta romântica. Seu herói, Goetz, é apresentado durante uma trágica luta contra o mesquinho absolutismo do Santo Império Romano. Historicamente considerado, estava, na verdade, tentando perpetuar a era feudal. Mas Goetz, o soldado honesto e franco, servia de veículo para a revolta de Goethe contra uma sociedade de filisteus. E o resultado foi indiscutivelmente impressionante. Goetz é uma personagem vigorosa e nobre, e a trágica traição de sua irmã pelo estadista Weislingen está copiosamente carregada de *pathos*. A peça, shakespeariana em sua estrutura e a mais encenável das obras dramáticas de Goethe, o transformou num leão literário. Toda uma escola de dramaturgos, com Kinger, Lenz e Schiller à frente, nasceu dessa tentativa de expressar uma incipiente revolta contra o mundo cotidiano.

A peça não purgou totalmente o jovem poeta. Sofreu outra depressão, que provavelmente foi agravada por um impossível amor pela noiva de um amigo. O suicídio parecia-lhe a única solução e dormia com uma adaga ao lado. Dessa recaída nasceu a melancólica novela *Os Sofrimentos do Jovem Werther* que, surgindo em 1774, se converteu na bíblia da escola romântica. Possuía todos os ingredientes exigidos, tais como abandono ao encanto da natureza, infinita inquietação e autopiedade, e um patético caso de amor. Não obstante, as peças seguintes de Goethe são mais objetivas. *Clavigo* é o estudo de um caráter fraco, obra bem construída, ainda que insignificante. *Stella,* escrita em 1775, apresenta uma solução tipicamente romântica quando seu herói Ferdinando, que está apaixonado por duas mulheres ao mesmo tempo, resolve o problema vivendo com ambas. No entanto, mesmo isso representa uma melhora em relação ao modo como a pessoa fica a cozinhar-se no próprio caldo *à la* Werther, embora revele um fraquíssimo apoio na realidade, até que Goethe mudou a conclusão trinta anos mais tarde e permitiu a Ferdinando e Stella que cometessem o suicídio.

Ademais, foi por essa época que Goethe começou a conceber o *Fausto*. O esboço de 1774 contém praticamente tudo o que é essencial na Primeira Parte da tragédia completa. Fausto já é algo mais que o mago vulgar do antigo conto folclórico do qual foi tirada a estória. Já é um homem que busca o infinito conhecimento e um asseverador do espírito humano em eterna procura, o qual é negado pelo Adversário que não consegue compreender as aspirações da alma.

O ano de 1775, que foi pontilhado por outro caso de amor, com Lili Schoenemann, uma beldade do mundo elegante, foi o último de Goethe em Frankfurt. O jovem romântico encontrou uma alma a fim no jovem Duque de Weimar, abandonou sua repugnante profissão e ligou-se à corte que transformou na mais civilizada de toda a Europa. E foi lá que lançou os fundamentos para sua inteligência diversificada, fazendo investigações científicas, servindo em muitos cargos oficiais e aplicando-se a problemas de finanças, transportes e governo. A sensível e simpática Frau von Stein tornou-se sua Palas Atená por dez anos e, sob sua égide, o poeta aprendeu a moderação e a sabedoria prática. Foi nesse espírito de pesquisa e auto-educação que começou a escrever suas longas novelas "educacionais", *O Aprendizado de Wilhelm Meister* e sua continuação *As Viagens de Wilhelm Meister,* nas quais traçou a carreira de um herói autobiográfico desde suas primeiras batalhas românticas até sua reconciliação final com as limitações da existência mundana. Foi dentro desse espírito, também, que depois de suas viagens pela Itália, as quais o aproximaram do mundo clássico, Goethe escreveu duas peças ricas em meditações e idéias, *Ifigênia em Táuris* e *Torquato Tasso.*

Ifigênia, concebida em 1779, é o testamento de Goethe para a nova dispensação. Tomando a estória euripidiana da fuga de Orestes com sua irmã da primitiva Táuris (onde ele esteve a ponto de ser sacrificado em honra à deusa Artemis), Goethe infundiu nela um alto propósito moral. Ifigênia recusa-se a trair até mesmo um bárbaro como o rei cita e com êxito apela para sua humanidade depois de lhe confessar que Orestes é seu irmão e precisa levar de volta a estátua de Artemis se deseja ser curado de sua loucura. Na vitória moral de Ifigênia, Goethe celebra seu recém-conquistado princípio de que o homem só pode obter a salvação por meio da auto-renúncia e da justiça. A antiga maldição que pairava sobre a casa de Atreu é finalmente extirpada pela *reine Menschlichkeit,* a pura humanidade, como Goethe expressou num poema posterior,

A cada humano erro ou falha
Expia a inocente humanidade.

Ifigênia é enriquecida por uma aguda análise psicológica da perturbação mental na forma pela qual ela aparece no furioso Orestes, e o exaltado pensamento de Goethe é sustentado por algumas páginas que se situam entre as melhores da língua alemã. A peça não é apenas mais um exercício pseudo-clássico, mas uma moderna "moralidade". É lamentável somente que Goethe a tenha escrito menos como uma peça a ser encenada do que como um poema dramático a ser lido.

Torquato Tasso é um estudo psicológico ainda mais profundo, para o qual o poeta italiano Tasso fornece os dados de sua vida tragicamente perturbada. Tasso é uma personalidade morbidamente sensitiva, levado ao desespero pelo fato de que um estadista sensível se recusa a mimar seu ego. Tasso passa a acalentar um furioso ciúme dele, desafia-o para um duelo, exprime uma extravagante paixão pela meia-irmã de seu patrono e está à beira da loucura quando é finalmente apaziguado. A peça é resolvida de maneira demasiado rápida e fácil; uma personalidade tão avançada na paranóia quanto Tasso não pode curar-se com um golpe de bom senso. E mais uma vez a peça é mais dramática na sala de visitas que no teatro. Não obstante, *Tasso* também é um notável drama literário, e sua compreensão do temperamento neurótico leva a uma completa afirmação do princípio anti-romântico segundo o qual um bom poeta de forma alguma é mais importante que um sábio estadista. Ademais, de acordo com o pensamento de Goethe agora, o grande poeta é aquele que vai além da auto-absorção e conhece seu lugar no esquema das coisas.

Goethe havia aprendido essa lição pessoalmente, ainda que seus dez primeiros anos em Weimar tivessem acabado por se tornar tão enfadonhos que fugiu para a Itália. *Tasso* exprimia uma sólida verdade que não tornou a perder de vista. Mesmo *Egmont,* escrito algum tempo antes e dramatizando a revolta nos Países-Baixos, embora termine com uma extasiada visão da liberdade triunfante, reflete uma sóbria perspectiva. Egmont fracassa como revolucionário porque lhe faltam as qualidades de estadista e homem do mundo. Sua natureza confiante e absorvida pelo amor redunda em sua prisão e execução pelos espanhóis. Esse estudo está bem distante da iridescência do tratamento inicial que Goethe deu a um herói rebelde em *Goetz.* Arrasta-se aqui e ali e as hesitações do infortunado conde tornam-se cansativas. E no entanto, *Egmont* é um drama estimulante girando ao redor do tema da eterna liberdade que fracassa, ainda que honre sua causa, pela nobreza com que é apresentado.

As principais incursões de Goethe pelo teatro terminam com *Egmont, Ifigênia* e *Tasso;* há uma longa interrupção entre elas e o *Fausto,* no qual trabalhou durante toda a vida até que o transformou na sinopse de toda uma existência e de cinqüenta anos de história da Europa. A Primeira Parte completa, como a conhecemos agora, surgiu em 1808; a Segunda Parte foi concluída em seu último aniversário, pouco antes de sua morte em 1832.

Nada é mais enganoso que o costume de separar as duas partes, considerando a Parte Um como um drama completo e pondo de lado a Parte Dois como um amontoado de cenas descosidas. Embora o *Fausto* tenha crescido por acúmulo, a peça é um todo orgânico e a súmula de uma visão determinada. É um mosaico cujo molde é a disparatada busca que o homem empreende para encontrar o significado e objetivo da vida. *Fausto,* em outras palavras, é uma história do homem julgada pela metafísica da aspiração humana. Não é uma peça oportuna, mas um registro; não se encaixa com maior precisão no teatro do que a própria vida o faz.

Tem início no Paraíso onde Deus pronuncia a chave do drama por meio de sua bênção ao homem, o eterno procurador: *Es irrt der Mensch so lang er strebt* — o homem erra enquanto busca. Mas essa própria busca o salvará no fim, e o resto da peça simplesmente demonstra a verdade dessa proposição.

Fausto, o objeto da experiência, tendo esgotado os escassos recursos da ciência medieval que não satisfaz seu anseio por um "conhecimento infinito", lança mão da magia, mas sem sucesso. Está pronto a renunciar a todo o amargo negócio da vida quando Mefistófeles, o demônio cético, promete-lhe o cumprimento de todos os desejos. Desprezando a promessa e certo de que esse espírito negativo, superficial, jamais poderá satisfazer seu cérebro em eterna busca, Fausto assina um pacto com ele. A enunciação é significativa:

Quando numa cama de ocioso eu deitar-me em silêncio,
Que então, repentinamente, minhas recordações acabem!
Podes governar-me com mentirosas lisonjas,
Até que, autocomprazido, veja por mim mesmo,
Podes enganar-me com ricos estratagemas,
E que seja aquele dia o último para mim...

Está disposto a deixar que o demônio leve sua alma caso chegue a encontrar um momento de satisfação que mitigue seu infinito desejo:

Quando for assim, saudarei o Momento que passa:
"Ah, fica mais um pouco — és tão magnífico!"
E então aprisiona-me em tuas algemas imortais,
E minha ruína final declara então!

Divertido, pois está seguro de que Mefistófeles jamais poderá criar um tal Momento, Fausto passa pela parafernália do pacto de sangue medieval. Então Mefistófeles, que não compreende a busca do homem, começa a agir para desempenhar o melhor possível sua parte. Devolve a juventude a Fausto, mergulha-o na grotesca dissipação e o leva a arruinar a inocente Gretchen, que é executada depois de matar o filho ilegítimo. No entanto, o próprio fato de que Fausto seja tomado de remorsos, confunde os desígnios do demônio; Fausto emerge das profundezas dessa experiência como um condoído espírito humano e não como um inveterado libertino. A primeira parte da peça representa para Mefistófeles, ainda que apenas hipoteticamente, uma derrota moral.

Porém, a odisséia do homem mal começou. Livre do remorso, que não pode senão aprisionar um espírito perscrutador, Fausto mergulha no grande mundo e faz de Mefistófeles um instrumento para sua insaciável busca e mais tarde para seu desejo de criar. Suas aventuras o levam à corte do Imperador onde luta fantasticamente com os problemas econômicos do império. Em meio a muita prestidigitação, sua busca seguinte é a da beleza clássica e esta se realiza no magnífico episódio de Helena. Então segue-se o simbólico episódio de Euforion, onde o catastrófico comportamento do filho nascido de Fausto e Helena demonstra os perigos da aspiração desenraizada. Euforion, que também representa a imaterial arte romântica e no qual há mais de uma lembrança de Byron, é esmagado por um precoce salto no vazio.

Finalmente — e aqui está a filosofia moderna proposta por Goethe — Fausto, que já esgotou todos os vôos poéticos, dedica-se à atividade prática de acordo com as pragmáticas declarações de Goethe, segundo as quais "apenas aquilo que é frutífero é verdadeiro" e de que "se desejas atingir o infinito, atravessa o finito por todos os lados". Assim como as aspirações da Revolução Francesa foram canalizadas para as atividades científicas e econômicas no século XIX, assim como o poeta lírico Goethe se tornou pessoalmente um funcionário do governo e um cientista, Fausto agora vê-se às voltas com o mundo real. Dedica-se ao cultivo de uma faixa de terra, à drenagem de pântanos e ao estabelecimento de uma sociedade próspera.

As buscas e empreendimentos de Fausto, como as de todos os construtores práticos, causam dor a outros; não são apenas os destruidores que magoam as pessoas gentis do mundo. Um de seus últimos atos sanciona a expropriação de um inocente casal de anciões. Isso os leva à morte, pois recusam abandonar o lar para abrir caminho ao "progresso", e Fausto reflete amargamente sobre a dor que causou. Mas ele não ficará paralisado pelo remorso, uma virtude que Goethe julgava perigosa quando conduzia a uma interrupção da atividade humana. Embora enceguecido pelo "Cuidado"

Fausto ainda chama pela "rápida diligência" e pelas mais "severas ordens". Apenas por esses meios é que sua visão se realizará, e ufanando-se da derradeira fruição de seus esforços, suspeita de que estes o levarão mais perto da gratificação interna que qualquer outra coisa.

Milhões viverão felizes em liberdade, unidos pela atividade comum porque

Apenas conquista sua liberdade e existência
Aquele que diariamente volta a conquistá-las.

Antevê um "povo livre" pisando um "solo livre", e naquele grande dia seria capaz de "saudar o Momento que passa" com essas palavras que jamais julgou seria capaz de pronunciar —

Verweile doch, du bist so schoen *

Vai ainda mais longe:

Na orgulhosa antecipação de uma alegria tão sublime,
Gozo agora o supremo Momento — este!

Porém, Mefistófeles, o negativo espírito que não compreende, ri de Fausto enquanto este tomba ao chão e morre, ri dele por desejar esse

último, paupérrimo, vazio Momento,

e espanta-se com a falta de propósito da vida:

De que nos serve essa interminável criação?

Mas recebe sua resposta quando a alma de Fausto é salva de suas garras e acolhida pelo Celestial Anfitrião. Um espírito tão perscrutador quanto o de Fausto foi feito para a eternidade e é recebido como uma "crisálida" para um novo nascimento. O "eterno feminino" ou o princípio criativo leva Fausto ao mais alto céu, ao reino do Absoluto, o único lugar onde pode haver a completa realização. Pois sua batalha terrena era apenas um símbolo da aspiração eterna e da incessante criatividade que caracteriza o universo. Em suma, a luta de Fausto era um símbolo cósmico, pois

Todas as coisas transitórias
Não são enviadas senão como símbolos.

Da multiplicidade de situações e versos sugestivos do *Fausto* depreendemos uma visão da criação evolutiva. Apenas

(*) Ah, fica mais um pouco — és tão magnífico!

devemos ter em mente que o filósofo Goethe era também o poeta e o fragmentário dramaturgo Goethe. Há cenas em que Goethe está apenas brincando com seu tema e divertindo-se um pouco com a ilogicidade do mundo. Na verdade, grande parte do *Fausto* foi escrita fantasiosamente. De que outra forma poderia Goethe apresentar sua filosofia da vontade indômita sem sucumbir à puerilidade rutilante, à retórica bombástica e às solenidades de púlpito? Se Dante escreveu uma "Divina Comédia", Goethe criou uma Divina Fantasia.

Seria fútil defender o *Fausto* em seu todo como uma simples peça destinada ao palco, embora de tempos em tempos tenha sido encenada em sua inteireza com muito sucesso na Europa. Mas é igualmente fútil lamentar-se por Goethe não ter preferido produzir um drama em estado puro. Tinha outros objetivos em mente e, ao realizá-los, criou algo mais — um "drama épico" ou uma alegoria dramática. *Fausto* é, em suma, um poema de "experiência". É o testamento de um poeta que acreditou ser o homem capaz de todas as conquistas e dedicou-se a provar a premissa devotando-se pessoalmente à maior parte das artes (poesia, ficção, dramaturgia, ensaística, pintura, música), à filosofia, ao governo, à botânica, à biologia, à anatomia, à geologia e à teoria das cores. Obviamente, não podia mostrar-se perfeito em todos esses terrenos, e em alguns casos incorria em grandes erros pois que seu método científico era amplamente intuitivo. Como Leonardo da Vinci, malogrou em muita coisa, mas não malogrou na experiência. E jaz aí sua inapelável modernidade. Ademais, aí deve ser encontrado seu princípio ultramoderno de equilíbrio, que pode ser definido como repouso em movimento.

Gretchen é uma personagem teatral de tão alta qualidade quanto qualquer outra que possa ser encontrada em peças mais perfeitas, Doutor Fausto é uma das grandes figuras do teatro e cenas individuais, como a cena da prisão na Primeira Parte e a cegueira de Fausto na Segunda Parte, incluem-se na grande dramaturgia sob qualquer classificação. Mas a obra em sua inteireza desafia definições. Em seu caos pleno de propósitos encontramos o fim lógico do Romantismo. "Ser variegada, ser indefinida, ser inacabada" é, como observou Santayana, — a saber, que o Romantismo é "obstinadamente empírico, e *nunca aprenderá nada da experiência*" — não pode ser aplicada com justiça a Goethe. Goethe aprendeu da experiência tanto quanto qualquer clássico ou realista.

A fundamentada acusação que se pode fazer contra o *Fausto* é que se torna espalhafatosamente operístico aqui e ali *, e amiúde apresenta mais absurdos do que poderia suportar com bom efeito. Goethe não era um nacionalista es-

(*) Não é de surpreender que tenha sido transformado em ópera por Berlioz, Gounod e Boito, isso para não mencionar quase uma dúzia de obras menos importantes.

treito, e orgulhava-se de ser cosmopolita ou um "bom europeu". Mas não podia superar a inclinação germânica para a elefantíase. Não é possível sentir muito prazer ao ver um elefante tornar-se brincalhão.

No entanto, felizmente os desvios goethianos do bom gosto são compensados por um lirismo superlativo, pelo vigor intelectual e por uma serenidade nascida do respeito pela dignidade do homem — o que inclui uma generosa dose de auto-respeito. O símbolo de um paquiderme para esse "poeta da pura experiência" é muito injusto. Pode ser substituído pela pintura semitrocista, semi-reverente feita por Heine de um Zeus Olímpico sugerido pela majestosa figura e pelo olhar resoluto de Goethe. "Quando eu o visitava", narrou Heine, "involuntariamente olhava em redor para ver se não poderia vislumbrar ao seu lado a águia com o raio no bico. Estava prestes a falar-lhe em grego. Mas, como percebi que entendia alemão, contei-lhe nessa segunda língua que as ameixas ao longo das margens da estrada estavam excelentes... E Goethe sorriu. Sorriu com os mesmos lábios que outrora haviam beijado a bela Leda, Europa, Dânae, Semele, e inúmeras outras princesas ou simples ninfas" — incluindo a governanta Christiane que finalmente se tornou sua esposa.

18. Romantismo na Europa

Goethe ilustra a bem conhecida tendência dos dramaturgos de maior envergadura para projetar as inspirações de períodos dinâmicos da história humana. Os protestos contra a estagnação social e sonhos de uma humanidade enriquecida do século XVIII encontraram-se em sua corrente sangüínea com a típica fé do século XIX na habilidade do homem para subjugar a natureza através da atividade prática. Mas Goethe foi um desses raros escritores que abarcam em si mundos inteiros, mundos que personalidades menos abrangentes só podem captar em fragmentos. Durante sua vida, enquanto superava as extravagâncias do *Sturm und Drang* a ponto de finalmente poder proclamar sua convicção de que "o clássico é saúde; e o romântico, doença", e várias décadas depois de sua morte, os luminares menores do teatro travavam com o mundo em mutação uma dúbia batalha, algumas vezes retirando-se para abrigos particulares e outras atacando incessantemente.

Alguns deles amimalhavam o ego que fora supervalorizado pelo movimento romântico e ventilavam suas angústias e melancolias. Outros voltavam-se para as posturas revolucionárias do período anterior, e havia quem buscasse exprimir sua rebelião em novas formas dramáticas. Finalmente o romantismo começou a ceder lugar a um realismo tentativo na dramaturgia.

Poucas dentre as peças desses românticos e dos homens práticos de teatro que cresceram em seu meio merecem uma colocação elevada. Mas alguns de seus esforços compreendem um capítulo na transição do romantismo para o realismo no teatro; e outras obras — em sua maior parte altamente extravagantes — indicam um caminho para o drama psicológico genuinamente moderno.

1. *Os Românticos Alemães — Débito e Crédito*

Colocados ao lado de Goethe, os outros românticos da escola alemã parecem irmãzinhas mais fracas, e é forte a tentação de nos livrarmos deles apenas com uma referência passageira. Foram todos fracassados porque possuíam a sensibilidade de Goethe, mas não a vigorosa inteligência que lhe permitia olhar o mundo sem pestanejar. Assustados pela marcha dos acontecimentos na Europa, pela abrasadora estrela de Napoleão e pelo ascenso de uma sociedade industrial, recolheram-se à concha da desvairada inversão. Na Alemanha, um Kotzebue ou um Iffland e na Áustria um Nestroy* eram capazes de escrever e apresentar um lixo de terceira categoria para a edificação das multidões. Mas os convictos românticos que estiveram em atividade durante as três últimas décadas da longa vida de Goethe não entravam em contato com o mundo real ou mesmo superficialmente romantizado. Mergulhavam numa espécie de catolicismo místico ou frouxo, e esposavam um medievalismo mórbido e sensacionalista. Para Goethe, que nunca conseguiu abandonar a antipatia pela Idade Média, que considerava como a era do negrume intelectual, eles pareciam pueris. E os românticos, por sua vez, o consideravam insensível e superficial.

Ludwig Tieck, embora fosse um dos chefes desse segundo e amplamente reacionário movimento romântico, mostrou uma pitada de bom senso. Compôs uma hábil sátira aristofanesca com seu *Gato de Botas,* incentivou o culto a Shakespeare e emprestou seu nome à mais famosa tradução alemã das obras do bardo. *Genoveva,* peça de sua autoria sobre a lenda de uma santa, é razoavelmente racional, e as versões que apresentou de *Volpone* e de *A Mulher Silenciosa* de Ben Jonson são excelentes.

Karl Gutzkow, nascido em 1811, pertenceu a um terceiro período do romantismo alemão que retornou ao idealismo liberal. O novo grupo, que denominava a si mesmo de "Jovem Alemanha", não sentia nada além de desprezo pelos românticos reacionários que haviam ventilado sua melancolia durante o período napoleônico. Será sempre lembrado que do novo movimento brotaram liberais como Bruno Bauer e revolucionários como Karl Marx. Destarte, a obra de Gutzkow está livre da morbidez e é abrasada de zelo por uma

(*) Kotzebue, que superou a popularidade de Schiller, tornou-se a fonte de inúmeras imitações, entre as quais encontramos o *Pizarro* de Sheridan (um "Bucéfalo de aluguel", se é que podemos usar a adequada classificação do próprio adaptador). Nestroy durante muito tempo foi popular na Europa Central, e uma de suas farsas forneceu o incentivo para uma obra de Thornton Wilder, *The Merchant of Yonkers* (O Mercador de Yonkers) que fracassou na temporada de 1938-39.

Alemanha liberal. Sua peça mais conhecida, *Uriel Acosta,* a tragédia de um herege judeu, é uma penetrante pintura da luta pela liberdade intelectual.

O jovem gênio Georg Buchner, protegido de Gutzkow, que morreu aos vinte e quatro anos depois de ser caçado pela polícia durante os períodos revolucionários da década de 1830-40, estava dentro do mesmo estilo. Nascido aos 17 de outubro de 1813, perto de Darmstadt, e atrelado a um pai tirânico que não via com simpatia os pendores literários do filho, atingiu a maturidade durante os estrondos revolucionários dos anos 30 na Alemanha. Estudou ciências naturais e filosofia em Estrasburgo e em Giessen, onde se tornou ativo conspirador durante a época escolar. Lá mesmo, em 1834, publicou e distribuiu seu panfleto revolucionário *O Cortesão de Hesse,* depois considerado um dos mais brilhantes folhetos jamais escritos em língua alemã e saudado como uma das proeminentes manifestações pré-marxistas sobre o socialismo. Forçado a fugir do Ducado de Hesse-Darmstadt, foi para Estrasburgo. Nos dois anos remanescentes de sua curta existência — morreu aos 19 de fevereiro de 1837 — ficou desiludido com os sonhos que diziam respeito à revolução, e dedicou-se a notáveis estudos científicos que lhe granjearam um doutorado e um cargo de professor-conferencista em Anatomia Comparada na Universidade de Zurique.

Sua obra literária inclui, além do supramencionado panfleto e de *Lenz,* uma novela inacabada, traduções de duas das peças de Victor Hugo, *Pietro Aretino,* peça que a amada de Buchner destruiu por causa das heteredoxias nela contidas, uma comédia curta, uma tragédia completa e um grandioso fragmento. A peça curta, *Leonce e Lena* é uma inteligente fantasia romântica e, ao mesmo tempo, uma sátira à aristocracia. O fragmento, *Woyzeck,* que em nossos dias foi transformado em ópera pelo modernista Alban Berg, é a poderosa tragédia de um soldado eslavo perseguido por superiores prussianos que reduzem seus nervos a frangalhos e o traem com a mulher até que ele acaba por assassiná-la, afogando-se em seguida.

Em 1835 o jovem dramaturgo deu mostras de estar manifestamente desanimado. Para ele a revolução havia perdido o encanto e Danton, seu herói em *Dantons Tod* (A Morte de Danton), escrita em 1835, caminha para a morte qual um desencantado liberal enojado com o derramamento de sangue a que deu início. *A Morte de Danton* é um texto supervalorizado; a estrutura é descosida e o estilo sucinto com muita freqüência se torna aforístico. Mas possui relances de incontestável genialidade no ofegante ritmo dos eventos, na cena da história de massas e na criação das personagens Danton e Robespierre, o irascível instrumento do virtuoso a seus próprios olhos, fariseu.

Buchner foi um precursor tanto do naturalismo quanto do expressionismo na dramaturgia, embora sua vida tenha sido cortada antes que pudesse desenvolver as possibilidades de qualquer dos estilos. Tinha o "desespero quanto à impureza da vida" dos naturalistas e a técnica expressionista de substituir situações elaboradamente desenvolvidas por cenas breves psicologicamente sugestivas. Foi, com efeito, um anti-romântico em seu ambiente romântico. Sua filosofia do caráter, que brotava da perspectiva da ciência mecanicista do século XIX, constitui uma nítida ruptura com o heroísmo da "tempestade e ímpeto". *A Morte de Danton,* com seus retratos de Danton e Robespierre, ambos apanhados pelo redemoinho da revolução desenfreada, exemplifica sua visão determinista. "Os indivíduos" — escreveu Buchner explicando-se — "não passam de rebentações de uma onda; a grandeza, do mais puro acidente; a força do gênio, uma peça de marionetes — a luta de uma criança contra uma lei de ferro".

No entanto, os românticos da era napoleônica eram pássaros de plumagem inteiramente diferentes, combinando extravagante teatralidade com fuliginoso misticismo; em sua maioria não passavam de arrufados pavões fingindo-se de fênix. Os ficcionistas Fouqué e Brentano e os poetas líricos Körner e Uhland escreveram raquíticas peças medievais. Mas o prêmio vai para os dramaturgos Werner, Klingemann e Müllner, que romperam os ares com sua frenética inspiração.

Como demonstração de um caso clínico, e servindo de contraste suficiente com a medicação oferecida por Goethe, podemos apresentar a conclusão do *Fausto* de Klingemann. Nessa peça, concedem-se a Fausto quatro pecados antes que o Demônio dele se apodere. Quando esgota três das oportunidades, provocando a morte de sua esposa, do filho e de seu pai, o Demônio, ou o Estranho, surge para levá-lo. Fausto protesta: "Maldito! Ah! Eu sou! Eu sou! De joelhos! Eu sou teu mestre!". Quando o Estranho responde "Não mais", Fausto indaga "Mais? Ah! E meu Pacto?". O Estranho conta-lhe que o caso está encerrado, dado que também cometeu o *quarto* pecado ao assinar o trato com o demônio: "Essa assinatura foi o mais maldito de todos os pecados". Fausto urra "Cadinho de mentiras!" mas o Estranho, na "mais alta fúria" *(sic),* troveja "Para baixo maldito" e o arrasta pelos cabelos. A cena passa para "um horrendo ermo", o fogo chove de todos os lados e Fausto desce para as devidas regiões, berrando em selvagem desafio "Ah, para baixo! Para baixo!".

Uma tal demonstração nos desobriga da necessidade de prolongar o registro, a não ser que se deseje levar em conta Müllner, que alongou a lista de obras-primas da excentricidade com a consideração devida ao incesto e ao lado místico em *Vinte e Nove de Fevereiro;* essa é a data na qual a progênie de um incestuoso lenhador deve ser visitada por uma catástrofe a cada quatro anos até que todos sejam assassinados — para grande alívio do leitor. Todas essas obras são equivalentes dos assim chamados romances góticos, dos quais há exemplos muito conhecidos de proveniência inglesa como *O Castelo de Otranto,* de Horace Walpole e *Os Mistérios de Udolfo* da Sr.ª Radcliffe.

Tal foi o resultado da desesperada busca do maravilhoso, da fuga para o azul, da retração para o subjetivismo sancionado pela filosofia do período decadente ou regressivo do romantismo. Sua teoria e prática derivavam igualmente da superavaliação sentimental da individualidade, cuja tônica vamos encontrar nas ingênuas linhas de abertura das *Confissões* de Rousseau: "Sou diverso de todos os homens que já vi. Se não sou melhor, ao menos sou diverso".

Começando como uma revolta contra um decrépito regime aristocrático e uma tranqüila classe média pré-revolucionária, o culto da "individualidade" transformou-se mais tarde no mecanismo de defesa de uma *intelligentsia* desencorajada pelos excessos da Revolução e suas conseqüências — o culto a Napoleão, a guerra e a sociedade ávida e materialista tão vividamente descrita por Balzac. Entre os críticos, Herder, um dos primeiros mentores de Goethe, também não perdendo de vista as realidades objetivas, sublinhava o fato de que o gênio era intuitivo. Mas Schelling, surgindo algum tempo depois, já foi além e anunciou que a atividade da mente era mística [1]. E o teórico do romantismo decadente, August Wilhelm Schlegel, pontificava na primeira década do século XIX que a "imaginação", a "fantasia" dos modernos deveria ser "incorpórea", que os escritores deveriam tratar dos "mais altos sentimentos", negligenciando assim as realidades concretas, e que o "finito e mortal" deveria "perder-se na contemplação da *infinidade*".

Contudo, é mais que justo registrar o fato de que a insanidade do período foi atenuada por uma cintilação de inteligência e talentosa dramaturgia devidas a Heinrich von Kleist que compôs uma vigorosa comédia de certa distinção em 1808, *Der zerbrochene Krug* (A Bilha Quebrada), um drama histórico escrito com lucidez, *Die Hermannschlacht,* tratando da derrota dos romanos pelos alemães sob o comando de Armínio e aludindo à possibilidade de uma revolta contra Napoleão em 1809, e um sólido estudo psicológico de um herói militar, *O Príncipe de Hamburgo,* que sofre um colapso nervoso (e depois é perdoado) antes de sua execução já decretada. Há na peça considerável prussianismo e certo chauvinismo permeia *Die Hermannschlacht,* pois Kleist estava obcecado com a idéia de ver Napoleão expulso da Alemanha. O apático Estado de sua nação dividida obscureceu a mente de Kleist antes que pusesse fim à vida em 1811, aos trinta

(1) *Theory and Technique of Playwriting* de Lawson, pág. 41.

e quatro anos, como conseqüência de um pacto suicida estabelecido com a mulher a quem amava.

Kleist também escreveu dois mórbidos dramas psicológicos: *Das Käthchen von Heilbronn*, estudo do complexo de Griselda no qual uma donzela masoquista sofre todas as humilhações do homem a quem ama e segue; e *Penthesilea*, obra na qual a rainha das amazonas se apaixona por Aquiles e seu amor assume a forma de um sádico assassinato do herói devido a quem ela foi tentada a violar as leis do mundo das amazonas. Também procurou uma inacabada fusão de todas as artes — uma *mélange des genres* romântica! — com *Robert de Guiscard;* restou apenas um fragmento escrito com grande beleza, pois Kleist queimou o manuscrito num acesso de desespero.

Kleist é um dramaturgo fascinante. É o pai não reconhecido do drama moderno, antecessor de Strindberg e O'Neill. Com efeito, não é de surpreender que a mórbida introspecção dos românticos tenha dado origem à literatura psicológica, notável conquista do final do século XIX e do século XX que produziu Dostoiévsky, Proust e Joyce. É triste apenas constatar que suas obras mais ambiciosas tenham sido atormentadas, dolorosas e confusas. De sua morbidez Kleist teceu um mundo composto pelas mais profundas observações psicológicas. Mas cometeu o erro de confundir o teatro com uma clínica. Só um grande gênio poderia enfrentar os temas que ele abordou, e Kleist morreu antes que pudesse demonstrar se estava qualificado para o título.

Dentre os demais, o único dramaturgo digno de nota, o popular autor austríaco Franz Grillparzer, foi um dramaturgo eclético e sintético que sobreviveu à sua escola, morrendo em 1872, aos 81 anos. Sua *Ahnfrau* (Ancestral), escrita em 1817, enquanto a temperatura do romantismo alemão ainda se achava em ponto de ebulição, apresenta todos os *frissons* do romance gótico. Sua *A Judia de Toledo,* obra repugnante, mas intensa, lembra os dramas psicológicos de Kleist; um rei apaixonado percebe a indignidade da amante e a baixeza de sua paixão pela moça somente quando é colocado frente ao seu cadáver. *A Sorte e o Fim do Rei Otokar,* pomposa incursão pelo drama histórico à maneira de Schiller não deixa de oferecer certo *pathos* na caracterização do malfadado governante boêmio que percebe por fim a inutilidade de todo poder imperial. Uma comédia filosófica, *Der Traum ein Leben* (O Sonho é Uma Vida), influenciada por Calderón, prega a serenidade, mas apresenta um original uso da técnica do sonho na dramaturgia, e *Weh' dem der lügt* (Desgraça para Aquele que Mente) é bastante divertida, embora seja melhor lembrada pelo fato de sua proibição no *Burgtheater* em 1838, devido às alegadas inclinações liberais do autor, haver provocado o afastamento permanente do teatro. *Safo,* trabalho criado sobre a tragédia de amor da poetisa grega, é um drama escrito com ternura e limpidez, tal como sucede com outro drama de amor sobre Hero e Leandro. Mas sua trilogia do *Tosão de Ouro*, que trata da estória de Medéia a partir de um ponto de vista moderno, histórico e psicológico, é, a despeito da verbosidade e do tamanho, uma obra profunda e poderosa. A situação de Medéia é a de uma estrangeira num mundo que não demonstra compreensão pelos padrões elementares de amor e ódio aos quais Medéia estava acostumada em sua terra natal antes de seguir Jasão para a Grécia. Ela perde seu amor por agarrar-se ao antigo aventureiro com uma intensidade que destoa com o mundo monótono no qual Jasão vive agora. A catástrofe lendária, o assassinato dos filhos, é uma circunstância inevitável e cuidadosamente atenuada. Apenas a reflexão de que Eurípides disse quase a mesma coisa em menos tempo e espaço diminui nosso entusiasmo pelo *magnum opus* de Grillparzer.

Com efeito, foi apenas no campo correlato da ópera que o drama romântico alemão pós-Goethe atingiu certa grandeza. Os dramas musicais de Richard Wagner, que não podem ser discutidos aqui, atacam o material romântico composto de cavaleiros medievais, guerreiros germânicos e deidades com o duplo recurso dos libretos estridentemente poéticos da música magnífica, ambos da autoria de Wagner. Consideradas como dramas puros, a maior parte das óperas de Wagner é incorrigivelmente extravagante e verborrágica. Na verdade, seria injusto julgá-las como peças se Wagner não tivesse tentado sublinhar seu valor dramático e se não acreditasse ser o herdeiro direto de Shakespeare. Wagner acreditava estar criando um superteatro, e recusava-se mesmo a ser chamado de músico. Acreditava também que estava proporcionando ao mundo uma grande visão. Na realidade, porém, suas óperas são meras expressões musicais de temas românticos ao extremo, indo das idealizações do amor que encontramos em *Tannhäuser* e *Lohengrin* até o vasto simbolismo cósmico do ciclo do "Anel". Da intenção original de Wagner, que pretendia mostrar os velhos deuses destruídos por sua cobiça e pelo fracasso em ordenar o mundo, pouco restou na versão final. Wagner, que começara como um perseguido adepto da "Jovem Alemanha", terminou no seio da filosofia schopenhaueriana, denunciando o mundo como ilusão; depois, tomando o viático final em *Parsifal,* para grande desgosto de seu amigo Nietzsche, tornou-se um místico cristão.

É incontestável que as grandiosas obras e esforços dos românticos encontraram sua transubstanciação adequada na ópera wagneriana. A maior parte dos dramaturgos possui uma imaginação operística sem talento musical; Wagner combinava os dois. Ademais, estava capacitado a realizar concretamente o sonho romântico da fusão ou *mélange* das artes, única coisa que poderia alcançar magia e expressividade completas.

2. *A Difusão do Romantismo*

Embora o resto da Europa não apresente as realizações e extravagâncias do drama romântico no mesmo grau que a Alemanha, o movimento irrompeu pelo mundo ocidental sem respeitar fronteiras. Da França à Rússia, da Escandinávia à Itália precipita-se a corrente, e a insular Inglaterra é cercada por ela. Contudo, por toda parte o melhor momento do movimento romântico será encontrado na poesia, e a maior parte das peças são inferiores como dramas.

Numa breve resenha, assinalamos os dramas de Adam Oehlenschläger; seu *Correggio,* sua tragédia histórica *Hakon Jarl* bem como outras peças extraídas da era romântica da Escandinávia medieval. Nascido em 1779, viveu até 1849 e foi aclamado como "rei da canção escandinava". Sua influência sobre o jovem Ibsen não deveria ser minimizada. A Itália vibrou sob o tremor do romantismo na obra de diversos dramaturgos sem maior relevo dos quais o mais lembrado é Pindemonti com sua sentimental *Ginevra da Escócia* ao lado do exaltado poeta Vittorio Alfieri. Alfieri observou as "unidades" escrupulosamente, de modo que a forma de seus monótonos textos era estritamente clássica. Mas era romântico seu idealismo liberal e patriótico. Em *Filipe II,* que apresenta o mesmo tema do *Don Carlos* de Schiller, pinta a personagem-título como um sombrio tirano enquanto glorifica Don Carlos, seu filho liberal; em *Virginius* aborda o mesmo assunto que Lessing converteu num drama da classe média em *Emília Galotti.*

Na Rússia, o movimento romântico liberal floresceu sob o nome de "byronismo", lutou contra a autocracia de Alexandre II e explodiu por volta do fim do ano de 1825 na conspiração dos "decembristas". Encontrou sua expressão maior na poesia e na ficção de Pushkin e Lermontov, dois gênios de primeira água. Pushkin também revelou notável talento dramático. Suas peças curtas *O Cavaleiro Avarento, O Festim Durante a Praga, Don Juan* e *Mozart e Salieri* são obras menores, ainda que as duas últimas miniaturas mencionadas sejam decididamente interessantes. Alguns críticos consideram essas "peças-miniaturas", como Pushkin as chamava, como inovações de destaque, pois, estritamente falando, não são peças em um ato e sim nervosas dramatizações das crises ou do clímax na vida de uma personagem. Ademais, a maior contribuição de Pushkin, *Bóris Godunov,* escrita em verso e prosa sob a influência de Shakespeare, é uma poderosa crônica. A tragédia do usurpador Bóris, que afasta do caminho o herdeiro de Ivã, o Terrível,

Dmitri, a fim de tornar-se Tzar da Rússia, está permeada de angústia nascida do sentimento de culpa. O retrato do ambicioso monge que finge ser Dmitri é executado com vivacidade, e poderosas cenas de multidão introduzem as massas na pintura histórica. *Bóris Godunov,* em que pese todas as suas falhas de estrutura, é uma viva evocação da Rússia do século XVII e um bom estudo da ambição criminosa. Pushkin, vivendo no exílio na Rússia meridional, superara seu byronismo subjetivo quando começou a escrever a tragédia em 1824, e nas exigências da construção dramática encorajaram ainda mais o poeta lírico a adotar a objetividade histórica.

No entanto, o grosso da dramaturgia não-alemã no estilo romântico aparece na Inglaterra e na França, onde a literatura não-dramática mostrou-se extraordinariamente ativa. Por sua influência na cultura européia, a Inglaterra e a França, depois da Alemanha, imprimiram o mais profundo cunho sobre a dramaturgia que precedeu o advento do realismo.

3. *Os Poetas no Teatro Inglês*

Sendo o país mais estável da Europa, a Inglaterra não foi de início solo fértil para as excrescências revolucionárias da "Tempestade e Ímpeto". A Revolução Francesa de 1789 obteve, claro está, grandes entusiastas na Inglaterra, particularmente entre os jovens poetas Coleridge, Wordsworth e Southey. Coleridge, além de escrever uma tragédia sentimental, *Remorse* (Remorso) e uma imitação de *O Conto de Inverno* de Shakespeare em sua *Zapolya,* traduziu o *Wallenstein* de Schiller. Mas os excessos da conturbação além do Canal da Mancha suscitaram uma reação que desencorajou o drama romântico revolucionário. Muitos jovens agitadores tornaram-se conservadores de meia-idade, como Wordsworth, e Coleridge celebrou o fim do Terror na peça curta e excitante, mas inapelavelmente retórica *The Fall of Robespierre* (A Queda de Robespierre). Destarte, a Inglaterra contentou-se com melodramas de mistério, versões teatrais dos romances góticos de fantasmas vingativos e horrores artificiais como *The Castle Spectre* (O Espectro do Castelo) e *Rugantino,* de Matthew Gregory Lewis. A obra de Lewis é importante por sua adesão ao "melodrama", que é, literalmente, o drama apoiado pela "melodia" ou música. Devido ao fato de que as peças de Lewis e sua escola lançavam mão de todos os recursos do horror, a forma tornou-se sinônimo de violenta ação superficial mesmo sem acompanhamento musical; sobrevive nas modernas peças de mistério policial e *suspense.* Tais exercícios minaram o teatro inglês por muitas décadas. Apenas a interpretação de atores tão famosos quanto Kean e Macready salvaram o teatro de uma total destruição.

Na verdade, a interpretação foi uma importante companheira do movimento romântico na Europa. O teatro alemão deveu muito a Ekhof, a quem chamaram de "o Garrick alemão", por ter desenvolvido a contenção na arte de interpretar, e a Friedrich Ludwig Schröder que, como ator-empresário lutou para reviver o Teatro Nacional de Hamburgo e defendeu a interpretação conjunta (em lugar do espetáculo no qual brilhava apenas o grande ídolo com os demais atores a lhe servirem de apoio) muito antes que esta triunfasse no Teatro de Arte de Moscou, fundado por Stanislavski. Mais tarde, Ludwig Devrient desenvolveu a interpretação emotiva, para pôr-se em consonância com a adoração dos sentimentos por parte dos decadentes românticos, e seus seguidores, com muita propriedade, nutriam uma aparência pálida e emaciada, de olhar triste e espírito inefavelmente melancólico. Na França, Talma, contorcendo-se dentro da tradicional camisa-de-força, conseguiu infundir ao drama pseudoclássico uma dose inusitada de energia e emoção, e seu sucessor, Frédéric Lemaitre, enfrentou as mais extravagantes exigências dos textos de Victor Hugo com extraordinária paixão. Rachel Félix, a primeira rainha semita da tragédia francesa, transformou as obras de Racine em veículos para uma tempestuosa emotividade, mais uma vez convertendo, destarte, o classicismo dramático em romantismo teatral.

Na Inglaterra, a grande era de interpretação do século XVIII continuou pelo século XIX adentro. A virtuosa e magnificente Sarah Siddons, que estreou com muito êxito no Teatro Drury Lane em 1782, transmutou o "nobre" estilo clássico numa experiência pessoal, e John Phillip Kemble, seu menos inspirado irmão, que era o verdadeiro diretor do Drury Lane enquanto Sheridan permanecia na direção nominal, com grande energia transformou a interpretação e o espetáculo contidos numa eficaz experiência teatral. Vivendo até o século seguinte, Kembre supervisionou a transição do teatro inglês para a era da interpretação romântica, resumida por Edmond Kean. Kean, que estreou em 1814 no Drury Lane, satisfazia a todas as exigências dos românticos com sua aparência selvagem e emotividade incandescente. Em papéis shakespearianos como Ricardo III e Otelo deu aos seus contemporâneos uma mostra, para o melhor e para o pior, do que deveria ter sido a interpretação quando Alleyn e Burbage pisavam as pranchas do grande círculo que compunha os teatros públicos elisabetanos. Coleridge prestou-lhe o supremo tributo dos românticos ao declarar que observar Kean era como "ler Shakespeare à luz de relâmpagos". Mesmo quando a dramaturgia inglesa estava entorpecida, o teatro inglês conseguia viver intensamente graças aos seus atores.

Contudo, o regime reacionário de Castlereagh e as incitações da Revolução Francesa (já distante o suficiente em 1820 para causar qualquer alarme à nova geração de escritores) suscitaram uma segunda onda de romantismo liberal. Embora o teatro comercial sentisse forte aversão à nova corrente, a dramaturgia recebeu parte da inundação. John Sheridan Knowles escreveu peças teatrais mas demasiado enfadonhas, vazadas em versos; *Virgínio* em 1820 e *Guilherme Tell* em 1825 refletiam o novo espírito que alguns genuínos poetas aplicaram com distinção em suas peças.

O *Sardanápalo* de Byron não passa de orientalismo flamejante. *The Deformed Transformed* (O Deformado Transformado) e *Heaven and Earth* (Céu e Terra) podem ser postas de lado e em *Werner* encontramos poder dramático, embora a peça não tenha muito interesse para nós. Mas suas tragédias venezianas *Marino Faliero* e *The Two Foscari* (Os Dois Foscari) honram o espírito de rebelião de uma forma efetiva ainda que em grande parte pseudoclássica e empolada. É engano considerar que faltava a Byron habilidade para o drama. *Manfredo*, amimalhando a melancolia, com sua idolatria de culpas inexpressivas e seu sentimentalismo a "alma singular", dramatiza o desafio que os românticos lançavam à convenção. Embora esse poema, escrito em 1817, seja intelectualmente desprezível se colocado junto do *Fausto,* ao qual semelha, não deixa de possuir uma perversa espécie de poder. Ademais, não há sombra de dúvida que há força e *pathos* inequívocos em *Caim,* que celebra o primeiro assassino e o primeiro rebelde contra a autoridade. Caim urra contra um Deus que condena os seres ao Inferno, ama o sangue e deseja o sacrifício de inocentes animais em seus altares. Também não adorará Jeová por duvidosas recompensas:

For what must I be grateful?
For being dust, and groveling in the dust,
Till I return to dust? If I am nothing —
For nothing shall I be an hypocrite... *

Caim, intitulada "mistério", é uma versão intransigente das peças medievais sobre o tema de Caim. O século XIV tê-la-ia considerado obra do demônio.

Shelley, poeta ainda maior, escreveu uma peça decididamente superior, *The Cenci* (Os Cenci), que, na verdade, é a única tragédia entre a era elisabetana e o século XX a apresentar certa grandeza autêntica. O poeta vivia em virtual exílio na Itália, em 1819, quando recebeu a cópia do antigo manuscrito que narrava a tirania e incesto do Conde Francesco Cenci, o qual oprimiu a família bem como os súditos e violentou a filha Beatrice. Inflamado por essa estória seiscentista de opressão — e a tirania sempre punha Shelley num frenesi de raiva e o fazia gritar com todo o pa-

(*) Pelo que devo agradecer? / Por ser pó e rastejar no pó / Até retornar ao pó? Se sou nada — / Por nada serei hipócrita...

tetismo de um espírito ferido! — o jovem poeta escreveu com *Os Cenci* uma tragédia memorável, ainda que algo verborrágica.

Beatrice é uma heroína magnífica, digna de Webster, se não de Shakespeare; Lucrécia, sua madrasta igualmente infeliz é um retrato de uma vítima indefesa realizado com profundidade e inúmeras outras personagens são esboçadas com precisão. Embora o Conde Cenci seja um vilão melodramático, também é mais que isso. É o produto de um poder irrestrito e uma corrupção social toleradas pela Igreja, então em seu nadir moral. Sempre consegue comprar os guardiães da justiça com fatias de suas propriedades e não é capaz de pensar num crime, seje ele qual for, que não possa cometer com impunidade. Suas vítimas, encabeçadas pela injustiçada Beatrice, não encontram outra alternativa senão matá-lo. E tal é a situação da sociedade e da Igreja (a qual no entanto, não deixa de ter na peça um representante nobre) que somente quando as vítimas se levantam em defesa própria é que o longo braço da justiça intervém. Subitamente se descobre que "lei e ordem" foram violadas, e Beatrice, com seus cúmplices, é executada! Beatrice, condenada pelos juízes papais, caminha para a morte inquebrantada em espírito e triunfante em seu conhecimento tragicamente conquistado sobre o "mundo que constituímos, o opressor e o oprimido" — imagem digna de Eurípides.

Shelley, que sempre surpreende a escola "Ariel" (espiritual, etérea, vinda da personagem de mesmo nome de *A Tempestade* de Shakespeare, um espírito do ar extremamente ágil e terno) de seus biógrafos quando demonstra algum sentido de realidade, conservou uma atitude de bom senso em relação ao drama. Não desejava ver a peça como parte das páginas de um livro mas como obra encenada no Teatro Covent Garden, chegando mesmo a tentar interessar a eficiente Miss O'Neill e Edmond Kean. O tema do incesto foi porém, considerado passível de objeção e a peça não recebeu qualquer apresentação pública na Inglaterra até novembro de 1922, no dia 13, quando se comemorava o centenário da morte do poeta. Ao que parece na esperança de ver a tragédia representada no teatro americano, e "expressando um avassalador desejo de montar este grande drama numa forma tão simples e direta quanto o era a própria peça, Robert Edmond Jones apresentou seis sugestivos desenhos em 1912. Mas o teatro da Broadway fez ouvidos moucos à sugestão (A primeira encenação particular na Inglaterra coube à *Shelley Society* em 1886).

A despeito de falas cujo tamanho é maior que o factível em textos do teatro não-clássico, Shelley também respeitou todas as exigências da dramaturgia mais que qualquer outro poeta romântico. Deu à ação um caráter simples e direto mesmo quando mergulhava em sutilezas psicológicas dignas do século XX. *Os Cenci,* declarou, "não foram coloridos por meus sentimentos ou obscurecidos por minha metafísica".

Os sucessores de Shelley, todavia, não trabalharam para melhorar seu exemplo ou mesmo igualá-lo. O singular poeta Thomas Lovell Bedoes escreveu dois fragmentados exercícios românticos, *The Bride's Tragedy* (A Tragédia da Noiva) e o mórbido *Death's Jest-Book* (Livro de Anedotas da Morte), ambos sob a influência da escola alemã e de obras inglesas como o febril *Bertram* de Charles Mathurin. Suas peças emitem centelhas do gênio elisabetano como

Nature's polluted,
There's man in every secret corner of her. *

mas desafiam qualquer tentativa de montagem.

Keats escreveu peças lacunosas e faltas de inspiração, Matthew Arnold tentou mais tarde o drama clássico, Swinburne, peças clássicas e românticas — todas negligenciáveis como teatro. Tennyson, com *Harold, The Cup* (A Taça), *Beckett* e outras obras, revelou um talento menor para o drama poético, e seu *Beckett,* em 1884, tantos anos depois, após suficientes revisões e polimentos, chegou a mostrar-se uma peça à altura de Sir Henry Irving. Embora as peças poéticas de Robert Browing, *Stratford, A Blot on the 'Scutcheon* (Uma Mácula na Placa) e *Colombe's Birthday* (O Aniversário de Colombo), tenham sido outrora consideradas dignas do palco, revelam seu considerável talento dramático de forma muito menos ampla que seus famosos monólogos dramáticos. Entre o tênue drama literário e peças populares desprovidas de valor como *The Lady of the Lions* (A Dama dos Leões) de Bulwer-Lyton, há um grande abismo que ninguém preencheu na Inglaterra, fosse como fosse, até a última década do século XIX.

4. *Victor Hugo e os Românticos Franceses*

A França, cuja literatura romântica prosperara desde Rousseau e recebera doses ainda maiores de emotividade com Madame de Staël e Chateaubriand, apegou-se ao drama pseudoclássico até perto de 1830 por razões já assinaladas. Então, quando o teatro finalmente sentiu o ímpeto romântico, aceitou o brilhantismo de Victor Hugo e do fabuloso Alexandre Dumas.

Henrique III e sua Corte, de Alexandre Dumas, apresentado pela primeira vez em 1829, é um romântico drama histórico no qual a mãe do rei tenta consolidar seu controle sobre este, indispondo seus possíveis rivais St. Mégrin e o

(*) A Natureza está poluída, / Nos seus mais secretos recantos há o homem...

Duque de Guise um com o outro. A rainha-mãe incita o primeiro a tornar-se amante da esposa do segundo e assim completa a destruição de St. Mégrin. Como drama de intriga, fortalecido por diversas composições de personagens bem executadas, a peça denota algum poder e interesse. Embora Dumas, o Autólico da literatura, tenha surrupiado algumas cenas de Schiller, temos aí sua melhor peça. Suas obras *Antony, A Torre de Nesle, Calígula,* entre outras, também exibem cenas escritas com habilidade, mas seu ritmo, conteúdo e empolamento pertencem aos deslizes do romantismo francês.

Dumas pertence em grande parte ao terreno da ficção. Os outros dramaturgos do período foram poetas líricos em sua maioria, embora Hugo fosse igualmente um cultivador da ficção. O apaixonado poeta Alfred de Musset escreveu um drama histórico, *Lorenzaccio*, no devido estado hipomaníaco, bem como algumas comédias muito graciosas, das quais suas "comedietas" — interessantes peças em um ato construídas ao redor de antigos provérbios — ainda proporcionam prazer. Uma delas, *É Preciso que uma Porta esteja Aberta ou Fechada,* na qual a sentimental corte de um conde é aceita de forma bastante livre por uma marquesa, mostra-se lúcida e espirituosa de um modo que chega a ser, na verdade, anti-romântico. (Ver p. 408 para o modernismo de Musset).

O excelente poeta Alfred de Vigny compôs uma digna tragédia, *Chatterton,* peça que trata dos sofrimentos e da morte do jovem e infeliz poeta inglês que por muito tempo foi apontado como exemplo do modo pelo qual os filisteus destratam o gênio poético. Embora escrita com uma contenção maior que a costumeira, é um típico exemplo do sentimentalismo romântico. Os românticos franceses gostavam de opor ao prático mundo burguês da era pós-napoleônica a aristocracia da classe dos artistas.

Contudo, a honra de derrubar verdadeiramente o santuário clássico tão tenazmente defendido estava reservada a Victor Hugo, esse Carro de Crixna das letras francesas. Anunciou seu programa de acabar com as "unidades" (quase meio século depois de Lessing!) no prefácio do não-encenado drama histórico de sua autoria, *Cromwell,* que não conseguia a unidade de ação e estava cheio de tumultuado movimento cênico ainda que este nunca chegasse a parte alguma. A peça foi escrita em 1824 para o grande ator francês Talma, poupado pela morte de aparecer nela. Em 1829 apresentou *Marion Delorme,* talvez a primeira obra a sentimentalizar no teatro francês a figura da eterna cortesã. Então, em 1830, começou o assalto principal com seu *Hernani,* tratamento selvagemente romântico do amor e da honra à maneira espanhola. Hernani, o fora-da-lei, e Don Carlos, herdeiro do trono, são rivais no amor da pupila de um velho nobre espanhol que pretende casar-se pessoalmente com a jovem. Hernani engrossa as fileiras de uma conspiração contra Don Carlos que é agora o rei da Espanha, mas este, tendo sido eleito imperador do Sacro Império Romano, exerce a régia magnanimidade. Devolve a Hernani seu título e terras, entregando depois a heroína aos seus cuidados. Então, no auge do êxtase dos amorosos, o velho conde reivindica um direito que tem sobre a vida do rapaz e, cheio de honra, Hernani segue a trompa do conde que o chama para a morte. A peça pertence à melhor safra operística (agora sobrevive principalmente como ópera), e é difícil encarar com seriedade o período que a saudou como obra-prima, mesmo que a peça ainda apresente momentos de excitante teatralidade. *Hernani,* porém, não foi apenas uma peça mais sim uma causa, e as causas literárias elevam a temperatura bem mais apreciavelmente na França que em qualquer outro lugar deste planeta — talvez com exceção da Irlanda! *Hernani* tornou-se o ensejo para uma batalha campal entre os literatos conservacionistas e os românticos, que saíram à liça com uniforme e insígnias completas para a batalha na platéia do teatro. A peça acabou por sair vitoriosa, e seus serviços na abertura de caminhos para o moderno realismo francês não podem ser considerados descuidadamente.

As peças posteriores de Hugo seguem a mesma fórmula pirotécnica *Le Roi s'Amuse* (O Rei se Diverte), de 1832, dramatizava a vingança do bufão real contra o dissoluto senhor que seduzira sua filha. Embora a peça, que foi proibida pelo governo por ousar caluniar a realeza, simplesmente se regale na excitação, agora só é suportável numa reencarnação apropriada — o *Rigoletto* de Verdi. Então, Hugo, que outorgara a essas obras o benefício de seus genuínos, conquanto que excessivos dons poéticos, deu outro passo para libertar a tragédia francesa escrevendo os dramas em prosa *Lucrécia Bórgia* (transformado em ópera por Donizetti), *Mary Tudor* e *Angelo.* Por fim, retornou ao grande estilo com *Ruy Blas,* outra tragédia espanhola ainda mais poética que *Hernani,* igualmente convertida em ópera, e com grande fracasso, a trilogia intitulada *Os Burgraves.*

Hugo trabalhou como um mouro, e como dores de parto tão altissonantes são teatralmente admiráveis, continua a ser uma figura ponderável nos anais do teatro. Mas a obra dramática desse poeta, que foi corretamente chamado de "Michelangelo de terracota", é mais grandiosa que substancial. É bem verdade que afastou a técnica lenta e recitativa do classicismo francês, e ajudou a preparar o teatro para a acolhida de qualquer tipo de experiência a partir do princípio de que era preciso "acabar com as fórmulas, com os padrões de qualquer espécie". Mas os usos que deu à nova liberdade eram, por sua vez, artificiais, e essa arte exótica constituiu-se, portanto, numa chama rapidamente extinta. Mesmo no apogeu do êxito, é verdade, partilhou sua popularidade com outro autor que cortejava o amplo e prosaico mundo da classe média, e o progresso da dramaturgia iria deixar o romantismo pantagruelesco bem para trás.

5. *Scribe e Sardou*

A direção geral da dramaturgia foi traçada em grande parte pelo prático dramaturgo Eugène Scribe, que escreveu perto de quinhentas peças para consumo popular. Scribe, que nasceu aos vinte e um de dezembro de 1791, foi um perfeito presente de Natal para a burguesia de Paris sequiosa de entretenimentos. Começou a parte bem-sucedida de sua prolífica carreira em 1816, com a composição de um *vaudeville* em um ato e a partir de então produziu quase todo gênero de peças — comédias, tragédias, *vaudevilles* bem como libretos para Meyerbeer e nesse último gênero encontramos o exemplo de *Robert le Diable,* que, escrito em 1831, obteve grande êxito. Nessa obra o demônio é adequadamente apresentado de forma sentimental como um terno pai. Scribe se transformou numa verdadeira fábrica, pagando *royalties* pelas idéias de outros homens; a esse paradigma da eficiência da classe média, o teatro era um negócio, e ele o tornou lucrativo.

As peças de Scribe apresentam tramas elaboradas, cuidadosamente maquinadas e limpidamente resolvidas nas quais uma intriga progride de forma tão macia quanto uma maquina bem lubrificada. Cartas eram introduzidas e descobertas no momento apropriado, o *suspense* era mantido a qualquer custo e na conclusão da peça uniam-se todos os fios, não ficando nada que a inteligência fosse obrigada a examinar ou a ponderar. Mesmo quando trata de personagens contemporâneas como herdeiras, esposas volúveis, vendedoras, milionários e carreiristas que usam o adultério como degrau para a fortuna, Scribe está principalmente ocupado em fazer sua trama saltar sobre os obstáculos sem qualquer acidente. Uma peça típica de Scribe como *Un Verre d'Eau* (Um Copo d'Água) oferece perfeito exemplo de sua técnica. Gira ao redor das intrigas na corte da Rainha Anne da Inglaterra. Os Whigs, encabeçados pela ardorosa Duquesa de Marlborough estão em disputa com a oposição Tory, comandada por Bolingbroke, que busca pôr um fim à custosa guerra com a França. Bolingbroke usa um par de amantes, Masham e Abigail, para desenvolver sua intriga contra a Duquesa, que domina a Rainha. Dado que esta última está apaixonada por Masham, Bolingbroke provoca a ruptura entre Anne e a Duquesa, sugerindo que o belíssimo oficial se tornou propriedade da senhora de Marlborough.

O nome de Scribe transformou-se em sinônimo de dramaturgia ordinária. Tal é a vingança do tempo sobre o mecânico que dominou o teatro francês durante meio século. E, como de costume, o tempo é um tanto injusto quanto à sua mediocridade. Scribe estabeleceu o exemplo de uma dramaturgia de construção cerrada que se mostrou útil a Ibsen e outros que necessitavam de um edifício límpido para as realidades que não se podiam espalhar pelo palco à maneira shakespeariana ou romântica. A "peça bem feita" ou *pièce bien-faite* da qual fez seu veículo predileto não é, teoricamente, um crime capital. Evidentemente, é artificial, mas nesse caso, o teatro também o é. Não é possível opor objeções a uma convenção, apenas aos seus resultados. A objeção totalmente válida que se pode suscitar contra Scribe, a verdadeira razão de seu envelhecimento é a superficialidade com que tratou seus temas. Qualquer que fosse o assunto — quer aceitasse temas românticos ou material cotidiano que poderiam passar por realistas — Scribe escreveu sem distinção, visão ou profundidade. Na melhor das hipóteses, em *Um Copo d'Água* sugeria que a história muitas vezes depende de detalhes mesquinhos, posto que na peça o importante curso da política inglesa é afetado pelos amores da Rainha Anne. Em suma, Scribe era demasiado empresário para poder tornar-se dramaturgo. E sentia-se feliz em permanecer simplesmente um empresário. Apenas numa obra que goza de grande popularidade escrita em colaboração com Ernest Legouvé, *Adrienne Lecouvreur,* o drama da grande atriz trágica do século XVIII que foi supostamente envenenada por sua aristocrática rival, Scribe aspirou a um pequeno lugar na literatura.

O cetro de Scribe passou para Victorien Sardou, quarenta anos mais jovem que o antecessor. Da mesma forma que o mestre, Sardou experimentou tudo que ia ao encontro dos interesses populares da época sem avaliá-los ou tentar sondar quaisquer possíveis profundezas no tocante a problemas gerais quer à criação de personagens. Pouco lhe importava saber que estava escrevendo dramas românticos ou realistas, contanto que a coisa "funcionasse". Por um lado, era capaz de apresentar uma peça como *Divorçons* (Divórcio Para Três), em resposta a uma lei que legalizava o divórcio na França. Na peça, o marido encoraja o amante da esposa a visitá-la em sua casa com tanta freqüência que por fim ela se mostra cansada do rapaz. Por outro lado, era capaz de desfilar com as penas de Hugo — sem as asas de Hugo, é claro, pois não se tratava de um poeta. O *élan* romântico resulta em *Tosca* (fonte da ópera de Puccini) na qual a apaixonada heroína vinga o amante quando um perverso funcionário o condena à morte por tentar salvar um criminoso político. Romantismo semelhante palpita como um coração artificial em *Fedora,* obra muito popular na qual uma princesa russa arruína o assassino de seu noivo, apaixona-se por ele e acaba cometendo o suicídio quando o rapaz está prestes a ser enviado para a Sibéria como prisioneiro devido a informações que o comprometem, as quais foram entregues às autoridades pela própria princesa antes que esta viesse a enamorar-se. Felizmente Sardou tinha a grande atriz Sarah Bernhardt para conferir a ilusão de realidade a essas baboseiras. O autor possuía um sentido teatral suficiente para pensar nela quando escrevia esse tipo de parlapatice de efeito e para conter o estilo grandiloqüente quando Sarah já não era mais jovem o suficiente para dar amparo a novos papéis.

O autor foi pejorativamente chamado de "dramaturgo barômetro" e "dramaturgo jornalista". Mas não há nada de particularmente desprezível no fato de se manter em observação a temperatura do meio no qual se vive; e nessa tendência foi verdadeiramente um antecipador do drama realista. O grande problema com Sardou é que via apenas a superfície e não estava nem ao menos interessado em observar as superfícies muito de perto desde que pudesse estruturar uma peça. Nas raras ocasiões em que se envolvia intelectualmente numa situação contemporânea, pensava como um burguês pretensioso e afluente, com aquela mentalidade devidamente superficial e condicionada pelos conceitos de propriedade. Dirigiu sua comédia satírica *Ragabas,* escrita em 1872, contra Gambetta e os liberais franceses; sua pintura do Reino do Terror, *Thermidor,* contra os republicanos franceses e *Tio Sam* contra os Estados Unidos, aos quais acusava de favorecer a Alemanha na Guerra Franco-Prussiana. Com seu idealismo em ponto de ebulição, apresentou um morno melodrama histórico como *Patrie* (Pátria), onde o heróico auto-sacrifício pela terra natal torna impossível qualquer análise das personagens ou soluções. De modo geral, celebrava a decência do amor matrimonial em lares franceses e ganhou bom dinheiro por sair em defesa da moralidade. Quando se voltou para problemas domésticos de maior amplidão, como é o caso do conflito entre um cientista e a esposa, em *Daniel Rochat,* Sardou cuidou para que a devida punição fosse aplicada ao cientista e incréu. Seu livre-pensador não consegue induzir a esposa a abandonar a fé e o casamento termina em separação.

Para dramaturgos de maior fôlego Sardou é, ademais, irritante no que se refere aos domínios da técnica e da arte. Descreveu seu método como sendo constituído do encontro de uma situação e da adequação de uma personagem a ela. Para essa arte mecânica, por mais bem sucedida que se possa ter mostrado, Shaw — que incansavelmente a combateu até o fim em seus estudos críticos — achou a única denominação adequada, sem tradução possível mas que, em inglês, soa devidamente irônica e derrisória: "Sardoodledom".

Scribe e Sardou assinalam o recesso dos sonhos e o triunfo do lugar-comum. O drama que começara como um fogoso Pégaso tornou-se cada vez mais um corriqueiro cavalo de carga, e naturalmente foi chamado a arrastar-se ao redor dos badulaques do mundo prosaico.

6. *Dumas Filho e Augier: o Fim do Romantismo*

A suportar com paciência a trela do lugar-comum havia apenas uma alternativa. A saber — virar o carro de cabeça para baixo. Tal foi o método do realismo crítico ou honesto que está associado ao nome de Ibsen. Em pequena proporção, chegou mesmo a ser praticado durante o reino de Sardou. Tanto Alexandre Dumas Filho, rebento ilegítimo do prolífico escritor, quanto Emile Augier caminharam em direção ao realismo crítico.

O jovem Dumas assinalou seu primeiro tento no teatro com a sentimental *La Dame aux Camélias* (A Dama das Camélias), onde uma prostituta é enobrecida pelo sofrimento e auto-sacrifício. Já havia contado a mesma estória num romance, mas foi através da apresentação teatral que conseguiu esvaziar as glândulas lacrimais de espectadores sem conta mostrando a bela jovem que conserva um anseio de pureza durante toda sua carreira pecaminosa e é vencida pela doença antes de poder ser completamente redimida. Estreada em 1852, depois de consideráveis postergações, a tragédia constituiu-se num grande êxito e aliviou ponderavelmente a situação financeira do autor. Está mais do que claro tratar-se de um preparado romântico — e uma beberagem que só pode ser ingerida por certo tipo de atriz. Contudo, sua evocação de um mundo sórdido introduzia um realismo descritivo maior que o costumeiramente encontrado no teatro. De fato, ninguém ousou produzir a peça até que o Duque de Morny, ministro de Napoleão III, julgou que seria boa idéia desviar as atenções do golpe de Estado de Luís Napoleão (que se tornou por este meio Imperador da França) oferecendo uma sensação aos parisienses.

Prosseguindo na esteira desse triunfo, Dumas Filho principiou a adicionar crítica social ao realismo descritivo, sem naturalmente se afastar da convencional dramaturgia de intriga. Sua peça melhor escrita, *Le Demi Monde* (O Mundo Escuso), criticava uma situação contemporânea — a infiltração das cortesãs na sociedade respeitável. Susanne d'Ange, a astuta heroína, liga-se a De Nanjac, um galante soldado, e quase chega ao casamento quando é desmascarada e expulsa por De Jalin, amigo do rapaz. Em 1855 a peça parecia importante e tinha muitos pontos de contato com a realidade da sociedade — ao menos a mais superficial.

Ademais, dois anos depois, Dumas voltou-se para um tema de maior importância: a empresa comercial. *La Question d'Argent* (A Questão de Dinheiro), apresentava um retrato bastante agudo de um típico *self-made man*, o homem que venceu por seu próprio esforço, Jean Giraud, o qual eleva a obtenção de lucros à condição de arte. Esse inescrupuloso especulador poderia ter saído das páginas de um dos romances realistas de Balzac. A partir de então, Dumas ocupou-se de uma diversidade de temas tópicos, relativos a ele mesmo em *Le Fils Naturel* (O Filho Natural), com o problema da ilegitimidade — assunto em que podia se apresentar como grande autoridade — e com a questão feminina. Em *Les Idées de Madame Aubray* (As Idéias da Madame Aubray), chegou mesmo a escrever um panfleto em favor da reabilitação de mulheres decaídas, ainda que se desviasse da coerência em peças ainda posteriores. Na verdade, a coerência era a última de suas virtudes e quando deixou o teatro em 1887, oito anos antes da morte, ao olhar para trás podia descortinar uma carreira que semelhava a uma colcha de retalhos de princípios e idéias sortidos.

Para uma adesão mais estrita às realidades e uma técnica mais firme os franceses precisaram recorrer aos serviços de um dos colegas dramaturgos de Dumas Filho, Augier, que iniciou seu trabalho em 1844, durante o reinado de Scribe e fechou a loja em 1878 pouco antes que começasse o domínio de Ibsen. Augier, que escrevia apenas quando desejava apresentar alguma idéia, era, por descendência, semi-aristocrata, semiburguês. Nascido em 1820, cresceu em meio ao movimento romântico, mas não demonstrou muito pendor por sua rutilância. Após um breve aprendizado com duas peças, voltou-se para o drama doméstico sério com *Gabrielle*. O adultério, tal como é apresentado aqui, está longe de ser sedutor, e o marido que perdeu a esposa devido a uma dedicação excessiva aos negócios a recupera expondo-lhe as desvantagens que teria em se tornar amante de alguém. Por mais enfadonha que a peça possa parecer-nos hoje, *Gabrielle*, em 1849, representava as reivindicações do bom senso no teatro. De fato, Augier sentiu que fora divinamente eleito para preservar as virtudes domésticas dos franceses, e sua melhor peça sobre tema sério, *O Casamento de Olímpia*, é uma violenta denúncia de uma maquinadora cortesã que tira partido da inexperiência de um jovem. Olímpia casa-se com o rapaz mas em breve se cansa da respeitabilidade e pretende voltar à lama com a qual está acostumada. Seu ato final é de chantagem com ele e a família e apenas um tiro de revólver pode pôr fim aos males que provoca. Olímpia e sua mãe são retratos magníficos de caracteres vulgares, e muitos outros toques oferecem uma pintura realista da sociedade, rara no teatro francês. Como observou Brieux, Olímpia é o "contraponto exato de Marguerite Gautier em *A Dama das Camélias*", um estudo totalmente desprovido de sentimentalismo. Se hoje a peça na qual ela apresenta suas artes parece ultrapassada, é por estar a ação tão próxima da intriga e da vilania melodramáticas.

Augier deliciava-se com sua missão e usava o teatro como um instrumento de reforma — coisa bem cansativa a não ser que o dramaturgo possua o dom de criar personagens dinâmicas ou que seja dominado por vôos poderosos que o impeçam de cair na monotonia. Em *Les Lionnes Pauvres* (As Leoas Pobres), escrita em colaboração, voltava a advertir a sociedade contra a complacência doméstica; em *La Jeunesse* (A Juventude), chamava a atenção para os perigos da cobiça; em *Les Effrontes* (Os Impudentes), atacava a imprensa inescrupulosa que dominava a opinião pública; em *Contagion* (Contágio), opunha-se ao ceticismo religioso. A lista de suas peças soa como uma lista de advertências do mais puritano dos pastores protestantes.

Felizmente Augier por vezes foi hábil o suficiente para configurar uma acusação violenta ou criar uma personagem poderosamente realizada; em *Os Impudentes,* por exemplo, encontramos uma vívida pintura da sociedade e um vigoroso retrato do arrivista Vernouillet que controla a opinião pública porque possui, como ele próprio diz, "dinheiro e a imprensa". E, afortunadamente, Augier possuía talento para a comédia; *Os Impudentes* é uma comédia satírica de caracteres e costumes, e sua peça mais conhecida, *Le Gendre de M. Poirier* (O Genro de Monsieur Poirier), escrita com Jules Sandeau, é na maior parte deliciosamente divertida. Sofre devido a uma conclusão fácil impregnada de sentimentalismo, mas o retrato que apresenta de um burguês socialmente ambicioso e de um genro aristocrático que considera o trabalho abaixo de sua dignidade garante à peça um lugar no teatro cômico francês.

Não obstante, o realismo europeu teria sido um exercício rotariano caso houvesse permanecido nas mãos de escritores como Dumas Filho e Augier. Faltava a esses autores a capacidade de tocar as emoções ou medir o homem dentro da sociedade com algo que fosse maior que um metro. Não tinham objetivo afora corrigir o mau comportamento nos termos da Sociedade para a Supressão do Vício, e seu horizonte não ia além das virtudes e lugares-comuns burgueses. Mesmo quando atacavam o poder do dinheiro na sociedade, estavam simplesmente levantando objeções à iniciativa dos capitalistas que estavam tornando a vida menos confortável para os membros da classe média menos providos de recursos; raramente desafiavam os padrões do dinheiro *per se*.

O tributo de Brieux a Augier mostra, sem percebê-lo, o grande abismo que separa as leves espanadas que este dá na casa e a radical limpeza empreendida por Ibsen. "Émile Augier", escreveu Brieux, "sempre defendeu a grande classe média. Seus ideais eram ordem e regularidade, justiça, a família e a lareira." [2]

(2) V. Prefácio em *Four Plays* de Emile Augier, traduzida por Barrett H. Clark, 1915.

Mélange des genres. Lessing julgou talvez que havia delimitado as várias artes em seu famoso ensaio *Laocoon,* mas os românticos se recusaram a aceitar limites para a expressividade e a permitir que a razão dominasse a arte. Procuraram expressar o inefável, provocar sensações raras e mescladas, tecer encanto e produzir magia. No campo da poesia lírica, os resultados são freqüentemente soberbos; poemas como *Kublai Khan, A Véspera de Santa Agnes* e *A Feiticeira de Atlas* provocam uma rara presença de emoções, de modo que é impossível separar o significado verbal, a pintura e a música que há neles. Na dramaturgia, os resultados foram amiúde caóticos, o que não impede em certos casos uma intensificação da magia do teatro, uma síntese de todas as artes — como deve ter acontecido nos espetáculos atenienses do século V, como ainda acontece no teatro chinês e em espetáculos americanos como o musical *Oklahoma.* Os românticos mais idealistas não se perturbaram por acusações de ambigüidade e indefinição. Confessaram abertamente que isso era desejado e Friedrich Schlegel, seu guia crítico, escreveu explicitamente: "É o princípio de toda poesia abolir as leis e métodos da razão que atua racionalmente, e mergulhar-nos uma vez mais nas arrebatadoras confusões da fantasia, o caos original da natureza humana". E a confiança dos românticos de que haviam plantado uma idéia seminal no ventre de toda arte futura foi corroborada no século XX pelo "expressionismo", "futurismo", "vorticismo", "surrealismo" etc. Podemos não concordar, mas é-nos impossível negar sua existência e lugar na história das artes. Novalis exprimiu um desejo por "poemas que são melodiosos e cheios de belas palavras mas destituídos de significado ou conexão" e "exercendo" um efeito indireto tal como a música". Suas esperanças realizaram-se, para o melhor e para o pior, na obra de Gertrude Stein *Four Saints in Three Acts* (Quatro Santos em Três Atos), apresentada em 1934. A peça não tinha o menor sentido mas o espetáculo realizado em Nova York era assombrosamente belo.

Alfred de Musset (1810-57) — A modernidade de Musset como dramaturgo constitui um aspecto surpreendente de seu talento romântico, e coloca-se em agudo contraste com sua poesia. *Fantasio,* escrita em 1833, onde um desencantado rapaz salva uma princesa de um infeliz casamento por interesse de Estado com travessuras praticadas sob o disfarce de um palhaço, emprega a bizarria romântica à maneira de Victor Hugo, mas possui uma ironia incisiva e uma conclusão anti-romântica. A apresentação cômica de altercações amorosas na extraordinária obra *On ne badine pas avec l'amour* (Não se Brinca com o Amor), publicada em 1834, culmina tragicamente; neste caso, uma maravilhosa comédia de sentimentos e costumes é transformada em amarga sabedoria quando a inocente camponesa vítima dos caprichos de namorados aristocráticos comete o suicídio. Outra peça, *Os Caprichos de Marianne,* datada de 1833, tempera os sentimentos românticos com uma conclusão anti-romântica, e *O Candelabro,* de 1835, é um divertimento ultra-sofisticado, não desprovido de penetração, que supera tudo que Noel Coward escreveu no gênero. (V. *Treasury of the Theatre,* de John Gassner, 1951, volume 1, págs. 551-60.)

COLEÇÃO ESTUDOS
(Últimos Lançamentos)

247. *O Teatro no Cruzamento de Culturas*, Patrice Pavis
248. *Ensino da Arte: História e Memória*, Ana Mae Barbosa (org.)
249. *Eisenstein Ultrateatral*, Vanessa Teixeira Oliveira
250. *Filosofia do Judaísmo em Abraham Joshua Heschel*, Gloria Hazan
251. *Os Símbolos do Centro*, Raïssa Cavalcanti
252. *Teatro em Foco*, Sábato Magaldi
253. *Autopoiesis. Semiótica. Escritura*, Eduardo de Oliveira Elias
254. *A do Ator entre os Séculos XVI e XVIII*, Ana Portich
255. *Violência ou Diálogo?*, Sverre Varvin e Vamik D. Volkan
256. *O Teatro no Século XVIII*, Renata S. Junqueira e Maria Gloria C. Mazzi
258. *A Gargalhada de Ulisses*, Cleise Furtado Mendes
260. *A Cena em Ensaios*, Béatrice Picon-Vallin
261. *Introdução às Linguagens Totalitárias*, Jean-Pierre Faye
262. *O Teatro da Morte*, Tadeusz Kantor
263. *A Escritura Política no Texto Teatral*, Hans-Thies Lehmann (prelo)
264. *Os Processos de Criação na Escritura, na Arte e na Psicanálise*, Philippe Willemart
265. *Dramaturgias da Autonomia*, Ana Lúcia Marques Camargo Ferraz
266. *Música Serva D'Alma: Claudio Monteverdi – Ad voce Umanissima*, Ibaney Chasin
267. *Na Cena do dr. Dapertutto*, Maria Thais Lima Santos (prelo)
268. *A Cinética do Invisível*, Matteo Bonfitto
269. *História e Literatura*, Francisco Iglésias
270. *A Politização dos Direitos Humanos*, Benoni Belli
271. *A Escritura e a Diferença*, Jacques Derrida
273. *Outro Dia: Intervenções, Entrevistas, Outros Tempos*, Ruy Fausto
275. *Luigi Pirandello: Um Teatro para Marta Abba*, Martha Ribeiro
276. *Tempos de Casa-Grande*, Silvia Cortez Silva
277. *Teatralidades Contemporâneas*, Sílvia Fernandes
278. *Conversas sobre a Formação do Ator*, Jacques Lassalle e Jean-Loup Rivière
280. *O Idioma Pedra de João Cabral*, Solange Rebuzzi
281. *Monstrutivismo: Reta e Curva das Vanguardas*, Lucio Agra

Impresso nas oficinas da
Bartira Gráfica e Editora Ltda.
em junho de 2010